ΑΝΘΡΩΠΙΣΤΙ

ΨΥΧΟΛΟΓΙΑ ΣΥΜΠΕΡΙΦΟΡΑΣ

ΝΑ ΖΕΙΣ, Ν' ΑΓΑΠΑΣ ΚΑΙ ΝΑ ΜΑΘΑΙΝΕΙΣ

Εκδόσεις Γλάρος 181

Ανθρωπιστικές Επιστήμες / 19
LEO BUSCKAGLIA
Living Loving and Learming

ISBN 960-275-181-9

ΕΚΔΟΣΕΙΣ ΓΛΑΡΟΣ
Κεντρική διάθεση:
Γραβιάς 3-5, Αθήνα 106 78
Τηλ.: 210-380.76.89, 210-330.34.87, Fax: 210-38.10.892

Ο *Λέο Μπουσκάλια* είναι επίκουρος καθηγητής της Κοινωνικής Παιδαγωγικής και Ψυχολογίας στο Πανεπιστήμιο της Νότιας Καλιφόρνιας. Ιταλικής καταγωγής, αλλά γέννημα και θρέμμα της Καλιφόρνιας. Είναι γνωστός σε εκατομμύρια ακροατές και θεατές του σε όλη την Αμερική που τον παρακολουθούν σε αίθουσες διαλέξεων και τηλεοπτικές εκπομπές. Μέσα από τα μαθήματα διδασκαλίας του ανάπτυξε ένα ειδικό σεμινάριο πάνω στην *αγάπη* και μέσω αυτής στην αλλαγή της καθημερινής μας συμπεριφοράς. Κατά τη διατύπωσή του, «η αγάπη δεν είναι δρόμος, είναι συμμετοχή και μοιρασιά. Το να ζεις με τη φιλοσοφία της αγάπης είναι η μεγαλύτερη πρόκληση της ζωής». Τα πιο γνωστά βιβλία του είναι: *Να ζεις ν' αγαπάς και να μαθαίνεις, Λεωφορείο 9 για τον Παράδεισο, Η αγάπη, Ο δρόμος του Ταύρου, Η πτώση του φύλλου που το έλεγαν Φρεντ.*

ΛΕΟ ΜΠΟΥΣΚΑΛΙΑ

Να ζεις, ν' αγαπάς και να μαθαίνεις

ΨΥΧΟΛΟΓΙΑ ΚΑΘΗΜΕΡΙΝΗΣ ΣΥΜΠΕΡΙΦΟΡΑΣ

Μετάφραση:
Μαρίνα Λώμη

Εκδόσεις Γλάρος

Λέο Μπουσκάλια

ΠΕΡΙΕΧΟΜΕΝΑ

Πρόλογος

Ο Νίκος Καζαντζάκης υποστηρίζει πως ιδανικός δάσκαλος είναι εκείνος που γίνεται γέφυρα για να περάσει αντίπερα ο μαθητής του κι όταν πια του έχει διευκολύνει το πέρασμα, αφήνεται χαρούμενα να γκρεμιστεί, ενθαρρύνοντας το μαθητή του να φτιάξει δικές του γέφυρες.

Τέτοιες γέφυρες είναι οι διαλέξεις που περιλαμβάνονται σ' αυτό τον τόμο. Είναι απλώς ιδέες, έννοιες και συναισθήματα που θέλησα να μοιραστώ χαρούμενα με τους άλλους. Προσπάθησα να τις μεταδώσω γνωρίζοντας από την αρχή, ότι μπορούσε κανείς να τις δεχτεί, να ενθουσιαστεί μ' αυτές, να τις αγνοήσει ή να τις απορρίψει. Δεν είχε σημασία.

Τα πράγματα αυτά επαναλαμβάνονται εδώ γι' αυτούς που δεν τα άκουσαν την πρώτη φορά ή γι' αυτούς που θέλουν ίσως να τα ξανανιώσουν άλλη μια φορά.

Χαίρομαι που μοιράστηκα αυτές τις ιδέες. Ακόμα μ' εντυπωσιάζει το γεγονός ότι χιλιάδες άνθρωποι ενδιαφέρθηκαν να τις ακούσουν. Για μένα αντιπροσωπεύουν δέκα υπέροχα χρόνια ανάπτυξης και επαφής. Κοιτάζοντας πίσω δε μετανοιώνω για τίποτε και ξέρω πως θα 'ρθουν κι άλλα χρόνια, καλύτερα και χειρότερα, γιατί είμαι αποφασισμένος να συνεχίζω να στήνω γέφυρες.

Λέο Μπουσκάλια

Εισαγωγή

Ευχαριστώ θερμά τον κ. Γουέμπστερ που καθορίζει την «εισαγωγή» σαν «προετοιμασία του εδάφους για μια ομιλία ή ένα βιβλίο». Ως τώρα είχα αρκετές φορές το ευχάριστο προνόμιο να «προετοιμάσω το έδαφος» για τον Λέο Μπουσκάλια — τόσο στο χαρτί όσο και στις ζωντανές του παρουσίες.

Σε μια προηγούμενη ευκαιρία είχα γράψει: «Είναι ένας άνθρωπος με πολύπλευρο ταλέντο — δάσκαλος, μαθητής, συγγραφέας, αναγνώστης, ομιλητής, ακροατής». Την πρώτη θέση ωστόσο κατέχει το επάγγελμα που έχει διαλέξει — η διδασκαλία. Ο Λέο διδάσκει με φοβερό ενθουσιασμό και ειλικρίνεια και, πάνω απ' όλα, διδάσκει με παραδείγματα. «Αν θελήσετε μόνο να με ακούσετε», λέει το μήνυμά του, «θα σας δείξω πόσο πλούσια και περήφανη μπορεί να είναι η ζωή!»

Ένα τεράστιο αμφιθέατρο, ο κύκλος γύρω από τη φωτιά στο σαλόνι του ή μια απέραντη αμμουδιά γίνονται για τον Λέο αίθουσες διδασκαλίας, όπου προσπαθεί να μορφώσει, — να *καθοδηγήσει* — μαθητές κάθε ηλικίας και κάθε προέλευσης. Στο Πανεπιστήμιο της Νότιας Καλιφόρνιας η νεολαία τον έχει ψηφίσει επανειλημμένα «Εξέχοντα δάσκαλο της χρονιάς» — και φυσικά οι νέοι πάντα *ξέρουν*.

Μια φορά που είχα πάει με ένα φίλο μου στο αεροδρόμιο να υποδεχτούμε τον Λέο, μας πλησίασε ένας ηλικιωμένος άνδρας τη στιγμή που ο Λέο πήγαινε να πάρει τις αποσκευές του και ρώτησε: «Ποιός είναι αυτός ο άνθρωπος; Καθόμουνα δίπλα του στο αεροπλάνο. Ποιός είναι;» Αφού τον πληροφόρησα με δυο λόγια, αναστέναξε και είπε:

«Το 'ξερα πως ήταν κάτι ιδιαίτερο. Φαινόταν να βαθμολογεί εργασίες σ' όλο το ταξίδι και σε κάθε χαρτί σημείωνε ''Ωραίο!'' ''Καταπληκτικό!'' ''Θαυμάσιο!''. Κανείς δε μου έχει γράψει τέτοια πράγματα σε καμία από τις εργασίες μου. Θα το 'θελα πολύ». Αυτό που έβλεπε ο συμπαθέστατος ηλικιωμένος ήταν ο τέλειος επαγγελματίας στην πράξη, ο δάσκαλος που τιμά την τέχνη της διδασκαλίας και που με τη σειρά του έχει την εκτίμηση των συναδέλφων και των μαθητών του.

Η ίδια αφιέρωση, το ίδιο πάθος χαρακτηρίζει και το γραφτό του έργο. Το βαθυστόχαστό του έργο πάνω στη συμβουλευτική, *τα ανάπηρα παιδιά και οι γονείς τους: μια συμβουλευτική πρόκληση*, έκανε ένα μαθητή του να παρατηρήσει: «Είναι η μοναδική μελέτη που μ' έκανε ποτέ να κλάψω». Αρχίζοντας με το *Αγάπη* το 1972 και περιλαμβάνοντας το πιο πρόσφατο *Ατομικότητα* το 1978, τα βιβλία του είναι αριστοτεχνικά οργανωμένα έργα πολυμάθειας, γενναιόδωρα διαποτισμένα από ζεστασιά και έξαρση — αλλά και ανυπομονησία μπροστά στο έρημο τοπίο κάθε ζωής που βιώνεται μέσα σε «σιωπηλή απελπισία».

Στα χρόνια που γνωρίζω τον Λέο ούτε κι εγώ δεν ξέρω πόσες φορές με πλησίασε κάποιος για να με ρωτήσει, «έτσι είναι πάντα, στ' αλήθεια;». Το ερώτημα είναι εύστοχο — και δύσκολο. Και βρίσκω πως η αρχική μου απάντηση σ' αυτό έχει αλλάξει. Το κατηγορηματικό και ηχηρό «Ναι!» που θα 'λεγα άλλοτε, τώρα έχει γίνει ακριβέστερα: «Ναι — και όχι».

Ναι — δε χρειάζεται να βρίσκεται μπροστά σ' ένα κοινό, μικρό ή μεγάλο, για να είναι διαχυτικός και ευγενικός και αστείος και σοφός. Ναι — αυτό το ενδιαφέρον για το ανθρώπινο δυναμικό που διαισθάνεται το κοινό του είναι αληθινό. Ναι — διασκεδάζει όσο κι οποιοσδήποτε άλλος μέσα στη γεμάτη αίθουσα ή το αμφιθέατρο. Ναι — πάντα είναι ανυπόμονος απέναντι στα ναρκωμένα σώματα, μυαλά ή στόχους. Ναι — πιστεύει μ' όλη του την καρδιά ότι «είμαστε κάτι πολύ περισσότερο απ' αυτό που είμαστε». Και ναι, μια από τις πιο αγαπημένες του λέξεις είναι το ΝΑΙ! (Έχω ένα γράμμα του που το αποδεικνύει. Λέει: Αγαπητή μου Μπέτυ Λου, ναι, ναι, *ναι*! Με αγάπη, Λέο.)

Όμως όχι, δεν είναι «έτσι» συνέχεια, γιατί αν συνέβαινε αυτό θα ήταν απλώς ένας υπέροχος θεατρίνος — περιζήτητος, δημοφιλής και απολαυστικός, αλλά μ' ένα μονοσήμαντο μήνυμα. Η αλήθεια είναι ακριβώς αντίθετη. Το μήνυμα του Λέο, ενώ βασίζεται σε οικουμενικές αλήθειες, αλλάζει συνεχώς, διευρύνεται, παίρνει νέες διαστάσεις και βάθος και μας προτείνει καινούργιες προοπτικές.

Από πού αναβλύζει αυτή η συνεχής ανάπτυξη; Πού είναι η πηγή της; Από τους ανθρώπους — παλιούς και νέους φίλους. Από τα βιβλία — από τους μάγους και τις μάγισσες που τα γράφουν. Από τη φύση — το πρωταρχικό παράδειγμα της αλλαγής, της ανάπτυξης και της ομορφιάς. Από τους δασκάλους του: μεγάλους μύστες των Ανατολικών πολιτισμών — από τους μαθητές του — κι από τα παιδιά. Από την υπερκόσμια μουσική! Ο Λέο είναι για μένα ένα τεράστιο στυπόχαρτο και δεν περνάει τίποτε που να μην αποτυπώνεται από το γρήγορο μάτι του, το φοβερό μυαλό του και τη γενναιόδωρη καρδιά του.

Τόσο σίγουρος είναι για την ευτυχία μιας ζωής που αγκαλιάζει την αλλαγή, που φροντίζει με κάθε τρόπο να βγάλει τους άλλους από τη βολεμένη τους απάθεια. Θυμάμαι μια συνάντηση στο Ατλάντικ Σίτυ, μια απ' αυτές τις βραδυνές συγκεντρώσεις που αποτελούν πια αναπόσπαστο μέρος των διαλέξεων. Απαριθμούσα περήφανα και με κάποια έπαρση, φοβάμαι, στον Λέο όλα τα σπουδαία πράγματα που είχα κάνει από την προηγούμενη συνάντησή μας. Με άκουσε υπομονετικά, μετά με κοίταξε εξεταστικά και μου είπε: «Μπέτυ Λου, πρέπει να πάψεις να κάνεις όλα αυτά τα πράγματα που ξέρεις ότι τα κάνεις πολύ καλά και να δοκιμάσεις κάτι καινούργιο». Μετά απ' αυτό γύρισα σπίτι και, αφού παραιτήθηκα απ' ό,τι έκανα, ξεκίνησα αμέσως σχεδόν μια σειρά από καινούργιες (και κάπως ανησυχητικές) περιπέτειες και διασκέδασα όσο ποτέ άλλοτε! Ρωτάτε αν ακούω αυτά που μου λέει ο Λέο; Πάντα, χωρίς εξαίρεση, και σ' όλη τη διάρκεια της φιλίας μας παρακίνησα αμέτρητες φορές και τους άλλους να κάνουν το ίδιο. Να τον ακούνε και με τ' αυτιά και με το μυαλό τους.

Όχι, δεν είναι «έτσι» συνέχεια — αλλιώς θα πίστευε κανείς ότι χρειάζεται την αδιάκοπη ενίσχυση από τα πλήθη που μαζεύονται όπου και να πάει. Κανένας απ' όσους ξέρω δεν εξαφανίζεται τόσο αστραπιαία και τόσο μακριά όσο ο Λέο, όταν νιώθει ότι χρειάζεται να ανανεώσει την ενέργειά του, τη συνειδητότητα, τη ζωτική του δύναμη. Μπορεί να χαθεί για ένα βράδυ στη μοναξιά του σπιτιού του ή ένα καλοκαίρι σε μια απομονωμένη καλύβα στον ποταμό Όρεγκον ή και ένα χρόνο σ' ένα νησί με μόνη παρέα τις δικές του σκέψεις και τις σκέψεις των σοφών ανθρώπων από τους οποίους είναι πάντα πρόθυμος να διδαχτεί. Είναι ένας μοναχικός άνθρωπος, αλλά η μοναχικότητά του δεν είναι τόσο μια φυγή, μια κίνηση απομάκρυνσης, όσο μια κίνηση *προς* κάτι — μια εποχή αφύπνισης και ανανέωσης των αισθήσεων, μια προετοιμασία για πνευματική και νοητική ανάπτυξη και ανάταση.

Τελικά το ερώτημα «Είναι πάντα έτσι;» έχει μια ανθρώπινη ή μυθική συμπαραδήλωση. Όχι, δεν είναι μύθος — αλλά είναι άνθρωπος, ένας πολύ ανθρώπινος άνθρωπος που φορές-φορές παραπατάει και παραλογίζεται όπως όλοι μας, που υποφέρει από τις γραφειοκρατικές περιπλοκές της ζωής του εικοστού αιώνα όπως όλοι μας, που ζει στιγμές προσωπικής αγωνίας όπως όλοι μας, που είναι όπως όλοι μας ικανός να θυμώσει και να γίνει απάνθρωπος. *Σε αντίθεση* όμως με όλους εμάς, φαίνεται να χαίρεται για την ανθρωπιά του και για τις αδυναμίες, ατέλειες και γελοιότητες που προϋποθέτει η ανθρώπινη υπόσταση.

Μίλησα για τον άνθρωπο και όχι για το περιεχόμενο του σημαντικού αυτού βιβλίου, παρά το γεγονός ότι γνωρίζω περισσότερο το δεύτερο παρά τον πρώτο. Φυσικά ξέροντας το ένα ξέρει κανείς και το άλλο, εν μέρει τουλάχιστον. Θ' αφήσω όμως τη θαυμάσια ποιότητα του περιεχομένου να μιλήσει από μόνη της και θα «προετοιμάσω το δρόμο» απλώς λέγοντας — ετοιμαστείτε να μπαρκάρετε σε μια όμορφη περιπέτεια καθώς θα περιπλανηθείτε μαζί με τον Λέο στο πανηγύρι της ζωής.

Μπέτυ Λου Κράτοβιλ

1

Η αγάπη σαν αναμορφωτής της συμπεριφοράς

Είμαι απίστευτα ενθουσιασμένος που επιτέλους με παρουσιάζει κάποιος που ξέρει να προφέρει σωστά το όνομά μου. Μ' αρέσει να μιλάω για το όνομά μου γιατί είναι ένα απ' αυτά τα όμορφα ιταλικά ονόματα που έχουν όλα τα γράμματα του αλφαβήτου. Γράφεται Μπουσκάλια και προφέρεται ανάλογα. Το καλύτερο πράγμα που του συνέβη ποτέ στο επίπεδο της προφοράς του είναι κάποτε που έκανα ένα υπεραστικό τηλεφώνημα. Το τηλέφωνο μιλούσε και η τηλεφωνήτρια μου είπε πως θα μ' έπαιρνε μόλις ελευθερωνόταν η γραμμή. Όταν με πήρε, σήκωσα το ακουστικό και μου είπε: «Μπορείτε, σας παρακαλώ, να ειδοποιήσετε το δόκτορα Μποξ Καρ ότι έχει τη γραμμή του;» «Μήπως το όνομα είναι Μπουσκάλια;», τη ρώτησα κι εκείνη μου απάντησε, «Κύριέ μου, θα μπορούσε να είναι ο,τιδήποτε».

Σήμερα είμαι εδώ για να σας μιλήσω για την αγάπη και το θέμα μου είναι «Η Αγάπη στη Σχολική Τάξη». Είσαστε τελικά πολύ θαρραλέος που με αφήνετε να έρθω εδώ και να μιλήσω για την αγάπη στη σχολική τάξη. Συνήθως μου ζητούν να καμουφλάρω κάπως το θέμα ή τουλάχιστον να προσθέσω και κάτι άλλο. Ας πούμε, «Η αγάπη, κόμμα, σαν αναμορφωτής της συμπεριφοράς». Έτσι ακούγεται πολύ επιστημονικό και δεν τρομάζει κανένα. Το ίδιο γίνεται και στο Πανεπιστήμιο, όταν πηγαίνω να κάνω τό μάθημά μου περί αγάπης, οι διάφοροι συνάδελφοι χασκογελάνε και με σκουντάνε πονηρά, καθώς περπατάω στους διαδρόμους και ρωτάνε: «Τι θα γίνει, έχει κανένα εργαστήριο το Σάββατο;», τους βεβαιώνω πως δεν κάνω εργαστήρια.

Θα 'θελα να σας πω μερικά πράγματα για το ξεκίνημα αυτής της ιδέας σχετικά με την αγάπη στην τάξη. Εδώ και περίπου πέντε χρόνια είχα μια συνάντηση με τον πρύτανη της Παιδαγωγικής Σχολής. Είναι ένας πολύ τυπικός άνθρωπος, καθισμένος πίσω από ένα μεγάλο κι επιβλητικό γραφείο. Μόλις είχα παρατήσει τη δουλειά μου σαν Διευθυντής της Ειδικής Εκπαίδευσης σε μία μεγάλη σχολική περιφέρεια στην Καλιφόρνια κρίνοντας, πως δεν κάνω για διοικητικός, πως ήμουνα δάσκαλος και ήθελα να ξαναγυρίσω στην τάξη. Κάθησα κι ο πρύτανης μου είπε: «Μπουσκάλια, τι θα 'θελες να κάνεις σε πέντε χρόνια;». Του απάντησα αμέσως και χωρίς κανένα δισταγμό, «θα 'θελα να διδάξω σε μια τάξη το μάθημα της αγάπης». Έγινε μια παύση, μια σιωπή, όπως κάνετε κι εσείς τώρα. Μετά ο πρύτανης έβηξε λίγο και μου είπε, «Και τι άλλο;».

Δυο χρόνια αργότερα δίδασκα πραγματικά μια τέτοια τάξη. Στην αρχή είχα είκοσι μαθητές. Τώρα έχω διακόσιους κι άλλοι εξακόσιοι είναι γραμμένοι στη λίστα αναμονής. Την τελευταία διδακτική περίοδο η τάξη είχε γεμίσει στα πρώτα είκοσι λεπτά μετά την έναρξη των εγγραφών. Αυτό δείχνει τι ενθουσιασμός κι ενδιαφέρον υπάρχει για το μάθημα της αγάπης.

Με εντυπωσιάζει πάντα το γεγονός ότι κάθε φορά που συνεδριάζει η Επιτροπή Εκπαιδευτικής Πολιτικής για να αποφασίσει ποιοι θα είναι οι στόχοι της αμερικανικής εκπαίδευσης, καθορίζεται σαν πρώτος σκοπός η αυτοπραγμάτωση ή η αυτοέκφραση. Κι όμως ποτέ δεν έχω συναντήσει ένα μάθημα που να ξεκινάει από το Δημοτικό και να φτάνει ώς το Πανεπιστήμιο με κεντρικο θέμα π.χ. το «Ποιος είμαι» ή «Τι ήρθα να κάνω εδώ;» ή «Ποια είναι η ευθύνη μου απέναντι στον άνθρωπο;» ή, αν θέλετε, «Αγάπη». Απ' όσο ξέρω είμαστε το μόνο σχολείο της χώρας και πιθανότατα ολόκληρου του κόσμου που προσφέρει ένα μάθημα με τίτλο «Αγάπη» και είμαι ο μοναδικος καθηγητής που είναι αρκετά τρελός, ώστε να το διδάσκει.

Σ' αυτή την τάξη δε διδάσκω. Μαθαίνω απ' αυτή. Καθόμαστε σ' ένα μεγάλο παχύ χαλί και φλυαρούμε επί δύο ώρες. Συνήθως το πράγμα συνεχίζει μέχρι το βράδυ, αλλά έτσι κι αλλιώς καθόμαστε τουλάχιστον τις δύο καθορισμένες ώρες και ανταλλάσσουμε τις γνώσεις μας βασιζόμενοι στην άποψη ότι η αγάπη είναι κάτι που μαθαίνεται. Οι ψυχολόγοι, οι κοινωνιολόγοι, οι ανθρωπολόγοι μάς διδάσκουν επί χρόνια ότι η αγάπη μαθαίνεται. Δεν είναι κάτι που συμβαίνει έτσι αυθόρμητα. Νομίζω πως, επειδή έχουμε αυτή την αυταπάτη, γι' αυτό έχουμε τόσα μπλοκαρίσματα στις ανθρώπινες σχέσεις. Κι όμως ποιος μας μαθαίνει ν' αγαπάμε; Βασικά η κοινωνία μέσα στην οποία ζούμε και βέβαια αυτό ποικίλλει πολύ. Οι γονείς μας μας έμαθαν ν' αγαπάμε. Είναι οι πρώτοι μας δάσκαλοι, αλλά δεν είναι πάντα οι καλύτεροι. Πολλοί ζητάμε οι γονείς μας να είναι τέλειοι. Τα παιδιά πάντα απαιτούν την τελειότητα από τους γονείς τους καθώς μεγαλώνουν κι οταν διαπιστώνουν ότι τα ταλαίπωρα αυτά ανθρωπάκια δεν είναι τέλεια, απογοητεύονται κσι στεναχωριούνται και *θυμώνουν*. Ίσως αυτό να σημαίνει η ενηλικίωση, να κοιτάζεις απέναντί σου αυτούς τους δύο ανθρώπους, αυτό τον άνδρα κι αυτή τη γυναίκα και να τους βλέπεις σαν συνηθισμένους ανθρώπους, σαν εσένα, με τα προβλήματα και τις προκαταλήψεις τους, με τρυφερότητα, με χαρά, με λύπη και με δάκρυα, καταλαβαίνοντας πως είναι απλώς άνθρωποι. Το σημαντικό είναι πως αν *έχουμε* μάθει την αγάπη απ' αυτούς τους ανθρώπους και από την κοινωνία, μπορούμε να την ξεμάθουμε και να την ξαναμάθουμε από την αρχή: υπάρχει επομένως πολύ μεγάλη ελπίδα. Υπάρχει μεγάλη ελπίδα για όλους μας, σε κάποιο σημείο όμως θα πρέπει να μάθουμε ν' αγαπάμε. Πιστεύω πως πολλά απ' αυτά τα πράγματα βρίσκονται μέσα μας και τίποτε απ' ό,τι θα σας πω δε θα σας φανεί εντελώς καινούργιο. Αυτό που θα δείτε είναι πως κάποιος έχει το θάρρος να σηκωθεί επάνω και να το πει και να το ελευθερώσει ίσως μ' αυτό τον τρόπο μέσα σας, ώστε να πείτε *εσείς* στο τέλος: «Έτσι αισθάνομαι κι εγώ, δεν είναι κακό να αισθάνομαι έτσι».

Είναι πολύ ενδιαφέρον, αλλά πριν από πέντε χρόνια, όταν αρχισα να μιλάω για αγάπη, είχα μεγάλη μοναξιά, θυμάμαι, κι υπήρχαν μερικοί απ' αυτό το ακροατήριο που βρίσκονταν σ' ένα άλλο ακροατήριο όταν συμμετείχα μαζί με ένα συνάδελφο από ένα άλλο Πανεπιστήμιο σε μια συζήτηση πάνω στην αναμόρφωση της συμπεριφοράς σε αντίθεση με το συναίσθημα. Αφού μίλησα και φώναξα αρκετή ώρα περί αγάπης, ο κύριος αυτός γύρισε και μου είπε:

«Μπουσκάλια, είσαι εντελώς άσχετος». Νομίζω ότι έχω το περίεργο αυτό προνομιο να είμαι ο μόνος άσχετος άνθρωπος που έχω γνωρίσει. Κι είναι θαυμάσιο! Τώρα όμως δεν έχω πια μοναξιά, γιατί είναι πολλοί οι άνθρωποι που στρέφονται προς το συναίσθημα και το μελετούν.

Μια από τις πιο κρίσιμες εξελικτικές στιγμές για μένα ήταν όταν βρήκα το βιβλίο του Λίοναρντ Ζίλμπερμαν *Κρίση στην Τάξη* διαβάστε το, αν δεν το 'χετε διαβάσει, είναι απίθανο. Θ' αποδειχτεί ίσως ένα από τα πιο ουσιαστικά βιβλία στην παιδαγωγική. Βρίσκεται κιόλας στον κατάλογο των μπεστ σέλερ. Όποιος ενδιαφέρεται για τα παιδιά, συμπεριλαμβανομένων και των γονιών, πρέπει να διαβάσει το βιβλίο του Ζίλμπερμαν. Πρέπει να είναι προσιτό στον καθένα. Το βιβλίο αυτό είναι το αποτέλεσμα μιας τριετούς υποτροφίας Κάρνεγκι που δόθηκε στον Λίοναρντ Ζίλμπερμαν, ένα σπουδαίο κοινωνιολόγο και μεγάλο ψυχολόγο, για να διαπιστώσει σε ποια κατάσταση βρίσκεται η αμερικανική παιδεία σήμερα. Συμπεραίνει πως, δεδομένου ότι στην Αμερική η παιδεία ανήκει σε όλους, κάνουμε πολύ καλή δουλειά σ' ό,τι αφορά τη γραφή και την ανάγνωση, την αριθμητική και την ορθογραφία. Σ' αυτό είμαστε σπουδαίοι. Αποτυγχάνουμε όμως οικτρά, όταν πρόκειται να διδάξουμε στα άτομα πώς να είναι ανθρώπινα όντα. Για να το διαπιστώσει κανείς αυτό δε χρειάζεται παρά να ρίξει μια ματιά τριγύρω του. Είναι φανερό ότι ο τόνος έχει μπει σε λάθος συλλαβή.

Τον πρώτο μου χρόνο στο Πανεπιστήμιο της Νότιας Καλιφόρνιας (USC) δίδασκα μια τάξη. Είναι εντυπωσιακό πράγμα — φαντάζομει ότι το νιώθετε κι εσείς— οι δονήσεις που συλλαμβάνει κανείς από το κοινό του. Κάτι συμβαίνει ανάμεσα σε σένα και το κοινό σου, αν μιλάς *σ' αυτό* και όχι *προς αυτό*. Θα ήταν θαυμάσιο αν μπορούσαμε να έχουμε μια μικρή ομάδα να καθόμαστε μαζί και να μιλάμε αντί γι' αυτές τις μαζικές συγκεντρώσεις. Ακόμη κι έτσι όμως καταλαβαίνεις ότι υπάρχουν στο ακροατήριο κάποια πρόσωπα που ξεχωρίζουν, κάποια σώματα που δονούνται. Σε αγγίζουν και τα αγγίζεις. Κάποιες στιγμές, όταν χρειάζεσαι υποστηριξη, εστιάζεσαι σ' αυτά και δέχεσαι ένα χαμόγελο που λέει: «Συνέχισε, φίλε, τα πας περίφημα». Μετά μπορείς να κάνεις τα πάντα. Είχα λοιπόν ένα τέτοιο πρόσωπο σ' αυτή την τάξη, μια όμορφη νεαρή κοπέλα. Καθόταν πάντα στην έκτη σειρά από πίσω και κουνούσε το κεφάλι της. Όταν έλεγα κάτι, έλεγε, «Α, ναι!». Κάποιες φορές ακουγόταν να λέει, «Αυτό είναι» και μετά σημείωνε κάτι κι εγώ σκεφτόμουνα, «Ωραία, επικοινωνώ πραγματικά μαζί της, κάτι όμορφο συμβαίνει ανάμεσά μας. Το πράγμα θα πάει καλά, μαθαίνει» κλπ. Μια μέρα έπαψε να έρχεται: Δεν μπορούσα να καταλάβω τι είχε συμβεί και συνέχιζα να την ψάχνω, μα δεν ήταν εκεί. Τελικά ρώτησα τον Πρύτανη των Γυναικών και μου είπε: «Δεν το μάθατε;» ...αυτή η νεαρή κοπέλα που έγραφε καταπληκτικές εργασίες, που είχε ένα θαυμάσιο μυαλό και μια δημιουργικότητα αφάνταστη, ...πήγε μια μέρα στο Πασίφικ Παλισέντς, μια περιοχή με απότομα βράχια που πέφτουν στη θάλασσα. Παρκάρισε το αυτοκίνητό της, βγήκε έξω, πήδησε από το ύψωμα κι έγινε κομματάκια κάτω στα βράχια. Ακόμη μ' απασχολεί αυτό το πράγμα και λέω μέσα μου — τι είναι αυτό που κάνουμε, γιατί παραγεμίζουμε τους ανθρώπους με πληροφορίες ξεχνώντας πως είναι άνθρωποι, πως είναι ανθρώπινα πλάσματα;

Ο Καρλς Ρότζερς έχει πει τελευταία το ίδιο πράγμα για την αποτυχία μας:

> Ξέρετε πως δεν πιστεύω ότι έχει καταφέρει ποτέ κανείς να διδάξει τίποτε σε κανένα. Αμφισβητώ την αποτελεσματικότητα της διδασκαλίας. Το μόνο που ξέρω είναι ότι όποιος θέλει να μάθει θα μάθει. Και ίσως ο δάσκαλος είναι ένας διευκολυντής, κάποιος που απλώνει τα πράγματα μπροστά στους άλλους και τους λέει πόσο ενδιαφέρον και υπέροχο είναι αυτό και τους προσκαλεί να φάνε.

Αυτό είναι το μόνο που μπορείς να κάνεις — δε γίνεται ν' αναγκάσεις κάποιον να φάει, με κανένα τρόπο. Κανένας δάσκαλος δε δίδαξε ποτέ τίποτε σε κανένα. Οι άνθρωποι μαθαίνουν μόνοι τους. Αν κοιτάξουμε τη λέξη παιδαγωγός, θα βρούμε μέσα της το ρήμα «άγω» που σημαίνει οδηγώ, κατευθύνω. Αυτό ακριβώς σημαίνει να καθοδηγείς, να νιώθεις ενθουσιασμό ο ίδιος, να καταλαβαίνεις τον εαυτό σου και να βάλεις αυτό το πράγμα μπροστά στους άλλους λέγοντας «Κοίτα τι θαυμάσιο πράγμα. Έλα να το φάμε μαζί». Θυμηθείτε την κουβέντα της θείτσας Μέημ, «Η ζωή είναι ένα φαγοπότι και οι πιο πολλοί ηλίθιοι πεθαίνουν από την πείνα». Έτσι άρχισα ν' αναρωτιέμαι, και τώρα τα πράγματα γίνονται πιο εύκολα γιατί όλο και περισσότεροι άνθρωποι σαν τον Ζίλμπερμαν φτάνουν σ' αυτό το συμπέρασμα και δεν περνάω πια για τρελός.

Ο Σορόκιν, ένας μεγάλος κοινωνιολόγος, κάνει την εξής διαπίστωση στην εισαγωγή στο βιβλίο του *Οι δρόμοι και η δύναμη της αγάπης*:

> Ο λογικός νους, ο δικός μας νους αμφισβητεί επιδεικτικά τη δύναμη της αγάπης. Η αγάπη μας φαίνεται φανταστικό κατασκεύασμα — την ονομάζουμε αυταπάτη, όπιο του πνεύματος, ιδεαλιστική σκέψη και αντιεπιστημονική ψευδαίσθηση. Είμαστε προκατειλημμένοι ενάντια σε κάθε θεωρία που προσπαθεί ν' αποδείξει τη δύναμη της αγάπης ανάμεσα σε άλλες θετικές δράσεις που καθορίζουν την ανθρώπινη συμπεριφορά και προσωπικότητα, επηρεάζουν την πορεία της βιολογικής, κοινωνικής, ηθικής και πνευματικής εξέλιξης, επιδρούν στην κατεύθυνση των πολιτικών γεγονότων, διαμορφώνουν κοινωνικούς θεσμούς και πολιτισμούς.

Στη συνέχεια προχωρεί και μας αποδεικνύει με επιστημονικές μελέτες πώς και γιατί τα πράγματα *είναι* έτσι.

Τι κρίμα για σένα, αν πιστεύεις ότι υπάρχει μόνο ό,τι μπορεί να μετρηθεί στατιστικά. Πραγματικά σε λυπάμαι αν διευθύνει τη ζωή σου μόνο αυτό που μπορεί να μετρηθεί, γιατί εμένα με κεντρίζει το απροσμέτρητο. Με κεντρίζουν τα όνειρα, όχι μόνο αυτό που είναι μπροστά μου. Δε δίνω δεκάρα γι' αυτό που βρίσκεται μπροστά μου. Αυτό το βλέπω. Αν θέλεις να περάσεις τη ζωή σου μετρώντας το, είναι δικαίωμά σου, εμένα όμως με ενδιαφέρει αυτό που βρίσκεται *πιο έξω*. Υπάρχουν τόσα που δε βλέπουμε, δεν πιάνουμε, δε νιώθουμε, δεν καταλαβαίνουμε.

Υποθέτουμε πως η πραγματικότητα είναι αυτό το κουτί που μας βάλανε μέσα, κι όμως σας βεβαιώνω πως δεν είναι έτσι. Ανοίξτε την πόρτα κάποτε και κοιτάξτε τι υπάρχει έξω. Το όνειρο του σήμερα θα είναι η πραγματικότητα του αύριο. Κι όμως έχουμε ξεχάσει να ονειρευόμαστε.

Ο Μπακμίνστερ Φούλερ ήρθε πρόσφατα στο Πανεπιστήμιό μας κι ο θαυμάσιος αυτός γέρος στάθηκε μπροστά μας κρατώντας μόνο ένα μικροσκοπικό μικρόφωνο —ούτε σημειώσεις ούτε πίνακες ούτε οπτικοακουστικά βοηθήματα —και μας μίλησε, καταγοητεύοντας ένα ακροατήριο από τρεις ή τέσσερις χιλιάδες, επί τρεις ώρες και δεκαπέντε λεπτά χωρίς σταματημό. Είπε θαυμάσια πράγματα για την ελπίδα και για το μέλλον και τα τελευταία του λόγια ήταν, «Έχω μεγάλες ελπίδες για το αύριο. Ελπίδες που πηγάζουν από τα παρακάτω τρία πράγματα — την Αλήθεια, τα Νιάτα και την Αγάπη». Μετά πήρε το μικροσκοπικό του μικρόφωνο και απομακρύνθηκε. Αλήθεια, Νιάτα και Αγάπη. Αυτή θα είναι η ελπίδα μας για το αύριο.

Νομιζω πως οι άνθρωποι αρχίζουν τώρα να προσέχουν περισσότερο το πράγμα που ονομάζουμε αγάπη. Το κάνουν χωρίς να ντρέπονται. Λένε, «Πρέπει ίσως να ξαναγυρίσουμε σ' αυτό». Ο Ζίλμπερμαν λέει: «Αυτό που λείπει, είναι το συναίσθημα. Τα σχολεία είναι θλιβερά μέρη χωρίς πνευματικότητα που πνίγουν τα παιδιά και σκοτώνουν τη δημιουργικότητα και τη χαρά». Κι όμως θα 'πρεπε να είναι τα πιο χαρούμενα μέρη του κόσμου, γιατί δεν υπάρχει μεγαλύτερη χαρά από το να μαθαίνεις. Είναι συγκλονιστικό πράγμα η μάθηση γιατί, κάθε φορά που μαθαίνεις κάτι, γίνεσαι κάτι καινούργιο. Δεν μπορείς να μάθεις κάτι χωρίς να αναπροσαρμόσεις αυτό που είσαι πάνω στα νέα πράγματα που έχεις μάθει. Γι' αυτό θα 'θελα να σας μιλήσω για λίγο και να σας πω τι πιστεύω πως είναι ο άνθρωπος που αγαπάει. Θα μπορούσα να πω ο δάσκαλος που αγαπάει, μα δε μου αρέσει. Βλέπετε δεν είσαστε μόνον δάσκαλος, αλλά και άνθρωπος. Τα παιδιά ταυτίζονται με τους ανθρώπους. Δυσκολεύονται όμως πολύ να ταυτιστούν με τους δασκάλους. Όταν αρχίσει κανείς να φέρεται σαν δάσκαλος, μέσα στο ρόλο του πιάνει τον εαυτό του να λέει ένα σωρό πράγματα που δε θα 'θελε να πει.

Εκπαιδεύουμε τους δασκάλους. Τους εκπαιδεύουμε και τους στέλνουμε έτοιμους σαν όμορφα ανθρώπινα πλάσματα. Μετά τους βάζουμε μέσα σε μια τάξη και ξέρετε τι λένε όταν ξαναγυρίζουν; «Έπιασα τον εαυτό μου να λέει όλα τα φριχτά πράγματα που μ' έκαναν να μισώ τους δικούς μου δασκάλους, όπως, «Θα μας πάρει το βράδυ, Μαίρη», «Εσένα περιμένουμε, Τζόνυ», «Πολύ μου αρέσει ο τρόπος που κάθεσαι, Τζόνυ». Σας θυμίζουν τίποτε όλα αυτά; Κι ακούς η Μαίρη να λέει, «Περίμενε όσο θέλεις, γερο-βλάκα». Πράγματι περιμένουμε τη Μαίρη. Κι όμως σ' ένα τέτοιο ρόλο βρισκόμαστε κλεισμένοι. Πιάνουμε τον εαυτό μας να περπατάει πάνω κάτω μπροστά από τα θρανία και να μονολογεί, γιατί εμείς είμαστε οι δάσκαλοι. Και πιστεύουμε ακόμη στο μύθο ότι διδάσκουμε κάτι. Τα παιδιά πάντα μαθαίνουν. Το μόνο που έχει να κάνει κανείς, είναι να τα καθοδηγήσει· αυτό είναι το κύριο έργο μας.

Η αποτυχία μας στις παιδαγωγικές σχολές οφείλεται στο ότι δε βοηθάμε τους δασκάλους να πετάξουν από πάνω τους το ρόλο του δασκάλου και να γίνουν ξανά άνθρωποι συνειδητοποιώντας ότι είναι καθοδηγητές. Στο βαθμό που θα το αναγνωρίσουν αυτό θα είναι αποτελεσματικοί στην τάξη τους, γιατί το παιδί καταλαβαίνει τον καθοδηγητή. Θα σας πω μερικές ιδέες γύρω από το τι είναι ένας άνθρωπος που αγαπάει κι αν εσείς θέλετε να τις κολλήσετε στο τι είναι ένας δάσκαλος που αγαπάει, δικαίωμά σας. Εμένα όμως μ' ενδιαφέρει περισσότερο ο άνθρωπος που αγαπάει.

Κατ' αρχήν πιστεύω ότι το πιο σημαντικό χαρακτηριστικό του ανθρώπου που αγαπάει είναι ότι αγαπάει τον εαυτό του. Τώρα πολλοί θα τιναχτούν και θα πουν, «Μμ... τι θέλει να πει μ' αυτό;». Δε μιλάω για το χάιδεμα του εγώ μας. Δε μιλάω για τον άνθρωπο που στέκεται μπροστά στον καθρέφτη λέγοντας, «Καθρέφτη, καθρεφτάκι μου, ποιος είναι ο πιο ωραίος; Πόσο δίκιο έχεις, καθρέφτη μου». Ξέρετε πολύ καλά πως δε μιλάω γι' αυτό, όταν αναφέρομαι στον άνθρωπο που αγαπάει τον εαυτό του. Μιλάω για τον άνθρωπο που συνειδητοποιεί, ότι δεν μπορείς να δώσεις παρά αυτό που έχεις και γι' αυτό καλά θα κάνεις να προσπαθήσεις όσο μπορείς ν' αποχτήσεις κάτι. Θέλεις να είσαι ο πιο μορφωμένος, ο πιο λαμπερός, ο πιο ενδιαφέρων, ο πιο πολυτάλαντος, ο πιο δημιουργικός άνθρωπος του κόσμου, γιατί έτσι θα μπορέσεις να τα δώσεις όλα αυτά. Ο μοναδικός λόγος που έχεις κάτι, είναι για να το δίνεις.

Η φράση «Δεν μπορώ να σε διδάξω κάτι που δεν ξέρω» φαίνεται εύκολη και αυτονόητη. Κι όμως είμαστε αναγκασμένοι να την πούμε. Αν έχω σκοπό να σηκωθώ και να μιλήσω σε μια ομάδα, καλά θα κάνω να γνωρίζω κάτι ή να έχω κάτι να τους πω. Αν έχω σκοπό να διδάξω μια τάξη πάνω στις δυσκολίες της μάθησης, πρέπει να ξέρω μερικά πράγματα πάνω στις δυσκολίες της μάθησης. Και δεν μπορώ να διδάξω στην τάξη μου παρά αυτά που ξέρω. Αν θέλω επομενως να γίνω ένας καλός δάσκαλος στο θέμα των δυσκολιών της μάθησης, τότε θα πρέπει να ξέρω ό,τι είναι δυνατό να μάθει κανείς πάνω στις δυσκολίες της μάθησης. Το θαυμάσιο πράγμα σ' αυτή την υπόθεση είναι πως μπορώ να διδάξω όλα όσα ξέρω σ' όλους τους ακροατές αυτής της αίθουσας, χωρίς εγώ να έχω χάσει τίποτε, γιατί θα εξακολουθώ να γνωρίζω όσα γνωρίζω. Επομένως, στην πραγματικότητα, δε δίνεις τίποτε — απλώς το μοιράζεσαι. Ο Φούλερ είπε το προηγούμενο βράδυ: «Για να σας διδάξω όλα όσα ξέρω, μου φτάνουν μόνο δεκαπέντε ώρες». Φανταστείτε αυτό το πανέξυπνο, απίθανο μυαλό — αυτόν το μεγάλο επιστήμονα και φιλόσοφο να λέει: «Σε δεκαπέντε ώρες θα σας διδάξω όλα όσα ξέρω». Αλλά κι αν το κάνει δε θα έχει χάσει τίποτε απ' όσα ξέρει, θα συνεχίσει να τα ξέρει.

Το ίδιο συμβαίνει και με την αγάπη. Θα μπορούσα ν' αγαπάω κάθε άνθρωπο μέσα σ' αυτή την αίθουσα, αν είχα την ευκαιρία να σας γνωρίσω όλους από κοντά, με την ίδια ένταση. Κι ωστόσο θα είχα πάντα το ίδιο ποσό αγάπης και το ίδιο δυναμικό που έχω αυτή τη στιγμή. Δε θα έχανα τίποτε. Θα έπρεπε όμως να το έχω από την αρχή. Αν η αγάπη μου είναι νευρωτική, αν είναι κτητική, αν είναι αρρωστημένη, τότε το μόνο που θα μπορούσα να σας διδάξω είναι η νευρωτική, κτητική, αρρωστημένη αγάπη. Αν η γνώση μου πάνω σ' ο,τιδήποτε είναι πλατιά και ατελείωτη, μπορώ να σας τη δώσω. Γι' αυτό και η ευθύνη μου απέναντι στον εαυτό μου είναι να τον μεγαλώσω, να τον γεμίσω με γνώση, με αγάπη, με κατανόηση, με εμπειρίες, με τα πάντα, έτσι που να μπορώ να σας τον δώσω κι εσείς να τον πάρετε και να χτίσετε τα πράγματα από κει και πέρα.

Κανένας δε συνεχίζει το μάθημα της αγάπης πέρα από ένα χρόνο. Είναι μια τάξη μονοετής. Παίρνετε ό,τι έχω να σας δώσω. Το προσθέτετε σ' αυτό που έχετε μέσα σας και βγαίνετε στον κόσμο να φτιάξετε κάτι ωραίο. Για παράδειγμα βλέπω την προσωπικότητα όχι όπως τη βλέπει ο ψυχολόγος ή ο κοινωνιολόγος ή ο ανθρωπολόγος, αλλά σαν κάτι που μας έλειψε για πολύ μεγάλο διάστημα. Αυτό το κάτι είναι η μοναδικότητα. Βλέπω τον καθένα σαν μοναδικο άτομο που κρύβει μέσα του ένα παράγοντα X, ας πούμε, μια και δεν υπάρχει καλύτερη ονομασία. Κάτι μέσα σ' εσένα που είναι μόνο δικό σου, που διαφέρει από τους άλλους, που σε κάνει να βλέπεις διαφορετικά, να νιώθεις διαφορετικά, ν' αντιδράς διαφορετικά. Πιστεύω πως αυτό το έχουμε όλοι μας και εύχομαι μόνο να είχατε την τύχη να συναντήσετε κάποιον που να ήξερε και να σας βοήθησε να το αναπτύξετε. Γιατί ίσως η ουσία της παιδείας δεν είναι να σας παραγεμίσει το κεφάλι με πληροφορίες, αλλά να σας βοηθήσει ν' ανακαλύψετε τη μοναδικότητά σας, να σας διδάξει πώς να την αναπτύξετε και μετά να σας δείξει πώς να τη δώσετε στους άλλους.

Φανταστείτε πώς θα ήταν ο κόσμος μας, αν ο καθένας μέσα σ' αυτό το δωμάτιο είχε την ευκαιρία να ενθαρρυνθεί να γίνει ένα μοναδικό ανθρώπινο πλάσμα. Ξέρετε όμως τι νομίζω εγώ; Πως ο στόχος του παιδαγωγικού μας συστήματος είναι να κάνει όλους τους ανθρώπους ίδιους. Κι όταν το καταφέρνουμε αυτό, θεωρούμε τον εαυτό μας τυχερό. Αυτό συμβαίνει κάθε μέρα! «Δε μ' ενδιαφέρει η μοναδικότητά σου. Μ' ενδιαφέρει αν κατάφερα να σου περάσω το δικό μου εαυτό και στο βαθμό που κατάφερα να με παπαγαλίζεις θεωρώ τον εαυτό μου πετυχημένο δάσκαλο».

Διηγούμαι πάντα την ιστορία ενός σχολείου ζώων, μια συναρπαστική ιστορία που λένε οι παιδαγωγοί επί χρόνια. Πάντα γελάμε μ' αυτή, αλλά ποτέ δεν κάνουμε τίποτε. Ένας λαγός, ένα πουλί, ένα ψάρι, ένας σκίουρος, μια πάπια και διάφορα άλλα ζώα αποφάσισαν ν' ανοίξουν ένα σχολείο. Κάθησαν όλοι κάτω να οργανώσουν το πρόγραμμα. Ο λαγός επέμεινε ότι στο πρόγραμμα έπρεπε να συμπεριληφθεί το τρέξιμο. Το πουλί επέμεινε για το πέταγμα. Το ψάρι επέμεινε για το κολύμπι. Ο σκίουρος επέμεινε για το κάθετο σκαρφάλωμα στα δέντρα. Κι όλα τα άλλα ζώα ήθελαν να συμπεριληφθεί στο πρόγραμμα η ειδικότητά τους, κι έτσι έβαλαν τα πάντα και μετά έκαναν το ανεπανόρθωτο σφάλμα να επιμείνουν να παρακολουθήσουν όλα τα ζώα όλα τα μαθήματα. Ο λαγός έτρεχε υπέροχα, κανείς δεν έτρεχε τόσο γρήγορα σαν το λαγό. Οι άλλοι όμως επέμειναν ότι ήταν απαραίτητο για τη διανοητική και συγκινησιακή πειθαρχία να μάθουν στο λαγό να πετάει. Επέμειναν λοιπόν να μάθει να πετάει και τον ανέβασαν σ' ένα κλαδί και του είπαν: «Πέτα, λαγέ!» Το κακόμοιρο το ζωάκι πήδησε κι έσπασε το πόδι του και το κεφάλι του. Έπαθε ζημιά ο εγκέφαλός του και μετά ούτε να τρέξει καλά δεν μπορούσε. Έτσι αντί για Α στο τρέξιμο πήρε Γ. Πήρε κι ένα Δ στο πέταγμα για την καλή του προσπάθεια. Κι όλοι στην επιτροπή του προγράμματος ήταν ευχαριστημένοι. Το ίδιο έγινε και με το πουλί — πέταγε σαν τον άνεμο εδώ κι εκεί, έκανε τούμπες και κόλπα κι έπαιρνε Α στο πέταγμα. Οι άλλοι όμως επέμειναν ότι έπρεπε να μάθει να σκάβει τρύπες σαν τυφλοπόντικας. Βέβαια το πουλί έσπασε τελικά τα φτερά του και το ράμφος του και πολλά άλλα και δεν μπορούσε πια ούτε να πετάει. Όλοι όμως ευχαριστήθηκαν που του έβαλαν ένα Γ στο πέταγμα, και ούτω καθεξής. Και ξέρετε ποιος ήταν ο αριστούχος αυτού του σχολείου; Ένα διανοητικά καθυστερημένο χέλι, γιατί μπορούσε να κάνει τα πάντα σχεδόν αρκετά καλά. Η κουκουβάγια αποσύρθηκε και τώρα ψηφίζει «όχι» σε όλα τα ψηφίσματα που έχουν να κάνουν με τα κονδύλια της παιδείας.

Όλοι το ξέρουμε πολύ καλά, πως ο τρόπος αυτός είναι λανθασμένος κι ωστόσο κανείς δεν κάνει ποτέ τίποτε. Μπορεί να είσαι μεγαλοφυΐα. Μπορεί να είσαι ένας από τους μεγαλύτερους συγγραφείς του κόσμου — δε θα καταφέρεις να μπεις στο Πανεπιστήμιο αν δεν περάσεις την τριγωνομετρία. Που θα την κάνεις τι; Δεν μπορείς να πάρεις απολυτήριο από το Λύκειο αν δεν περάσεις σ' αυτό και σε κείνο το μάθημα! Δεν μπορείς να βγεις από το Δημοτικό αν δεν κάνεις αυτό ή το άλλο! Δεν έχει καμιά σημασία ποιος είσαι. Ρίξτε μια ματιά στη λίστα των αποτυχημένων μαθητών: Γουίλιαμ Φώκνερ, Τζον Φ. Κέννεντυ, Τόμας Έντισον. Δεν μπορούσαν να τα βγάλουν πέρα στο σχολείο. Ήταν κόλαση γι' αυτούς. «Δε θέλω να μάθω κάθετο σκαρφάλωμα. Ποτέ δεν πρόκειται να σκαρφαλώσω κάθετα σ' ένα δέντρο. Είμαι πουλί. Μπορώ να πετάξω στην κορφή του δέντρου χωρίς να χρειάζεται να σκαρφαλώσω». «Δεν έχει σημασία, είναι καλή πνευματική άσκηση».

Σαν άτομα δεν πρέπει να αρκούμαστε στο να γίνουμε απλώς σαν τους άλλους. Πρέπει να πολεμήσουμε το σύστημα. Πάρτε για παράδειγμα τους καθηγητές των τεχνικών. (Δεν έχω τίποτε εναντίον των καθηγητών των τεχνικών. Τους λυπάμαι τους καημένους.) Θυμάμαι τις φορές που έρχονταν στην τάξη μου στο Δημοτικό κι είμαι σίγουρος ότι τους θυμόσαστε κι εσείς. Σας έδιναν ένα κομμάτι χαρτί, ο δάσκαλος ετοίμαζε τον πίνακα, κι εσείς περιμένατε γεμάτοι ενθουσιασμό. Θα ήταν η ώρα των τεχνικών. Είχατε μπροστά σας μια σειρά από κραγιόνια, δένατε τα χέρια σας και περιμένατε. Σε λίγο ερχόταν τρέχοντας μια ταλαίπωρη, εξαντλημένη γυναίκα, που βιαζόταν γιατί έπρεπε να διδάξει τεχνικά σε άλλες δεκατέσσερις τάξεις αυτή τη μέρα. Ορμούσε μέσα με το καπέλο της στραβοβαλμένο, λαχανιασμένη και ανάγγελλε: «Καλημέρα, παιδιά. Σήμερα θα ζωγραφίσουμε ένα δέντρο». «Ζήτω», έλεγαν τα παιδιά, «θα ζωγραφίσουμε ένα δέντρο!». Έπαιρνε λοιπόν ένα πράσινο κραγιόνι και σχεδίαζε αυτό το μεγάλο πράσινο πράγμα. Μετά του σχεδίαζε μία καφετιά βάση και λίγα χορταράκια. «Αυτό είναι ένα δεντρο», έλεγε. Και τα παιδιά το κοίταζαν καλά κι έλεγαν, «Αυτό δεν είναι δέντρο, είναι γλειφιντζούρι». Εκείνη όμως επέμενε και μοίραζε τα χαρτιά λέγοντας: «Τώρα ζωγραφίστε κι εσείς ένα δέντρο». Στην πραγματικότητα δεν εννοούσε «Ζωγραφίστε ένα δέντρο», αλλά «Ζωγραφίστε το δέντρο μου». Και όσο πιο γρήγορα καταλάβαινες τι ήθελε και κατάφερνες να μιμηθείς το γλειφιντζούρι και να της το δώσεις, τόσο πιο εύκολα έπαιρνες Α.

Υπήρχε όμως πάντα ο μικρούλης που ήξερε ότι αυτό δεν ήταν δέντρο, γιατί είχε δει τα δέντρα έτσι όπως δεν τα είχε ζήσει ποτέ η καθηγήτρια των τεχνικών. Είχε πέσει απο ένα δέντρο, είχε δαγκώσει ένα δέντρο, είχε μυρίσει ένα δέντρο, είχε καθήσει στα κλαδιά ενός δέντρου, είχε ακούσει τον άνεμο να περνάει μέσα από το φύλλωμα ενός δέντρου και ήξερε, πως το δικό της δέντρο ήταν γλειφιντζούρι. Έτσι έπαιρνε το μοβ και το πορτοκαλί και το μπλε και το ροζ και το πράσινο και γέμιζε τη σελίδα του και μετά σηκωνόταν και της το πήγαινε χαρούμενος. Η καθηγήτρια το κοίταζε και έλεγε: «Ω, Θεέ μου, εγκεφαλική βλάβη — να πάει σε ειδική τάξη».

Πόσος καιρός χρειάζεται για να καταλάβει κάποιος ότι αυτό που του λες στην πραγματικότητα είναι, «Για να σε περάσω, θέλω να μιμηθείς το δέντρο μου». Έτσι πηγαίνουν τα πράγματα από την πρώτη του Δημοτικού ώς τα σεμινάρια του Πανεπιστημίου. Εγώ διδάσκω σε σεμινάρια στο Πανεπιστήμιο. Είναι απίστευτο το πώς έχουν μάθει πια να παπαγαλίζουν τα παιδιά που έχουν φτάσει σ' αυτό το επίπεδο. Ρωτάτε αν σκέφτονται; Μη λέτε ανοησίες. Μπορούν να σου επαναλάβουν λέξη προς λέξη τα στοιχεία που τους δίνεις. Και δεν μπορείς να τα κατηγορήσεις αυτά τα παιδιά, γιατί έτσι έμαθαν. Τους λες: «Σκέψου δημιουργικά» και τους πιάνει φόβος. «Δεν το εννοεί πραγματικά αυτό, έτσι δεν είναι;» Τι συμβαίνει λοιπόν στη μοναδικότητά μας, τι συμβαίνει στο δέντρο μας; Όλη αυτή η καταπληκτική μοναδικότητα χάνεται στον πάτο της θάλασσας. Όλοι είναι σαν όλους κι όλοι είναι ευτυχισμένοι. Ο Ρ. Ντ. Λαινγκ λέει: «Ικανοποιούμαστε όταν κάνουμε τα παιδιά μας ανθρώπους σαν κι εμάς: στερημένους, άρρωστους, τυφλούς, κουφούς, αλλά με υψηλό δείκτη νοημοσύνης».

Ο άνθρωπος που αγαπάει δεν αρκείται στο να είναι μοναδικός, να αναπτύσσει τη μοναδικότητά του και να παλεύει για να τη διατηρεί. Θέλει να είναι ο σπουδαιότερος, γιατί καταλαβαίνει ότι αυτό μπορεί να το δώσει στους άλλους. Δεν ξέρω πόσοι από σας γνωρίζουν τα γραφτά του Ρ. Ντ. Λαινγκ. *Η πολιτική της Εμπειρίας* είναι ένα από τα καλύτερα δώρα που θα μπορούσα να σας κάνω. Είναι ένα μικρό βιβλιαράκι με απίθανο περιεχόμενο. Μιλάει σ' αυτό το βιβλίο για το ανθρώπινο δυναμικό και την ανάπτυξή του. Κάνει μέσα μια διαπίστωση που είναι κατά τη γνώμη μου μια από τις ωραιότερες που διάβασα ποτέ. Και δεν την έχει ούτε υπογραμμισμένη ούτε γραμμένη με πλάγια. Είναι απλώς ένα μέρος από τις απόψεις του. Λέει λοιπόν:

> Σκεφτόμαστε πολύ λιγότερο απ' όσα ξέρουμε. Ξέρουμε πολύ λιγότερα απ' όσο αγαπάμε. Αγαπάμε πολύ λιγότερο απ' όσο μπορούμε. Και σ' αυτό ακριβώς το βαθμό είμαστε πολύ λιγότεροι απ' όσο είμαστε».

Πώς σας φαίνεται;

Εντυπωσιακές αλλαγές συμβαίνουν σ' ολόκληρη τη χώρα. Υπάρχουν ινστιτούτα για την ανάπτυξη του ατόμου. Ο Χέρμπερ Όττο, ο Φιτζέραλντ, ο Καρλ Ρότζερς, το κάνουν αυτό χωρίς να πληρώνονται. Ιδρύουν ινστιτούτα και ζουν από τα δικαιώματα των βιβλίων τους, ψάχνοντας να βρουν τρόπους να βοηθήσουν τους ανθρώπους να αναπτύξουν και πάλι το δυναμικό τους, γιατί αλλιώς πάμε χαμένοι. Αυτό φώναζε και ο Φούλερ: «Ας γυρίσουμε στον εαυτό μας». Έχουμε δυνατότητες να δούμε, να νιώσουμε, ν' αγγίξουμε, να μυρίσουμε, τέτοιες δυνατότητες που ποτέ δεν τις έχουμε ονειρευτεί. Όμως έχουμε ξεχάσει πώς. Αυτά είναι τα πράγματα που θέλουμε να κάνουμε, αν ενδιαφερόμαστε για τον εαυτό μας κι αν τον αγαπάμε.

Έζησα μια μοναδική εμπειρία πριν από εφτά χρόνια. Πούλησα τα πάντα. Έκανα κάτι που όλοι όσοι το άκουσαν το ονόμασαν καθαρή τρέλα. Πούλησα όλα τα πράγματα που κατά τον πολιτισμό μας έχουν αξία... το στερεοφωνικό, τους δίσκους, τα βιβλία, την ασφάλειά μου, το αυτοκίνητό μου, μάζεψα τα λεφτά και πέρασα δυο χρόνια γυρίζοντας τον κόσμο. Τον περισσότερο καιρό τον πέρασα στην Ασία, γιατί τη γνωρίζω λιγότερο από οποιοδήποτε άλλο μέρος στον κόσμο. Τα δύο τρίτα του κόσμου δεν έχουν καμιά σχέση με το Δυτικό Κόσμο. Οι άνθρωποι αυτοί σκέφτονται, αισθάνονται, αντιλαμβάνονται διαφορετικά και μαθαίνεις πολλά πράγματα για τον εαυτό σου, όταν βγεις από το δυτικό σου περιβάλλον και διαπιστώσεις ότι υπάρχουν μέρη όπου ακόμη και η λέξη Χριστός είναι άγνωστη. Υπάρχουν μέρη που δεν έχουν ιδέα για το πώς σκέφτεται, πράττει, ή νιώθει η δυτική μας κουλτούρα. Κι αυτοί είναι οι άνθρωποι με τους οποίους ερχόμαστε σε μετωπική σύγκρουση. Οι λέξεις τους, δεν είναι οι λέξεις μας. Τα συναισθήματά τους δεν είναι τα δικά μας. Κι όμως διδάχτηκα πολλά πράγματα ταξιδεύοντας σ' αυτές τις χώρες.

Διδάχτηκα κάτι πραγματικά μοναδικό όταν ήμουνα στην Καμπότζη. Βρισκόμουνα στο Αγκόρ Βατ και θαύμαζα τα καταπληκτικά βουδιστικά ερείπια. Είναι κάτι το φανταστικό — τεράστιες κεφαλές του Βούδα πνιγμένες μέσα στα φυλλώματα των μπανυάν με πιθήκους να πετάγονται από δέντρο σε δέντρο, ένα τοπίο άγριο, ανοιχτό, όμορφο, ερείπια που όμοιά τους δεν τα 'χετε φανταστεί καν — ένας εντελώς νέος κόσμος για μας. Εκεί γνώρισα μια Γαλλίδα που είχε μείνει στον τόπο μετά την αποχώρηση των Γάλλων. «Ξέρεις Λέο», μου είπε, «αν θέλεις να ζήσεις πραγματικά την Καμπότζη μην κάθεσαι εδώ στα ερείπια. Καλά είναι κι αυτά, αλλά είναι προτιμότερο να βγεις έξω και να γνωρίσεις τον κόσμο. Να δεις τι κάνουν. Έχεις έρθει την κατάλληλη εποχή γιατί τώρα αρχίζουν οι μουσώνες κι ο τρόπος της ζωής αλλάζει». Και πρόσθεσε: «κατέβα στην Τόνλε Σαπ (Αν θυμόσαστε λίγο τη γεωγραφία σας, είναι μια μεγάλη λίμνη που πιάνει το μεγαλύτερο μέρος της Καμπότζης.) γιατί την εποχή αυτή ο κόσμος αρχίζει μια πολύ ενδιαφέρουσα προσπάθεια. Όταν έρχονται οι μουσώνες, οι δυνατές βροχές παρασύρουν τα σπίτια τους κι όλα τους τα υπάρχοντα. Τότε οι άνθρωποι αυτοί μπαρκάρουν σε κοινοτικές σχεδίες, πολλές οικογένειες μαζί. Οι βροχές έρχονται, οι σχεδίες επιπλέουν και ο κόσμος συνεχίζει να ζει όπως και πριν, αλλά κοινοτικά». Σκέφτηκα λοιπόν, δε θα ήταν ωραίο αν έξι μήνες το χρόνο μπορούσαμε, μερικοι από μας, να ζούμε μαζί; Καταλαβαίνω τι σκεφτόσαστε να μου απαντήσετε: Και ποιος θέλει να ζήσει παρέα με το γείτονά του; Ίσως όμως να είναι ωραίο πράγμα να ζήσεις λίγο με το γείτονά σου και να δεις ξανά πώς είναι να εξαρτάσαι από τους άλλους και τι ωραίο που είναι να μπορείς να πεις σε κάποιον: «Σε χρειάζομαι». Νομίζουμε ότι ενήλικος σημαίνει να είσαι ανεξάρτητος και να μη χρειάζεται κανένα *και γι' αυτό πεθαίνουμε όλοι από μοναξιά*. Τι καταπληκτικό πράγμα να σε χρειάζεται κάποιος! Και τι σπουδαίο πράγμα να χρειάζεσαι τους άλλους και να λες σε κάποιον, «Σε χρειάζομαι»! Δεν έχω κανένα πρόβλημα να πω ότι σας χρειάζομαι όλους, τον καθένα σας χωρίς καμιά εξαίρεση. Το κακό είναι ότι οι ζωές μας απλώς συναντιούνται μερικές φορές. Τα πιο σπουδαία βιώματα όμως της ζωής μου τα έζησα, όταν οι ζωές διασταυρώνονται και δυο άνθρωποι καταφέρνουν να επικοινωνήσουν.

Οι Καμποτζιανοί όμως το μαθαίνουν αυτό νωρίς γιατί τους το διδάσκει η φύση. Η φύση είναι μεγάλος δάσκαλος. Δεν έχουμε παρά να ξαναδιαβάσουμε τη *Λίμνη Γουόλντεν*. Θυμηθείτε την καταπληκτική φράση του Θορώ: «Αχ, Θεέ μου, να φτάσει κανείς στο σημείο του θανάτου για να καταλάβει ότι δεν έζησε ποτέ». Σκεφτείτε το λίγο. Τέλος πάντων κατέβηκα στη λίμνη με το ποδήλατο και τους βρήκα εκεί. Και σκέφτηκα ότι θα 'θελα να βοηθήσω αυτούς τους ανθρώπους στη μετακόμισή τους για να γίνω έτσι κι εγώ μέλος της κοινότητάς τους. Η Γαλλίδα γέλασε όταν της το είπα και μου απάντησε: «Ναι, βοήθησέ τους να μετακομίσουν». Τι είχαν να μετακομίσουν; Η φύση τούς έχει διδάξει ότι το μόνο πράγμα που έχουν είναι από την κορυφή του κεφαλιού τους ώς τις μύτες των ποδιών τους... τον εαυτό τους. Όχι πράγματα. Δεν μπορούν να μαζέψουν πράγματα, γιατί κάθε χρόνο έρχονται οι μουσώνες και δεν έχουν πού να τα πάνε αυτά τα πράγματα. Και δεν μπορούσα να μη σκεφτώ: «Τι θα 'κανες, Μπουσκάλια, αν φυσούσε μουσώνας στο Λος Άντζελες την επομένη εβδομάδα; Τι θα 'παιρνες μαζί σου; Την εγχώρια τηλεόραση; Το αυτοκίνητο; Το πτυελοδοχείο που σου άφησε η θεία Ματίλντα;» Το μοναδικό πράγμα που έχεις να πάρεις είναι ο εαυτός σου. Στο Λος Άντζελες έχουμε σεισμούς, όπως έχετε ακούσει σίγουρα. Είναι μια μοναδική αίσθηση, σας βεβαιώ, να μη μπορείς να ελέγξεις πού θα βρεθείς ή πού θα βρεθεί το σπίτι σου.

Πρόσφατα είχαμε ένα πολύ δυνατό σεισμό στο Λος Άντζελες και το σπίτι μου έπαθε σοβαρές ζημιές. Έπεσε το ταβάνι του καθιστικού και το τζάκι γκρεμίστηκε από μέσα. Μείναμε χωρίς νερό και πολλά άλλα. Ξαφνικά μάθαμε την αξία των πραγμάτων. Ο σεισμός μάς δίδαξε ξανά ότι τα *πράγματα* ήταν ανόητα κι ότι το μόνο που είχαμε ήταν ο εαυτός μας. Βγήκα από το σπίτι, ενώ γύρω μου γκρεμίζονταν πράγματα. Μόλις χάραζε και ο ουρανός άρχιζε να φωτίζεται. Στην πίσω αυλή μου έχω μια μεγάλη ροδακινιά. Ήταν εκεί ολάνθιστη. Και ξαφνικά, σαν αστραπή ήρθε στο μυαλό μου η σκέψη «Όλος αυτός ο όμορφος κόσμος θα συνεχίσει να υπάρχει ακόμη και χωρίς εσένα, φίλε μου». Και βρίσκω πως ο σεισμός άξιζε γιατί μου θύμισε αυτή την αλήθεια.

Οι φιλόσοφοι και οι ψυχολόγοι μας το λένε αυτό για χρόνια: «Δεν έχεις τίποτε άλλο εκτός από τον εαυτό σου. Γίνε λοιπόν ο πιο όμορφος, ο πιο τρυφερός, συναρπαστικός άνθρωπος του κόσμου. Έτσι θα επιζήσεις πάντα». Θυμόσαστε τη Μήδεια στην αρχαία τραγωδία; Θυμόσαστε το σημείο όπου όλα έχουν χαθεί και της λέει ο χορός: «Τι απομένει, Μήδεια; Όλα γκρεμίστηκαν, όλα χάθηκαν». Και η Μήδεια απαντάει: «Τι απομένει; Εγώ». *Αυτή* είναι απάντηση! «Τι εννοείς τι απομένει; Όλα απομένουν. Απομένω εγώ!» Όταν αναγνωρίζουμε πόσο σημαντικό είναι να επιστρέφει κανείς σ' ένα σεβασμό για τον εαυτό του, σε μια αγάπη για τον εαυτό του και σε μια συνειδητοποίηση ότι όλα προέρχονται από τον εαυτό του, τότε μπορούμε να δώσουμε στους άλλους. Τότε έχουμε φτάσει σ' ένα σημαντικό σταθμό γιατί, αν δε μας αρέσει ο εαυτός μας, μπορούμε πάντα να μάθουμε να μας αρέσει. Μπορούμε να δημιουργήσουμε ένα καινούργιο εαυτό. Μπορούμε. Αν δε σας αρέσει το σκηνικό μέσα στο οποίο κινείστε, γκρεμίστε το και φτιάξτε ένα καινούργιο. Αν δε σας αρέσουν οι συμπρωταγωνιστές σας, ξεφορτωθείτε τους και μαζέψτε καινούργιο θίασο. Αυτό όμως πρέπει να το κάνετε *εσείς*. Είναι δική σας δουλειά. Αυτό πάντως είναι το κύριο. Κι αν δεν πούμε τίποτε άλλο πέρα απ' αυτό, εγώ θα πιστεύω, μ' όλη μου την καρδιά, ότι σας άφησα κάτι. Μια επιστροφή στον εαυτό σας.

Ο Σαιντ-Εξυπερύ, ο Γάλλος φιλόσοφος, κάνει μια καταπληκτική παρατήρηση σ' ένα από τα βιβλία του, κι έχει γράψει μερικά πολύ σπουδαία. Λέει: «Ίσως η αγάπη (κι εδώ μπορείτε ν' αντικαταστήσετε τη λέξη με την παιδεία, αν θέλετε) είναι ο τρόπος να σε οδηγήσω μαλακά πίσω στον εαυτό σου». Εγώ δεν έχω κανένα ορισμό για την αγάπη, αλλά αυτός είναι ένας από τους πιο σωστούς που έχω ακούσει. «Ίσως η αγάπη είναι ο τρόπος να σε οδηγήσω μαλακά πίσω στον εαυτό σου». Όχι σ' αυτόν που θέλω να γίνεις, αλλά σ' αυτόν που είσαι.

Δεν ξέρω πόσοι από σας γνωρίζετε το βιβλιοπωλείο «Τα φώτα της πόλης» στο Σαν Φραντζίσκο. Είναι ένα καταπληκτικό μέρος κι αν βρεθείτε ποτέ κατά κει μην παραλείψετε να πάτε. Τρία ολόκληρα πατώματα με βιβλία τσέπης. Ποτέ δε θα 'χετε φανταστεί ότι υπάρχουν τόσα βιβλία τσέπης στον κόσμο, έχει όμως και ένα τμήμα μοναδικό στο είδος του. Είναι ένα τμήμα που τυπώνει χειρόγραφα ανθρώπων σαν κι εσάς και σαν εμένα, άγνωστων ποιητών και συγγραφέων. Σ' ένα μέρος προσφέρουν ποίηση. Το μόνο που έχεις να κάνεις είναι να τα φωτοτυπήσεις, να τα πιάσεις μ' ένα συρραπτικό και να τα τοποθετήσεις στο ράφι. Αν θέλεις, γράφεις στη γωνίτσα «πέντε σεντς, παρακαλώ» για το κόστος του χαρτιού. Ο κόσμος τότε τα αγοράζει και πραγματικά τα διαβάζει.

Μια μέρα περνούσα από κει και είδα ένα βιβλίο που ο τίτλος του πραγματικά με ξάφνιασε. Μόνο πεντακόσια αντίτυπα είχαν τυπωθεί απ' αυτό και θα σας εξηγήσω αργότερα πώς έγινε. Ο τίτλος του βιβλίου ήταν: *Δεν είμαι ούτε ιεροσυλία ούτε προνόμιο. Μπορεί να μην είμαι αποτελεσματικός ή εξαιρετικός, αλλά είμαι εδώ.* Αυτός ο τίτλος τινάχτηκε από το ράφι και με χτύπησε στο πρόσωπο. Και σκέφτηκα: Για σένα το λέει! Άνοιξα το βιβλιο και διαπίστωσα ότι το είχε γράψει μια νεαρή κοπέλα που ονομαζόταν Μισέλ σκέτο. Είχε κάνει και τις ζωγραφιές εκτός από τα ποιήματα και το άνοιξα με το συνηθισμένο μου τρόπο πηδώντας τους προλόγους και τα παρόμοια και βουτώντας κατευθείαν στην καρδιά. Ένα ποίημα τράβηξε τη ματιά μου και το διάβασα! Να τι έλεγε:

Η ευτυχία μου είμαι εγώ, όχι εσύ.
Όχι μόνο γιατί εσύ μπορεί να είσαι περαστικός,
Αλλά κι επειδή εσύ θέλεις να είμαι αυτό που δεν είμαι.

Σκεφτείτε το αυτό από παιδαγωγική πλευρά.

Δεν μπορώ να είμαι ευτυχισμένη όταν αλλάζω
Μόνο και μόνο για να ικανοποιήσω τον εγωισμό σου.
Ούτε μπορώ να νιώσω ήρεμη όταν με κριτικάρεις που δε σκέφτομαι σαν εσένα
Ή που δε βλέπω όπως εσύ.
Με φωνάζεις επαναστάτρια.
Κι όμως κάθε φορά που απέρριψα τα πιστεύω σου
Εσύ επαναστάτησες ενάντια στα δικά μου.
Δεν προσπαθώ να διαμορφώσω το μυαλό σου.
Ξέρω πως είναι δύσκολο να είσαι απλά εσύ.
Και δεν μπορώ να σου επιτρέψω να μου υπογορεύσεις τι θα είμαι —
γιατί βάζω όλη μου την προσοχή να είμαι εγώ.

Ακούστε τώρα κι αυτό:

Είπες πως είμαι διάφανη
Κι εύκολα με ξεχνούν.
Γιατί τότε προσπάθησες να χρησιμοποιήσεις τη ζωή μου
Για ν' αποδείξεις στον εαυτό σου ποιος είσαι;

Σκεφτείτε το αυτό σαν δάσκαλοι. Σκεφτείτε το σαν εραστές. Σαν πολίτες. Σκεφτείτε το σαν γονείς. Ταιριάζει σε όλους. «Είπες πως είμαι διάφανη κι εύκολα με ξεχνούν. Γιατί τότε προσπάθησες να χρησιμοποιήσεις τη ζωή μου για ν' αποδείξεις στον εαυτό σου ποιος είσαι;»

Μετά ξαναγύρισα στις πρώτες σελίδες για να βρω ποια ήταν αυτή η Μισέλ. Και βρήκα αυτές τις γραμμές στην εισαγωγή:

> Μισέλ! Έμεινες μαζί μας τόσο λίγο πριν να διαλέξεις αυτή τη γεμάτη ομίχλη παραλία για να συνεχίσεις το δρόμο σου. Ήταν Ιούλιος 1967 και ήσουνα μόνον είκοσι χρονών.
> Μας άφησε είκοσι πέντε ποιήματα. Το βρήκε πολύ δύσκολο να είναι «απλώς ο εαυτός της».
> Ελπίζουμε τα ποιήματα αυτά να έχουν τη μορφή που θα 'θελες, Μισέλ. Είσαι κοντά μας, σ' αγαπάμε και σε χρειαζόμαστε και σου υποσχόμαστε πως θα σε θυμόμαστε ώσπου να συναντηθούμε ξανά... Σαν Φραντζίσκο, Ιούλιος 1969.

Νομίζω ότι το δεύτερο κεντρικό χαρακτηριστικό ενός ανθρώπους που αγαπάει, είναι ότι απελευθερώνεται από τις ετικέτες. Ο άνθρωπος, ξέρετε, είναι ένα απίθανο πλάσμα, πραγματικά απίθανο. Κάνει θαυμάσια πράγματα. Έχει ένα θαυμασίο δημιουργικό μυαλό. Δημιούργησε το χρόνο, αλλά ο χρόνος τον δυναστεύει. Πρέπει να κοιτάζω το ρολόι μου, γιατί κάποια στιγμή θα σερβίρουν καφέ και κάποια άλλη στιγμή θα πρέπει να έρθετε εδώ και κάποια άλλη στιγμή πρέπει να πάμε για φαγητό. Και η ώρα είναι δώδεκα κι εσείς δεν πεινάτε, αλλά τρώτε επειδή η ώρα είναι δώδεκα. Και βρισκόσαστε μέσα σε μια τάξη —υπάρχει τέτοιο πράγμα στα Δημοτικά και στα Γυμνάσια— και διασκεδάζετε πραγματικά με το μάθημα και κάτι καταπληκτικό συμβαίνει, όταν ξαφνικά χτυπάει το κουδούνι κι όλοι τρέχουν να φύγουν. «Είναι επτά η ώρα. Με συγχωρείς, πρέπει να φύγω τώρα». Αν μια μητέρα κλαίει και οδύρεται στο γραφείο σου, ενώ εσύ έχεις κάποιον άλλον που περιμένει απέξω, πρέπει να τη διακόψεις και να της πεις, «Με συγχωρείς, αλλά πρέπει να σταματήσεις την ιστορία σου στη μεσή. Θα σε ξαναδώ αύριο στις 8.04».

Πολλές τάξεις μας οργανώνονται μ' αυτό τον τρόπο — μόρφωση με το ρολόι. 9 με 9.05: Λέω και Μοιράζομαι. 9.05 έως 9.30: Ανάγνωση πρώτη ομάδα. Από τις 9.30 έως 9.45: Ανάγνωση δεύτερη ομάδα. Κι αν συμβαίνει η πρώτη ομάδα να έχει ενθουσιασθεί με κάτι, ο δάσκαλος λέει: «Ωχ, είναι 9.30. Ας έλθει η δεύτερη ομάδα». Κανείς δε μαθαίνει με το ρολόι. Κανείς δε μαθαίνει ξεκομμένα. Δεν υπάρχει χρόνος της αριθμητικής και χρόνος της ορθογραφίας. Όλα τα μαθαίνεις μαζί. Συνεχίζουμε όμως. Τώρα θα πρέπει να στρέψεις το μυαλό σου στην ορθογραφία και μετά να πας για Κίνηση. Ζήτω η Κίνηση! Κι όμως συνεχίζουμε αυτά τα πράγματα! Δημιουργούμε το χρόνο και γινόμαστε δούλοι του χρόνου.

Δημιουργούμε και τις λέξεις, τις λέξεις που θα 'πρεπε, υποτίθεται, να μας ελευθερώνουν. Τις λέξεις που θα 'πρεπε να μας βοηθούν στην επικοινωνία. Όμως οι λέξεις γίνονται κουτιά και φυλακές που μας παγιδεύουν. Ήταν καταπληκτικός ο Μπακμίνστερ Φούλερ όταν έλεγε: «Είχα μπερδευτεί τόσο πολύ με τις λέξεις, όπως μου τις είχαν διδάξει οι άλλοι, που πήγα να μείνω σ' ένα γκέτο στο Σικάγο μακριά από την οικογένεια και τους φίλους μου για δύο χρόνια, για να καθαρίσω το μυαλό μου από τις λέξεις και για να βρω τις λέξεις που ήταν σωστές για μένα. Έτσι που, όταν της έλεγα, να καταλαβαίνω ότι είναι δικές μου κι όχι κάποιου άλλου». Τι συγκλονιστική δήλωση! Και τώρα λατρεύει τις λέξεις, εμείς όμως είμαστε παγιδευμένοι σ' αυτές.

Όταν ο Τίμοθυ Λήρυ έκανε μια συναρπαστική δουλειά στο Χάρβαρντ πάνω στην ψυχογλωσσολογία, έκανε μια παρατήρηση που δεν θα την ξεχάσω ποτέ. Είπε, «Οι λέξεις είναι η κατάψυξη της πραγματικότητας». Διδάσκουμε στα παιδιά το νόημα των λέξεων πριν να είναι πραγματικά ικανά να τις καταλάβουν και να επαναστατήσουν. Και μέσα από τις λέξεις διδάσκουμε το φόβο, διδάσκουμε την προκατάληψη, διδάσκουμε ένα σωρό πράγματα. Κι έτσι το μόνο που έχει να κάνει κανείς, χάρη σ' αυτή την αποστασιοποιητική ικανότητα των λέξεων, είναι να σε σκουντήσει με τον αγκώνα και να σου πει: «Πρόσεχέ τον αυτόν τον Μπουσκάλια, είναι γραμμένος στη λίστα: είναι κομμουνιστής». Πάει όλη η αξία μου! Και ο,τιδήποτε λέω θα φιλτράρεται πια μέσα απ' αυτή τη λεξη: κομμουνισμός. Ένα Ανατολικό Πανεπιστήμιο έκανε μια έρευνα στις Ηνωμένες Πολιτείες γύρω από την έννοια της λέξης κομμουνισμός. Γύρισαν παντού, σταματούσαν τον κοσμο στο δρόμο και ρωτούσαν: «Μπορείτε να μου ορίσετε τον κομμουνισμό;» Μερικοί έπαθαν πανικό. Θα 'πρεπε να τη διαβάσετε αυτή τη μελέτη — θα πεθάνετε στα γέλια. Μια γυναίκα απάντησε: «Να σας πω, δεν ξέρω τι σημαίνει, αλλά καλά θα ήταν να υπήρχε λίγος στην Ουάσιγκτον». Αυτός είναι ένας πολύ καλός ορισμός του κομμουνισμού. Και οι περισσότεροι τέτοιας τάξης ήταν. Αν είσαι κομμουνιστής, σε διώχνουν από την πόλη. Ποτέ δεν ξέρεις τι σημαίνει. Το ίδιο άλλωστε συμβαίνει και με τις λέξεις «μαύρος», «Τσικάνο» (Μεξικανός), «διαμαρτυρόμενος», «Καθολικός» ή «Εβραίος». Ξέροντας την ονομασία νομίζεις πως ξέρεις τα πάντα για το είδος. Κανείς δε ρωτάει ποτέ: «Κλαίει αυτός; Αισθάνεται; Καταλαβαίνει; Ελπίζει; Αγαπάει τα παιδιά του;» *Λέξεις*.

Εσύ όμως αν είσαι ένας άνθρωπος γεμάτος αγάπη, φρόντισε να κυβερνάς εσύ τις λέξεις αντί να σε κυβερνάνε αυτές. Φρόντισε να λες στον εαυτό σου τι σημαίνει μια λέξη μόνον όταν έχεις διαπιστώσει με την πείρα σου τι πραγματικά σημαίνει, κι όχι να πιστεύεις απλώς αυτό που σου είπαν οι άλλοι ότι σημαίνει.

Στα παιδικά μου χρόνια έζησα μια πολύ ενδιαφέρουσα εμπειρία. Γεννήθηκα στο Λος Άντζελες από γονείς μετανάστες, Ιταλούς φυσικά, και ζούσαμε σ' αυτή την πόλη στην περιοχή του γκέτο μαζί με τους άλλους Ιταλούς. Όλα ήταν συμπαθητικά και όμορφα. Όταν έγινα ενός χρόνου, οι γονείς μου αναγκάστηκαν να γυρίσουν στην Ιταλία και με πήραν μαζί τους. Γύρισαν στη μικρή τους πόλη που βρίσκεται στους πρόποδες των ελβετικών-ιταλικών Άλπεων, μια μικρή πόλη που λέγεται Αόστα. Πολλά τρένα περνάνε από κει πηγαίνοντας για το Μιλάνο και το Τορίνο, αλλά δε σταματούν στην Αόστα. Μόνο ένα σταματάει στην Αόστα. Θυμάμαι ότι, σαν είμαστε παιδιά, πηγαίναμε στο σταθμό και κοιτάζαμε τα τρένα που περνούσαν σαν αστραπή. Όμως σ' αυτό το μικρό χωριό όλοι γνωρίζονταν μεταξύ τους. Το κρασί ήταν η κυριότερη παραγωγή τους κι έτσι όλοι ήταν μεθυσμένοι τον περισσότερο καιρό. Ήταν πολύ ωραία. Το πιο καταπληκτικό ήταν ότι όλοι ενδιαφέρονταν για όλους. Ένιωθαν κοντά. Αν αρρώσταινε η Μαρία, όλοι το μάθαιναν στο χωριό και της πήγαιναν κοτόπουλα και χυμό και κοίταζαν τα παιδιά της, γιατί ήταν μια κοινότητα ανθρώπων, μια κοινότητα ανθρωπιάς. Όταν έγινα πέντε χρονώ, οι γονείς μου αποφάσισαν να ξαναγυρίσουν στο Λος Άντζελες. Έτσι και έκαναν. Αυτό κι αν δεν ήταν πολιτιστικό σοκ! Βρέθηκα ξαφνικά πεταμένος σε μια πόλη, όπου κανείς δεν έδινε δεκάρα αν ζούσα ή αν πέθαινα. Ένα ενδιαφέρον πράγμα σχετικά με τις ετικέτες είναι ότι εκείνη την εποχή ήταν στις δόξες της η Μαφία και ο κάθε Ιταλός ήταν ύποπτος σαν μέλος της Μαφίας. Με φώναζαν «ντάγκο» και «γουοπ»*. Τα παιδιά, ας πούμε, μου έλεγαν: «Φύγε από δω, βρωμιάρη γουόπ». Θυμάμαι πως μια φορά πήγα στον πατέρα μου και τον ρώτησα: «Μπαμπά, τι σημαίνει γουόπ; Τι σημαίνει ντάγκο;». Μου απάντησε: «Μη δίνεις σημασία, Φελίτσε. Μη στενοχωριέσαι με τέτοια πράγματα. Όλοι έχουμε ονόματα. Μπορεί να σε φωνάζουν με διάφορα ονόματα, μα αυτό δε σημαίνει τίποτε».

Εμένα όμως με πείραζε, γιατί τα ονόματα ήταν αποστασιοποιητικά φαινόμενα και γιατί οι άλλοι δεν έμαθαν τίποτε για μένα με το να με φωνάζουν «γουόπ» και «ντάγκο». Δεν ήξεραν, για παράδειγμα, ότι στην πατρίδα η μαμά ήταν τραγουδίστρια της όπερας και ο μπαμπάς γκαρσόνι. Είχαμε μια τεράστια οικογένεια ικανή να γεμίσει τους ρόλους μιας ολόκληρης όπερας. Η μαμά καθόταν στο πιάνο κι έπαιζε τις όπερες κι εμείς όλοι παίρναμε κάποιο ρόλο. Τραγουδούσαμε κι ήταν πολύ ωραία. Στα οχτώ μου χρόνια ήξερα κιόλας οχτώ όπερες. Μπορούσα να παίξω οποιοδήποτε ρόλο. Αυτό όμως δεν το ήξεραν αυτοί που με φώναζαν «ντάγκο» και «γουόπ».

Ούτε ήξεραν πως για τη μαμά το σκόρδο ήταν το γενικό γιατρικο για όλες τις αρρώστιες. Κάθε πρωί μας έβαζε στη σειρά, έδενε το σκόρδο σ' ένα μικρό μαντήλι και το τύλιγε γύρω από το λαιμό μας. Της λέγαμε εμείς: «Μην το κάνεις αυτό, μαμά». Εκείνη απαντούσε, «σκασμός». (Ήταν πολύ τρυφερή γυναίκα). Και μας έστελ-

* Αργκό χαρακτηρισμοί των Ιταλών

νε στο σχολείο μ' αυτό το σκόρδο γύρω από το λαιμό που μύριζε δυο μίλια μακριά. Θα σας πω όμως ένα μυστικό, δεν αρρώστησα ποτέ μου. Η εξήγησή μου γι' αυτό είναι ότι ποτέ δε βρέθηκα αρκετά κοντά σε κάποιον, ώστε να μου κολλήσει τα μικρόβιά του. Ήταν απίστευτο, γιατί θυμάμαι ότι στο τέλος του Δημοτικού πήρα ένα βραβείο επειδή δεν είχα κάνει ούτε μία απουσία. Τώρα βέβαια έχω γίνει πολύ αριστοκράτης και δε φοράω πια το σκόρδο και συναχώνομαι κάθε χρόνο. Όλα αυτά δεν τα ήξεραν εκείνοι που με φώναζαν «γουόπ» και «ντάγκο».

Δεν ήξεραν ακόμη πως ο μπαμπάς ήταν ένας μεγάλος πατριάρχης. Τις Κυριακές, όταν ήταν σπίτι, καθόμαστε όλοι γύρω από ένα μεγάλο τραπέζι και δε μας άφηνε να σηκωθούμε, αν δεν του λέγαμε κάτι νέο που είχαμε μάθει εκείνη τη μέρα. Έτσι, πριν να πάμε να πλύνουμε τα χέρια μας, πήγαινα στις αδελφές μου και τις ρώταγα: «Τι μάθατε σήμερα;» «Τίποτε», έλεγαν εκείνες. «Τότε πάμε να μάθουμε κάτι!» έλεγα εγώ. Πηγαίναμε στην εγκυκλοπαίδεια, την ξεφυλλίζαμε και βρίσκαμε κάτι, όπως π.χ., ότι ο πληθυσμός του Νεπάλ είναι ένα εκατομμύριο και μετά καθόμαστε στο τραπέζι και το σκεφτόμαστε όση ώρα τρώγαμε. Θεέ μου, τι γεύματα ήταν αυτά! Η μαμά ποτέ στη ζωή της δεν άνοιξε κονσέρβα. Θυμάμαι τα φρέσκα φασολάκια τόσο ψηλά στην πιατέλα, που δεν έβλεπα την αδελφή μου απέναντι. Τρώγαμε, κι όταν τελειώναμε, ο μπαμπάς έσπρωχνε πίσω το πιάτο του, γύριζε σε μένα και ρώταγε: «Τι έμαθες σήμερα, Φελίτσε;» Κι εγώ του έλεγα: «Ο πληθυσμός του Νεπάλ είναι ένα...». Τίποτε δεν ήταν ασήμαντο γι' αυτό τον άνθρωπο! Γύριζε στη μητέρα μου και της έλεγε: «Μαμά, το ήξερες ότι...». Κι εμείς τους κοιτάζαμε και λέγαμε από μέσα μας: «Τα κορόιδα!» Και ρωτούσαμε τους φίλους μας: «Οι γονείς σου σε βάζουν να τους λες για το Νεπάλ;» Κι αυτοί μας απαντούσαν: «Οι γονείς μας δεν δίνουν δεκάρα για το τι ξέρω ή δεν ξέρω». Θα σας πω όμως κάτι. Ακόμα και σήμερα, όταν ο Φελίτσε πηγαίνει για ύπνο, ακόμα κι αν έχει δουλέψει είκοσι εννιά ώρες αυτή τη μέρα και είναι πτώμα, όταν χώνεται κάτω από τα σεντόνια, την καταπληκτική αυτή στιγμή λίγο πριν σε πάρει ο ύπνος, ρωτάει τον εαυτό του: «Φελίτσε, τι έμαθες σήμερα;» Και αν δεν μπορώ ν' απαντήσω σ' αυτό το ερώτημα πρέπει να σηκωθώ, να πάρω την εγκυκλοπαίδεια και να την ξεφυλλίσω ώσπου να βρω κάτι.

Ίσως αυτό είναι η πραγματική μόρφωση. Γιατί όχι; Αυτό όμως δεν το ξέρανε αυτοί που με φωνάζανε «ντάγκο» και «γουόπ». Αν θέλετε να με γνωρίσετε πρέπει να μπείτε μέσα στο μυαλό μου και αν θέλω να σας γνωρίσω δεν ωφελεί να λέω, «Είναι παχιά. Είναι αδύνατη. Είναι Εβραία. Είναι Καθολική». Είναι πολύ περισσότερο απ' όλα αυτά. Κι εμείς που ενδιαφερόμαστε για την Ειδική Εκπαίδευση, τις ξέρουμε πολύ καλά αυτές τις καταραμένες ετικέτες. Ονομάζουμε τα παιδιά πνευματικά καθυστερημένα. Τι μας λέει αυτή η ονομασία; Εγώ δεν είδα ποτέ κανένα καθυστερημένο παιδί. Έχω δει μόνο παιδιά, όλα διαφορετικά μεταξύ τους. Τα ονομάζουμε μαθητές και νομίζουμε ότι μπορούμε να σταθούμε μπροστά σε μια τάξη και να τα διδάξουμε όλα με τον ίδιο τρόπο. *Ετικέτες*. Ο άνθρωπος που είναι γεμάτος αγάπη απελευθερώνεται από τις ετικέτες. Λέει: «Όχι πια».

Πιστεύω ακόμα πως αυτός ο άνθρωπος απεχθάνεται τη σπατάλη και δεν ανέχεται την υποκρισία. Ο Ρόστεν λέει: «Οι αδύναμοι είναι σκληροί. Μόνο από τους δυνατούς μπορείς να περιμένεις καλοσύνη». Αυτό είναι αλήθεια. Στην εκπαίδευση χρειαζόμαστε δυνατούς ανθρώπους που να είναι πρόθυμοι να σηκωθούν και να πουν, «Αυτό είναι υποκρισία και δε δεχόμαστε να το ξανακάνουμε». Οι άνθρωποι που είναι πρόθυμοι να μπούνε στην πρώτη γραμμή και να πούνε, «Όχι, πρέπει ν' αλλάξουν τα πράγματα αλλιώς θα καταστραφούμε». Είναι σαν να περπατάς προς την καταστροφή. Διδάσκουμε για το σήμερα, αλλά βρισκόμαστε κιόλας στο αύριο. Δεν είναι περίεργο που συμμετέχουμε σε μια αυτοκαταστροφή.

Θέλω να σας πω μια μικρή ιστορία για την υποκρισία. Την εποχή που εκπαίδευα φοιτητές της Παιδαγωγικής, δούλευα με μια νεαρή γυναίκα που ήταν όχι μόνο δασκάλα, αλλά και ο πιο ωραίος άνθρωπος που γνώρισα. Είχε τέτοια λαχτάρα να διδάξει, που με το ζόρι άντεχε την αναμονή. Τελικά μια μέρα ονειρεμένη, που κανείς μας δεν την ξεχνάει ποτέ, απέχτησε τη δική της τάξη. Μπήκε στην πρώτη της τάξη του Δημοτικού και φυλλομέτρησε αυτό το ωραίο πράγμα που ονομάζεται Οδηγός Προγραμμάτων. Για μένα όλα τα βιβλία είναι ιερά, αλλά δε θα δίσταζα ούτε στιγμή να ανάψω μια τεράστια πυρά και να κάψω όλους τους Οδηγούς Προγραμμάτων. Πάντως η κοπέλα κοίταξε τον Οδηγό και διαπίστωσε ότι σ' αυτή την πρώτη τάξη στη σχολική περιφέρεια της Καλιφόρνιας (κι αυτό μόνο πριν από δυο χρόνια) διδάσκεις στα παιδιά το «κατάστημα». Το κα-τά-στη-μα. Είπε μέσα της: «Δεν είναι δυνατόν. Δεν το πιστεύω. Δεν μπορώ να πιστέψω ότι διδάσκουν το κατάστημα». Αυτά τα παιδιά μεγάλωσαν σε καταστήματα. Δυο και τριών χρόνων τα τσούλαγε η μαμά τους στα καροτσάκια του σούπερ μάρκετ. Σκόνταφταν πάνω σε κονσέρβες με σούπες Κάμπελ. Έκαναν ένα σωρό τρελά πράγματα στα σούπερ μάρκετ. Κάθε μέρα ήταν εκεί με τη μαμά τους. Και το σπουδαίο, θαυματουργό βιβλίο σε στέλνει στο σούπερ μάρκετ.

Είπε μέσα της, «Δεν είναι δυνατόν». Έλα όμως που ήταν γραμμένο ξεκάθαρα. Έλεγε πως έπρεπε να ετοιμάσεις ένα σωρό πράγματα. Έπρεπε να παίξεις το κατάστημα και να φτιάξεις μικρές πήλινες μπανάνες. Τα παιδιά αυτά έτρωγαν πραγματικές μπανάνες όλη τους τη ζωή, γλιστρούσαν πάνω σε μπανανόφλουδες, αδιάφορο όμως, εσύ έπρεπε να σπαταλήσεις έξι εβδομάδες φτιάχνοντας πήλινες μπανάνες. Τόση σπατάλη ανθρώπινου δυναμικού! Η κοπέλα όμως κάθησε κάτω κι επειδή ήταν καλή δασκάλα πήρε το μέρος των παιδιών και είπε: «Παιδιά». Σκέφτηκε μήπως κατάφερνε να κεντρίσει το ενδιαφέρον τους. Είπε λοιπόν: «Πώς σας φαίνεται η ιδέα να μελετήσουμε το κατάστημα;» Και τα παιδιά είπαν: «Αηδία». Ξέρετε, το ηθικό δίδαγμα απ' όλα αυτά είναι ότι τα μικρά παιδιά δεν είναι τώρα τόσο κοντά όσο ήμαστε εμείς. Ο Μακλιούαν απέδειξε ότι πριν να φτάσουν στο νηπιαγωγείο τα παιδιά έχουν δει, κατά μέσο όρο, πέντε χιλιάδες ώρες τηλεόραση. Έχουν δει ανθρώπους να πεθαίνουν σε τεχνικολόρ. Έχουν δει καταστροφές. Έχουν δει πολέμους και σφαγές. Και μετά απ' αυτό τα μαζεύουμε στην τάξη και προσπαθούμε να κεντρίσουμε τα ενδιαφέροντά τους και να τα κινητοποιήσουμε διαβάζοντας, «Ο Σποτ είπε, Ω! Ω!».

Η κοπέλα λοιπόν έκανε ένα πολύ ωραίο πράγμα. Είπε: «Εντάξει, παιδιά, τι θέλετε να κάνουμε;» Ένα παιδί της απάντησε: «Ο πατέρας μου δουλεύει για την Τζετ Προπάλστον και θα μπορούσε να μας φέρει ένα διαστημόπλοιο να το στήσουμε μέσα στην τάξη και να το βάλουμε μπρος και να πετάξουμε όλοι στο φεγγάρι». Τα παιδιά φώναξαν όλα μαζί: «Θαύμα!» Η δασκάλα το σκέφτηκε λίγο και μετά είπε: «Εντάξει, πες στον μπαμπά σου να το φέρει». Την άλλη μέρα το παιδί έφερε μια μικρογραφία διαστημόπλοιου και την έστησε στην τάξη. Εξήγησε στα άλλα παιδιά τι ήταν αυτό, τι θα έκαναν, ποια μέρη το αποτελούσαν. Κι έγραψε το λεξιλόγιο στον πίνακα. Μιλάμε για το Δημοτικό! Υποτίθεται ότι τα διαστημόπλοια τα μελετάς μόνο στο Πανεπιστήμιο. Τι στην οργή θα 'χουν να μελετήσουν στο Πανεπιστήμιο, αν μπορούν να τα μάθουν όλα αυτά στο Δημοτικό; Δεν είναι δυνατό να επιτρέψουμε τέτοιες πρωτοβουλίες! Είναι απαράδεχτο. Στείλ' τα πίσω στα σούπερ μάρκετ! Πρέπει να βλέπατε όμως τι έγινε σ'αυτή την τάξη. Τα παιδιά μάθαιναν μαθηματικές έννοιες που δε θα τις πιστεύατε. Ένα Σάββατο πήγαν βόλτα στην Τζετ Προπάλστον κι εκεί τους έδειξαν πραγματικά διαστημόπλοια. Μπήκαν μέσα. Το μυαλό τους είχε ανάψει.

Λυπάμαι τόσο πολύ τους επιθεωρητές που είναι υποχρεωμένοι οι δύστυχοι από τη θέση τους να υπερασπίσουν αυτό τον Οδηγό Προγραμμάτων. Θέλουν να κάνουν κάτι καλύτερο αλλά, να πώς έρχονται τα πράγματα, εσύ πρέπει να διδάξεις την ύλη κι αυτοί πρέπει να κουβαλάνε μαζί τους το βιβλίο και να το υπακούνε. Έτσι μια μέρα η επιθεωρήτρια μπήκε μέσα στην τάξη και κοίταξε γύρω της. Είδε ένα διαστημόπλοιο, κάτι περίεργα πράγματα στον τοίχο, ένα λεξιλόγιο που κι η ίδια δεν ήξερε ούτε το μισό του, διάφορους τύπους στους τοίχους κι ένα σωρό αλλόκοτα πράγματα που τα παιδιά τα καταλάβαιναν πολύ καλά και διασκεδάζανε αφάνταστα κάνοντάς τα. Ρώτησε λοιπόν την κ. Γ.: «Πού είναι το κατάστημά σας;» Η κ. Γ. απάντησε: «Ξέρετε, τα παιδιά ήθελαν να πετάξουνε στο φεγγάρι κι έτσι στήσαμε ένα...». Η επιθεωρήτρια της είπε: «Εν πάση περιπτώσει, κ. Γ., δε διαβάσατε τον Οδηγό Προγραμμάτων σας; Λέει καθαρά ότι το πρώτο μάθημα σ'αυτή τη σχολική περιφέρεια είναι το κατάστημα». Μετά χαμογέλασε πλατιά, γιατί ήταν μια πολύ γλυκιά κυρία, και είπε: «Θα φροντίσετε να το φτιάξετε το κατάστημα, έτσι δεν είναι, καλή μου;».

Έτσι λοιπόν η κ. Γ. είπε στα παιδιά: «Θέλετε να ξανάχετε την κ. Γ. του χρόνου;» «Ναι, ναι!» είπαν τα παιδιά. «Τότε πρέπει να φτιάξουμε ένα κατάστημα». Και ξέρετε τι θαύμα που ήταν τα παιδιά (πάντα είναι θαύμα, αν τους φέρεσαι σαν άνθρωπος). Είπαν, «Εντάξει. Ας το φτιάξουμε όμως γρήγορα». Κι έτσι έκαναν ένα μάθημα έξι εβδομάδων σε δυο μέρες. Έστησαν τις χαρτοκούτες κι έφτιαξαν πήλινες μπανάνες και μετά, υποκρισία στην υποκρισία, κάθε φορά που ερχόταν η επιθεωρήτρια πήγαιναν στο ταμείο κι έλεγαν: «Θέλετε ν' αγοράσετε μερικές πήλινες μπανάνες;» Κι όταν εκείνη έφευγε ικανοποιημένη, ξαναγύριζαν στο ταξίδι τους για το φεγγάρι. Δεν είναι δυνατό ν' αφήσουμε αυτά τα πράγματα να συνεχίζουν. Κάποιος δάσκαλος πρέπει να σηκωθεί πάνω και να πει: «Δεν πρόκειται να πάω τα παιδιά σ' άλλο ένα μαγαζί. Αν θέλεις να τα πας, πήγαινέ τα εσύ».

Πιστεύω ακόμα πως ο άνθρωπος που είναι γεμάτος αγάπη, είναι αυθόρμητος. Το πράγμα που θα 'θελα να δω πιο πολύ από καθετί στον κόσμο είναι να ξαναβρείτε τον αρχικό σας αυθορμητισμό, τον αυθορμητισμό του παιδιού που έλεγε αυτό που σκεφτόταν κι αυτό που αισθανόταν και προσαρμοζόταν εύκολα σ'αυτό που ένιωθαν και σκέφτονταν οι άλλοι. Να σας δω να ξανακοιτάξετε πάλι ο ένας τον άλλο. Μας κυβερνάει τόσο πολύ αυτό που μας λένε οι άλλοι ότι πρέπει να είμαστε, που έχουμε ξεχάσει ποιοι είμαστε.

Η Έμιλυ Ποστ μας λέει: «Μια νεαρή κυρία δεν ξεκαρδίζεται ποτέ, γελάει διακριτικά». Αν θες να γελάσεις και να κυλιστείς κάτω και να χτυπάς με τις γροθιές σου το χαλί, κάν' το, είναι καλό. «Δεν πρέπει να θυμώνεις: ο άνθρωπος δε θυμώνει». Κράτησέ τα όλα μέσα σου και θα καταλήξεις στο ψυχιατρείο! Αν δε νιώθεις καλά είναι πολύ καλύτερο να μπεις μέσα στην τάξη και, αντί να περάσεις ολόκληρη τη μέρα με το λαιμό σφιγμένο και τα μάτια έτοιμα να βγουν λέγοντας «Παιδιά, καθήστε κάτω», να πεις από την αρχή: «Κοιτάχτε, παιδιά, μην το παρακάνετε σήμερα γιατί δεν είμαι στα κέφια μου». Κάν' το και θα δεις ότι τα παιδιά θα το καταλάβουν και θα περπατάνε ήσυχα μέσα στην αίθουσα, γιατί τα παιδιά μπορούν να ταυτιστούν μ' ένα ανθρώπινο πλάσμα. Κι αν κάποιος κάνει ένα θόρυβο, ο διπλανός του θα τον σκουντήσει και θα του πει: «Σταμάτα. Ο δάσκαλος έχει τις μαύρες του». Πρέπει όμως ο δάσκαλος να αποκαλύψει την ανθρώπινη υπόστασή του. Αν σου 'ρχεται να γελάσεις με το αστείο ενός παιδιού, γέλασε ελεύθερα. Μ' αφήνει πάντα κατάπληκτο όταν βρίσκομαι σε σχολεία όπου οι δάσκαλοι πεθαίνουν στα γέλια για κάτι που έχει πει ο Τζόνυ, μόνο όμως στην αίθουσα των δασκάλων. Τον Τζόνυ δεν τον άφησαν να τους δει να γελάνε. Θα του έλεγαν: «Σταμάτα τώρα, Τζόνυ!». Γιατί δεν γελάνε μπροστά στο Τζόνυ; Αφού είναι αστείο. «Τζόνυ, μην κάνεις τον καραγκιόζη. Κάτσε κάτω και σώπα». Γιατί δεν φέρεσαι φυσικά; Αυθόρμητα; Είμαστε υποχρεωμένοι τελικά να ζητάμε άδεια για τα πάντα, γιατί δεν έχουμε πια εμπιστοσύνη στα αισθήματά μας.

Διασκεδάζω πάντα όταν μιλάω σε τυπικούς ανθρώπους. Ξέρω τι θα συμβεί πριν ακόμη αρχίσω. Έχω μανία να αγγίζω τους ανθρώπους. Πιστεύω στον αυθορμητισμό. Όταν αγγίζεις κάποιον, ξέρεις ότι υπάρχει. Οι υπαρξιστές έφτασαν στο ζενίθ αυτής της έννοιας όταν έλεγαν, «Για να γίνεις ο εαυτός σου πρέπει να σκοτώσεις κάποιον ή να σκοτωθείς, γιατί έτσι ξέρεις ότι υπήρξες». Αν μπορείς να πηδήσεις από ένα κτίριο, τότε έχεις ζήσει. Γιατί είμαστε τόσο αλλοτριωμένοι, που κανείς δε μας κοιτάζει, κανείς δε μας αγγίζει, κανείς δε μας ξεχωρίζει από τον περίγυρο. Είμαστε οι αόρατοι άνθρωποι. Δε χρειάζεται βέβαια να φτάσεις στα άκρα. Απλώς άγγιξε κάποιον. Είναι ωραίο. Ξέρετε, στην Ευρώπη όλοι αγκαλιάζονται και φιλιούνται. Στο σπίτι μου τα Χριστούγεννα και όλες τις γιορτές περνάνε όλοι και όλοι φιλιούνται. Είναι το πρώτο πράγμα που κάνουν όλοι, από τα μωρά ώς τους παππούδες. Ανταλλάσσουμε τα μικρόβιά μας κι αυτό είναι θαυμάσιο. Η Έμιλυ όμως μας έχει πει ότι μια κυρία απλώς δίνει το χέρι της σ' έναν κύριο, αν είναι απαραίτητο. *Αποστασιοποιητικά φαινόμενα!*

Αν θέλετε να δείτε πόσο έχουμε αποξενωθεί, κοιτάξτε την ώρα που ανοίγει η πόρτα του ασανσέρ. Κάθονται όλοι με τα χέρια στα πλάγια κοιτάζοντας ίσια μπροστά σαν ζόμπι. «Μην τολμήσεις να κουνήσεις το χέρι σου, γιατί μπορεί ν' αγγίξεις κάποιον!» Θεός φυλάξοι! Έτσι στεκόμαστε όλοι προσοχή και η πόρτα ανοίγει και κάποιος βγαίνει και κάποιος άλλος μπαίνει μέσα κι αμέσως κάνει μεταβολή και κοιτάζει μπροστά. Ποιος σας είπε πως πρέπει να κοιτάζετε μπροστά; Ξέρετε, εμένα μ' αρέσει να μπαίνω μέσα στο ασανσέρ και να γυρίζω με την πλάτη στην πόρτα! Και κοιτάζω τους άλλους: «Γεια σας! Δε θα 'ταν θαυμάσιο αν κοβόταν το ρεύμα και μέναμε εδώ να γνωρίσουμε ο ένας τον άλλο;» Και τότε συμβαίνει κάτι απίστευτο. Ανοίγει η πόρτα στον επόμενο όροφο και βγαίνουν όλοι! «Είναι ένας τρελός μέσα στο ασανσέρ. Θέλει να μας γνωρίσει!»

Ας ξαναγίνουμε πάλι άνθρωποι κι ας μάθουμε πάλι να αγαπάμε την ανθρώπινη υπόσταση. Όταν ξαναρχίσουμε πάλι να ξαναλέμε είμαι άνθρωπος και είσαι άνθρωπος, μπορούμε να κάνουμε τρελά πράγματα. Είμαστε ωραίοι όμως. Είμαστε τα πιο ωραία πλάσματα της γης. Είναι καλό να είσαι άνθρωπος. Όταν πηγαίνω σε επίσημες συναντήσεις, υπάρχει πάντα η κ. τάδε που με υποδέχεται στην πόρτα. Και μου λέει: «Ω, ο δόκτωρ Μπουσκάλια. Χαίρω πολύ». Αυτός είναι ο χαιρετισμός μας, με τα χέρια κρεμασμένα στα πλάγια. Τότε εγώ απλώνω το χέρι μου. Κι αυτή λέει μέσα της: «Τι κάνει τώρα;» Απλώνω το χέρι μου και πιάνω το δικό της και βάζω πάνω του το δικό μου κι αυτή γεμάτη αμηχανία με οδηγεί στο λίβιγκ ρουμ, όπου είναι καθισμένες σε ημικύκλιο όλες οι υπόλοιπες κυρίες. Όλες ανεξαιρέτως στη στάση υπ. αρ. 1 — το ένα γόνατο πάνω στο άλλο, χέρια δεμένα φρόνιμα στην ποδιά και χαμόγελο στο πρόσωπο. Έτσι μαθαίνουν, βλέπετε. Βέβαια θα ήταν πολύ πιο άνετα αν ξάπλωναν χάμω και ακουμπούσαν στον αγκώνα τους. Ποτέ όμως δεν είδα κάτι τέτοιο. Θα πάθαινα συγκοπή αν το 'βλεπα. Στάση υπ. αρ. 1. *Όλες.*

Τι έχουμε πάθει, πού έχει πάει ο αυθορμητισμός μας; Νιώθεις ευτυχισμένος, λες στους άλλους πως είσαι ευτυχισμένος. Μπαίνεις μέσα στην τάξη και λες, «Νιώθω τόσο χαρούμενος σήμερα, που θα διασκεδάσουμε τρελά όλη τη μέρα». Γιατί να μην τους το πεις; Γέλα! Κλάψε! Άλλη ιστορία κι αυτή: οι άντρες δεν κλαίνε. *Ποιος* το είπε αυτό; Εγώ κλαίω με το παραμικρό. Οι φοιτητές μου ξέρουν ότι διαβάζω τις εργασίες τους γιατί, όταν συναντάω κάτι που με συγκινεί, βρίσκουν σημάδια από δάκρυα. Ταυτίζομαι πολύ με τον Δον Κιχώτη της Μάντσας. Αυτός ο καταπληκτικός τύπος έκανε πόλεμο με ανεμόμυλους. Βέβαια δεν είναι δυνατό να νικήσεις τους ανεμόμυλους, αυτός όμως δεν το ήξερε. Ριχνόταν πάνω στον ανεμόμυλο κι αυτός τον κοπάναγε στο κεφάλι. Αυτός όμως ξανασηκωνόταν και ριχνόταν πάλι στον ανεμόμυλο, που τον κοπάναγε στο κεφάλι. Η αίσθηση που είχα όταν τέλειωσα το βιβλίο είναι ότι ο άνθρωπος αυτός μπορεί να είχε ένα κεφάλι όλο σπασίματα, αλλά έζησε μια θαυμάσια ζωή. Ήξερε πως ήταν ζωντανός. «Ω, Θεέ μου, να φτάσει κανείς στο σημείο του θανάτου μόνο και μόνο για να συνειδητοποιήσει πως δεν έχει ζήσει καθόλου». Δεν έγιναν έτσι τα πράγματα με τον Δον Κιχώτη. Αυτός ήξερε! Κι όταν ανέβασαν αυτό το θαυμάσιο μιούζικαλ «Ο άνθρωπος από τη Μάντσα», στο τέλος που πέθαινε, όλοι όσοι τον αγαπούσαν τον είχαν περιτριγυρίσει και έκλαιγαν για το θάνατό του. *Αυτός* δεν έκλαιγε που πέθαινε, γιατί είχε ζήσει. Τελικά σηκώθηκε και από το πίσω μέρος της σκηνής εμφανίστηκε μια μεγάλη σκάλα με μια ακτίνα φωτός που έπεφτε κατευθείαν πάνω της. Ο Δον Κιχώτης μάζεψε τη λόγχη του, κοίταξε όλους όσους αγαπούσε και χαμογελώντας προχώρησε προς το φως. Και η ορχήστρα μαζί με τη χορωδία έπαιζαν το «Άπιαστο όνειρο». Καθόμουνα και παρακολουθούσα στο ακροατήριο και δάκρυα έτρεχαν από τα μάτια μου. Και μια γυναίκα που καθόταν δίπλα μου σκούντησε τον άντρα της και είπε: «Κοίτα, αγάπη μου. Αυτός ο άντρας κλαίει!» Κι εγώ σκέφτηκα μέσα μου: «Ηλίθια... τώρα θα σου δείξω κάτι, να 'χεις να λες στις φίλες σου όταν θα γυρίσεις σπίτι σου». Έβγαλα λοιπόν το μαντήλι μου κι άρχισα να κλαίω γοερά. Κόντεψε να πάθει αποπληξία! Μπορεί να ξεχάσει τον Δον Κιχώτη, εμένα όμως δε θα με ξεχάσει ποτέ!

Νομίζω πως ο άνθρωπος που είναι γεμάτος αγάπη, πρέπει να επιστρέψει στον αυθορμητισμο — ν' αρχίσει ξανά ν'αγγίζει τους άλλους, να τους αγκαλιάζει, να τους χαμογελάει, να τους σκέφτεται και να τους νοιάζεται. Ξέρετε, οποιοσδήποτε απ' το ακροατήριο έχει κέφι να έρθει και να με αγκαλιάσει, μπορεί να το κάνει ελεύθερα, δε θα γίνω στάχτη. Μπορώ να στέκομαι εδώ όλη μέρα αν αυτό μπορεί να μας βοηθήσει να επιστρέψουμε στον εαυτό μας, να μας φέρει και πάλι κοντά. Το αγκάλιασμα είναι ωραίο, σε κάνει να νιώθεις θαυμάσια κι αν δεν το πιστεύεις, δοκίμασέ το.

Άλλο ένα τελευταίο πράγμα που θέλω να πω, είναι ότι το άτομο που είναι γεμάτο αγάπη δεν έχει ξεχάσει τις ανάγκες του. Σας φαίνεται περίεργο αυτό. Όλοι όμως έχουμε ανάγκες. Σωματικά δε χρειαζόμαστε πολλά πράγματα ακόμη κι αν πιστεύουμε ότι χρειαζόμαστε, αλλά σπαταλάμε όλο μας το χρόνο ικανοποιώντας τις υλικές μας ανάγκες και τις ανάγκες των παιδιών μας. Τρώμε καλά και συνήθως ζούμε σε όμορφα σπίτια. Αν νιώσουμε άσχημα, πηγαίνουμε στο γιατρό. Όμως οι πιο σημαντικές ανάγκες απ' όλες είναι αυτό που νιώθουμε σαν ανάγκη από μέσα — την ανάγκη να μας βλέπουν, να μας γνωρίζουν, την ανάγκη για αναγνώριση και καταξίωση, την ανάγκη να απολαμβάνουμε τον κόσμο, να βλέπουμε τα ατέλειωτα θαύματα της ζωής, να βλέπουμε πόσο θαυμάσιο πράγμα είναι να είσαι ζωντανός. Έχουμε ξεχάσει όμως πώς να βλέπουμε ο ένας τον άλλο. Δεν κοιτάζουμε πια ο ένας τον άλλο, δεν ακούμε πια ο ένας τον άλλο, δεν αγγιζόμαστε, ούτε τα παιδιά μας δεν αγγίζουμε. Στον πολιτισμό μας όταν ένα παιδί είναι τριών χρονώ, το κατεβάζουμε από την αγκαλιά μας και του λέμε: «Τι αηδίες είναι αυτές; Δεν πρέπει να κάνεις τέτοια πράγματα με τον πατέρα σου. Κατέβα από την αγκαλιά μου, δεν ντρέπεσαι τριών χρονώ παιδί να θέλεις να φιλάς τον πατέρα σου; Πρέπει να γίνεις άντρας. Οι άντρες δε φιλιούνται μεταξύ τους». Μπορεί να μην το ξέρετε, αλλά στο Λος Άντζελες υπάρχει ένας κανονισμός της πόλης που το θεωρεί πλημμέλημα όταν δυο άντρες αγκαλιάζονται. Πώς σας φαίνεται αυτό; Έτσι, για να δείτε πού έχουμε φτάσει. Μια απ' αυτές τις μέρες θα διαβάσετε στις εφημερίδες ότι πήγα φυλακή γιατί αγκάλιασα κάποιον. Συνήθως αγκαλιάζω τον πρύτανή μας. Παθαίνει μεγάλη ταραχή. Κανείς δεν τον πλησιάζει από κοντά, το γραφείο του είναι δυο μίλια μακρύ. Εγώ τον συναντάω στο ασανσέρ και του λέω, «Γεια σου, πρύτανη» και τον αγκαλιάζω.

Είναι ευνόητο το γιατί απ' αυτή τη γενιά, απ' αυτή την εποχή, ξεπήδησε μια φιλοσοφία σαν τον πρώιμο υπαρξισμό — τέτοια είναι η αποξένωσή μας. Είμαι άραγε πραγματικός; Υπάρχω; Αφού κανείς δε με κοιτάζει. Κανείς δε με αγγίζει. Μιλάω στους άλλους και δε με ακούνε. Κοιτάζουν πάνω απ' τον ώμο μου να δουν ποιος άλλος είναι εδώ. Κανείς πια δεν κοιτάζει τα μάτια μου. Είμαι μόνος και πεθαίνω από μοναξιά. Όπως είπε και ο Σβάιτσερ, «Είμαστε τόσο σφιγμένοι ο ένας πάνω στον άλλο κι όμως πεθαίνουμε από μοναξιά».

Εδώ και πολλά χρόνια ο Θόρντον Γουάιλντερ έγραψε ένα όμορφο έργο που ονομάζεται *Η πόλη μας*. Σ' αυτό το έργο είπε ένα απίστευτο πράγμα. Θυμόσαστε τη σκηνή που πεθαίνει η μικρή Έμιλυ; Κατεβαίνει στον τάφο της και της λένε: «Έμιλυ, μπορείς να γυρίσεις πίσω στη ζωή για μια μέρα. Ποια μέρα θα 'θελες;». Κι αυτή λέει: «Ω, θυμάμαι πόσο ευτυχισμένη ήμουν την ημέρα που έκλεισα τα δώδεκα. Θα 'θελα να ξαναγυρίσω την ημέρα των γενεθλίων μου». Και όλοι οι άλλοι νεκροί της λένε: «Μην το κάνεις αυτό, Έμιλυ. Μην το κάνεις». Εκείνη όμως επιμένει. Θέλει να ξαναδεί τον μπαμπά της και τη μαμά της. Έτσι το σκηνικό αλλάζει και νάτη τώρα δώδεκα χρονώ, έχει γυρίσει πίσω σ' αυτή την υπέροχη μέρα που θυμάται. Κατεβαίνει τη σκάλα μ' ένα ωραίο φορεματάκι και τις μπούκλες της να χοροπηδούν γύρω από το πρόσωπό της. Η μητέρα της όμως είναι τόσο απορροφημένη με το γλυκό που της φτιάχνει για τα γενέθλιά της, που δεν έχει καιρό να την κοιτάξει. Η Έμιλυ της λέει: «Κοίταξέ με, μαμά. Είμαι το κορίτσι των γενεθλίων». Και η μαμά της της απαντάει: «Εντάξει, κορίτσι των γενεθλίων. Κάτσε τώρα να φας το πρωινό σου». Η Έμιλυ στέκεται και λέει: «Κοίταξέ με, μαμά». Η μαμά της όμως δεν την κοιτάζει. Μπαίνει ο μπαμπάς της, αλλά είναι τόσο απασχολημένος να βγάλει λεφτά για κείνη, που δεν την έχει κοιτάξει ποτέ, ούτε κι ο αδελφός της που είναι απορροφημένος με τα δικά του και δεν έχει καιρό γι' αυτήν. Η σκηνή τελειώνει με την Έμιλυ, που στέκεται στη μέση του δωματίου λέγοντας: «Κοιτάξτε με, σας παρακαλώ, κοιτάξτε με. Δε χρειάζομαι ούτε το γλυκό, ούτε τα λεφτά. Μόνο να με κοιτάξετε». Και κανείς δεν την κοιτάζει· κι όταν το βλέπει η Έμιλυ γυρίζει ακόμη μια φορά στη μητέρα της και λέει, «Σε παρακαλώ, μαμά» και μετά γυρίζει και λέει: «Πάρτε με πίσω. Είχα ξεχάσει τι σημαίνει να είσαι άνθρωπος. Κανείς δεν κοιτάζει κανένα. Κανείς δεν ενδιαφέρεται πια, έτσι δεν είναι;»

Εδώ έχουμε φτάσει! Τα παιδιά μας μεγαλώνουν τόσο γρήγορα, που δεν τα βλέπουμε. Σηκώνεις ξαφνικά τα μάτια και βλέπεις έναν έφηβο ή κάποιον σε ηλικία γάμου. Έχεις χάσει τη χαρά να κοιτάζεις τα πρόσωπά τους, γιατι τρέχεις όλη τη μέρα να τους εξασφαλίσεις διάφορα πράγματα κι έχεις χάσει τη χαρά. Ο πολιτισμός μας στηρίζεται στο κυνήγι των στόχων. Θα σας πω μια αλήθεια — ζωή δεν είναι ο στόχος, αλλά το ταξίδι. Ζωή είναι το ταξίδι, η διαδικασία, το να πας μέχρι εκεί. Ωραία, έφτασες εκεί και τι βρήκες; Ανθρώπους που σε ζηλεύουν. Έχεις μια Κάντιλακ. Η Κάντιλακ είναι λίγο κρύος σύντροφος για το κρεβάτι σου... Οι πόρτες και το τιμόνι εμποδίζουν. Έχουμε ξεχάσει όμως τι σημαίνει να κοιτάζουμε ο ένας τον άλλο, να αγγίζουμε ο ένας τον άλλο, να συνδεόμαστε, να νοιαζόμαστε ο ένας για τον άλλο. Δεν είναι περίεργο που πεθαίνουμε όλοι από μοναξιά.

Πάντα χρησιμοποιώ αυτή την ωραία επινόηση για το χρόνο, το «Λέω και Μοιράζομαι», που θα μπορούσε να είναι ένας από τους ωραιότερους τρόπους να βλέπεις τα παιδιά στην τάξη σου. Γίνεται όμως με τόσο στραβό τρόπο. Η δασκάλα κάνει το καθήκον της, γιατί ο διευθυντής καθορίζει ότι στις 9.15 πρέπει να γίνει το «Λέω και Μοιράζομαι». Η μικρή Σάλυ μπαίνει με μία πέτρα και λέει: «Όπως ερχόμουνα στο σχολείο, βρήκα μια πέτρα». Η δασκάλα λέει: «Πολύ καλά. Βάλ' την στο τραπέζι της Φυσικής». Θα μπορούσε όμως να πάρει την πέτρα, να την κοιτάξει και να πει: «Τι είναι μια πέτρα; Από πού προέρχεται η πέτρα, Σάλυ; Ποιος την έκανε την πέτρα;» Θα μπορούσαμε να σταματήσουμε τα πάντα γι' αυτή τη μέρα και όλα τα πράγματα θα γυρνούσαν γύρω από την πέτρα γιατί, όλα τα πράγματα που υπάρχουν, υπάρχουν μέσα σε όλα τα πράγματα. Δε χρειάζεται να κατασκευάσει κανείς τεχνητές ανοησίες. Όλα εδώ βρίσκονται, όχι έξω. Όλα εδώ. Όλα όσα χρειάζεται να γνωρίζει κανείς περιέχονται σ' ένα δέντρο. Όλα όσα χρειάζεται να γνωρίζει κανείς βρίσκονται σ' ένα ανθρώπινο πλάσμα. Τα μικρά παιδιά σηκώνονται στον πίνακα και λένε: «Χτες ο μπαμπάς μου χτύπησε τη μαμά μου μ' ένα σφυρί και φώναξαν το ασθενοφόρο και την πήρε και τώρα είναι στο νοσοκομείο». Και η δασκάλα λέει: «Εντάξει, ο επόμενος». Είναι καιρός να δούμε πραγματικά τα παιδιά, και ξέρετε τι εύκολο που είναι; Το μόνο που έχετε να κάνετε είναι τα τα κοιτάξετε και να πείτε «ναι» ή «Τι ωραίο φόρεμα». Η μικρή Σάλυ θα το φοράει όλη τη χρονιά αυτό το φόρεμα μόνο και μόνο επειδή το είδατε.

Ο Έλις Πέιτζ έκανε μια θαυμάσια μελέτη πάνω στο συναίσθημα παίρνοντας την τάξη του και χωρίζοντάς την σε τρεις ομάδες Α, Β και Γ. Σε κάθε εργασία της ομάδας Α έβαζε απλώς ένα βαθμό. Θυμόσαστε την εποχή που γράφατε αυτές τις θαυμάσιες εργασίες, που έκλειναν μέσα τους ένα κομμάτι του εαυτού σας και μετά τις παίρνατε πίσω μ' ένα απλό Α, ένα Β ή Γ ή Δ. Που δε σήμαιναν τίποτε; Κοιτάζατε προσεχτικά μήπως βρείτε κανένα λεκέ από σπαγγέτι ή ίσως λίγο χυμένο καφέ που να σας βεβαιώνει ότι ο τύπος την είχε διαβάσει. Στην ομάδα Β έβαζε ένα βαθμό και ένα χαρακτηρισμό όπως καλό, θαυμάσιο, εξαιρετικό, καλή δουλειά. Με την ομάδα Γ καθόταν και έγραφε στον καθένα ένα γράμμα που έλεγε: «Αγαπητέ Τζόνυ: η σύνταξή σου είναι φριχτή. Η γραμματική σου είναι απίστευτη. Η ορθογραφία σου ανύπαρκτη και η στίξη σου είναι σαν του Τζέημς Τζόυς. Ξέρεις όμως, εκεί που καθόμουνα χτες το βράδυ στο κρεβάτι και μιλούσα με τη γυναίκα μου, της είπα: Σάλυ, μέσα σ' αυτή την εργασία υπάρχουν πολύ όμορφες ιδέες. Και θα προσπαθήσω πραγματικά να τον βοηθήσω. Ειλικρινά δικός σου. Ο Δάσκαλός σου». Και αν κάποιος έκανε μια πραγματικά ωραία δουλειά, του έγραφε: «Σ' ευχαριστώ. Συνεχίζεις πάντα να μ' ενθουσιάζεις. Είναι μια θαυμάσια εργασία με πάρα πολλές καλές ιδέες. Συνέχισε. Πεθαίνω από ανυπομονησία να δω τι θα γράψεις την επόμενη φορά». Μετά απ' αυτό έκανε μια στατιστική έρευνα. Η ομάδα Α παρέμεινε η ίδια. Η ομάδα Β ήταν στάσιμη, ενώ η ομάδα Γ βελτιώθηκε και πρόκοψε.

Κοιτάξτε τη μελέτη *Ο Πυγμαλίωνας στην τάξη*. Άλλο ένα φτηνό βιβλίο. Κάθε παιδαγωγός θα 'πρεπε να το διαβάσει. Ας μιλήσουμε για προσδοκίες! Αυτοί οι κύριοι από το Χάρβαρντ ήρθαν στα σχολεία και είπαν σ' όλους τους δασκάλους σαν κι εσάς: «Τώρα θα μπούμε στην τάξη σας και θα δώσουμε στα παιδιά (δεν είναι η ακριβής διατύπωση αυτή, αλλά η ουσία της ιστορίας), θα τους δώσουμε ένα τεστ που λέγεται Τεστ Διανοητικής Προόδου του Χάρβαρντ. Και τι μετράει αυτό το τεστ; Ποια παιδιά από την τάξη σας θα παρουσιάσουν διανοητική ανάπτυξη στο διάστημα της χρονιάς. Το τεστ αυτό θα τα ξεχωρίσει. Δεν κάνει λάθος ποτέ. Θα σας πούμε ποια είναι και σκεφτείτε τι χρήσιμο που θα σας φανεί». Μπήκαν λοιπόν μέσα κι έδωσαν στα παιδιά κάποιο παλιό και ξεπερασμένο τεστ νοημοσύνης. Αφού τέλειωσαν, το πέταξαν στο σκουπιδοτενεκέ. Μετά διάλεξαν στην τύχη πέντε ονόματα από τον κατάλογο και κάθησαν να μιλήσουν με τους δασκάλους. Είπαν λοιπόν: «Αυτά είναι τα παιδιά που θα απογειωθούν διανοητικά αυτό το εξάμηνο: η Χουανίτα Ροντρίγκεζ». «Η Χουανίτα Ροντρίγκεζ δε θα μπορούσε να απογειωθεί ούτε με πύραυλο», είπε ο δάσκαλός της. «Ό,τι κι αν λέτε, το τεστ Διανοητικής Προόδου του Χάρβαρτν δεν κάνει ποτέ λάθος», είπαν οι μεγάλες κεφαλές. Και τι νομίζετε ότι έγινε; Όλα τα ονόματα που είχαν βάλει σ' αυτή τη λίστα ανέβηκαν στα ύψη. Πράγμα που αποδεικνύει ότι λαβαίνεις τελικά αυτό που περιμένεις. Μπαίνεις μέσα στην τάξη και λες, «Τι ηλίθια παιδιά. Δε θα μάθουν ποτέ τίποτε». Μπαίνεις και λες, «Αυτά τα παιδιά θέλουν να μάθουν και θα μάθουν. Είναι δική μου δουλειά να τα φέρω κοντά σ' αυτή την έδρα και να τους δείξω πόσο καταπληκτική είναι». Όλοι έχουμε ανάγκη την πραγμάτωση και την αναγνώριση. Θέλουμε να είμαστε ικανοί να κάνουμε κάτι και το πιο σπουδαίο πράγμα είναι η χαρά μέσα στη δουλειά.

Είναι πολύ άσχημο όταν πηγαίνεις στη δουλειά σου και δεν την αγαπάς, ιδιαίτερα στο δικό μας επάγγελμα. Αν κάθε πρωί δε σ' ενθουσιάζει η ιδέα ότι θα μπεις μέσα σ' αυτό το δωμάτιο μ' όλα αυτά τα μικρά παιδιά που θα σε κοιτάζουν με τα λαμπερά τους μάτια και θα περιμένουν να τα βοηθήσεις να φτάσουν κοντά σ' αυτή την έδρα, τότε *μην ξαναπατήσεις στο σχολείο*. Κάνε κάτι άλλο που δε θα σε φέρνει σε επαφή με μικρά παιδιά και δε θα σε αφήνει να τα σκοτώνεις σε τόσο τρυφερή ηλικία. Υπάρχουν ένα σωρό πράγματα να κάνεις... αλλά τα παιδιά άφησέ τα ήσυχα. Όλοι θέλουμε να μας αναγνωρίζουν γι' αυτό που κάνουμε, για τη δουλειά μας. Κάπου-κάπου χρειαζόμαστε κάποιον να 'ρχεται κοντά και να μας λέει: «Μπράβο, παιδί μου. Ωραία τα κατάφερες. Ήταν πολύ καλό αυτό», Και μην ξεχνάς ότι όσο το έχεις ανάγκη *εσύ*, άλλο τόσο το χρειάζονται και τα παιδιά σου. Δε νομίζεις πως είναι ώρα να παρατήσεις αυτή την ανοησία με τα είκοσι εφτά λάθη; Λάθος. Λάθος. Λάθος. Λάθος. Λάθος. Για σκέψου να παίρνεις πίσω εργασίες γεμάτες με λάθη. Γιατί να μην αρχίσεις να σημειώνεις τα σωστά! «Έχεις δυο σωστά, Τζόνυ. Μπράβο σου!» Γιατί να μην τους δώσεις να καταλάβουν ότι μπορούν να κάνουν κάτι καλά και να ξεκινήσουν από κει αντί να λογαριάζουν πάντα τα λάθη; Είναι εξίσου εύκολο να υπογραμμίζεις τα σωστά όσο και τα λάθη. Μάλιστα στην πρώτη περίπτωση κουράζεται λιγότερο το χέρι σου.

Ένα άλλο πράγμα που χρειαζόμαστε όλοι είναι η ελευθερία. Ο Θορώ λέει ότι: «Τα πουλιά δεν τραγουδούν ποτέ μέσα σε σπηλιές». Ούτε κι εμείς. Για να μπορέσουμε να μάθουμε, πρέπει να είμαστε ελεύθεροι. Πρέπει να είμαστε ελεύθεροι να δοκιμάζουμε, να πειραματιζόμαστε, να κάνουμε λάθη. Έτσι μαθαίνει κανείς. Καταλαβαίνω τα λάθη σου και κερδίζω από τα δικά μου. Το μυστικό είναι να μην κάνεις δυο φορές το ίδιο λάθος. Έχω όμως ανάγκη να είμαι ελεύθερος να πειραματίζομαι και να *δοκιμάζω*. Δώσε μου αυτή την ευκαιρία. Δώσε μου την ευκαιρία να ζήσω και να είμαι ο εαυτός μου και να βρω τη χαρά στην ανάγκη. Μη μου κολλάς τα ελαττώματά σου! Άσε με να βρω και να ξεπεράσω τα δικά μου!

Θα 'θελα να κλείσω με μια παράγραφο του Λέο Ρόστεν, που με το δικό του χαρακτηριστικό τρόπο τα λέει όλα:

> Μ' ένα τρόπο όμως περιορισμένο και μυστικό, όλοι μας είμαστε λίγο τρελοί... Όλοι μας είμαστε μοναχικοί στο βάθος και ζητάμε να μας καταλάβουν· ποτέ όμως δεν μπορούμε να καταλάβουμε απόλυτα τον άλλο και ο καθένας μας μένει κατά ένα μέρος ξένος ακόμη κι απέναντι σ' αυτούς που τον αγαπούν... Οι αδύναμοι είναι σκληροί· μόνο οι δυνατοί μπορούν να είναι καλοί... Αυτοί που δε γνωρίζουν το φόβο δεν είναι πραγματικά θαρραλέοι, γιατί θάρρος είναι η ικανότητα να αντιμετωπίσεις αυτό που μπορείς να φανταστείς... Θα καταλάβεις καλύτερα τους ανθρώπους αν τους δεις σαν παιδιά, ανεξάρτητα από το πόσο μεγάλοι και επιβλητικοί μπορεί να είναι. Γιατί οι περισσότεροι από μας δεν ωριμάζουμε ποτέ, απλώς ψηλώνουμε... Η ευτυχία έρχεται μόνο όταν σπρώχνουμε το μυαλό και την καρδιά μας όσο πιο μακριά μπορούν να φτάσουν... Ο σκοπός της ζωής είναι να μετράς — να λογαριάζεσαι, να αντιπροσωπεύεις κάτι, να έχει κάποια σημασία το γεγονός ότι έζησες.

2

Πώς να γίνεις ο εαυτός σου

Σήμερα θα σας πω μερικές ιδέες μου πάνω στη συμβουλευτική και θα μπορούσαμε να ονομάσουμε την ομιλία μου αυτή «Πώς να γίνεις ο εαυτός σου». Ένα πολύ απογοητευτικό πράγμα είναι, ότι κάποια εποχή η ομάδα αυτή ήταν μικρή. Μπορούσα να σας πλησιάσω από κοντά, μπορούσαμε ν' ανταλλάξουμε ιδέες, μου λέγατε τη γνώμη σας. Ζήτησα ν' ανάψουν τα φώτα γιατί θέλω να βλέπω τα μάτια σας! Έτσι, μ' ένα τόσο μεγάλο ακροατήριο, δεν μπορώ να λογαριάζω παρά μόνο στους κραδασμούς σας — γι' αυτό κάντε τον κόπο να τρέμετε κάπου-κάπου!

Και τώρα ας «γίνουμε ο εαυτός μας».

Η ιδέα μου για τη συμβουλευτική μπορεί να συνοψιστεί σε μια απλή φράση. Δεν ξέρω πόσοι από σας έχετε διαβάσει ένα βιβλίο του Σαιντ Εξυπερύ που λέγεται *Άνεμος, άμμος και αστέρια*. Αν δεν το 'χετε διαβάσει, μου επιτρέπετε να σας το χαρίσω μ' όλη μου την καρδιά; Υπάρχει στο *Άνεμος, άμμος και αστέρια* ένα κεφάλαιο όπου ο Σαιντ Εξυπερύ, χωρίς να το χαρακτηρίζει καθοριστικά, μιλά για την αγάπη όπως κανεις δεν έχει μιλήσει ποτέ — με απλά παιδικά λόγια. Λέει: «Ίσως η αγάπη είναι η προσπάθειά μου να σε οδηγήσω μαλακά πάλι πίσω στον εαυτό σου». Δίσταζα πάντα να καθορίσω την αγάπη, γιατί τη βλέπω σαν κάτι απεριόριστο κι όσο ο άνθρωπος γίνεται πιο μεγάλος και πιο ωραίος και πιο εκδηλωτικός, έτσι μεγαλώνει κι η αγάπη. Γι' αυτό μου φαινόταν άσχημο να την κλείσω μέσα σ' έναν ορισμό. Όμως ο ορισμός του Σαιντ Εξυπερύ μ' αρέσει και πιστεύω ότι ίσως αυτό είναι πραγματικά η διδασκαλία και οπωσδήποτε αυτό είναι η συμβουλευτική — μια προσπάθεια δική μου όχι να σε προσαρμόσω στη δική μου εικόνα για το πώς σε θέλω, αλλά να σε οδηγήσω πίσω στον εαυτό σου, σ' αυτό που είσαι, στη μοναδικότητα και την αρχική σου ομορφιά.

Είναι τόσο πολλοί οι άνθρωποι που προσπαθούν να μας κάνουν αυτό που θέλουν εκείνοι και ύστερα από κάποια αντίσταση υποχωρούμε και λέμε πως ίσως αυτό να σημαίνει «προσαρμογή». Θεέ και Κύριε! Κάπου-κάπου κάποιος επαναστατεί και λέει «Όχι! Εγώ δε θα γίνω αυτό που θέλεις. Είμαι και θα μείνω εγώ. Θέλω να γίνω αυτό που είμαι».

Πολλές φορές αναρωτιέμαι: όσο κι αν επαναστατούμε, είμαστε πραγματικά αυτό που είμαστε ή είμαστε μόνο αυτό που μας λένε ότι είμαστε; Ξέρουμε σαν δάσκαλος και ψυχολόγος ότι *μαθαίνουμε* να είμαστε άνθρωποι — αλλά ποιοι είναι οι δάσκαλοί μας; Κατ' αρχήν δάσκαλοί μας είναι οι γονείς μας, η οικογένειά μας. Δεν μπορούμε πια, εκτός αν είμαστε ακόμη παιδιά, να κατηγορούμε τους γονείς και την οικογένειά μας, γιατί οι γονείς κι οι συγγενείς μας είναι μόνο άνθρωποι σαν όλους τους άλλους. Έχουν τα δικά τους προβλήματα, τις δικές τους αδυναμίες. Μας δίδαξαν απλά και μόνο αυτά που ήξεραν. Θα 'χεις μεγαλώσει πραγματικά τη μέρα που θα μπορείς να πλησιάσεις τον άντρα που είναι ο πατέρας σου ή τη γυναίκα που είναι η μητέρα σου και να τους πεις: «Ξέρεις, σ' αγαπάω μ' όλα τα ελαττώματά σου».

Μια μέρα με πλησίασε ένας πατέρας μετά από ένα μάθημα αγάπης και μου είπε: «Θέλω να σου μιλήσω». Με πήρε έξω, στο πίσω πάρκινγκ, μ' αγκάλιασε, μ' έσφιξε κι άρχισε να κλαίει. Μου είπε: «Τις προάλλες ο γιος μου ύστερα από είκοσι ένα χρόνια μου είπε: ''Ξέρεις, μπαμπά, σ' αγαπάω πραγματικά'', και ξέρω ότι το έλεγε σοβαρά. Ήξερα πως μ' αγαπούσε, αλλά εσύ του έμαθες να το λέει». Επομένως δεν έχουμε πια περιθώρια να παραπονιόμαστε ότι δε μας δίδαξαν ή ότι ίσως δε μας δίδαξαν σωστά. Πάντα μπορούμε να μάθουμε!

Η αλλαγή είναι πολύ σημαντικό πράγμα για μένα. Σαν δάσκαλοι πρέπει να πιστεύουμε στην αλλαγή, πρέπει να γνωρίζουμε ότι είναι δυνατή, αλλιώς δε θα διδάσκουμε — γιατί η διδασκαλία είναι μια συνεχής διαδικασία αλλαγής. Κάθε φορά που «διδάσκεις» κάτι σε κάποιον, αυτός το χωνεύει, το κάνει κάτι και ξεπηδάει απ' αυτό ένας νέος άνθρωπος. Δεν καταλαβαίνω γιατί οι άνθρωποι δε φλέγονται από τη λαχτάρα να μάθουν, γιατί δεν το βλέπουν σαν τη μεγαλύτερη περιπέτεια του κόσμου — αφού είναι μια διαδικασία μεταμόρφωσης. Κάθε φορά που μαθαίνουμε κάτι νέο, γινόμαστε κάτι νέο. Απόψε είμαι διαφορετικός, γιατί ήρθα εδώ. Έχω μείνει, κατάπληκτος από τη φιλοξενία των Τεξανών και δε σας πουλάω κοπλιμέντα, γιατί δεν το συνηθίζω. Σήμερα το απόγευμα κάθισα και ξανάγραψα ολόκληρο το λόγο μου. Πέταξα τον προηγούμενο στο καλάθι κι άρχισα να γράφω από την αρχή ένα καινούργιο λόγο για σας, γιατί ο άλλος δεν ταίριαζε. Κι ενώ το έκανα αυτό, δεν έπαψε να χτυπάει το τηλέφωνο και να μου λένε, «θα μαζευτούμε απόψε — έλα μαζί μας», «Βρισκόμαστε εκεί, θα 'ρθεις να μας δεις; Θέλουμε να σου μιλήσουμε». Σημειώματα κάτω από την πόρτα. Φανταστικά πράγματα! Άνθρωποι που επικοινωνούν με άλλους ανθρώπους, αυτό είναι.

Έτσι λοιπόν κι εγώ άλλαξα. Δεν είμαι πια ο ίδιος άνθρωπος που μπήκε εδώ μέσα το πρωί. Είμαι κάτι καινούργιο, γιατί έζησα κάτι καινούργιο μαζί σας. Γι' αυτό είναι τόσο συναρπαστικό πράγμα η μάθηση και δε θα 'πρεπε ποτέ να γίνει αγγαρεία. Κάθε βιβλίο σε οδηγεί σε καινούργια βιβλία. Κάθε φορά που ακούς ένα μουσικό κομμάτι, γνωρίζεις χίλια νέα κομμάτια — ακούς μια σονάτα του Μπετόβεν και χάνεσαι! Διαβάζεις ένα βιβλίο με ποίηση και χάνεσαι! Υπάρχουν χιλιάδες πράγματα να διαβάσεις, να δεις, να κάνεις, ν' αγγίξεις, να νιώσεις. Το καθένα τους σε κάνει διαφορετικό άνθρωπο. Ποιος είσαι λοιπόν πραγματικά, αυτός που είσαι ή αυτό που μαθαίνεις ή αυτό που σου είπαν για χρόνια οι άλλοι ότι είσαι;

Η κουβέντα του Σαιντ Εξυπερύ για την επιστροφή στον εαυτό σου είναι πολύ ωραία, αλλά για να οδηγηθείς ξανά πίσω στον εαυτό σου πρέπει να αποφασίσεις, σε κάποιο βαθμό, ποιος αισθάνεσαι ότι πρέπει να γίνεις. Σου υπόσχομαι πως, αν αφοσιωθείς πραγματικά στην προσπάθεια ν' ανακαλύψεις ποιος πραγματικά είσαι, θα είναι το πιο συναρπαστικό ταξίδι της ζωής σου. Δεν είσαι άσχημος. Δεν είσαι κακός. Είσαι μια χαρά. Σκέψου τα πρωινά μας λόγια — τι το καινούργιο είπα; Έλα, πες την αλήθεια, δεν είπα τίποτε καινούργιο. Απλώς πρότεινα αυτό που ήταν ήδη μέσα σου και η αντίδραση σ' αυτή την κίνηση είναι να ανοίγονται οι άνθρωποι και να λένε: «Είναι αλήθεια. Γιατί το κράταγα μέσα μου; Θα πάω εκεί και θα τους αγκαλιάσω». Αυτό είναι και τίποτε παραπάνω. Η έκφραση ενός πράγματος που βρισκόταν εκεί που σου λέει ότι δεν είναι κακό για σένα να είσαι εσύ. Σου δίνει την άδεια να υπάρξεις και να εξελιχθείς. Δεν είναι απίστευτο ότι χρειαζόμαστε κάποιον άλλο να μας δώσει την άδεια να είμαστε εμείς;

Ξέρουμε πως με τα λόγια μπορούμε να πούμε στα μικρά παιδιά τι είναι και ποιοι είναι. Ο Γουέντελ Τζόνσον μας λέει πως με τους χαρακτηρισμούς μπορούμε να κάνουμε ένα παιδί τραυλό. Όταν π.χ. έρχεται ένα μικρό παιδί ξαναμμένο και λέει, «Ω, μ-μ-μ-αμά, περνάει ο π-π-π-παγωτατζής», η μητέρα το σταματάει και λέει: «Σταμάτα και ξαναπέστο αργά — τραυλίζεις». Αν το παιδί το ακούσει αυτό αρκετές φορές, θα πιστέψει ότι τραυλίζει και πολύ σύντομα θα εσωτερικοποιήσει το τραύλισμα και θα λέει, «Είμαι τραυλός». Έτσι φτιάξαμε ένα τραυλό παιδί. Το ίδιο μπορείς να καταφέρεις, αν λες συνέχεια σε κάποιον, «Είσαι όμορφος, είσαι όμορφος, είσαι όμορφος». Αν στο πουν αυτό αρκετοί άνθρωποι, θ' αρχίσεις να φέρεσαι σαν να ήσουν όμορφος. Αλλά το «Είσαι άσχημος, είσαι άσχημος, είσαι άσχημος», θα σε κάνει να καμπουριάζεις, να μαζεύεσαι όλο και πιο πολύ, ώσπου να γίνεις πραγματικά άσχημος. Οι χαρακτηρισμοί «Είσαι κακός! Είσαι κουτός!» θα σε κάνουν κουτό και κακό.

Σήμερα το πρωί είπα: «Η αγάπη είναι κάτι που μαθαίνεται» κι αυτό είναι αλήθεια. Η αγάπη μαθαίνεται, ο φόβος μαθαίνεται, η προκατάληψη μαθαίνεται, το μίσος μαθαίνεται, το ενδιαφέρον μαθαίνεται, η υπευθυνότητα μαθαίνεται, η αφοσίωση μαθαίνεται, ο σεβασμός μαθαίνεται, η καλοσύνη και η ευγένεια μαθαίνονται. Όλα αυτά μαθαίνονται έξω στην κοινωνία, στο σπίτι, μέσα σε μια σχέση. Οι γλωσσικές διαδικασίες αρχίζουν στην ηλικία του ενός και των δύο χρόνων, όταν οι λέξεις αρχίζουν να εμφανίζονται και να αποχτούν συγκινησιακό και διανοητικό περιεχόμενο. Αυτές είναι οι λέξεις με τις οποίες θα χτίσεις το περιβάλλον σου — μ' αυτές θα ζήσεις την υπόλοιπη ζωή σου, αυτές θα σε φυλακίσουν ή θα σε απελευθερώσουν. Έχει τρομερή σημασία αυτό.

Επίσης από την οικογένειά μας κυρίως αποχτούμε την έννοια της αυταίσθησης — το ποιοι είμαστε. Γι' αυτό και η οικογένεια έχει μια μεγάλη ευθύνη. Κανείς δε διδάσκει ποτέ τους ανθρώπους πώς να γίνουν γονείς. Ξαφνικά αποχτάς ένα μωρό και το παιχνίδι αρχίζει. Μπορεί να νιώθεις την ευθύνη, αλλά φιλτράρεται μέσα από το ποιος είσαι ήδη. Γι' αυτό είπα σήμερα το πρωί ότι το πιο σημαντικό πράγμα είναι να κάνεις τον εαυτό σου τον σπουδαιότερο, τον πιο θαυμάσιο, τον πιο αξιαγάπητο άνθρωπο του κόσμου, γιατί αυτό θα δώσεις στα παιδιά σου και σε όλους όσους συναντάς.

Πιστεύω ότι ελέγχεις το πεπρωμένο σου, ότι μπορείς να γίνεις αυτό που θέλεις. Μπορείς να σταματήσεις και να πεις, «Όχι, δε θα το κάνω πια. Δε θα ξαναφερθώ έτσι. Είμαι μόνος και χρειάζομαι γύρω μου ανθρώπους. Ίσως να πρέπει να αλλάξω τον τρόπο που φέρομαι». Και μετά άρχισε να το κάνεις — θεληματικά. Δοκίμασέ το. Έκανα ένα ενδιαφέρον πείραμα με μια ομάδα φοιτητών στο μάθημα της ψυχογλωσσολογίας. Τους έβαλα να φτιάξουν δυο σειρές λέξεων. Στη μια μεριά βάλαμε λέξεις που τις ονομάσαμε «γρουσούζικες» λέξεις, όπως «μίσος», «απελπισία», «όχι». Φτιάξαμε ένα λεξιλόγιο με λέξεις γρουσούζικες, όλες τις πραγματικά κακές λέξεις. Από την άλλη μεριά φτιάξαμε ένα άλλο λεξιλόγιο και βάλαμε λέξεις θετικές, όπως τη λέξη «αγάπη». Αποφασίσαμε ότι αυτές θα ήταν οι λέξεις που θα χρησιμοποιούσαμε για να μιλήσουμε για τους άλλους, για να σκεφτούμε και να μιλήσουμε για τον εαυτό μας και τον κόσμο. Ξεκινήσαμε τη διαδικασία αυτή κι άρχισαν να συμβαίνουν φανταστικά πράγματα — στον τρόπο που νιώθαμε, στον τρόπο που κάναμε τους άλλους να νιώθουν και τις αλληλοεπιδράσεις μεταξύ μας. Όλα αυτά έγιναν μόνο και μόνο επειδή χρησιμοποιήσαμε θετικές λέξεις!

Δεν υπάρχει οικογένεια που να μην έχει τα στραβά της. Δεν

υπάρχει οικογένεια χωρίς φόβο ή χωρίς προκατάληψη. Ας ρίξουμε μια ματιά στην ονομαζόμενη φυσιολογική οικογένεια με όλα τα προβλήματά της και ας δούμε τι συμβαίνει όταν γεννιέται ένα παιδί που είναι διαφορετικό, προβληματικό, ανάπηρο. Περίεργα πράγματα συμβαίνουν από την αρχή. Έχει ξεκινήσει μια καταπληκτική έρευνα πάνω σ' αυτό και πεθαίνω από ανυπομονησία να δω τα τελικά αποτελέσματα. Στο Ιατρικό Κέντρο της UCLA, όταν γεννιέται ένα μειονεκτικό παιδί, στέλνεται αμέσως δίπλα του ένας σύμβουλος — όχι την άλλη εβδομάδα ή τον άλλο χρόνο, αλλά αμέσως — για να μιλήσει με τους γονείς, να τους πει να μη φοβούνται, να τους πει ότι υπάρχουν δυνατότητες εκπαίδευσης, να τους δώσει ελπίδες, να ζωντανέψει τη σπίθα που πάει να σβήσει, αυτή την εύθραυστη ισορροπία που δημιουργείται όταν συμβαίνει κάτι τέτοιο.

Ζούμε σ' ένα πολιτισμό που υπογραμμίζει πάντα την τελειότητα. Μεγαλώσαμε στο σχολείο της Ντόρις Νταίη και του Ροκ Χάτσον. Το Χόλιγουντ διαμόρφωσε την αντίληψή μας για το ωραίο και το καλό κι αυτό που με τρομάζει πιο πολύ είναι ότι το Χόλιγουντ διαμόρφωσε και την ιδέα μας για την αγάπη. Έτσι έγινε πράγματι και ο κόσμος περνάει τη ζωή του πιστεύοντας, ότι αγάπη είναι το να κυνηγάς ένα θηλυκό επί έξι μπομπίνες. Όλοι τα 'χετε δει αυτά — ο Ροκ πάντα κυνηγάει την Ντόρις και η Ντόρις τρέχει συνεχώς μακριά προστατεύοντας κάτι με φοβερές στριγγλιές — ποτέ μου δεν κατάλαβα τι. Τελικά στην τελευταία μπομπίνα αυτός την πιάνει και τη σηκώνει στην αγκαλιά του και την κουβαλάει μέσα στο σπίτι. Και η οθόνη γράφει: τέλος. Και, φίλε μου, έτσι πραγματικά είναι! Αυτό που θα 'θελα να δω είναι τι γίνεται μετά το «τέλος», γιατί είμαι σίγουρος πως μια γυναίκα που τρέχει να ξεφύγει επί έξι μπομπίνες πρέπει να 'ναι ψυχρή· κι αν κάποιος άντρας είναι τόσο τρελός που να επιμένει να την κυνηγάει, πρέπει να είναι ανίκανος.

Σ' αυτή τη μελέτη της UCLA μετράνε το χρόνο, μετράνε τα λεπτά. Για παράδειγμα, μετράνε πόσον καιρό κάνουν, όταν γεννιέται ένα «φυσιολογικό» παιδί, να το πάνε στη μητέρα του. Διαπίστωσαν ότι με τα προβληματικά παιδιά περνάει ένα σημαντικά μεγαλύτερο διάστημα. Καμιά από τις νοσοκόμες δε θέλει να πάει το παιδί μέσα. Όταν γεννιέται ένα γερό μωράκι, μπαίνουν μέσα στο δωμάτιο λέγοντας, «Κοιτάξτε τι σας φέρνουμε, κ. Τζόουνς» κι όλοι είναι πανευτυχείς. Όταν γεννιέται όμως ένα μειονεκτικό παιδί, μια σκιά πέφτει σ' ολόκληρο το μαιευτήριο. Τι λέει αυτή η στάση στη μητέρα του παιδιού, πριν ακομη το δει; Της λέει ότι την απορρίπτουν, ότι κάτι δεν πάει καλά. Ποια μητέρα, μόλις βρέθηκε μόνη με το χαρούμενο μικρό μπόγο της, δε βιάστηκε ν' ανοίξει την κουβέρτα και να μετρήσει τα δάχτυλα του μωρού της; Οι μητέρες το έχουν εκφράσει πολύ ξεκάθαρα, ότι η γέννηση είναι ένα δώρο. «Χαρίζω κάτι στον κόσμο, χαρίζω κάτι στον άντρα μου, στην οικογένειά μου». Από την αρχή λοιπόν υπάρχει φόβος. «Τι έχει αυτό το παιδί;» Υπάρχει ενοχή. «Φταίω εγώ;» Είμαστε άνθρωποι.

Αυτή η ιδέα της τελειότητας με τρομάζει. Φοβόμαστε πια να κάνουμε ο,τιδήποτε, επειδή δεν μπορούμε να το κάνουμε τέλεια. Ο Μάσλοου λέει πως υπάρχουν θαυμάσιες κορυφαίες εμπειρίες που θα 'πρεπε να τις δοκιμάζουμε όλοι μας, όπως όταν φτιάχνει κανείς ένα κεραμικό βάζο ή όταν ζωγραφίζει ένα πίνακα και τον βάζει μπροστά του λέγοντας: «Είναι προέκταση του εαυτού μου». Υπάρχει μια άλλη υπαρξιστική θεωρία που λέει: «Πιστεύω πως υπάρχω γιατί έκανα κάτι. Δημιούργησα κάτι κι επομένως υπάρχω». Κι όμως αποφεύγουμε να το κάνουμε αυτό, γιατί φοβόμαστε ότι δε θα είναι καλό, ότι δε θα το επιδοκιμάσουν. Αν νιώθεις την επιθυμία να μουντζουρώσεις ένα τοίχο με μελάνι, γιατί δεν το κάνεις; Αυτή είναι η διάθεσή σου κι αυτό είναι το σημείο που βρίσκεσαι αυτή τη στιγμή. Γιατί να ντρέπεσαι; Πες: «Αυτό βγήκε από μένα, είναι δημιούργημά μου, το έκανα εγώ και είναι καλό». Όλοι όμως φοβόμαστε, γιατί θέλουμε να είναι τέλεια τα πράγματα. Θέλουμε τα παιδιά μας να είναι τέλεια.

Αντλώντας από τις προσωπικές μου εμπειρίες — το μόνο που μπορώ να κάνω — θυμάμαι το μάθημα της γυμναστικής στο Γυμνάσιο και το Λύκειο. Αν υπάρχει κανένας γυμναστής ανάμεσά σας, ελπίζω να μ' ακούει καλά. Ό,τι και να πω δε θα το πάρω πίσω γιατί είναι αλήθεια. Θυμάμαι το αγώνα για την τελειότητα.

Η γυμναστική θα 'πρεπε να 'ναι ένα μάθημα όπου ο καθένας έχει τις δικές του ευκαιρίες. Αν δεν μπορείς να ρίχνεις καλές μπαλιές, μπορείς να μάθεις να ρίχνεις όσο καλύτερα μπορείς. Δεν ήταν έτσι όμως τα πράγματα — εμείς δε στοχεύαμε παρά στην τελειότητα. Υπήρχαν λοιπόν πάντα μπροστά κάτι ψηλοί γεροδεμένοι και ήταν τα αστέρια. Κι από την άλλη μεριά υπήρχα εγώ, πετσί και κόκαλο, με το σκόρδο τυλιγμένο στο λαιμό μου και το κακοφορεμένο σορτσάκι και τα αδύνατα πόδια μου. Και στεκόμουνα στη σειρά περιμένοντας να με διαλέξουν, πεθαίνοντας λίγο-λίγο κάθε μέρα. Θυμόσαστε πώς μας έβαζαν όλους στη σειρά κι έρχονταν τ' αστέρια και στέκονταν μπροστά με φουσκωμένο το στέρνο κι έλεγαν, «Διαλέγω εσένα» και «Διαλέγω εσένα», κι εσύ έβλεπες τη σειρά ν' αραιώνει, ενώ εσύ βρισκόσουνα ακόμη εκεί. Τελικά μένατε μόνο δύο, άλλος ένας μικροκαμωμένος κι εσύ. Και τότε έλεγαν, «Εντάξει, θα πάρω τον Μπουσκάλια» «ή θα πάρω το Ιταλάκι», κι έβγαινες από τη γραμμή πεθαμένος από ντροπή γιατί δεν ταίριαζες με την αθλητική εικόνα, δεν ταίριαζες με την εικόνα της τελειότητας που επιζητούσες. Αυτό ισχύει για τα πάντα. Στο σχολείο σήμερα υπάρχει ένας φοιτητής που είναι γυμναστής. Παραλίγο θα λάβαινε μέρος στους Ολυμπιακούς πέρσι. Έχει μια παραμόρφωση στο πόδι. Από κάθε άλλη άποψη είναι όσο πιο τέλειος μπορείτε να φανταστείτε, έχει ένα σώμα που θα το ζήλευε ο καθένας, ένα ωραίο μυαλό, καταπληκτικά μαλλιά και μάτια που αστράφτουν. Αλλά για τον εαυτό του δεν είναι ένα ωραίο αγόρι — είναι ένας κουτσός. Κάποιος βρέθηκε να του κληροδοτήσει αυτό το ελάττωμα και τώρα το μόνο που ακούει όταν περπατάει στο δρόμο είναι το χτύπημα του ποδιού του, ακόμη κι αν κανένας άλλος δεν το παρατηρεί. *Αυτός* όμως το βλέπει και ταυτίζεται μ' αυτό. Καταλαβαίνετε λοιπόν γιατί αυτή η ιδέα της τελειότητας με παγώνει.

Μόλις γεννηθεί αυτό το παιδί που δεν είναι τέλειο ή μόλις το ανακαλύψει η οικογένεια, ένα σωρό πράγματα έρχονται στην επιφάνεια. Η απώλεια της ιδανικής εικόνας, οι φόβοι για το μέλλον. Τι το περιμένει αυτό το παιδί; Θα μπορέσει να βρει δουλειά, θα μπορέσει να μάθει κάτι, θα μάθει να διαβάζει; Όλοι αυτοί οι φόβοι είναι πραγματικοί. Ενοχή: «Τι έκανα λάθος — σε τι φταίω εγώ —

μήπως ήταν η διατροφή — μήπως δε φρόντισα τον εαυτό μου;» Απόγνωση και το κεντρικό ερώτημα: *Τι να κάνω τώρα;*

Δούλεψα συμβουλευτικά επί έξι χρόνια με γονείς μειονεκτικών παιδιών κι αυτό που άκουγα ξανά και ξανά και ξανά απ' αυτούς τους πελαγωμένους ανθρώπους ήταν πόσους ειδικούς είχαν πάει να δουν. Πήγαιναν στον ένα και μετά στον άλλο και στον άλλο και ποτέ δε μάζευαν τις απαραίτητες πληροφορίες για το παιδί τους. Είναι φοβερό αυτό. Κανείς στον κόσμο δε θα έχει ποτέ καλύτερη επαφή με το παιδί από τους γονείς του. Αυτοί είναι εκείνοι που πρέπει να ξέρουν τα πιο πολλά. Υπάρχει όμως ένα είδος καλά φυλαγμένου μυστικού μεταξύ των ειδικών: «Δεν πρέπει να καταλάβουν. Ξέρω τι έχει ο Τζόνυ, αλλά ας μην το πούμε στη μαμά του». Πώς να το κάνουμε όμως, η μαμά του είναι αυτή που θα φροντίσει τον Τζόνυ κι είναι προτιμότερο να τον φροντίσει καλά παρά άσχημα. Είναι καιρός να το αναγνωρίσουμε αυτό και ν' αποφασίσουμε να λέμε την αλήθεια στους γονείς. Η δική μου άποψη για τη συμβουλευτική είναι: εντάξει, ας μη μιλήσουμε αλλά ας τους *δείξουμε*. Ας έχουμε ένα δωμάτιο με ένα καθρέφτη - τζάμι όπου η μαμά να μπορεί να κάθεται και να κοιτάζει τι κάνει ο δάσκαλος με το παιδί και μετά ο δάσκαλος να έρθει από την άλλη μεριά και να πει, «Να, αυτό κάνω, έτσι ενισχύω το τάδε. Αν θέλεις, μπορείς να το συνεχίσεις αυτό στο σπίτι». Μια δουλειά ομάδας — μόνο έτσι μπορεί να γίνει κάτι. Όχι πια μυστήρια. Δουλεύουμε μαζί προς όφελος του Τζόνυ. Ο Τζόνυ μας χρειάζεται όλους, ας το κάνουμε λοιπόν μαζί. Όχι αυτή η αίσθηση της ανήμπορης απόγνωσης κάθε φορά. Ο δόκτωρ Α είπε αυτό, ο νευρολόγος Β είπε το άλλο, ο δάσκαλος Γ είπε το τρίτο.

Ξέρω πολλές μητέρες που άκουσαν να τους λένε, «Αφήστε το παιδί, θα το ξεπεράσει μόνο του, θα γίνει εντάξει, ανησυχείτε υπερβολικά, κ. Τζόουνς». Μα, προς Θεού, κανείς δεν ξέρει το παιδί όπως το ξέρει η κ. Τζόουνς! «Πέφτει συχνά, δεν έχει συντονισμό, δε φέρεται σαν τα άλλα παιδιά, κάτι δεν πάει καλά, βοηθήστε με». Κι εμείς τη στέλνουμε μπαλάκι από τον ένα στον άλλον.

Δεν ξέρω πόσοι από σας έχετε διαβάσει το βιβλίο της Περλ

Μπακ για το κοριτσάκι της, είναι όμως ένα πολύ-πολύ σημαντικό βιβλίο και θα 'πρεπε να το διαβάσει κάθε παιδαγωγός. Είναι η περίπτωση μιας μορφωμένης, ευαίσθητης γυναίκας που πήγε το παιδί της σε εκατό διαφορετικούς ανθρώπους. Ταξίδεψε σ' ολόκληρο τον κόσμο γυρεύοντας βοήθεια, ώσπου κάποιος αποφάσισε να της μιλήσει ξεκάθαρα: «Κοίτα να δεις, Περλ, γλυκιά μου, το παιδί σου είναι διανοητικά καθυστερημένο, αλλά ας προσπαθήσουμε να κάνουμε ό,τι μπορούμε γι' αυτή. Ας προσπαθήσουμε να τη βοηθήσουμε να μάθει ό,τι μπορεί, πάψε όμως να πιστεύεις ότι θα γίνει μεγαλοφυΐα. Ξέχασέ τα όλα αυτά κι έλα να δουλέψουμε και να κάνουμε ό,τι το καλύτερο μπορούμε γι' αυτό το παιδί. Δε θα της βάλουμε όρια. Δε θα πούμε ότι δεν μπορεί να μάθει — όλα αυτά είναι ανοησίες. Ας βάλουμε όμως όλη μας τη δύναμη για να κάνουμε το καλύτερο κι ας πάψουμε να γυρίζουμε τον κόσμο». Εκείνη απάντησε τότε «εντάξει» κι από τη στιγμή εκείνη άρχισε να προσπαθεί. Κάποιος όμως πρέπει να εξηγήσει με ειλικρίνεια στους γονείς.

Πέρα από τα προβλήματα και τις δυσκολίες της συνηθισμένης «φυσιολογικής» οικογένειας, η οικογένεια που έχει ένα ανάπηρο παιδί έχει να αντιμετωπίσει αμέτρητα άλλα προβλήματα. Αυτό το διαπίστωσα δραματικά πέρσι, όταν μια μητέρα μου είπε: «Έχω ένα παιδί με σοβαρή εγκεφαλική παράλυση. Το ξέρετε ότι δεν έχω λείψει ούτε πέντε λεπτά από το σπίτι από τη μέρα που γεννήθηκε; Όπου και να πάω, πρέπει να το παίρνω μαζί μου. Δεν μπορώ να βρω μπέιμπι σίτερ να το κρατήσει· όλες το φοβούνται». Ζωή είναι αυτή; Οι γονείς είναι κι αυτοί άνθρωποι και έχουν ανάγκη να βγαίνουν. Μερικές φορές το ξεχνάμε αυτό. Διηγόμουνα αυτή την ιστορία στους μαθητές μου και μ' είχε πιάσει κάτι σαν τρέλα. Κοπάναγα τον πίνακα και φώναζα κι ένας από τους μαθητές μου είπε: «Γιατί να μην ξεκινήσουμε μια ομάδα μπέιμπι-σίτινγκ;» Κι έτσι άρχισαν να κάνουν δωρεάν μπέιμπι σίτινγκ για γονείς με μειονεκτικά παιδιά. Οι μαθητές δε φοβόντουσαν τα παιδιά κι έτσι πήγαιναν και τους έκαναν παρέα δίνοντας την ευκαιρία στους γονείς να πάνε σ' ένα εστιατόριο για να θυμηθούν κι αυτοί πως είναι άνθρωποι και να βγουν και να μείνουν μόνοι για λίγο. Αυτό είναι πολύ σημαντικό, γιατί έρχεται πάντα η μέρα που όλα τα παιδιά έχουν φύγει και η μαμά θα καθήσει δίπλα στον μπαμπά και θα κοιτάξουν ο ένας τον άλλο και πολύ φοβάμαι ότι θα αναγκαστούν να πουν: «Ποιος στην οργή είσαι εσύ;» Τόσο απασχολημένη ήταν με τα δικά της, τόσο απασχολημένος ήταν με τα δικά του.

Δεν είναι περίεργο, ύστερα απ' όλα αυτά, που οι γονείς φωνάζουν βοήθεια. Τώρα, όποιος θέλει να βοηθήσει έναν άλλο άνθρωπο —και δεν έχει σημασία ποιος είναι αυτός— πρέπει να θυμάται κάποια βασικά πράγματα. Πρώτα απ' όλα πρέπει πάντα να θυμόμαστε ότι ο άνθρωπος δεν είναι αντικείμενο και να πάψουμε να μεταχειριζόμαστε τους ανθρώπους σαν να είναι αντικείμενα. Είμαστε ευάλωτοι, είμαστε εύθραυστοι, είμαστε αδύναμοι, εύκολα τρομάζουμε. Είναι τόσο εύκολο, έτσι εύθραυστοι που είμαστε, να ανοίξουμε μια τρύπα στον άλλο και να τον κάνουμε να υποφέρει. Είναι όμως σχεδόν εξίσου εύκολο να κλείσουμε την τρύπα με το ίδιο δάχτυλο που την άνοιξε. Εξαρτάται από ποια πλευρά του ατόμου είσαι.

Ο άνθρωπος είναι κάτι το απίστευτο. Είναι φοβεροί οι μηχανισμοί άμυνας που χτίζουμε για να προστατέψουμε τον εαυτό μας. Το σύμπτωμα που, σύμφωνα με την ψυχαναλυτική θεωρία, λέει στον παραφορτωμένο επιχειρηματία που νιώθει το έλκος του να θεριεύει: «Ηρέμησε, φίλε». Το σύμπτωμα που, όταν φτάνεις να έχεις τόσο άγχος που να μη μπορείς να μιλήσεις στους άλλους, σε προειδοποιεί: «Πρόσεχε, φίλε, το παρακάνεις. Κάθησε κάτω από μια μηλιά». Έχω ακούσει τους πιο απίθανους μηχανισμούς άμυνας που χρησιμοποιούν οι άνθρωποι κι αλίμονό σου, αν θέλεις να βοηθήσεις κάποιον, αν πεις: «Έλα, σύνελθε. Ξέρεις πως δεν είναι έτσι». Θυμάμαι μια μητέρα που κάθησε στην καρέκλα απέναντί μου και μου είπε με απόλυτη σοβαρότητα: «Τώρα επιτέλους καταλαβαίνω. Τώρα συνειδητοποίησα γιατί έχω ένα διαφορετικο παιδί και γιατί είμαι αναγκασμένη να κάθομαι μέσα και γιατί ο άντρας μου κι εγώ δεν μπορούμε να κάνουμε τίποτε μαζί και γιατί συμβαίνουν όλα τα άλλα πράγματα. Είναι γιατί ο Θεός με διάλεξε ανάμεσα σ' όλους τους άλλους ανθρώπους, γιατί ήξερε πως θα φρόντιζα αυτό το παιδί». Αυτός κι αν είναι μηχανισμός άμυνας! Και θα 'σουν πολύ ανάξιος άνθρωπος, αν της έλεγες: «Ελάτε τώρα, κ. Τζόουνς, μη λέτε τέτοια».

Μερικές φορές βρίσκουμε κάποιο στήριγμα —ο Άλμπυ το ονομάζει αυτό ευαίσθητη ισορροπία και μ' αρέσει ο όρος— άλλοτε απλώς ισορροπούμε επικίνδυνα και δε θα 'πρεπε κανείς να θεωρεί τον εαυτό του τόσο πανίσχυρο, ώστε να τολμήσει να ταράξει την ισορροπία, να γκρεμίσει ένα μηχανισμό άμυνας. Θυμάμαι κάποτε ένα ψυχολόγο που έλεγε σε μια μητέρα: «Πρέπει να δεχτείτε τη μειονεκτικότητα του παιδιού σας. Πρέπει». Κι αυτή του απάντησε: «Και γιατί πρέπει, να πάρει η οργή;» Αυτή είναι η καλύτερη απάντηση που έχω ακούσει. Τι σημαίνει «πρέπει»; Ο άνθρωπος δεν είναι αντικείμενο, είναι ένα θαύμα και πρέπει να το αντιμετωπίζουμε με προσοχή.

Το δεύτερο πράγμα είναι, ότι ο άνθρωπος είναι ικανός για αλλαγή κι αν δεν το πιστεύετε αυτό, έχετε διαλέξει λάθος επάγγελμα. Κάθε μέρα θα 'πρεπε να βλέπετε τον κόσμο μ' ένα νέο προσωπικό τρόπο. Το δέντρο έξω από το σπίτι σας δεν είναι ποτέ το ίδιο — κοτάξτε το λοιπόν! Ποτέ από καταβολής κόσμου δεν έγιναν δυο ίδια ηλιοβασιλέματα — κοιτάξτε τα λοιπόν! Όλα ακολουθούν μια διαδικασία μεταβολής, όπως κι εσείς οι ίδιοι. Τις προάλλες βρισκόμουνα σε μια παραλία με μερικούς μαθητές μου και κάποιος έπιασε ένα παλιό ξεραμένο αστερία και τον ξανάβαλε με μεγάλη προσοχή στο νερό. «Έχει απλώς στεγνώσει», είπε, «όταν απορροφήσει και πάλι υγρασία, θα ξαναζωντανέψει». Και μετά, αφού σκέφτηκε λίγο, γύρισε σε μένα και μου είπε: «Ξέρεις, Λεό, ίσως αυτή είναι ολόκληρη η διαδικασία του συνεχούς γίγνεσθαι, ίσως να φτάνουμε σ' ένα σημείο που στεγνώνουμε και χρειαζόμαστε λίγη υγρασία για να ξαναρχίσουμε». Κι εγώ σηκώθηκα από την άμμο ενθουσιασμένος και είπα «Μπράβο»! Ίσως αυτό να είναι όλο κι όλο.

Επένδυση στη ζωή σημαίνει επένδυση στην αλλαγή και δε με απασχολεί ο θάνατος, γιατί με απορροφά η ορμή της ζωής! Ας τα βγάλει πέρα μόνος του ο θάνατος! Μην πιστέψετε ποτέ ότι θα βρείτε την ηρεμία — η ζωή δεν είναι έτσι. Όταν αλλάζει κανείς συνεχώς πρέπει να συνεχίσει να προσαρμόζεται στις αλλαγές, πράγμα που σημαίνει ότι θα συναντάει συνεχώς καινούργια εμπόδια. Αυτή είναι η χαρά της ζωής. Κι όταν πια μπαρκάρεις στο ταξίδι του γίγνεσθαι, δεν μπορείς να σταματήσεις με τίποτε. Είσαι καταδικασμένος! Σ' έχει πάρει η φόρα! Τι φανταστικό ταξίδι όμως! Η κάθε μέρα είναι καινούργια. Το κάθε λουλούδι είναι καινούργιο. Το κάθε πρόσωπο είναι καινούργιο. Το καθετί στον κόσμο είναι καινούργιο, το κάθε πρωινό της ζωής σου. Πάψε να το βλέπεις σαν αγγαρεία. Στην Ιαπωνία το χύσιμο του νερού είναι μια τελετή. Καθόμαστε σε μια καλύβα όταν γινόταν η τελετή του τσαγιού και ο οικοδεσπότης μας πήρε μια κουτάλα νερό και το έχυσε στην τσαγιέρα κι όλοι προσέχαμε ν' ακούσουμε. Ο ήχος του νερού στην τσαγιέρα ήταν σχεδόν ανυπόφορα συναρπαστικός. Σκέφτομαι πόσοι άνθρωποι την ημέρα ανοίγουν το ντους και τη βρύση του νεροχύτη και ποτέ δεν ακούν το νερό. Πότε άκουσες το νερό να τρέχει για τελευταία φορά; Είναι τόσο ωραίο! Απόψε που θα γυρίσεις σπίτι, άνοιξε τη βρύση και άκουσέ το να τρέχει.

Ο Χέμπερτ Όττο λέει: «Η αλλαγή και η ωρίμανση συμβαίνουν όταν ένας άνθρωπος έχει διακινδυνεύσει τον εαυτό του, όταν τολμά να πειραματίζεται με την ίδια τη ζωή του». Δεν είναι απίθανο αυτό; Ένας άνθρωπος διακινδύνευσε την ύπαρξή του και τόλμησε να πειραματιστεί με την ίδια του τη ζωή, δείχνοντας εμπιστοσύνη στον εαυτό του. Αυτός ο πειραματισμός πάνω στην ίδια σου τη ζωή είναι κάτι συναρπαστικό, γεμάτο χαρά, γεμάτο ευτυχία και έξαρση, έχει όμως και μια πλευρά ανησυχαστική. Μας τρομάζει γιατί μας ξανοίγει στο άγνωστο, ενώ έχουμε συνηθίσει στο βόλεμα. Μπορείς να ξαπλώσεις πίσω και να πεις: «Είμαι ευχαριστημένος όπως είμαι, έχω μια καλή δουλειά, ένα αυτοκίνητο», αν όμως αποφασίσεις ν' αλλάξεις, δεν μπορεί πια να είναι αυτές οι αξίες σου — γι' αυτό πρέπει ν' αποτινάξεις το βόλεμα.

Έχω την έντονη αίσθηση ότι το αντίθετο της αγάπης δεν είναι

το μίσος, αλλά η απάθεια. Είναι το να μη δίνεις δεκάρα. Όταν κάποιος μισεί, πρέπει να νιώθει κάτι για μένα, αλλιώς δε θα μπορούσε να μισήσει. Υπάρχει επομένως ένας τρόπος να επικοινωνήσω μαζί του. Αλλά αν κάποιος δε με βλέπει καν, είμαι ανίσχυρος — δεν έχω κανένα τρόπο να τον αγγίξω. Αν δε σ' αρέσει το σκηνικό μέσα στο οποίο ζεις, αν νιώθεις δυστυχία, μοναξιά, αν δε συμβαίνει τίποτε στη ζωή σου, άλλαξε το σκηνικό. Ζωγράφισε ένα καινούργιο φόντο. Μάζεψε γύρω σου καινούργιους ηθοποιούς. Γράψε ένα καινούργιο έργο — κι αν δεν είναι καλό, κατέβα από τη σκηνή και γράψε άλλο. Υπάρχουν εκατομμύρια έργα, όσα κι οι άνθρωποι.

Βέβαια ο άνθρωπος χρειάζεται έναν οδηγό. Ο δάσκαλος — όπως κι ο γονιός— είναι τέτοιος οδηγός. Μ' αρέσει να με ονομάζουν παιδαγωγό. Δε μ' αρέσει να με λένε καθηγητή. Ο καθηγητής θυμίζει την έδρα κι από έδρες έχουμε πήξει. Η παιδαγωγική βγαίνει από το ρήμα «άγω», που σημαίνει οδηγώ, διευθύνω, κι αυτό θα 'πρεπε να κάνουμε. Υπάρχει ένα τραπέζι γεμάτο θαύματα. Η αγωγή είναι ο τρόπος να οδηγήσεις τους ανθρώπους σ' αυτό. Μπορείς να διακοσμήσεις το τραπέζι, μπορείς να βάλεις πάνω του όλα τα φαγητά του κόσμου, μα δεν μπορείς να αναγκάσεις κανένα να φάει. Ο Καρλ Ρότζερς λέει, «Κανείς δε δίδαξε ποτέ τίποτε σε κανένα», κι αυτό είναι αλήθεια — μόνο τον εαυτό μας διδάσκουμε. Ο δάσκαλος που νομίζει ότι έχει όλες τις απαντήσεις είναι ο πιο μεγάλος ηλίθιος του κόσμου! Τι θαυμάσιο πράγμα ν' ακούς ένα παιδί να βάζει ένα ερώτημα πραγματικά έξυπνο και ν' απαντάει ο δάσκαλος: «Μπράβο! Δεν την ξέρω την απάντηση, αλλά πάμε να την βρούμε μαζί». Ίσως είναι αυτός ο τρόπος να πεις στον άλλο, «Η μάθηση είναι συναρπαστική. Δε χρειάζεται να *ξέρεις* τα πάντα. Θα οδηγήσουμε ο ένας τον άλλο».

Έχω και μια άλλη θεωρία. Τα ψυχιατρικά μας ιδρύματα γεμίζουν όλο και περισσότερο. Ήμουνα στην Πρόληψη Αυτοκτονιών στο Λος Άντζελες και το τηλέφωνό μου δε σταματούσε να χτυπάει μέρα και νύχτα, πράγμα που σημαίνει ότι κάτι πάει στραβά. Έχουμε μπαρκάρει σε λάθος πλοίο και νομίζω πως ένας από τους λόγους είναι αυτή η ιδέα μας ότι «Θα σε αγαπήσω *αν*». Αν ο καθένας μας είχε έστω και ένα πρόσωπο στη ζωή του που να του έλεγε, «Θα σε αγαπάω *ο,τιδήποτε* κι αν γίνει. Θα σ' αγαπάω ακόμη κι αν είσαι ηλίθιος, αν πέσεις και σπάσεις τα μούτρα σου, αν τα κάνεις θάλασσα, αν κάνεις λάθη, αν φέρεσαι σαν άνθρωπος — εγώ θα σ' αγαπώ ό,τι κι αν γίνει», τότε δε θα καταλήγαμε στα ψυχιατρεία. Αυτό υποτίθεται πως θα 'πρεπε να είναι ο γάμος. Είναι όμως; Αυτό θα 'πρεπε να είναι η οικογένεια. Είναι όμως; Φυσικά η κοινωνία δεν μπορεί να το πει αυτό. Έχει πολύ μεγάλες ευθύνες απέναντι σε πάρα πολλούς. Αλλά να υπήρχε ένας μόνο άνθρωπος στη ζωή σου που να μπορείς να του φωνάξεις. Μ' αρέσει ο ορισμός της οικογένειας από τον Ρόμπερτ Φροστ: «Το σπιτικό σου είναι το μέρος που, όταν πας εκεί, είναι υποχρεωμένοι να σε μπάσουν μέσα». Αυτό θα 'πρεπε να είναι το σπιτικό, να λέει κάτι σαν «Έλα μέσα. Εντάξει, έκανες βλακείες, αλλά δε θα σ' τις χτυπήσω. Σ' αγαπώ και θα σε πάρω όπως είσαι». Γι' αυτό το πράγμα λέω, όταν μιλάω για καθοδήγηση.

Ο άνθρωπος χρειάζεται κάποιον που να τον νοιάζεται. Έστω και *ένα*, φτάνει να νοιάζεται πραγματικά και δε μιλάω για μεγάλες εξάρσεις. Μιλάω για τα μικροπράγματα, για τις μικρές χειρονομίες που δείχνουν το ενδιαφέρον. Σας έχω ξαναπεί πόσο εύκολα ικανοποιούμαστε — η τρύπα βουλώνει και με ένα δάχτυλο.

Ένα άλλο πράγμα που χρειάζεται ο άνθρωπος είναι η καταξίωση. Το έχουμε ανάγκη όλοι μας. Πρέπει να νιώσουμε ότι μας αναγνωρίζουν επειδή κάναμε κάτι καλό. Και κάποιος πρέπει να μας το δείξει αυτό. Πρέπει κάποιος να μας πλησιάζει κατά καιρούς και να μας χτυπάει στον ώμο και να λέει: «Πολύ καλό αυτό. Πραγματικά μου αρέσει».

Και τελικά για ν' αλλάξει ο άνθρωπος και να γίνει ο εαυτός του, πρέπει να έχει ελευθερία. Για να διδαχτείς, πρέπει να είσαι ελεύθερος. Πρέπει να βρίσκεις ανθρώπους που να ενδιαφέρονται για το δέντρο σου, όχι το δέντρο - γλειφιντζούρι, και πρέπει να ενδιαφέρεσαι κι εσύ για το δικό τους δέντρο. «Δείξε μου το δέντρο σου, Τζόνυ. Δείξε μου ποιος είσαι, Τζόνυ, έτσι θα καταλάβω αυτό πού μπορώ ν' αρχίσω». Πρέπει να είμαστε ελεύθεροι για να *δημιουργήσουμε.*

Έζησα πρόσφατα μια απίστευτη εμπειρία. Μιλούσα σε μια παρέα από προικισμένα παιδιά σ' ένα σχολείο της Καλιφόρνιας και παραληρούσα με το γνωστό μου τρόπο, ενώ αυτά κάθονταν σαν μαγεμένα — οι κραδασμοί μεταξύ μας ήταν κάτι το απίστευτο. Μετά από την πρωινή ομιλία, η σχολή μου 'κανε το γεύμα. Όταν ξαναγύρισα, τα παιδιά με περίμεναν και μου είπαν: «Ω, Δρ. Μπ., συνέβη κάτι τρομερό. Θυμόσαστε το παιδί που καθόταν ακριβώς μπροστά σας;» «Βέβαια», είπα εγώ, «και δε θα το ξεχάσω ποτέ, είχε απογειωθεί εντελώς». «Τον απέβαλαν από το σχολείο για δύο εβδομάδες». «Γιατί;», ρώτησα εγώ. Φαίνεται ότι στη διάλεξή μου έλεγα κάποια στιγμή, ότι ο τρόπος να γνωρίσεις πραγματικά ένα πράγμα είναι μέσα από την εμπειρία. Είπα λοιπόν: «Αν θέλεις πραγματικά να γνωρίσεις ένα δέντρο πρέπει να σκαρφαλώσεις πάνω, να το αγγίξεις, να καθήσεις στα κλαδιά του, ν' ακούσεις τον άνεμο να παίζει μέσα στα φύλλα. Τότε ίσως να μπορείς να πεις πραγματικά: αυτό το δέντρο το ξέρω». Και το παιδί είχε πει: «Ναι, θα το θυμάμαι αυτό, είναι το πιο σημαντικό». Έτσι, την ώρα της μεσημεριανής διακοπής το αγόρι αυτό είδε ένα δέντρο και σκαρφάλωσε πάνω του. Όμως πέρασε από κει ο διευθυντής του, τον είδε, τον υποχρέωσε να κατεβεί και τον έδιωξε από το σχολείο.

Εγώ λοιπόν είπα: «Α, πρέπει να 'γινε κάποιο λάθος. Είναι παρεξήγηση. Θα πάω να μιλήσω στον υποδιευθυντή των αγοριών». Δεν ξέρω πώς γίνεται αυτό, αλλά οι υποδιευθυντές των αγοριών είναι πάντα πρώην καθηγητές γυμναστικής. Πήγα λοιπόν στο γραφείο του και τον είδα να κάθεται με τα φουσκωτά ποντίκια του και του είπα: «Είμαι ο Δρ Μπουσκάλια». Σήκωσε τα μάτια του και είδα πως ήταν έξω φρενών. «Εσύ είσαι που γυρίζεις στο σχολείο και λες στα παιδιά να σκαρφαλώνουν στα δέντρα; Είσαι πραγματική απειλή!» «Δεν κατάλαβες καλά», άρχισα να λέω, «έγινε κάποια παρεξ...». Αυτός φώναζε: «Πραγματική απειλή! Ακούς εκεί να σκαρφαλώνουν στα δέντρα! Σαν να μην ήταν αρκετά ενοχλητικά ώς τώρα!». Στάθηκε αδύνατο να συνεννοηθούμε, δεν μπορούσα να τα βγάλω πέρα μαζί του. Έτσι πήγα στο σπίτι του παιδιού που είχε τώρα δυο ολόκληρες εβδομάδες ελεύθερες να σκαρφαλώνει στα δέντρα. Μου είπε το εξής: «Νομίζω ότι το μάθημα που πήρα απ' αυτό είναι πότε ν' ανεβαίνω στα δέντρα και πότε όχι. Γιατί ζούμε σε μια κοινωνία που μας υπαγορεύει τι να κάνουμε, μας βάζει πινακίδες που λένε πότε να το κάνουμε και πότε οχι. Ναι, το ξέρω ότι έτσι είναι. Έκανα ένα λάθος κρίσης, έτσι δεν είναι;» Είχε καταλάβει, και είναι πάντα υποχρεωμένος να προσαρμοστεί στον άνθρωπο πίσω από το γραφείο — συνεχίζει όμως να σκαρφαλώνει στα δέντρα! Υπάρχουν τρόποι ν' ανταποκριθεί κανείς στις ανάγκες της κοινωνίας και υπάρχουν τρόποι να κάνει αυτό που θέλει.

Νομίζω πως οι άνθρωποι χρειάζονται στοργή. Ναι, το λέω αυτό με κάθε σοβαρότητα. Έχουμε ανάγκη να μας αγαπούν. Έχουμε ανάγκη να μας αγγίζουν, να μας ακουμπούν, χρειαζόμαστε κάποια εκδήλωση της αγάπης. Όσοι από μας δουλεύουν στην ειδική εκπαίδευση, θα έχουν υπόψη τους τις μελέτες που έκανε ο Σκιλς, την καταπληκτική δουλειά του στο ορφανοτροφείο με τα εγκαταλειμμένα παιδιά. Είχε παρατηρήσει ότι τα παιδιά που έμεναν μόνα τους στο ορφανοτροφείο γίνονταν προοδευτικά όλο και πιο απαθή, μέχρι που στο τέλος κατέληγαν να κάθονται αδιάφορα. Από την άποψη του Δ.Ν. (Δείκτη Νοημοσύνης) ήταν απόλυτα φυσιολογικά όταν μπήκαν στο ίδρυμα, όμως μετά από ενάμιση χρόνο ο Δ.Ν. τους έπεφτε απότομα ώς τη βαριά καθυστέρηση. Αναρωτήθηκε λοιπόν τι συμβαίνει. Πήρε δώδεκα παιδιά από το ορφανοτροφείο —ύστερα από πολλά μπερδέματα, γιατί δεν ήθελαν να τον αφήσουν— και άφησε τα υπόλοιπα. Αυτά τα δώδεκα τα πήγε στην άλλη άκρη της πόλης σ' ένα ίδρυμα για καθυστερημένες έφηβες και έδωσε σε κάθε κοπέλα από ένα παιδί. Τα κορίτσια αυτά δεν ήταν σπίρτα από διανοητική άποψη, αλλά νοιάζονταν πραγματικά. Ξέρετε, πολλά παιδιά είναι τρομερά έξυπνα, μα δε φτάνουν πουθενά — τους λείπουν όλα τα υπόλοιπα. Κι από την άλλη, ξέρω ένα σωρό παιδιά, γερά, καλά παιδιά του μέσου όρου, που έχουν τρομερά συναισθήματα και μπορούν ν' αγγίξουν τους άλλους και γι' αυτό θα φτάσουν πολύ ψηλά. Ο Σκιλς έδωσε καθένα από αυτά τα παρατημένα παιδιά σε καθένα από τα κορίτσια, που τ' αγάπησαν πάρα πολύ και που έκλαιγαν κάθε φορά που στο τέλος της μέρας έμπαιναν τα παιδιά στο πούλμαν, γιατί δεν ήθελαν να τ' αποχωριστούν. Η μοναδική μεταβλητή ήταν το συναίσθημα, τίποτε άλλο δεν είχε αλλάξει, μόνο το γεγονός ότι κάποιος έπαιρνε το καθένα απ' αυτά τα παιδιά και το αγαπούσε κι έπαιζε μαζί του. Ο Σκιλς έγραψε πάνω σ' αυτό μια μελέτη, που θα 'πρεπε να τη διαβάσετε όλοι και που λέγεται *Προβάδισμα στο προβάδισμα*. Σ' αυτή τη μελέτη παρακολουθεί την πορεία αυτών των δώδεκα παιδιών. Όλα ανεξαιρέτως τα παιδιά που έμειναν στο ορφανοτροφείο είναι σε ψυχωσική κατάσταση σε ψυχιατρικό ίδρυμα ή βαριά καθυστερημένα σε κρατικό ίδρυμα. Από την ομάδα όμως που ανατράφηκε από τα καθυστερημένα κορίτσια, όλα τα παιδιά εκτός από ένα τέλειωσαν το Γυμνάσιο, όλα παντρεύτηκαν, μόνο ένα πήρε διαζύγιο, και κανένα δε ζει από την κοινωνική πρόνοια, αυτοσυντηρούνται όλα. Η ανεξάρτητη μεταβλητή ήταν: κάποιος με κοίταξε, κάποιος με άγγιξε, κάποιος με ακούμπησε, κάποιος ενδιαφέρθηκε για μένα!

Το άλλο πράγμα είναι, ότι ο καθένας έχει το δικό του δρόμο. Υπάρχουν χιλιάδες δρόμοι ν' ανακαλύψεις τον εαυτό σου, να γίνεις ο εαυτός σου. Ο καθένας σας θα βρει το δικό του δρόμο. Μην αφήσετε ποτέ τους άλλους να σας επιβάλουν το δικό τους. Υπάρχει ένα καταπληκτικό βιβλίο που λέγεται *Οι διδασκαλίες του Δον Χουάν* και έχει γραφτεί από έναν ανθρωπολόγο που λέγεται Καστανέντα. Μιλάει για τους Ινδιάνους Γιακί που μελέτησε. Στο βιβλίο αυτό υπάρχει ένας άντρας που λέγεται Δον Χουάν, ο οποίος λέει:

> Το κάθε μονοπάτι είναι ένα από εκατομμύρια μονοπάτια. Γι' αυτό πρέπει πάντα να θυμάσαι ότι ένα μονοπάτι δεν είναι παρά ένα μονοπάτι. Αν αισθάνεσαι πως δεν πρέπει να το ακολουθήσεις, δε χρειάζεται να το ακολουθήσεις κάτω από ο-

> ποιεσδήποτε συνθήκες. Κάθε μονοπάτι δεν είναι παρά ένα μονοπάτι. Δεν προσβάλλεις ούτε τον εαυτό σου ούτε τους άλλους αν το παρατήσεις, αφού έτσι σου λέει η καρδιά σου να κάνεις. Όμως η απόφασή σου να μείνεις στο μονοπάτι ή να φύγεις πρέπει να είναι ελεύθερη από φόβο ή φιλοδοξία. Σε προειδοποιώ: κοίταξε καλά και προσεχτικά το κάθε μονοπάτι. Δοκίμασέ το όσες φορές το νομίζεις απαραίτητο. Μετά κάνε στον εαυτό σου και μόνο στον εαυτό σου αυτό το ερώτημα: Έχει καρδιά αυτό το μονοπάτι; Όλα τα μονοπάτια ίδια είναι. Δεν οδηγούν πουθενά. Υπάρχουν μονοπάτια που οδηγούν μέσα από το λόγγο ή μέσα στο λόγγο ή κάτω από το λόγγο. Το μόνο ερώτημα είναι αν αυτό το μονοπάτι έχει καρδιά. Αν έχει, τότε είναι καλό. Αν δεν έχει, είναι άχρηστο.

Αν θέλεις ν' αρχίσεις να βοηθάς τους άλλους, πρέπει ν' αρχίσεις να κάνεις τα παρακάτω πράγματα: Πρώτα-πρώτα πρέπει να πάψεις να επιβάλλεις στους άλλους την προσωπικότητά σου και τα συστήματα αξιών σου, πρέπει να είσαι αληθινός και πρέπει να μάθεις να ακούς. Υπάρχουν πολλά είδη συμβόλων. Η γλώσσα των λέξεων είναι μια από τις πολλές. Συχνά κάνουμε τρομερά λάθη ανοίγοντας το στόμα μας. Είναι τόσο πιο συμπαθητικό να κοιτάς τον άλλο και να δονείσαι μαζί του. Είμαι αποφασισμένος να αποδεσμευτώ κάποτε από όλες τις ευθύνες και να μελετήσω τους ανθρώπινους κραδασμούς, γιατί είμαι σίγουρος ότι υπάρχουν, ακόμη κι αν πρόκειται μόνο για τους κραδασμούς που στέλνει αυτός ο ήχος σε σας. Όταν βρούμε αυτό το μυστικό, ίσως να βρούμε ένα τρόπο επικοινωνίας λίγο πιο εύστοχο από τις λέξεις. Νομίζω ότι το να ακούς είναι τρομερά σημαντικό κι ωστόσο όλοι τρέμουμε κι αντιπαθούμε τη σιωπή. Τα πιο όμορφα πράγματα θα μπορούσαν να γίνουν αν μέναμε σιωπηλοί. Αν θέλετε να συμβουλεύετε τους ανθρώπους, αν θέλετε να σας μιλάνε, μείνετε σιωπηλοί. Ύστερα από ένα λεπτό είναι έτοιμοι να πουν ο,τιδήποτε.

Πρέπει να είσαστε αληθινοί. Όχι πλαστοί. Φερθείτε φυσικά. Το πιο δύσκολο πράγμα στον κόσμο είναι να είναι κανείς κάτι που δεν είναι. Όσο φτάνετε κοντά και πιο κοντά και πιο κοντά σ'αυτό που είσαστε, δείξτε τον πραγματικό εαυτό σας και συνεχίστε πάντα έτσι. Θα δείτε πως αυτό διευκολύνει τη ζωή σας. Το πιο εύκολο πράγμα που μπορείτε να είσαστε στον κόσμο είναι ο εαυτός σας. Και το πιο δύσκολο είναι να είσαστε αυτό που θέλουν οι άλλοι. Μην τους αφήνετε να σας βάλουν σ' αυτή τη θέση. Βρέστε τον «εαυτό» σας, αυτό που είσαστε, και φερθείτε φυσικά. Έτσι θα μπορέσετε να ζήσετε απλά. Θα μπορέσετε να χρησιμοποιήσετε όλη την ενέργεια που χρειάζεται για να «κρατήσετε μακριά τα φαντάσματα», όπως το τοποθετεί ο Ρίτσαρντ Άλπερτ. Δε θα 'χετε πια φαντάσματα να κρατήσετε μακριά. Δε θα χρειάζεται πια να παίζετε παιχνίδια. Σβήστε τα όλα απλώς και πείτε: «Αυτός είμαι. Πάρτε με όπως είμαι με τις αδυναμίες μου, με τις βλακείες μου κι όλα τα άλλα. Κι αν δεν μπορείτε, αφήστε με ήσυχο».

Κι ένα άλλο πράγμα: μη διατάζετε ποτέ κανένα να κάνει κάτι. Δεν είσαστε Θεός. Δεν ξέρετε τι κρύβει ο καθένας στο κεφάλι του. Μπορείτε να καθοδηγείτε, αλλά όχι να διατάζετε. Και προσπαθήστε να επικοινωνείτε, να καταλαβαίνετε. Είναι τόσο συχνή η εικόνα του ειδικού που κάθεται πίσω από το γραφείο έχοντας καθισμένη απέναντί του μια γυναικούλα κατατρομαγμένη που σφίγγει σπασμωδικά την τσάντα της. Ο ειδικός λέει: «Ύστερα από την πλήρη διαγνωστική έρευνα του παιδιού σας διαπιστώσαμε ότι πάσχει από αναπτυξιακή δυσλεξία, οφειλόμενη σε ελαφρά εγκεφαλική δυσλειτουργία. Καταλάβατε;» Τι μπορεί να πει η μητέρα; Χαμογελάει και λέει, «Μμμ». Σαν να τη βλέπω με τα μάτια μου να γυρίζει σπίτι και ο άντρας της να τη ρωτάει: «Τι είπε λοιπόν ο ειδικός, γλυκιά μου; Εκατόν ενενήντα δολάρια μας στοίχισε». «Κοίτα, έχει κάτι σαν λεξία και φταίει κάτι στο μυαλό του». Κι αυτός ρωταεί: «Γι' αυτό πληρώσαμε εκατόν ενενήντα δολάρια;» Ξέρετε, νομίζω ότι είναι θαύμα που δεν τσακίζουν οι περισσότεροι γονείς προβληματικών παιδιών. Πρέπει λοιπόν να επικοινωνούμε.

Τελικά να θυμόσαστε πως είσαστε ομάδα. Οι επαφές σας με τον κόσμο θα είναι τόσο πιο επιτυχημένες, όσο θα είναι και η δική σας επαφή. Θα προγραμματίζετε μαζί αυτό που θα κάνετε, γιατί υπάρχει μεγαλύτερη δύναμη και επινοητικότητα στους δύο παρά στον ένα. Μερικές φορές δε χρειάζεται παρά ένα μικρό, ασήμαντο πράγμα για να σας φέρει μαζί. Πρέπει όμως να κάνετε διάφορα πράγματα, αν θέλετε να είσαστε ομάδα: πρέπει να πείτε την αλήθεια στους γονείς, τουλάχιστον όπως τη βλέπετε τώρα, να τους τα πείτε χωρίς να κρύψετε τίποτε. Σ' αυτό το σημείο βρίσκεται ο Τζόνυ, εδώ θέλουμε να τον φτάσουμε, αυτοί είναι οι στόχοι μας. Μετά οργανώστε ένα αναλυτικό πρόγραμμα για να τους πετύχετε.

Πρώτα απ' όλα θα καθορίσετε το πού βρίσκεται ο Τζόνυ αυτή τη στιγμή. Από κει θα ξεκινήσετε τη δουλειά. Δε θα σας βοηθήσει σε τίποτε να ξέρετε πως πάσχει από ελαφρά εγκεφαλική δυσλειτουργία. Δεν μπορείτε να κάνετε τίποτε για τον εγκέφαλό του — είσαστε γονιός ή δάσκαλος. Έτσι κι αλλιώς είναι ανίατο. Μετά καθορίστε το άμεσο επόμενο βήμα, όχι αυτό που θα κάνει μετά από είκοσι χιλιάδες χρόνια, αλλά το επόμενο βήμα που θέλουμε να μπορεί να κάνει. Ο,τιδήποτε είναι αυτό — να καθήσει, να έρθει στην τάξη, να κουνήσει ένα μολύβι, να διαβάσει μια λέξη. Μετά προγραμματίστε πώς θα φτάσει εκεί. «Αυτή είναι η δικιά σας δουλειά σαν γονιού κι αυτή είναι η δική μου σαν δασκάλου ή σαν συμβουλευτή, και θα δουλέψουμε παρέα. Εσείς θα κάνετε το δικό σας μέρος κι εγώ το δικό μου». Ύστερα θα κοιτάξετε μαζί την επιτυχία σας και θα πείτε: «Φτάσαμε στ' αλήθεια εδώ; Ναι, φτάσαμε. Τα κατάφερε. Ωραία, τώρα πού πάμε;» Και συνεχίζετε παραπέρα. Αυτό είναι το νόημα της παιδαγωγικής συμβουλευτικής, όχι το να χωθείς μέσα στην ψυχή του άλλου, προσπαθώντας να βρεις τι είδους σεξουαλικά προβλήματα έχει. Είναι μια διαδικασία βήμα-βήμα. Αν κάνετε αυτά τα πράγματα και τα κάνετε μαζί, δεν πρόκειται ν' ακούσετε γονείς να λένε, «βοηθήστε με». Θα έχουν βοηθηθεί.

Θέλω να μοιραστώ ακόμη ένα πράγμα μαζί σας. Έχει γραφτεί από ένα θαυμάσιο άνθρωπο που λέγεται Ζίνκερ και που εργάζεται στο Μορφοψυχολογικό Ινστιτούτο του Κλήβελαντ. Το παρακάτω έχει γραφτεί σε μια μελέτη με τίτλο *Κοινή γνώση και προσωπική αποκάλυψη*. Λέει:

> Αν ένας άνθρωπος στο δρόμο ήθελε να αναζητήσει τον εαυτό του, τι είδους καθοδηγητικές σκέψεις θα έβρισκε σχετικά με την αλλαγή της ύπαρξής του; Θα ανακάλυπτε ίσως ότι ο εγκέφαλός του δεν είναι ακόμη νεκρός, ότι το σώμα του δεν έχει αποστεωθεί ακόμη και ότι, όπου κι αν βρίσκεται τώρα, εξακολουθεί να είναι ο δημιουργός του πεπρωμένου του.Μπορεί να το αλλάξει το πεπρωμένο αυτό παίρνοντας απλώς την απόφαση της σοβαρής αλλαγής, καταπολεμώντας τις μικροαντιστάσεις του κατά της αλλαγής και το φόβο, μαθαίνοντας πιο καλά την ψυχή του, δοκιμάζοντας συμπεριφορές που ικανοποιούν την πραγματική του ανάγκη και κάνοντας αληθινές πράξεις, αντί να διανοείται γύρω απ' αυτές.

Συμφωνώ απόλυτα μ' αυτό. Ας πάψουμε να μιλάμε και ας αρχίσουμε να πράττουμε —

> μαθαίνοντας να βλέπει, να ακούει, να αγγίζει και να νιώθει όπως ποτέ πριν δε χρησιμοποίησε τις αισθήσεις αυτές, δημιουργώντας κάτι με τα ίδια του τα χέρια, χωρίς να ζητάει την τελειότητα, εντοπίζοντας τους τρόπους της αυτομειωτικής συμπεριφοράς του, ακούγοντας τα λόγια που λέει στη γυναίκα του, τα παιδιά του, τους φίλους του, ακούγοντας τον εαυτό του, ακούγοντας τα λόγια και κοιτάζοντας τα μάτια αυτών που του μιλούν, μαθαίνοντας να σέβεται τη διαδικασία των ίδιων των δημιουργικών του μαχών και έχοντας εμπιστοσύνη ότι σύντομα θα τον βγάλουν κάπου.

Πρέπει ωστόσο να μην ξεχνάμε πως καμιά αλλαγή δεν μπορεί να συμβεί, αν δε δουλέψουμε σκληρά κι αν δε λερώσουμε τα χέρια μας. Δεν υπάρχουν συνταγές ούτε βιβλία να τ' αποστηθίσεις για να μάθεις πώς θα γίνεις ο εαυτός σου. Ξέρω μόνον αυτό: Υπάρχω, είμαι, είμαι εδώ, γίνομαι, δημιουργώ τη ζωή μου και κανείς δεν την φτιάχνει αντί για μένα. Πρέπει ν' αντιμετωπίσω τις αδυναμίες, τα λάθη, τις παραβάσεις μου. Κανείς δεν μπορεί να υποφέρει τη μη — ύπαρξή μου όπως εγώ, αλλά αύριο είναι μια άλλη μέρα και πρέπει ν' αποφασίσω να σηκωθώ από το κρεβάτι μου και να ζήσω ξανά. Κι αν αποτύχω δε θα έχω την παρηγοριά να τα βάλω με σένα, με τη ζωή, ή με το Θεό.

3

Εκεί που βρίσκεται το φως (Η αναζήτηση του εαυτού)

Υπάρχει κάτι που δε θέλω να συμβεί απόψε και θα 'θελα να σας πω τι είναι αυτό. Μετά μπορούμε ν' αρχίσουμε. Υπάρχουν πολλοί τρόποι να διδαχτεί κανείς κι εγώ διδάχτηκα μ' έναν απ' αυτούς, όταν έμεινα, για ένα χρόνο, σ' ένα μοναστήρι Ζεν στην Ασία. Είχα ένα καταπληκτικό Γιαπωνέζο δάσκαλο. Ήταν τόσο λεπτός και υπέροχος και τόσο γεμάτος από όμορφα πράγματα να δώσει στους άλλους —ολόκληρη η ζωή του ήταν δόσιμο, όπως θα ήθελα να είναι και η δική μου ζωή κι όπως ελπίζω ότι θα θέλατε και σεις για τη δική σας— και αυτός είναι ο λόγος που με ενδιαφέρει να γίνω όλο και πιο πολύ ο εαυτός μου, ώστε να έχω όλο και περισσότερα πράγματα να μοιραστώ κάθε φορά που βρίσκομαι μαζί σας.

Θυμάμαι ότι εκείνη συγκεκριμένα τη μέρα περπατούσαμε σ' ένα κήπο με γιγαντιαία μπαμπού. Όσοι από σας έχουν πάει στην Ιαπωνία, ξέρετε τι όμορφο που είναι αυτό το θέαμα. Περιδιαβάζαμε λοιπόν σ' αυτό τον κήπο και για κάποιο λόγο εγώ μιλούσα συνεχώς. Δεν έπαυα να αραδιάζω όλα τα καταπληκτικά πράγματα που ξέρω, να λέω πόσο μεγάλη σοφία είχα, προσπαθούσα να τον εντυπωσιάσω λέγοντάς του, «να, πόσα ξέρω» — όταν ξαφνικά αυτός ο εντελώς πράος άνθρωπος γύρισε και με χτύπησε στο πρόσωπο! Αυτή είναι μέθοδος διδασκαλίας! Εγώ λοιπόν τον κοίταξα πιάνοντας τα ματωμένα χείλια μου και τον ρώτησα: «Γιατί το κάνατε αυτό;» Κι αυτός με πολύ μεγάλη σφοδρότητα, την πιο μεγάλη που τον είδα να έχει ποτέ, μου είπε: «Μην περπατάς μέσα στο κεφάλι μου με τα βρώμικα πόδια σου!» Γι'αυτό σας ορκίζομαι πως πριν να έρθω εδώ απόψε, έπλυνα τα πόδια μου καλά. Δεν έχω σκοπό να περπατήσω μέσα στο κεφάλι κανενός. Το μόνο που θέλω να συμβεί ανάμεσά μας απόψε είναι μια πολύ ήρεμη ανταλλαγή. Απ' αυτά που θέλω να δώσω, εσείς θα πάρετε ό,τι *σας* ταιριάζει. Ό,τι δε σας ταιριάζει, αφήστε το. Έχω όμως πολλά να μοιραστώ μαζί σας κι αυτό με γεμίζει χαρά. Ελπίζω λοιπόν ότι θα μπορέσουμε να μοιραστούμε μαζί κάποια πράγματα με τον ένα ή τον άλλο τρόπο, πριν να χωριστούμε.

Οι περισσότεροι από σας θα ξέρετε, φαντάζομαι, μέσα από τις κασέτες ή τα βιβλία μου ότι με απασχολεί πολύ η μελέτη της αγάπης σαν διδασκόμενης συμπεριφοράς. Πιστεύω πραγματικά ότι ο καθένας μας έχει αυτό το τρομερό και απίστευτο δυναμικό αγάπης, αλλά δεν είναι παρά ένα δυναμικό, κι όπως όλα τα δυναμικά, για να υπάρξει πρέπει να υλοποιηθεί, πρέπει να γίνει κάτι. Ήμουνα ένας από τους τρελούς που πριν από χρόνια ξεκίνησε να διδάσκει το μάθημα της «Αγάπης» — μια τάξη αγάπης. Στην αρχή δεν είχαμε παρά 15 ή 20 στην τάξη. Τώρα θα φτάναμε τους 400 ή τους 500, αν τους αφήναμε. Προσπαθώ όμως να περιορίσω τον αριθμό στους 50 για να μπορούμε να έχουμε επαφή. Δεν τη *διδάσκω* την τάξη. Την διευκολύνω. Βοηθώ να γίνουν τα πράγματα. Κάθομαι μαζί με τους άλλους και μαθαίνω απ' αυτούς. Μαθαίνουμε μαζί. Αφού η αγάπη *μαθαίνεται*, ο καθένας σας την έχει μάθει διαφορετικά κι έχετε να με διδάξετε όπως έχω κι εγώ να *σας* διδάξω. Γι' αυτό κατά βάθος η αγάπη είναι μια ανταλλαγή.

Σκέφτηκα ότι ίσως μερικοί άνθρωποι που ένιωθαν κάποια ανάγκη, θα ήθελαν να έρθουν και να μας πουν τι χρειάζονται — και δεν ήταν ψυχοθεραπεία αυτό! Δεν είμαι ψυχοθεραπευτής, είμαι εκπαιδευτικός. Πιστεύω πως ο,τιδήποτε κι αν είσαι στη ζωή, όπως κι αν έμαθες κάτι, αν θέλεις να το μάθεις *διαφορετικά*, μπορείς να μάθεις, να ξεμάθεις και να ξαναμάθεις τα πάντα. Έτσι υπάρχει πάντα ελπίδα, υπάρχουν πάντα θαύματα, δεν έχεις κανένα λόγο να κάθεσαι και να κλαις, επειδή κάποιος σε κακομεταχειρίστηκε στο παρελθόν, ή επειδή δεν έμαθες την αγάπη σωστά ή επειδή πεθαίνεις από μοναξιά.

Έζησα πρόσφατα μια ενδιαφέρουσα εμπειρία. Κάνω αρκετά ταξίδια μέσα στη χώρα και σ' αυτές τις περιπτώσεις παίρνω μαζί μου τρομερές ποσότητες δουλειάς, γιατί είναι η μοναδική ευκαιρία να είμαι απερίσπαστος. Βλέπετε, το σύνθημά μου πάντα είναι

«Πρώτα οι άνθρωποι και μετά τα πράγματα». Έτσι, όταν βρίσκομαι στο γραφείο μου, δεν ησυχάζω ούτε λεπτό. Κι όταν είμαι σπίτι το τηλέφωνο χτυπάει συνεχώς κι ολοένα έρχεται κόσμος — αυτό το θέλω και μου αρέσει. Όταν όμως βρίσκομαι στο αεροπλάνο, είναι σαν να 'χω το ιδιωτικό μου γραφείο: χάνομαι στα σύννεφα και κανείς δεν ξέρει ποιος είμαι. Γι' αυτό συνήθως ρωτάω: «Μήπως γίνεται να μείνει ελεύθερη η διπλανή μου θέση; Έχω πολλή δουλειά να κάνω». Όταν το αεροπλάνο δεν είναι πολύ γεμάτο, μου λένε ναι, κι έτσι τις περισσότερες φορές τα καταφέρνω, απλώνω τα χαρτιά μου κι αρχίζω να δουλεύω. Κι όταν τελειώσω, κοιτάζω έξω τα σύννεφα και σκέφτομαι πόσο θαυμαστός και μαγικός είναι ο κόσμος.

Εκείνη τη συγκεκριμένη ημέρα υπήρχε μια άδεια θέση ανάμεσα σε μένα και σε μια πολύ γοητευτική μεσόκοπη κυρία, κομψά ντυμένη και με πολλά κοσμήματα. Με παρακολουθούσε καθώς άπλωνα τα πράγματά μου, αλλά από τους κραδασμούς της καταλάβαινα ότι αυτό που ήθελε ήταν να *μιλήσει*. Και σκέφτηκα: «Ωχ, Θεέ μου! Την αγαπάω, αλλά έχω να βαθμολογήσω διαγωνίσματα και να διαβάσω εργασίες!»

Μου είπε: «Βάζω στοίχημα ότι μπορώ να μαντέψω τι είσαστε!»

Της είπα: «Τί είμαι;»

Μου είπε: «Βάζω στοίχημα ότι είσαστε δικηγόρος».

Είπα πως όχι, δεν ήμουνα δικηγόρος.

Εκείνη είπε: «Τότε λοιπόν είσαστε δάσκαλος».

Της είπα: «ναι, αυτό είμαι, δάσκαλος».

Τότε εκείνη είπε: «Α, τι ωραία», κι εγώ ξαναγύρισα στα χαρτιά μου. Όμως εκείνη ξανάρχισε να μιλάει και ξαφνικά συνειδητοποίησα τι έκανα και είπα μέσα μου: «Τι κάνεις; Πάντα λες ότι πρώτα είναι οι άνθρωποι. Αν το λες σοβαρά, αυτή η γυναίκα σε χρειάζεται. Είναι φανερό πώς θέλει να μιλήσει — μίλησέ της λίγο και μετά μπορείς να της εξηγήσεις την ανάγκη σου να συνεχίσεις τη δουλειά σου».

Τα πράγματα τελικά δεν πήγαν έτσι... ήταν όμως κάτι μαγικό, γιατί σαν *χιονοστιβάδα* άρχισε να μου λέει ένα σωρό πράγματα. Καμιά φορά λες σ' ένα ξένο πράγματα που δεν έχεις πει ούτε στον πιο στενό σου σύντροφο. Ήξερε καλά πως όταν φτάναμε στο Λος Άντζελες θα αποχαιρετιόμαστε. Δεν υπήρχε κίνδυνος να ξαναϊδωθούμε. Άρχισε λοιπόν να μου λέει πως είχε τέσσερα παιδιά και ότι μόλις είχε γυρίσει από τις Μπαχάμες. «Περάσατε καλά;», τη ρώτησα. «Όχι», μου είπε, «ήταν φοβερά».

«Είσαστε μόνη σας;», τη ρώτησα.

«Ναι», μου απάντησε.

Είπα απλώς «ω». Το βρήκα μάλλον ενδιαφέρον, αλλά δεν ήθελα να δώσω συνέχεια. Εκείνη όμως μου εξήγησε: Είχε πάει μόνη της διακοπές.

«Προσπαθώ να βρω τον εαυτό μου».

«Α, ναι;»

«Ναι!», απάντησε. «Πριν από δυο μήνες με παράτησε ο άντρας μου».

«Ω, λυπάμαι».

Και μετά άρχισε να μου λέει την ιστορία της ζωής της!

«Το φανταζόσαστε! Του έδωσα τα καλύτερα — (αληθινά!) — χρόνια της ζωής μου!», μου είπε.

Νόμιζα πως είχαν πάψει πια να το λένε αυτό.

«Του έδωσα τα καλύτερα χρόνια της ζωής μου! Του έδωσα όμορφα παιδιά! Του έδωσα ένα υπέροχο σπιτικό που το κρατούσα πάντα πεντακάθαρο. Ούτε ίχνος σκόνης, πουθενά!»

Δεν είχα καμιά αμφιβολία γι' αυτό.

«Τα παιδιά μου ήταν πάντα στην ώρα τους στο σχολείο», συνέχισε να λέει. «Ήμουνα καταπληκτική μαγείρισσα, δεχόμουνα πάντα τους φίλους *του*, ήμουν πάντα πρόθυμη να πάω οπουδήποτε ήθελε εκείνος. Ήμουνα...» και συνέχισε να μιλάει και να μιλάει! Τη λυπήθηκα πραγματικά. Γιατί όλα τα πράγματα που είχε θεωρήσει *ουσιαστικά*, ήταν πράγματα που θα μπορούσε να έχει αγοράσει.

Είχε *χάσει* τον *εαυτό* της! Δεν είχε δώσει στον άντρα της αυτό που ήταν ουσιαστικό μέσα *της*... τη μαγεία, το θαύμα... τον άγνωστο εαυτό. Του είχε δώσει καλό φαγητό — μα αυτό θα το είχε και στο εστιατόριο! Του έπλενε τα σεντόνια — αυτό όμως το κάνουν και τα πλυντήρια! Είναι τρομερό.

«Για *σας* την ίδια τι κάνατε;», τη ρώτησα.

«Τι εννοείτε, τι εννοείτε για *μένα* την ίδια;»

«Θέλω να πω τι κάνατε για τον *εαυτό σας*;»

«Δεν υπήρχε καιρός να κάνω τίποτε για τον εαυτό μου!»

Έγινε μια μικρή παύση και τη ρώτησα: «Τι θα θέλατε να είχατε κάνει;»

«Α, πάντα ονειρευόμουνα να ασχοληθώ με την κεραμική».

Τι ωραία που θα ήταν αν έφτιαχνε κεραμικά... Δεν ήξερε πόσο σημαντικό θα ήταν. Τη λυπήθηκα γιατί είχε κάνει αυτό που *νόμιζε* ουσιαστικό. Αυτό της είχε *πει* η κοινωνία ότι ήταν το ουσιαστικό! Είχε παίξει ένα ρόλο! Και είχε χάσει τον εαυτό της μέσα στο ρόλο! Μετά η ιστορία εξακολούθησε τον κλασικό της δρόμο: «Ο σύζυγος συναντάει ενδιαφέρουσα νεαρά κυρία στο γραφείο», μια κυρία που δεν ενδιαφέρεται για τη σκόνη και δε δίνει δεκάρα για τα καθαρά σεντόνια.

Εκείνη την ημέρα μιλήσαμε πολύ πάνω στο τι είναι ουσιαστικό. Έκλαψε λιγάκι, έκλαψα κι εγώ λιγάκι. Αγκαλιαστήκαμε και μετά εκείνη πήρε το δρόμο της κι εγώ το δικό μου. Ξέρετε όμως, ποτέ δεν είχε κάνει τον κόπο να ρωτήσει τον εαυτό της: «Τι είναι ουσιαστικό για *μένα;*»

«Ποια είναι *η δική μου* αξία;» «Ποιές είναι *οι δικές μου* ανάγκες;»

Κι αν δε σας το έχει διδάξει ώς τώρα η αγάπη, σκεφτείτε το λιγάκι. Αν είσαστε πραγματικά ερωτικοί άνθρωποι, τότε θα θέλετε να δώσετε τον καλύτερο *εαυτό* σας. Αυτό σημαίνει να αναπτύξετε όλα τα θαύματα μέσα σας — σαν μοναδικά ανθρώπινα όντα. Γιατί πραγματικά, όσο κι αν σας έχουν πει το αντίθετο, ο καθένας στον κόσμο είναι διαφορετικός. Αυτό είναι το καταπληκτικό. Δεν υπάρχουν δυο ίδιοι άνθρωποι. Ο καθένας είναι διαφορετικός. Τι θαυμάσιο που θα ήταν, αν είχαμε βρει τρόπο να διδάξουμε έγκαιρα σ' αυτή τη γυναίκα τη μοναδικότητά της ή τον τρόπο να την αναπτύξει. Κι ακόμη αν της διδάσκαμε, πόσο *θαυμάσιο* είναι να την μοιράζεται με κάποιον άλλο.

Επειδή δεν υπάρχει κανένα όριο στον εαυτό σου, θα είσαι πάντα συναρπαστικός. Πάντα θα έχεις κάτι να μοιραστείς με τους άλλους. Η γυναίκα αυτή όμως δεν έκανε τον κόπο να κοιτάξει μέσα της και μπήκε μέσα στο πετσί του ρόλου που της είχαν παρουσιάσει οι άλλοι σαν σημαντικό, φτάνοντας έτσι να χάσει τον πραγματικό εαυτό της.

Το καταπληκτικό όμως είναι, πως ποτέ δεν χάνουμε τον εαυτό μας. Όχι οριστικά. Αν θέλουμε να τον βρούμε, είναι πάντα εδώ! Ποτέ δε χάνεις κάτι που είχες πραγματικά. Κι αν κάποτε νιώθεις μέσα σου ένα τεράστιο κενό, ένα δάγκωμα στα σωθικά σου, κάτι που ουρλιάζει μέσα σου για να βγει, είναι αυτή η *θαυμαστή* μοναδικότητα που λέει: «Είμαι εδώ! Είμαι ακόμα εδώ! Μέσα σου! Αναζήτησέ με! Ανάπτυξέ με! Μοιράσου με με τους άλλους!» Τότε αρχίζεις να βρίσκεις ένα μικρό κομμάτι από την ουσία. Είμαστε όμως σίγουροι ότι καθετί το ουσιαστικό πρέπει να βρίσκεται «έξω». Δεν *μπορεί* να είναι «εδώ μέσα»!

Δεν ξέρω πόσοι από σας γνωρίζετε τα μικρά βιβλία των Σούφι, είναι όμως κάτι υπέροχα βιβλιαράκια που έχουν προέλθει από τη θρησκευτική αίρεση των Σούφι. Περιέχουν κάτι φανταστικές μικρές μεταβολές που διαβάζονται με απόλαυση. Οι ιστορίες μιλάνε για τις περιπέτειες που συνέβησαν σ' ένα τρελό ανθρωπάκο που τον έλεγαν Μουλά. Μια ιστορία είναι πολύ συγκινητική. Διηγείται ότι μια μέρα ο Μουλά είχε πέσει με τα τέσσερα στο δρόμο κι έψαχνε κάτι, όταν τον πλησίασε ένας φίλος και τον ρώτησε: «Τι ψάχνεις, Μουλά;»

«Έχασα το κλειδί μου», απάντησε ο Μουλά.

«Α, λυπάμαι πολύ, Μουλά, θα σε βοηθήσω να το βρεις».

Έπεσε λοιπόν κι ο φίλος στα τέσσερα, ύστερα όμως από λίγο τον ρώτησε:

«Πού ακριβώς το έχασες, Μουλά;»

Κι ο Μουλά απάντησε: «Το έχασα μέσα στο σπίτι μου».

«Τότε τι κάθεσαι και το ψάχνεις εδώ;»

«Μα γιατί εδώ έχει περισσότερο φως», απάντησε ο Μουλά.

Φαίνεται αστείο, αλλά αυτό κάνουμε οι περισσότεροι σ' όλη τη ζωή μας! Νομίζουμε πώς ό,τι είναι να βρούμε βρίσκεται έξω στο φως, εκεί που βρίσκεται εύκολα, ενώ η μοναδική απάντηση για *σένα* βρίσκεται μέσα σε *σένα*! Βγες έξω και ψάχνε όσο θες, δε θα βρεις τίποτε! Κανείς δεν έχει τις δικές σου απαντήσεις — μόνο εσύ τις έχεις. Κι αν νομίζεις πως μπορείς να ετοιμάσεις τις βαλίτσες σου και να ξεφύγεις από τον *εαυτό* σου, σε περιμένει μια τρομερή έκπληξη. Ανέβα ώς την πιο ψηλή κορφή του Νεπάλ και, μόλις περάσει η πρώτη μαγεία του εξωτισμού, ποιον νομίζεις πως θ' αντικρύσεις στον καθρέφτη; Τον εαυτό σου! Με όλα σου τα προβλήματα, όλους τους φόβους, τη σύγχυση, τη μοναξιά, όλα όσα συνθέτουν τον *εαυτό σου*. Είναι καιρός λοιπόν ν' αρχίσεις να ψάχνεις εκεί που έχει νόημα να ψάχνεις. Τα ουσιαστικά πράγματα δε βρίσκονται έξω. Βρίσκονται μέσα σου. Μέσα όμως είναι σκοτεινά και φοβάσαι και δεν είναι εύκολο να ψάχνεις στο σκοτάδι. Άλλωστε κανείς δε μας μαθαίνει το πώς. Πόσα μαθήματα παρακολούθησες σ' ολόκληρη τη σχολική σου ζωή που να σε δίδασκαν για τον εαυτό σου; Σου δίδαξαν μαθηματικά και δε λέω ότι δεν είναι σημαντικό πράγμα, αλλά μπορείς να *ζήσεις* και χωρίς αυτά. Το ήξερες αυτό; Είναι χρήσιμα πράγματα. Είναι καλό να ξέρεις να διαβάζεις, μπορείς όμως να ζήσεις πολύ χαρούμενα ακόμη κι αν δεν ξέρεις να διαβάζεις. Δε σε ενθαρρύνω να μάθεις πώς να διαβάζεις, ακόμη κι αν πολλοί από σας έχετε ξοδέψει πολλά χρόνια για να μάθετε και σήμερα δε διαβάζετε καθόλου. Οι στατιστικές δείχνουν ότι ο μέσος πτυχιούχος Πανεπιστημίου —σας προειδοποιώ, θα πάθετε σοκ— διαβάζει περίπου ένα βιβλίο το χρόνο μετά το πτυχίο.

Κανείς δε μας διδάσκει το μάθημα της ζωής, όπως δε μας διδάσκουν την αγάπη, όπως δεν υπάρχει μάθημα με τίτλο «Νιώθω μοναξιά. Τι να κάνω;» Κι όταν δοκιμάσει κανείς να διδάξει αυτά τα πράγματα, σας βεβαιώνω πως τον αντιμετωπίζουν σαν τρελό. Ξέρετε πώς μ' έχουν ονομάσει τα μαζικά μέσα; «Ο Δόκτωρ της Αγάπης». Θεέ και Κύριε! Και υποτίθεται ότι μια από τις μεγαλύτερες τιμές που μου έγιναν ποτέ, είναι όταν με κάλεσαν να συμμετέχω στο παιχνίδι «Μάντεψε τι κάνω!». Αλήθεια λέω! Σας το ορκίζομαι! Στο «Μάντεψε τι κάνω!». Και ο τύπος μου εξήγησε: «Εσένα δε θα σε βρουν ποτέ!»

Μπείτε μέσα σε μια βιβλιοθήκη και μαζέψτε όλα τα ιερά βιβλία, καθήστε σ' ένα τραπέζι και διαβάστε τα να βρείτε τα κοινά τους σημεία. Τι θαυμαστό πράγμα! Είναι τόσο πολλά τα κοινά σημεία. Ο Χριστός είπε: «Αν θέλετε να βρείτε τη ζωή, πρέπει να κοιτάξετε μέσα σας». Το ίδιο λέει και ο Βούδας. Το ίδιο λένε και τα εβραϊκά ιερά βιβλία. Το Κοράνι. Η Γκιτά, η θιβετιανή Βίβλος των Νεκρών, το Ταό — όλα σου το υπενθυμίζουν. Τα ταξίδια έξω από τον εαυτό μας δεν έχουν αξία. Αυτά μας παρασύρουν στο δάσος, όπου θα χαθούμε. Αν θέλεις απαντήσεις για σένα, οι απαντήσεις είναι μέσα σου, όχι έξω.

Τι νομίζουμε όμως ότι είναι ουσιαστικό; Πρώτα απ' όλα ένα από τα πράγματα που θεωρούμε ουσιαστικά —και δουλεύουμε γι' αυτό την περισσότερη ζωή μας— είναι *το σώμα*. Πιστεύουμε ότι είναι ουσιαστικό. Ξοδεύουμε τόσο πολύ χρόνο γι' αυτό, που πλουτίζουμε τη λεωφόρο Μάντισον! Θεέ και Κύριε, πόσες χιλιάδες μάρκες οδοντόκρεμας υπάρχουν! Και πόσα εκατομμύρια είδη σαμπουάν. Θυμάμαι πως, όταν ήμουνα παιδί, πλενόμαστε απλώς με πράσινο σαπούνι. Και τώρα υπάρχει κάτι ιδιαίτερο για μαλακά μαλλιά, για σκληρά μαλλιά, για λίγα μαλλιά, για μαλλιά που πέφτουν, για μαλλιά που σηκώνονται, για μαλλιά που δεν υπάρχουν! Υπάρχουν τονωτικά μαλλιών για παιδιά, για μωρά, για ενήλικους, για γέρους! Δεν μπορούμε καν να μοιραστούμε το ίδιο σαμπουάν. Άλλο ένα φαινόμενο αποστασιοποίησης, αν το καλοσκεφτείς.

Δεν τις έχετε βαρεθεί όλες αυτές τις ανοησίες; Κάνετε τούτο και το άλλο και το άλλο και το άλλο. Και μετά φοράτε τα ρούχα σας και βγαίνετε έξω έτοιμοι ν' αντιμετωπίσετε τη μέρα σας. Και μετά γυρίζετε σπίτι και τα κάνετε πάλι όλα από την ανάποδη. Τα βγάζετε όλα και πέφτετε στο κρεβάτι. Το πρωί πάλι από την αρχή! Κι όμως το κάνουμε γιατί φοβόμαστε πως ο κόσμος γύρω μας θα μας αφήσει μόνους στην προκυμαία, αν δε φοράμε το σωστό αποσμητικό. Και το πλοίο θα ξαναγυρίσει να μας πάρει, αν το φορέσουμε! Έτσι το φοράμε!

Το σώμα δεν είναι παρά ένα όχημα. Είναι ένα καταπληκτικό όχημα, γιατί μεταφέρει το ουσιαστικό, από μονο του όμως δεν είναι *ουσιαστικό*.

Τι *είναι* λοιπόν ουσιαστικό; Νομίζουμε ότι οι γνώσεις είναι κάτι ουσιαστικό και γινόμαστε δούλοι της γνώσης. Ξεχνάμε ότι οι πληροφορίες δεν είναι σοφία. Μαθαίνουμε πληροφορίες και περνάμε τη ζωή μας γεμίζοντας το μυαλό μας με πληροφορίες, που τις νομίζουμε ουσιαστικές. Κι όμως οι πληροφορίες αυτές είναι, στο μεγαλύτερό τους βαθμό, άχρηστα παράσιτα. Κι εμείς γινόμαστε δούλοι των παρασίτων. Έτσι, όταν προσπαθεί να μπει κάτι καινούργιο μέσα, φιλτράρεται μέσα απ' αυτά τα παράσιτα, μέσα απ' αυτές τις παλιές, ξεπερασμένες, άχρηστες γνώσεις. Γι' αυτό μερικοί από μας δυσκολευόμαστε τόσο πολύ να αλλάξουμε.

Συχνά ρωτάω τον κόσμο: «Είσαι πραγματικά *εσύ*; Ή μήπως είσαι αυτό που σου είπαν οι άλλοι ότι είσαι;» Οι άλλοι περνάνε ολόκληρη τη ζωή τους λέγοντάς μας ποιοι είμαστε. Μερικοί το κάνουν επάγγελμα, σε άλλους γίνεται ασυνείδητα! Η μαμά π.χ. που στέκεται στο σούπερ μάρκετ κρατώντας το παιδί της από το χέρι και λέγοντας στη φίλη της: «Αυτός είναι κουτός, ο αδελφός του είναι ο έξυπνος. Τι να γίνει όμως, υπάρχουν και οι κουτοί, άλλωστε είναι καλό παιδί. Δε με παιδεύει καθόλου», Τι του λέει αυτού του παιδιού; Νομίζει πως είναι κουφό; Όλοι διδάσκουμε και διδασκόμαστε συνέχεια ποιοι είμαστε και τι είμαστε. Γι' αυτό και είμαστε όλοι δάσκαλοι. Σα άνθρωπος που αγαπάει, θα πρέπει να προσέχεις πάρα πολύ τι είδους ετικέτες κολλάς πάνω στους άλλους.

Όσο ψηλα κι αν έχεις φτάσει τις γνώσεις σου, για μένα εξακολουθείς να μην είσαι πουθενά. Μας εντυπωσιάζουν οι άνθρωποι με τους ηχηρούς τίτλους. Πιστεύουμε ότι ένα πτυχίο, ένα ντοκτορά κάνει τους ανθρώπους σοφούς. Άλλες είναι οι δικές μου πληροφορίες! Μερικοί από τους πιο ηλίθιους που γνωρίζω, έχουν ντοκτορά! Μερικοί από τους σοφότερους ανθρώπους που γνωρίζω, δεν ξέρουν καν τι είναι το ντοκτορά!

Μην ξεχνάτε πως οι γνώσεις σας μπορούν να γίνουν εμπόδιο, αν πιστεύετε ότι αυτό που γνωρίζετε είναι πραγματικότητα και φιλτράρετε μέσα απ' αυτό όλα τα καινούργια εισερχόμενα. Αν έχετε τέτοια παράσιτα στο μυαλό σας, ποτέ δε θα εξελιχθείτε, ποτέ δε θα αλλάξετε. Ξέρω ανθρώπους που διδάσκουν τις ίδιες τάξεις, με τον ίδιο τρόπο εδώ και είκοσι χρόνια. Κάθε φορά που είναι να διδάξουν, για παράδειγμα την κίνηση της γης —πολύ σημαντικό μάθημα—, πηγαίνουν στο αρχείο, ανοίγουν το συρτάρι και βγάζουν τον παλιό, μισοδιαλυμένο φάκελλο με την κίνηση της γης και καταλαβαίνεις ότι έχουν διδάξει αυτό το μάθημα επί εννιά χρόνια, γιατί οι εικόνες έχουν εννιά τρυπήματα από καρφίτσες.

Η γνώση δεν είναι σοφία! Η μάθηση δεν είναι από μόνη της σοφία. Σοφία είναι η *εφαρμογή* της γνώσης και των πληροφοριών. Σοφία είναι να συνειδητοποιείς ότι δεν ξέρεις τίποτε. Σοφία είναι να λες: «Το μυαλό μου είναι ανοιχτό. Όπου και να βρίσκομαι, είμαι στην αρχή. Υπάρχουν *εκατοντάδες* πράγματα που δεν ξέρω». Αυτή είναι η αρχή της σοφίας.

Σίγουρα δεν είμαστε οι γνώσεις μας. Ο πολιτισμός μας δείχνει συχνά να πιστεύει ότι είναι σημαντικό να είσαι μόνιμα *ευτυχής*. Δεν ξέρω καμιά άλλη κουλτούρα που να έχει τέτοια μανία με την ευτυχία. Είμαστε τόσο πολύ απορροφημένοι από το μόνιμο κυνηγητό της ευτυχίας, που ξεχνάμε ότι υπάρχουν και άλλα πράγματα. Μόλις αισθανθούμε την παραμικρή δυστυχία, καταπίνουμε ένα χάπι ή κάποιο ποτό ευτυχίας. Ποιος θέλει να υποφέρει; Είμαστε μια κουλτούρα που απεχθάνεται και φοβάται τον πόνο. Μη νομίσετε πως θέλω να σας πω, «ελάτε να τη βρούμε στον πόνο». Για τ' όνομα του Θεού! Μην τα μπερδεύετε. Προτιμώ να διδάξω και να διδαχτώ τη χαρά. Η χαρά είναι μεγάλος δάσκαλος. Το ίδιο όμως και η απελπισία! Η καθαρή σκέψη είναι μεγάλος δάσκαλος, το ίδιο όμως και η σύγχυση! Η ελπίδα είναι μεγάλος δάσκαλος, το ίδιο όμως και η απογοήτευση. Και η ζωή είναι μεγάλος δάσκαλος, το ίδιο όμως συμβαίνει και με το θάνατο. Αν στερήσετε στον εαυτό σας κάποιο απ' αυτά —οποιαδήποτε πλευρά—, δε θα βιώσετε ολοκληρωτικά τη ζωή. Δεν ξέρω καμιά άλλη κουλτούρα στον κόσμο όπου τόσο πολλοί άνθρωποι ζούνε τη ζωή τους χωρίς να τη βιώνουν. Οι περισσότεροι από μας δεν ξέρουμε καν τι είναι αυτό. Μας προστατεύουν από τη ζωή! Δεν ξέρουμε την αξία των χρημάτων, την αξία των πραγμάτων, την αξία της πείνας. Δεν καταλαβαίνουμε τον πόνο και —αν είναι δυνατόν!— δεν καταλαβαίνουμε το θάνατο! Είναι απίστευτο, αλλά δεν επιτρέπουμε στα παιδιά, ούτε να βρεθούν κοντά στο θάνατο.

Πολλοί από σας γνωρίζετε ότι κατάγομαι από μια πολύ απλοϊκή και όμορφη οικογένεια μεταναστών. Οι γονείς μου ζούσαν στη Βόρεια Ιταλία, εκεί που είναι οι αμπελώνες, και μας μεγάλωσαν με πολύ απλό τρόπο. Δε μας απέκλεισαν όμως από τη ζωή. Είμαστε πάντοτε μέσα σε όλα. Στη χαρά του σπιτικού, τη μουσική του, τη μαγεία του. Αλλά και ο πόνος και η απελπισία του σπιτιού ήταν δικά μας κι αυτά. Δε ζούσαμε σε προστατευμένη ζώνη.

Η οικογενειακή μας ζωή ήταν αρκετά περίεργη, γιατί άλλοτε είμαστε στα επάνω μας και τότε είχαμε *ο,τιδήποτε* επιθυμούσαμε —ραβιόλια και νιόκι, και σπαγγέτι και λουκάνικα και τα πάντα— κι άλλοτε δεν υπήρχε σχεδόν τίποτε. Τότε φτιάχναμε μια μεγάλη πολέντα. Ξέρετε τι είναι η πολέντα; Είναι ένα φαγητό της Βόρειας Ιταλίας, κάτι σαν μεγάλο κέικ από καλαμποκάλευρο, και είναι πολύ χορταστικό. Έξι μπουκιές και στόμωσες! Τουλάχιστον όμως δε σε πονάει το στομάχι σου! Κανείς ποτέ δε μας προστάτευε από τον πόνο, γιατί μερικές φορές έμπαινε μέσα ο πατέρας και βλέπαμε τα μούτρα του κατεβασμένα και μας έλεγε κάτι σαν, «Δεν έχουμε άλλα λεφτά». Και μετά πρόσθετε: «Τι να *κάνουμε* τώρα;» Α, ήταν ωραίο αυτό το «κάνουμε», που μας μάζευε όλους μαζί. Η αδελφή μου έλεγε: «Θα πάω στη λαχαναγορά και θα μαζέψω τα παραπεταμένα λαχανικά για τα κουνέλια». Κι εγώ πουλούσα περιοδικά. Θυμόσαστε τότε που πουλούσαμε περιοδικά από πόρτα σε πόρτα; Αυτή κι αν ήταν μόρφωση! Κι ο καθένας έκανε κάτι. Ζούσαμε την εμπειρία της συλλογικότητας.

Η μητέρα κατάφερνε ένα καταπληκτικό πράγμα. Ήξερε πώς να γιατρεύει τα κατεβασμένα μούτρα του πατέρα. Είχε ένα μυστικό που τ' ονόμαζε γυάλα επιβίωσης. Έβαζε μερικά χρήματα σε μια γυάλα και την έθαβε στον κήπο για την περίπτωση που θα μέναμε άφραγκοι. Μ' αυτά τα λεφτά έκανε κάτι το *εξωφρενικό*! Π.χ. αγόραζε ξαφνικά ένα κοτόπουλο!

Μάθαμε πολλά από την απελπισία. Μάθαμε πολλά από την πείνα. Μάθαμε πολλά με το να ενώνουμε τις δυνάμεις μας και να γινόμαστε μέρος μιας οικογένειας.

Μερικές φορές πιστεύουμε ότι τα *αποκτήματα* είναι σημαντικά. Μεγάλο σπίτι, πολλά χρήματα. Οι άλλοι στόχοι, οι μεγάλοι σημαντικοί στόχοι είναι ουσιαστικά πράγματα. Περνάμε τη ζωή μας προσπαθώντας να εξασφαλιστούμε από μια επερχόμενη καταστροφή, που νομίζουμε ότι μας περιμένει στο άνοιγμα της πόρτας. Και με όλα αυτά παύουμε να ζούμε το παρόν. Αν όμως ξεχωρίζει για κάτι ο ερωτικός άνθρωπος, αυτό είναι ότι καταλαβαίνει πως η μόνη πραγματικότητα είναι το «τώρα». Το χθες έχει φύγει και δεν μπορείς να κάνεις τίποτε γι' αυτό. Καλύτερα έτσι, γιατί σ' έφερε σ' αυτό που είσαι σήμερα. Και παρ' όλα όσα σου έχουν πει οι άλλοι, το σήμερα είναι ωραίο! Μια και για το *χτες* δεν μπορείς να κάνεις τίποτε, έχει πάψει να είναι *πραγματικό*. Κι αν περάσεις τη ζωή σου με όνειρα για το χτες και για το αύριο, θα χάσεις αυτό που συμβαίνει σε σένα και σε μένα *τώρα*. Κι αυτή είναι η *πραγματική* πραγματικότητα, να είσαι εδώ. Το αύριο είναι υπερβολικά νεφελώδες.

Πρόσφατα δολοφονήθηκαν δυο φοιτητές στην πανεπιστημιούπολή μας. Γύριζαν από ένα πάρτι όπου είχαν διασκεδάσει πολύ και διέσχιζαν την πανεπιστημιούπολη, όταν πυροβολήθηκαν στο κεφάλι *χωρίς κανένα λόγο*! Κανείς δεν ξέρει ακόμη ποιος το έκανε και γιατί. Και οι δυο αυτοί φοιτητές ήταν κάποια στιγμή μαθητές μου — μια όμορφη κοπέλα κι ένα όμορφο απίθανο αγόρι. Το μόνο που μπόρεσα να σκεφτώ όταν το έμαθα, και έπαθα πραγματικό σοκ, ήταν: ελπίζω να τους δίδαξα τουλάχιστον, στη ζωή που τους έμενε, να *τη ζήσουν*! Ελπίζω να μην περίμεναν το *αύριο* για να ζήσουν. Είναι θλιβερό να σκέφτεσαι πόσοι άνθρωποι έχουν επενδύσει τόσο πολλά στο αύριο. Δεν ξέρουμε τι θα μας συμβεί την άλλη στιγμή κι η στιγμή αυτή μπορεί να χαθεί για πάντα.

Κάποτε μια κοπέλα μου έδωσε ένα ποίημα και μου επέτρεψε να το μοιραστώ μαζί σας και θέλω να σας το πω, γιατί εξηγεί τι συμβαίνει, όταν αναβάλλει κανείς συνέχεια ξανά και ξανά — και ιδιαίτερα, όταν αναβάλλει να δείξει το ενδιαφέρον του για τους ανθρώπους που αγαπάει πραγματικά. Η κοπέλα θέλει να μείνει ανώνυμη, το ποίημά της ονομάζεται «Πράγματα που δεν έκανες» και λέει:

Θυμάσαι τη μέρα που δανείστηκα
το καινούργιο σου αυτοκίνητο και το τρακάρισα;
Νόμισα πως θα με σκότωνες, μα δεν το έκανες.
Και θυμάσαι τη φορά που επέμενα να πάμε στη θάλασσα
κι εσύ έλεγες ότι θα βρέξει, και έβρεξε;
Νόμιζα πως θα μου' λεγες, «Στο 'χα πει». Μα δεν το έκανες.
Θυμάσαι τη φορά που φλερτάρισα με όλους τους άντρες
για να σε κάνω να ζηλέψεις, και συ ζήλεψες;
Νόμιζα πως θα με παρατούσες, μα δεν το έκανες.
Θυμάσαι τη φορά που λέρωσα την ταπετσαρία
του αυτοκινήτου σου
με κρέμα φράουλα;
Νόμιζα πως θα με χτυπούσες, μα δεν το έκανες.
Και θυμάσαι τη φορά που ξέχασα να σου πω πως
ο χορός ήταν επίσημος κι ήρθες με το μπλουτζίν;
Νόμιζα πως θα 'φευγες, αλλά δεν το 'κανες.
Ναι, υπάρχουν χιλιάδες πράγματα που δεν τα έκανες.
Αλλά με δέχτηκες και μ' αγάπησες και με προστάτεψες.
Υπήρχαν χιλιάδες πράγματα που ήθελα να σου ανταποδώσω
όταν θα γύριζες από το Βιετνάμ.
Αλλά δε γύρισες.

Κοιτάξτε, δεν ξέρω τι πιστεύετε εσείς, αλλά εγώ δε νομίζω ότι το αυτοκίνητό μου είναι το ουσιαστικό. Δεν ξέρω τι πιστεύετε εσείς, αλλά *εγώ* δε νομίζω πως η μόρφωσή μου είναι το ουσιαστικό. Δε νομίζω ότι το ουσιαστικό σε μένα είναι το *σπίτι* μου ή το *αυτοκίνητό* μου ή τα *ρούχα* μου. Τι είναι το ουσιαστικό σε μένα; Να σας πω: πιστεύω πως το ουσιαστικό είναι να ζω και να αγκαλιάζω τη ζωή *τώρα*, οπουδήποτε και να βρίσκομαι. Την αρπάζω στην αγκαλιά μου με πάθος! Είναι περιττό να κλαις για το χτες — το χτες έχει τελειώσει! Το συγχωρώ το παρελθόν μου. Συγχωρώ τους ανθρώπους που με πλήγωσαν. Δε θέλω να περάσω την υπόλοιπη ζωή μου κατηγορώντας και δείχνοντας με το δάχτυλο. Έχω βαρεθεί τόσο πολύ ν' ακούω τους ανθρώπους να μιλάνε και να αναμασάνε το τι τους έκαναν οι γονείς τους. Ξέρετε τι σας έκαναν οι γονείς σας; Ό,τι *καλύτερο* ήξεραν. Ό,τι καλύτερο μπορούσαν, σε πολλές περιπτώσεις το *μοναδικό* πράγμα που ήξεραν. Κανείς δεν ξεκίνησε κακόβουλα να κάνει κακό στα παιδιά του, εκτός κι αν ήταν ψυχωσικός.

Μπορείς να συγχωρήσεις; Μπορείς να ξεχάσεις; Μπορείς να πεις, «Δεν πειράζει»; Μπορείς να πεις, «Άνθρωποι είναι κι αυτοί» και να τους αγκαλιάσεις; Μετά αγκάλιασε τον ίδιο τον *εαυτό σου*. Ανακάλυψε ξανά ότι *είσαι* ιδιαίτερος, ότι *είσαι* μοναδικός, ότι είσαι καταπληκτικός, πως μέσα σ' ολόκληρο τον κόσμο δεν υπάρχει παρά μόνον ένας *σαν εσένα*. *Αγκάλιασε* τον παλιό καλό σου φίλο! Βέβαια έχεις ένα σωρό ελαττώματα και μερικές φορές κάνεις βλακείες και ξεχνάς ότι είσαι άνθρωπος, όμως το πιο καταπληκτικό με σένα είναι πως, όπου κι αν βρίσκεσαι, έχεις τη δυνατότητα να αναπτυχθείς. Βρίσκεσαι μόλις στην *αρχή*. Υπάρχει αυτό που είσαι τώρα κι άλλο ένα άπειρο κομμάτι να αναζητήσεις και να ανακαλύψεις. Μην ξοδεύεις τον καιρό σου κλαίγοντας! Συγχώρα τους *άλλους!* Συγχώρα τον *εαυτό* σου! Συγχώρα τον εαυτό σου που δεν είναι τέλειος. Και δέξου την ευθύνη για την ίδια τη ζωή σου.

Ο Νίκος Καζαντζάκης λέει: «Έχεις τα πινέλα, έχεις τα χρώματα, ζωγράφισε τον παράδεισο και μπες μέσα». Κάν' το! Πάρε πορτοκαλί και μώβ και μπλε και ροζ... και πράσινο και *κίτρινο* — και ζωγράφισε τον δικό σου παράδεισο. Μπορείς να το κάνεις αυτό! Μπορείς να το κάνεις τώρα. Αυτό που μετράει είναι η ζωή σου.

Δεν ξέρω πόσοι από σας γνωρίζετε το καταπληκτικό έργο του Άρθουρ Μίλερ «Μετά την πτώση». Είναι ίσως ένα από τα πιο παραγνωρισμένα έργα της αμερικάνικης λογοτεχνίας. Το έγραψε αμέσως μετά την αυτοκτονία της Μαίριλυν Μονρόε, που ήταν γυναίκα του, και προσπάθησε να θέσει το ερώτημα που έθεσα κι εγώ πρωτύτερα, και που σίγουρα έχετε θέσει κι εσείς στον εαυτό σας: Τι θα μπορούσα να κάνω για να σώσω κάποιον στη ζωή μου; Το έργο αυτό έλεγε: «Πρέπει να μάθω να συγχωρώ. Τους άλλους και τον εαυτό μου». Υπάρχει μέσα ένα όμορφο κομμάτι που θα 'θελα να το μοιραστώ μαζί σας. Ένας από τους πιο υγιείς ήρωες λέει:

> Νομίζω ότι είναι λάθος να ψάχνεις την ελπίδα έξω από τον εαυτό σου. Τη μια μέρα το σπίτι μυρίζει φρεσκοψημένο ψωμί και την άλλη καπνό και αίμα. Τη μια μέρα λιποθυμάς επειδή ο κηπουρός έκοψε το δάχτυλό του. Μια βδομάδα αργότερα δρασκελίζεις πτώματα παιδιών στον βομβαρδισμένο υπόγειο. Τι ελπίδα μπορεί να υπάρξει αν τα πράγματα είναι έτσι;
>
> Γύρω στο τέλος του πολέμου προσπάθησα να πεθάνω. Κάθε νύχτα το ίδιο όνειρο ξαναγυρνούσε, μέχρι που δεν τολμούσα πια να κοιμηθώ και αρρώστησα. Έβλεπα πως είχα ένα παιδί. Αλλά ακόμη και μέσα στο όνειρο καταλάβαινα πως το παιδί ήταν η ζωή μου και ήταν καθυστερημένο και προσπαθούσα να φύγω μακριά του. Αυτό όμως επέμενε ν' ανεβαίνει στην αγκαλιά μου και να γαντζώνεται στα ρούχα μου, μέχρι που κάποια στιγμή σκέφτηκα ότι, αν μπορούσα να το φιλήσω, να φιλήσω ό,τι μέσα του ήταν δικό μου, θα μπορούσα να ξανακοιμηθώ. Έτσι έσκυψα πάνω στο τσακισμένο πρόσωπό του. Ήταν φριχτό. Μα το φίλησα. *Νομίζω, Κουέντιν, πως πρέπει να πάρει κανείς τη ζωή του στην αγκαλιά του και να τη φιλήσει.*

Φανταστικό συμπέρασμα. Δεν έχει σημασία ποιον έχεις πληγώσει, αν έμαθες να μην ξαναπληγώσεις. Δεν έχει σημασία τι λάθη έχεις κάνει, αν δεν τα ξανακάνεις. Όσο μαθαίνεις, όσο είσαι πρόθυμος να πάρεις τη ζωή σου στα χέρια σου και να τη φιλήσεις και να συνεχίσεις από κει, τότε υπάρχει ανάπτυξη. Τότε υπάρχει ζωή!

Ένα άλλο ουσιαστικό πράγμα είναι να δεχτούμε το θάνατό μας. Δε θέλω να σας γίνω δυσάρεστος, αλλά πιστεύω πως ο μόνος τρόπος να δεχτεί κανείς τη *ζωή* είναι να δεχτεί το *θάνατο*. Ο θάνατος μάς διδάσκει πως υπάρχει ένα *όριο*. Δίνω στους μαθητές μου το ακόλουθο παράδειγμα: αν σας έμεναν μόνο πέντε μέρες ζωής, πώς θα τις περνούσατε και με ποιον; Συχνά οι απαντήσεις είναι τόσο εύκολες. Πάντα γράφω σχόλια —μεγάλα, ατέλειωτα γράμματα σ' όλες τις εργασίες των μαθητών μου—: «Γιατί δεν τα κάνεις αυτά τα πράγματα *τώρα*;»

«Αν μου έμεναν μόνο πέντε μέρες ζωής, θα 'λεγα στον τάδε και στον τάδε ότι τους αγαπώ». Πες το τώρα! «Αν μου έμεναν μόνο πέντε μέρες ζωής, θα περπατούσα στην παραλία και θα κοίταζα το ηλιοβασίλεμα». *Τι περιμένεις;*

Είμαστε όμως προστατευμένοι από τη ζωή, όπως είμαστε προστατευμένοι και από το θάνατο. Οι περισσότεροι δεν ξέρουμε πώς να αντιμετωπίσουμε το θάνατο και κουβαλάμε σ' όλη μας τη ζωή αυτό το βρόχο γύρω στο λαιμό μας, πάντα έτοιμοι να κλάψουμε. Πρέπει να μάθουμε ότι ο θάνατος είναι απλώς μια άλλη όψη της ζωής. Είναι ο χωρισμός μας από το όχημα, είναι μια συνέχιση. Ο θάνατος μας διδάσκει τη *συνέχιση*.

Η μητέρα μου πέθανε πριν από δύο χρόνια και μου δίδαξε πράγματα καταπληκτικά ώς την τελευταία της στιγμή. Δεν πιστέψαμε το γιατρό, όταν μας είπε ότι είχε πέσει σε κώμα. «Μην ανησυχείτε γι' αυτήν, δεν καταλαβαίνει αν είσαστε εδώ ή όχι. Μην καθόσαστε από πάνω της, έτσι απλώς την ενοχλείτε». *Πώς το ξέρει αυτό ο γιατρός; Έχει πεθάνει ποτέ;* Έτσι κι εμείς μοιραστήκαμε σε βάρδιες περνώντας πολλές ώρες μαζί της, νύχτα και μέρα, όσο ήταν ζωντανή. Της κρατούσαμε το χέρι! Κανείς δεν πρέπει να πεθαίνει μόνος!

Εγώ είχα μια από τις νυχτερινές βάρδιες και καθόμαστε έτσι μόνοι στο δωμάτιο, η μητέρα κι εγώ. Ξαφνικά άνοιξε τα μάτια της. Είχε μεγάλα, καστανά, πανέμορφα μάτια. Ακριβώς πριν απ' αυτό σκεφτόμουνα: «Θα μου λείψει πολύ. Ήταν σπουδαία γυναίκα, διασκεδάζαμε πολύ μαζί. Πάντα είχε να μου χαρίσει γέλια και σοκολάτες. Και πάντα σε ξάφνιαζε με κάποια απρόσμενη πράξη. Θα μου λείψει και το σκόρδο της». Παρατηρήσατε ότι όλα όσα έλεγα ήταν για «μένα»; «Θα κάνω αυτό, θα *μου* λείψει εκείνο, μη *με* αφήνεις!»

Ξέρετε ποια ήταν τα τελευταία της λόγια που μου είπε εκεί; ΄Ανοιξε τα τεράστια, υπέροχα ιταλικά μάτια της και με κοίταξε έτσι, με τα δάκρυα να τρέχουν στα μάγουλά μου και μου είπε —το φανταζόσαστε!—: «Φελίτσε, τι προσπαθείς να κρατήσεις;»

Τι προσπαθούσα να κρατήσω; Βλέπετε πως ο θάνατος μπορεί να σε διδάξει; Ο θάνατος δεν είναι τρομερό πράγμα. Ο θάνατος μας διδάσκει την αξία του χρόνου. Μας βοηθάει να καταλάβουμε πόσο πολύτιμος είναι κι ότι δεν θα τον έχουμε πάντα! Ο θάνατός μας διδάσκει να κοιτάζουμε και να βλέπουμε... και ότι οι άνθρωποι που αγαπάμε δε θα είναι πάντα ίδιοι. ΄Εχουμε πάψει να κοιτάζουμε ο ένας τον άλλο! Είμαστε τόσο απασχολημένοι, που δε μας μένει καιρός να κοιτάξουμε ο ένας τον άλλο. Δε θα είσαστε για πάντα εδώ. Δε θα είσαστε ίδιοι αύριο. Πόσοι δεν έχετε παιδιά σε ηλικία γάμου και συνειδητοποιείτε ξαφνικά, όταν φεύγουν πως δεν είχατε ποτέ τον καιρό να τα δείτε να μεγαλώνουν ή ότι είσαστε τόσο πολύ απασχολημένοι με τα πράγματα που κάνατε *για* χάρη τους, που δεν είχατε τον καιρό να *τα* κοιτάξετε!

Το είπα αυτό κάποτε σε μια ομιλία και δύο κυρίες κοίταξαν η μια την άλλη με δάκρυα στα μάτια, και είπε η μία: «΄Εχω τόσον καιρό να κοιτάξω το παιδί μου, που δε θα μπορούσα να σχεδιάσω τη μορφή του». «Κι εγώ το ίδιο», είπε η άλλη. «Πάμε να φύγουμε». ΄Εφυγαν λοιπόν στη μέση της διάλεξης, γύρισαν σπίτι τους, κάπου 40 μίλια μακριά, έφτασαν μεσάνυχτα, όρμησαν μέσα στα δωμάτια των παιδιών τους και τα ξύπνησαν. Τα παιδιά είπαν, «Τι τρέχει; Τι έπαθες;» «Σιωπή», είπαν οι μητέρες. «Θέλω απλώς να σε κοιτάξω!» Θεέ μου! Μη χάσετε τέτοια ευκαιρία!

Τα πρόσωπα των ανθρώπων που αγαπάτε δε θα είναι ίδια το πρωί, ούτε και το δικό σας. Μην τα χάσετε. Τα δέντρα έξω κάνουν πράγματα συναρπαστικά. Παρακολουθήστε τα ώρα με την ώρα — είναι καθαρή μαγεία. Είπα σε κάποιον σήμερα: «Ω, τα δέντρα σου!» «Ποια δέντρα;», μου είπε αυτός. Είχαμε κάποτε ένα κυβερνήτη της Καλοφόρνιας που έλεγε: «΄Οταν έχεις δει μια σεκόγια, είναι σαν να τις έχεις δει όλες!» Θα 'θελα να τον έστελνα στο Γουϊσκόνσιν. Αν είναι δυνατόν! Πραγματικά η πιο θλιβερή φράση για μένα είναι όταν ακούω κάποιον να λέει: «Θα 'θελα να είχα κάνει αυτό». Μπορείς να το κάνεις τώρα! Κάθεται δίπλα σου; *Κοίταξέ* τον. *Κοίταξέ* την, πιάσε το χέρι της. Δε θα έχει πάντα την ίδια αφή. Τι φοβάσαι;

«Ω, Θεέ μου, να φτάνει κανείς στο σημείο του θανάτου, χωρίς να έχει ζήσει καν», είπε ο Θορώ. Ο θάνατος μας το διδάσκει αυτό. Είναι καλό να γνωρίζει κανείς το θάνατο. Στην Ασία ο θάνατος βρίσκεται στον κάθε δρόμο. Τα παιδιά μεγαλώνουν με το θάνατο. Δεν τον φοβούνται, τι να φοβηθούν; Υπάρχει μια ασφάλεια που καλύπτει τα *πάντα*, το ξέρετε αυτό; Κανείς όμως δε σας εγγυάται ότι δε θα στενοχωρηθείτε. Κανείς δε σας εγγυάται ότι δε θα πεθάνετε. Είναι το πιο αναπόφευκτο πράγμα και θα συμβεί σε όλους μας. Μας διδάσκει τι είναι η αγάπη — είναι η ανοιχτή αγκαλιά. Είναι η ελευθερία. Κρατήστε ανοιχτή την αγκαλιά σας και οι άνθρωποι θα έρχονται και θα φεύγουν — όπως γίνεται πάντα άλλωστε. Δεν ελέγχετε εσείς τα πράγματα! «Αρνούμαι να σ' αφήσω να πεθάνεις» — τι προσπαθείς να κρατήσεις; Ζήσε τη ζωή, υπόφερε, φώναξε, κλάψε. Και μετά άφησε να σε πάρει το ρεύμα.

Ένα άλλο πράγμα ουσιαστικό, είναι να ζεις τη ζωή σαν ένα θαύμα. Όλη αυτή τη μαγεία που μας περιτριγυρίζει, την αφήνουμε να χάνεται! Στην Ασία λένε πως η ζωή είναι ένα μεγάλο ποτάμι που θα κυλήσει ό,τι κι αν κάνεις ή δεν κάνεις. Μπορείς ν' αποφασίσεις να κυλήσεις μαζί με τα νερά και να ζήσεις ειρηνικά, με χαρά και αγάπη, και μπορείς ν' αποφασίσεις ν' αντισταθείς στο ρεύμα του και να ζήσεις με αγωνία και απελπισία. Ο ποταμός όμως δε νοιάζεται. Η ζωή δε νοιάζεται. Και στις δυο περιπτώσεις όλα τα ρέματα καταλήγουν στην ίδια θάλασσα. *Εσύ* θ' αποφασίσεις.

Ουσιαστικό είναι ακόμη όχι μόνο να παίρνεις από τη ζωή, αλλά να της δίνεις κι εσύ κάτι.

Έχουμε ξεχάσει την υποχρεώσή μας να δίνουμε. Δίνω χρήματα σε διάφορες φιλανθρωπικές ενώσεις, αλλά επειδή τα στέλνω σε «ξένες χώρες» δε μου εκπίπτονται από το φόρο εισοδήματος. Ο κόσμος μού λέει: «Είσαι τρελός!» Τι θλιβερό! Έχουμε πραγματικά ξεχάσει να δίνουμε. Σας δίνω αγάπη επειδή σας αγαπάω, όχι επειδή περιμένω να με αγαπήσετε. Αν δίνω περιμένοντας κάποια ανταπόδοση, σίγουρα θα γίνω δυστυχισμένος. Όταν λες καλημέρα σε κάποιον, το κάνεις επειδή θέλεις να το πεις κι όχι επειδή περιμένεις κάτι. Αν περιμένεις κάποια ανταπόδοση και δεν την πάρεις, τότε στενοχωριέσαι: «Το 'ξερα ότι δεν έπρεπε να του πω καλημέρα».

Μερικές φορές βγαίνω και λέω καλημέρα σε κάποιον κι αυτός —έχουμε φτάσει πράγματι σ' αυτό το σημείο— γυρίζει και με ρωτάει: «Γνωριζόμαστε;» «Όχι», του λέω, «αλλά δε θα ήταν ωραίο;». Καμιά φορά λένε όχι. Δικαίωμά τους. Εγώ όμως έκανα αυτό που *ήθελα*. Είπα καλημέρα. Κι αυτοί έκαναν αυτό που ήθελαν είτε ανταποδίδοντας είτε όχι.

Αν δεν προσδοκούμε τίποτε, έχουμε τα πάντα, λέει ο Βούδας. Αγάπα επειδή *θέλεις* να αγαπάς. Δίνε επειδή *θέλεις* να δίνεις. Τα λουλούδια ανθίζουν επειδή έτσι είναι η φύση τους, όχι επειδή τα θαυμάζουν οι άνθρωποι! *Ζήσε* και *αγάπα* επειδή θέλεις. Επειδή αυτή είναι η φύση σου.

Ήρθε μια κοπέλα αυτή την εβδομάδα στο γραφείο μου και κάθησε μια ώρα σχεδόν λέγοντας συνεχώς εγώ, εγώ. Μια φράση της ήταν: «Δεν *ξέρω* τι *ζητάω* από τη ζωή». Δεν άντεξα και, σαν γνήσιος εκπρόσωπος της μη-παρεμβατικής συμβουλευτικής, πάτησα τις φωνές: «Και τι στην οργή *δίνεις εσύ* στη Ζωή;» Κάθε μέρα παίρνεις από τη γη, παίρνεις από τον αέρα, παίρνεις από την ομορφιά — τι ανταποδίδεις; Ποτέ δε σκεφτόμαστε την ανταπόδοση, δεν είναι έτσι;»

Την εποχή που έγραφα ένα βιβλίο πάνω στη συμβουλευτική, πέρασα τρεις μήνες μόνος μου σε μια μικρή καμπίνα στη Βόρεια Καλιφόρνια. Κάθε μέρα ξεκινούσα μακρινούς περιπάτους κατά μήκος του ποταμού Σμιθ, ανάμεσα στις σεκόγιες και χανόμουνα για ώρες ολόκληρες. Μια μέρα βρέθηκα σε μια συστάδα από γιγάντιες σεκόγιες και παρατήρησα μια ταμπελίτσα πάνω σε μια απ' αυτές τις τεράστιες σεκόγιες, γραμμένη από κάποιο δασονόμο, που εξηγούσε τον κύκλο ζωής της σεκόγια, χωρίς ίσως να συνειδητοποιεί τι ωραίος που ήταν. Έδειχνε πως, όταν η σεκόγια ήταν τόσο μεγάλη, γεννήθηκε ο Βούδας, ότι σ' αυτό το ύψος της γεννήθηκε ο Χριστός, σ' αυτό το ύψος ο Αννίβας πέρασε τις Άλπεις και ούτω καθεξής. Στην τελευταία παράγραφο έλεγε: «Ακόμη κι' όταν πεθαίνει ένα δέντρο και ξαπλώνει πάνω στη γη, δεν τελειώνουν όλα. Οι παράγοντες αποσύνθεσης αρχίζουν την αργή διάλυση του δέντρου. Καθώς περνούν τα χρόνια, το δέντρο γίνεται ένα με το έδαφος, επιστρέφοντας όλα όσα πήρε, για να ζήσουν κι άλλα απ' αυτό». Δεν είναι φοβερό; Αμέσως σκέφτηκα ότι αυτό θα μπορούσε να ισχύει και για τον άνθρωπο. Στο τέλος τουλάχιστον δίνουμε κάτι! Τι θαυμάσιος, αέναος κύκλος! Ίσως να είχε δίκιο ο Πίο Ρόστεν όταν είπε, ότι ο σκοπός της ζωής είναι απλώς να μετρήσεις κάπου, να είσαι κάτι, να είχε κάποια σημασία το γεγονός ότι έζησες. Ίσως *αυτό* να είναι το ουσιαστικό.

Οι λέξεις είναι κάτι που με διασκεδάζει πολύ. Μ' αρέσει να παίζω με τις λέξεις. Γι' αυτό έφτιαξα έναν κατάλογο λέξεων που αποτελούν ένα είδος οδηγού προς το ουσιαστικό:

1. *Ορθή Γνώση*, για να σας δώσει τα απαραίτητα εργαλεία για το ταξίδι.
2. *Σοφία*, για να χρησιμοποιήσετε τη συσσωρευμένη γνώση του παρελθόντος με τρόπο που θα σας βοηθήσει καλύτερα να ανακαλύψετε την παρουσία σας, το «τώρα».
3. *Κατανόηση*, για να δεχόσαστε τους άλλους που έχουν ίσως διαφορετικό τρόπο από το δικό σας με λεπτότητα και κατανόηση, καθώς προχωράτε μαζί τους ή ανάμεσά τους ή γύρω τους στο δρόμο της ζωής σας.
4. *Αρμονία*, για να μπορείτε να δεχόσαστε τη φυσική ροή της ζωής.
5. *Δημιουργικότητα*, για να συνειδητοποιήσετε και να αναγνωρίσετε νέες λύσεις και άγνωστα μονοπάτια στο δρόμο σας.

6. *Δύναμη*, για να αντισταθείτε στο φόβο και να προχωρήσετε μπροστά, παρά την αβεβαιότητα, χωρίς εγγυήσεις ή πληρωμή.
7. *Γαλήνη*, για να στεκόσαστε γερά στα πόδια σας.
8. *Χαρά*, για να είσαστε πάντα γεμάτοι τραγούδια, γέλια και χορούς.
9. *Αγάπη*, ο σίγουρος οδηγός προς το υψηλότερο επίπεδο συνειδητότητας που είναι ικανός να φτάσει ο άνθρωπος.
10. *Ενότητα*, κι αυτό μας ξαναφέρνει εκεί απ' όπου ξεκινήσαμε — τη θέση όπου είμαστε ένα με τον εαυτό μας και με όλα τα άλλα πράγματα.

Έτσι η μελέτη της αγάπης με οδήγησε στη μελέτη της ζωής. Ζωή μέσα στην αγάπη σημαίνει ζωή μέσα στη ζωή και ζωή μέσα στη ζωή σημαίνει ζωή μέσα στην αγάπη.

Για μένα η ζωή είναι ένα δώρο του Θεού σε μας. Ο τρόπος που ζούμε τη ζωή μας είναι το δικό μας δώρο στο Θεό. Κάντε το δώρο αυτό *υπέροχο*.

4

Το ουσιαστικό είναι αόρατο στο μάτι

Ζήτησα ν' αφήσουν τα φώτα αναμμένα γιατί, όπως ξέρουν αυτοί που μ' έχουν ξανακούσει να μιλώ, θέλω να βλέπω τα μάτια σας και, για κάποιο λόγο, απόψε τα χρειάζομαι πιο πολύ από ποτέ. Αυτή η συνάθροιση είναι τεράστια κι αισθάνομαι μια τόσο φοβερή αίσθηση ευθύνης, που θέλω να σας δώσω όλο τον εαυτό μου.

Μ' αρέσει πάντα ν' αρχίζω λέγοντας καινούργιες ιστορίες για το όνομά μου κι αυτοί που με γνωρίζουν ξέρουν πως πάντα έχω και μια καινούργια. Αυτή τη φορά όμως είναι τόσο απίθανη, που δε θα με πιστέψει κανείς! Βρισκόμουνα για άλλη μια φορά στην Ασία. Έπρεπε ν' ανανεώσω τη βίζα μου και για να το κάνω αυτό έπρεπε να περάσω από την Ταϊλάνδη στην Καμπότζη. Ήταν λίγο αγριεμένα τα πράγματα γιατί, για κάποιο λόγο που ποτέ δεν κατάλαβα καλά, ρίχναμε βόμβες στην Καμπότζη (ξέρετε, είναι πολύ περίεργη αίσθηση να βρίσκεσαι εκεί που πέφτουν οι βόμβες!). Πάντως εγώ πέρασα τα σύνορα και ο αξιωματικός του μεθοριακού σταθμού αναστατώθηκε, γιατί συνήθως οι τουρίστες δεν πηγαίνουν σ' αυτή τη μικρή πόλη που λέγεται Πόι Πετ. Για να φτάσεις εκεί πρέπει να κάνεις μια διαδρομή έξι ωρών με το τρένο από την Μπανγκόγκ· είναι ένα μικρό χωριό ακριβώς στα σύνορα. Έδειξα το διαβατήριό μου στον αξιωματικό κι αυτός με κοίταξε σαν να ήμουνα κάποιο περίεργο ζώο, γύρισε λάθος σελίδα και με κατέγραψε σ' αυτό το πολύ επίσημο έγγραφο σαν κ. Ουλή-Πάνω-Από-Το-Αριστερό-Μάτι!

Είμαι πραγματικά πολύ τυχερός άνθρωπος, επειδή κατάφερα να επισκεφθώ τόσο πολλά μέρη στον κόσμο και έχω έρθει σε επαφή με τα πιο συναρπαστικά πράγματα. Θέλω να σας πω για ένα πράγμα που το συναντάω παντού στη χώρα μας. Είναι κάτι που φαίνεται να συμβαίνει μέσα μας, στο μυαλό μας. Διαπιστώνω ότι πάρα πολλοί από μας έχουμε απορροφηθεί από το «εξωτερικό ταξίδι». Αυτό το «εξωτερικό» ταξίδι περιλαμβάνει το να μαζεύεις πράγματα και να είσαι ο πλουσιότερος, ο μεγαλύτερος, ο καλύτερος. Τώρα έχουμε τα περισσότερα από τα πράγματα που είναι απαραίτητα για τις «ανέσεις» μας και δε μας έχουν πάει και πολύ μακριά. Βασικά εξακολουθούμε να υποφέρουμε από μοναξιά, πολλοί νιώθουμε χαμένοι και οι περισσότεροι είμαστε μπερδεμένοι.

Φαίνεται να έχει ξεκινήσει τώρα μια τάση να στραφούμε προς μια άλλη κατεύθυνση, προς το *εσωτερικό* ταξίδι. Κι αυτό με ενθουσιάζει πραγματικά γιατί, έχοντας δουλέψει όλη μου τη ζωή με τα παιδιά, συνειδητοποιώ ότι το μοναδικό πράγμα αξίας που μπορούμε να τους δώσουμε είναι αυτό που *είμαστε* και όχι αυτό που έχουμε. Πολύ συχνά δίνουμε μόνο τα εξωτερικά πράγματα. Έχουμε όμως διδαχτεί από τη σοφία μας, καθώς γερνάμε, πως δεν είναι αυτά τα πιο σημαντικά πράγματα. Απέναντι στα παιδιά το πιο ουσιαστικό πράγμα που έχουμε να τους δώσουμε, είναι *αυτό που είμαστε*. Χαίρομαι πάρα πολύ, όταν βλέπω τον κόσμο να ενδιαφέρεται πραγματικά να μάθει τι είναι αυτό. Γι' αυτό το λόγο, όταν μου ζήτησαν να μιλήσω απόψε, αποφάσισα ότι θα μου άρεσε να μιλήσω γύρω από το θέμα «Το ουσιαστικό είναι αόρατο στο μάτι».

Είδα πολλά μάτια ν' αστράφτουν όταν ανέφερα την πρόταση, γιατί την αναγνωρίσατε. Είναι από το όμορφο βιβλίο του Σαιντ Εξυπερύ «Ο μικρός πρίγκιπας». Η ιστορία αναφέρεται σ' ένα μικρό αγόρι που ζει σ' ένα αστέρι. Πάνω στο άστρο αυτό δεν υπάρχει τίποτε και κανένας άλλος εκτός από ένα μεγάλο δέντρο μποαμπάμπ και δυο ηφαίστεια. Το αγόρι είναι ένα πολύ λεπτό, ευαίσθητο και καταπληκτικό παιδί. Παραδείγματος χάρη αγαπάει τα ηλιοβασιλέματα, γιατί είναι όμορφα και λίγο λυπητερά. Επειδή ο πλανήτης του είναι πολύ μικρός, φτάνει να μετακινήσει την καρέκλα του για να δει ένα άλλο ηλιοβασίλεμα, έτσι μπορεί να δει μέχρι και σαράντα τέσσερα ηλιοβασιλέματα τη μέρα. Θεαματικά πράγματα!

Μια μέρα φτάνει στον πλανήτη ένας σπόρος και το παιδί τον

παρατηρεί να μεγαλώνει και να γίνεται τριαντάφυλλο. Παρακολουθεί με πάθος την άνθησή του, μέχρι που γίνεται ένα υπέροχο λουλούδι. Είναι η πρώτη φορά που βλέπει τριαντάφυλλο, μα το λουλούδι, εκτός από όμορφο, γίνεται και πολύ ματαιόδοξο (όπως συμβαίνει συχνά με τα όμορφα πράγματα). Έτσι όλο καμαρώνεται και λέει, «Προστάτεψέ με από τον ήλιο», «Προστάτεψέ με από τον άνεμο» και τον τρελαίνει κυριολεκτικά, μέχρι που το αγόρι συμπεραίνει ότι δεν καταλαβαίνει καθόλου το λουλούδι του. Φεύγει λοιπόν και πετάει σε άλλους πλανήτες για ν' αποχτήσει σοφία μαθαίνοντας για την αγάπη, τη ζωή και τους ανθρώπους. Συναντάει πολλά περίεργα πράγματα.

Στη γη συναντάει, ανάμεσα στα άλλα, ένα πολύ σοφό υποκείμενο, μια αλεπού, και η μικρή αλεπού λέει στο μικρό πρίγκιπα: «Εξημέρωσέ με». Ο μικρός πρίγκιπας της λέει: «Δεν ξέρω τι σημαίνει αυτό. Πες μου, τι σημαίνει ''εξημερώνομαι;''» Η αλεπού τότε του λέει πώς να κάνει σχέσεις με τους ανθρώπους, πώς να τους γνωρίζει, πώς να τους νοιάζεται. Είναι ένα μεγάλο κεφάλαιο σοφίας και θα 'θελα να 'χαμε καιρό να το δούμε μαζί, μπορείτε όμως να το διαβάσετε μόνοι σας. Ο μικρός πρίγκιπας λέει: «Αν σε εξημερώσω, να θυμάσαι πως δεν μπορώ να μείνω μαζί σου πολύν καιρό. Πρέπει να φύγω». Και η αλεπού απαντάει: «Όταν φύγεις, θα στενοχωρηθώ πάρα πολύ και θα κλάψω». Τότε ο πρίγκιπας τη ρωτάει: «Μα γιατί λοιπόν θέλεις να σε εξημερώσω, αφού αυτό θα σε κάνει να υποφέρεις;» Και η αλεπού του απαντάει: «Είναι επειδή έχουν τέτοιο χρώμα τα σταροχώραφα». Ο πρίγκιπας της λέει: «Δεν καταλαβαίνω».

> ...Δεν τρώγω ψωμί. Το σιτάρι δε μου χρειάζεται σε τίποτε. Τα σταροχώραφα δεν έχουν να μου πουν τίποτε. Κι αυτό είναι θλιβερό. Εσύ όμως έχεις μαλλιά με ολόχρυσο χρώμα. Σκέψου τι θαυμάσια που θα είναι, όταν θα με εξημερώσεις! Το σιτάρι, που είναι κι αυτό χρυσό, θα μου φέρνει πίσω τη δική σου σκέψη. Και θα κάθομαι ν' ακούω τον άνεμο μέσα στα σταροχώραφα...

Έτσι λοιπόν ξεκίνησαν το τελετουργικό της εξημέρωσης που

είναι το όμορφο τελετουργικό του ανοίγματος στον άλλο. Θα 'θελα να σας διαβάσω ένα μικρό κομμάτι με το τι λέει η αλεπού στο μικρό πρίγκιπα, όταν πια είναι φίλοι από πολύν καιρό και τώρα πρέπει να φύγει...

Έτσι ο μικρός πρίγκιπας εξημέρωσε την αλεπού. Κι όταν έφτασε η ώρα για την αναχώρησή του —

«Α», είπε η αλεπού, «τώρα θα κλάψω».

«Εσύ φταις», είπε ο μικρός πρίγκιπας. «Ποτέ δε θέλησα να σε πληγώσω. Εσύ ήθελες να σ' εξημερώσω...»

«Ναι, έτσι είναι», είπε η αλεπού.

«Τώρα όμως θα κλάψεις!», είπε ο μικρός πρίγκιπας.

«Ναι, έτσι είναι», είπε η αλεπού.

«Τότε δε σου έκανε κανένα καλό!»

«Μου έκανε καλό», είπε η αλεπού, «εξαιτίας του χρώματος των σταροχώραφων».

Και μετά πρόσθεσε:

«Πήγαινε και ξανακοίταξε τα τριαντάφυλλα. Θα καταλάβεις τώρα ότι το δικό σου είναι μοναδικό στον κόσμο. Μετά έλα ξανά να μ' αποχαιρετήσεις και θα σου χαρίσω ένα μυστικό».

Ο μικρός πρίγκιπας έφυγε για να ξανακοιτάξει τα τριαντάφυλλα.

«Δεν είσαστε ίδια με το δικό μου τριαντάφυλλο», είπε. «Δεν είσαστε ακόμη τίποτε. Κανείς δε σας έχει εξημερώσει και δεν εξημερώσατε κανένα. Είσαστε σαν την αλεπού μου, όταν την πρωτοσυνάντησα. Ήταν μόνο μια αλεπού ανάμεσα σε χιλιάδες άλλες. Τώρα όμως την έκανα φίλη μου και είναι μοναδική σ' ολόκληρο τον κόσμο».

Και τα τριαντάφυλλα δεν ήξεραν τι να πουν.

«Είσαστε όμορφα, αλλά είσαστε άδεια», συνέχισε ο πρίγκιπας. «Δε θα μπορούσε κανείς να πεθάνει για σας. Βέβαια ένας συνηθισμένος περαστικός θα μπορούσε να πει, ότι το τριαντάφυλλό μου είναι ίδιο ακριβώς μ' εσάς — το τριαντάφυλλο που ανήκει σε μένα. Όμως το δικό μου είναι από μόνο του πιο σημαντικό από όλες τις εκατοντάδες των άλλων τριαντάφυλλων. Γιατί εγώ αυτό πότισα, αυτό έβαλα κάτω από τη γυάλα, αυτό προστάτεψα με το παραβάν, γι' αυτό σκότωσα τις κάμπιες (εκτός από μια δυο που τις κρατήσαμε για να γίνουν πεταλούδες). Γιατί εγώ αυτό το τριαντάφυλλο άκουσα όταν γκρίνιαζε ή καυχιόταν, ή ακόμη κι όταν δεν έλεγε τίποτε. Γιατί είναι το *δικό μου* τριαντάφυλλο».

Και γύρισε πάλι να δει την αλεπού.

«Αντίο», της είπε.

«Αντίο», είπε η αλεπού. «Και τώρα θα σου πω το μυστικό μου, ένα πολύ απλό μυστικό. Μόνο με την καρδιά μπορεί κανείς να δει σωστά. Το ουσιαστικό είναι αόρατο στο μάτι».

«Το ουσιαστικό είναι αόρατο στο μάτι», επανέλαβε ο μικρός πρίγκιπας για να μην το ξεχάσει.

«Το ουσιαστικό είναι αόρατο στο μάτι...».

Πριν από πολλά χρόνια ταξίδεψα στην Κορνουάλη κι εκεί αγόρασα όσα ιερά βιβλία βρήκα και μπορούσα να κουβαλήσω μαζί μου. Πέρασα διάφορους μήνες διαβάζοντάς τα και προσπαθώντας να βρω κοινά σημεία· και να ποιο το κοινό σημείο όλων: αν κοιτάς μόνο το εξωτερικό της ζωής και του ανθρώπου, χάνεις την ουσία. Εδώ θέλω και πάλι να καθορίσω: όταν μιλάω για δασκάλους, δεν μιλάω απλώς για κάποιον που διαθέτει ένα δίπλωμα αποδεικνύοντας έτσι ότι παρακολούθησε αρκετά βαρετά μαθήματα. Μιλάω για τους γονείς, για τους κηδεμόνες, για τον άνθρωπο που πουλάει παγωτά στη γωνία. Όλοι διδάσκουμε συνεχώς και κατά συνέπεια πρέπει σαν δάσκαλοι να γνωρίζουμε ποιο είναι το ουσιαστικό, γιατί, μόνο όταν γνωρίζουμε συλλογικά την ουσία, μπορούμε να ξέρουμε τι είναι δυνατό. Και το καταπληκτικό είναι πως η ουσία είναι κάτι απέραντο και θαυμαστό, ενώ τα ορατά είναι τόσο περιορισμένα και τόσο μικρά.

Ένα από τα ινδάλματά μου είναι ο Μπακμίνστερ Φούλερ κι

αυτός ο μικρόσωμος γέρος είχε πρόσφατα έρθει στο Πανεπιστήμιό μας. Εντυπωσιακός άνθρωπος! Φοράει μεγάλους, χοντρούς φακούς και ένα ακουστικό πίσω από το κάθε αυτί, είναι όμως τόσο ζωντανός, που μ' ένα κομμάτι κιμωλία κι ένα πίνακα μπορεί να κρατήσει το ακροατήριό του μαγεμένο για τρεις ολόκληρες ώρες. Αναρωτιόσαστε πώς τα καταφέρνει. Τώρα τελευταία έθεσε κι αυτός το ερώτημα που έχει απασχολήσει τόσο πολλούς μεγάλους άντρες: τι είναι το ουσιαστικό στον άνθρωπο; Είναι άραγε το σώμα μας; Το μυαλό μας; Τα χέρια; Τα πόδια μας; Τα δάχτυλά μας; Τι είναι το πραγματικά ουσιαστικό; Ποιος είμαι εγώ; Ποιο είναι το «Εγώ του Εγώ»;

Έγραψε ένα καταπληκτικό άρθρο που δημοσιεύτηκε στο Saturday Review/World. Πολύ χαρακτηριστική πράξη για τον Μπακμίνστερ Φούλερ, που ακόμα και στα εβδομήντα οχτώ του χρόνια ενδιαφέρεται τόσο ζωηρά για τις αιτίες που κάνουν τον άνθρωπο μοναδικό και θαυμαστό. Αναρωτιέται γιατί είμαστε όλοι μας τόσο μαγικοί, γιατί, μόλις αρχίζουμε να γνωρίζουμε τον άνθρωπο, δεν μπορούμε να κάνουμε αλλιώς παρά να τον αγαπήσουμε επειδή είναι τόσο μοναδικός και τόσο διαφορετικός. Αν αρνηθείς έστω και σ' έναν άνθρωπο να μπει στη ζωή σου, δε θα πάρεις τη μοναδικότητά του από κανέναν άλλο. Εγώ, για παράδειγμα, σας θέλω στη ζωή μου, γιατί χωρίς εσάς η ζωή μου δε θα ήταν ποτέ πλήρης. Μόνο όμως όταν βρείτε τον πυρήνα του «εγώ» σας θα έχετε κάτι να μου δώσετε, όπως κι εγώ πρέπει να βρω τον πυρήνα του δικού μου «εγώ». Γιατί διαβάζω; Γιατί ταξιδεύω; Γιατί ακούω; Γιατί ενδιαφέρομαι. Για να παίρνω όσο γίνεται περισσότερα και να τα μοιράζομαι μαζί σας — ο μόνος λόγος να τα έχω.

Στο άρθρο αυτό ο Μπακμίνστερ Φούλερ, με μάτια που σπιθίζουν πάντα (εβδομήντα οχτώ χρόνια με μάτια που σπιθίζουν, τι καταπληκτικό πράγμα!), έγραψε κάτι με το δικό του χιουμοριστικό τρόπο. Έγραψε:

> Είμαι εβδομήντα οχτώ χρόνων και διαπιστώνω ότι στα χρόνια αυτά έχω καταναλώσει πάνω από 1.000 τόννους νερού, τροφής και αέρα, η χημική σύσταση των οποίων χρησιμοποι-

> ήθηκε προσωρινά και επί διαφορετικά διαστήματα για να δημιουργηθούν μαλλιά, δέρμα, σάρκα, οστά, αίμα κλπ., πριν να αποβληθεί προοδευτικά από τον οργανισμό. Ξεκίνησα με 4 κιλά, μετά προχώρησα στα 35, μετά στα 85, κάποτε έφτασα και στα 104 κιλά. Μετά έχασα 35 κιλά και αναρωτήθηκα: «Ποιος ήταν αυτά τα κιλά; — γιατί εγώ υπάρχω ακόμη εδώ. Τα 35 κιλά που ξεφορτώθηκα, ήταν δέκα φορές το βάρος σε σάρκα και οστά που είχα όταν γεννήθηκα, το 1895.
>
> Είμαι σίγουρος πως δεν είμαι το βάρος των τελευταίων γευμάτων που έχω φάει, μερικά από τα οποία θα γίνουν τα μαλλιά μου που θα κοπούν δυο φορές το μήνα. Αυτά τα χαμένα κιλά οργανικών χημικών ουσιών σίγουρα δεν ήταν «εγώ», ούτε είναι «εγώ» τα υπόλοιπα ακόμα που παραμένουν συνδεδεμένα φτιάχνοντας το σώμα μου. Κάνουμε ένα μεγάλο λάθος ταυτίζοντας το «εγώ» και το «εσύ» με αυτή την εφήμερη και επομένως αισθητηριακά εντοπιζόμενη χημεία... Πολλές φορές έχουν ζυγίσει ανθρώπους στη διαδικασία του θανάτου. Μερικοί καταδικασμένοι από τον καρκίνο άποροι δέχτηκαν να βάλουν τα κρεβάτια τους πάνω σε ζυγαριά. Η μόνη φανερή διαφορά βάρους πριν και μετά το θάνατο είναι αυτή που οφείλεται στον αέρα που εκπνέεται ή στα ούρα που διαφεύγουν. Η ζωή, ό,τι κι αν είναι, δε ζυγίζει τίποτε.

Συνέχισε μετά μιλώντας για το μυαλό μας. Είπε πως οι ιδέες μας συνεχώς αλλάζουν. Το μυαλό του παιδιού δεν είναι ίδιο με το μυαλό των ενήλικων. Το μυαλό που έχετε απόψε δεν είναι αυτό που θα έχετε την επόμενη ή τη μεθεπόμενη εβδομάδα. Είναι λοιπόν φανερό πως το ουσιαστικό δεν μπορεί να είναι το μεταβαλλόμενο μυαλό σας. Ποιο είναι το «εγώ του εγώ» σας; Ποιο είναι αυτό το θαυμαστό, νεφελώδες πράγμα που το ονομάζει αιώνιο;

Το άρθρο του τελειώνει ως εξής:

> ...η ανθρωπότητα έχει μια ουσιαστική λειτουργία μέσα στο σύμπαν — στις μακρό-μικρό κλίμακες του μεγάλου σχεδιασμένου σεναρίου και της πραγμάτωσής του μέσα στο χρόνο.

> Ανατέλλει μέσα μας η διαισθητική αντίληψη της ακεραιότητας και της αθανασίας του ατόμου. Η συνειδητότητα είναι περιορισμένη, αλλά η γνώση είναι αιώνια. Ο εγκέφαλος είναι προσωρινός, ο νους αιώνιος. Η συνείδηση, η αντίληψη είναι πράγματα του καιρού και τελειώνουν κάποτε. Η κατανόηση και η γνώση είναι αιώνιες. Τα μικρά παιδιά το γνωρίζουν αυτό διαισθητικά.

Όλοι εμείς που δουλεύουμε με τα παιδιά, θα πρέπει να είμαστε διατεθειμένοι και αποφασισμένοι όχι μόνο να βρούμε μέσα μας το «Εγώ του Εγώ», ώστε να το μοιραστούμε με τα παιδιά αυτά, αλλά και να τα βοηθήσουμε, να τα ελευθερώσουμε, ώστε να βρουν μέσα τους το «Εγώ του Εγώ», να το αναπτύξουν, να συνεπαρθούν από τη μαγεία του και να το μοιραστούν με άλλους.

Μόνον όταν έχεις γνωρίσει από κοντά αυτό που είναι ουσιαστικό μέσα σε σένα, θα μπορείς να αποφασίσεις τι είναι ουσιαστικό για τα παιδιά σου. Και είναι δυστυχώς αλήθεια ότι εμείς οι επαγγελματίες έχουμε συχνά την τάση να βλέπουμε στα παιδιά μόνο τα κομμάτια τους που εκδηλώνονται εξωτερικά. Έχουμε την τάση να τα κομματιάζουμε. Το ίδιο κάνουμε και μεταξύ μας, αντί να βλέπουμε τον άλλο ολόκληρο, βλέπουμε μόνο κομμάτια του.

Πάντα με ενδιαφέρει ο τρόπος που κοιτάζουμε τα παιδιά. Βρίσκομαι σε εκπαιδευτικό περιβάλλον από τότε που θυμάμαι τον εαυτό μου και έχω δει τα εξής: ο γλωσσοπαθολόγος βλέπει το παιδί σαν τραύλισμα ή ψεύδισμα ή γενικά πρόβλημα στην ομιλία. Ο απασχολησιοθεραπευτής το βλέπει σαν κινητικό πρόβλημα. Ο σχολικός ψυχολόγος το βλέπει σαν πρόβλημα μάθησης και προσαρμογής. Ο φυσιοθεραπευτής το βλέπει σαν μυϊκό πρόβλημα. Ο νευρολόγος σαν διαταραχή του κεντρικού νευρικού συστήματος. Ο συμπεριφορικός ψυχολόγος σαν συμπεριφορική αντίδραση. Ο σύμβουλος ανάγνωσης σαν αντιληπτικό πρόβλημα. Ο διευθυντής του σχολείου το βλέπει σαν οργανωτικό πρόβλημα. Και ο δάσκαλος σαν ένα αίνιγμα και συχνά σαν ένα μπελά! Μένει βέβαια η μαμά κι ο μπαμπάς που προσπαθούν να το δουν σαν ενοποιημένο σύνολο, αλλά γρήγορα τους πείθουμε πως δεν είναι έτσι τα πράγματα. Έτσι χάνουν από τα μάτια τους το δυνητικό συνολικό θαύμα του και το παιδί γίνεται, ακόμη και γι' αυτούς, «προβληματικό». Για μένα αυτό σημαίνει να μην ξέρεις να δεις το ουσιαστικό.

Όλοι αυτοί οι άνθρωποι χρησιμοποιούν μόνο τα μάτια τους για να δουν το ουσιαστικό. Το μάτι όμως είναι πράγματι το πιο ανακριβές, το πιο αναξιόπιστο και το πιο μεροληπτικό όργανο που διαθέτει το σώμα μας. Κοιτάζουν λοιπόν το παιδί και δεν το βλέπουν. Ίσως είναι πραγματικά όλα αυτά τα πράγματα που βλέπουν, αλλά είναι και πολύ περισσότερα! Αυτό που είναι πραγματικά ουσιαστικό στο παιδί, είναι αόρατο στο μάτι!

Αν δεν προσέξουμε, θα καταλήξουμε να κάνουμε αυτό που είπε ο Μάσλοβ, μια καταπληκτική κουβέντα: «Αν το μοναδικό εργαλείο που έχεις είναι ένα σφυρί, καταλήγεις να αντιμετωπίζεις τα πάντα σαν να ήταν καρφιά». Γι' αυτό, αν θέλουμε να δούμε το παιδί, θα πρέπει να το δούμε σαν τα πολλά πράγματα που είναι — ορατά και αόρατα— και χρειαζόμαστε ένα μεγάλο αριθμό εργαλείων για να το πετύχουμε. Γι' αυτό είναι τόσο συναρπαστικό, ενδιαφέρον, *μαγικό* να δουλεύεις με ανθρώπινα πλάσματα, σε σύγκριση με τα μηχανήματα.

Ποιοι είναι οι παράγοντες που μας εμποδίζουν να δούμε το ουσιαστικό; Πρώτα απ' όλα, νομίζω, η εκπαίδευσή μας — τα πράγματα που έχουμε μάθει, η γλώσσα, η αντίληψή μας, ό,τι έχει προετοιμάσει για μας το κεντρικό νευρικό μας σύστημα. Το στερεοτυπημένο μυαλό μας. Τελευταία διάβασα μια ενδιαφέρουσα σειρά βιβλίων πάνω στην αντίληψη και συνειδητοποίησα μια αλήθεια που σίγουρα είναι ήδη γραμμένη και γνωστή, ότι ο βασικός σκοπός του κεντρικού νευρικού συστήματος δεν είναι η *προσαγωγή* πραγμάτων, όπως είχαμε διδαχτεί, αλλά το *φιλτράρισμα*. Αυτό ονομάζεται *επιλεκτική αντίληψη*. Γι' αυτό το λόγο βλέπουμε ένα πολύ μικρό αριθμό πραγμάτων από τον περίγυρό μας. Φυσικά μας είναι απαραίτητο να φιλτράρουμε τα άσχετα ερεθίσματα, προκειμένου να συγκεντρώσουμε την προσοχή μας. Αυτή τη στιγμή γίνονται χίλια δυο πράγματα μέσα στο δωμάτιο. Εσείς μπορείτε να διαλέξετε εθελοντικά να εστιάσετε την προσοχή σας πάνω μου. Αυτό είναι πολύ ευγενικό εκ μέρους σας, γιατί είναι απαραίτητο να βρισκόμαστε σε κάποια επικοινωνία. Έτσι δεν ακούτε το βήξιμο των άλλων, δεν ακούτε αυτούς που μπαίνουν ούτε το στομάχι του διπλανού σας που γουργουρίζει και του λέει: «Πεινάω. Ακόμα να τελειώσει;» Όλα αυτά τα πράγματα δεν τα ακούτε, επειδή επιλέγετε θεληματικά να εστιαστείτε πάνω μου αποκλείοντας όλα τα άλλα. Αν δεν το κάνατε αυτό, θα μπορούσατε να ονειροπολείτε, να σκεφτόσαστε το σπίτι και τους αγαπημένους σας ή ο,τιδήποτε άλλο. Πρόσφατες μελέτες στα LSD έδειξαν ότι πολλοί άνθρωποι παίρνουν το LSD, χωρίς να έχουν ιδέα για το κακό που μπορεί να πάθουν και χωρίς να είναι προετοιμασμένοι για το είδος της εμπειρίας που ανοίγει όλες τις αισθήσεις και αφήνει να μπαίνουν όλα μαζί. Έτσι πολλοί κατέληξαν σε ψυχιατρεία. Το κεντρικό νευρικό μας σύστημα όμως, όπως το έχουμε εκπαιδεύσει, βρίσκεται στη θέση του για να φιλτράρει, να αποκλείει. Γι' αυτό και η μάθησή μας είναι πράγματι πολύ περιορισμένη.

Ανάμεσα σε σας και σε μένα συμβαίνουν αυτή τη στιγμή πολύ περισσότερα πράγματα από τους κραδασμούς που προκαλούν στον αέρα τα τρελά μου λόγια. Είμαι σίγουρος ότι θα 'ρθει κάποια μέρα που πολλοί από μας θα έχουμε γίνει τόσο ευαίσθητοι στους κραδασμούς, που θα μπορώ εγώ ή ένας άλλος ομιλητής να στεκόμαστε εδώ και να στέλνουμε κραδασμούς που θα κουνάνε τις καρέκλες σας! Τότε δε θα χρειάζονται πια λόγια και θα 'ναι σπουδαία μέρα. Όπως ξέρετε, ένας από τους μεγαλύτερους μπελάδες που μας κυνηγάνε σ' αυτό τον κόσμο, είναι το πρόβλημα των λέξεων. Απορώ που καταφέρνουμε κάπως να επικοινωνούμε. Αν χρησιμοποιήσω τη λέξη «αγάπη» και σας ζητήσω να την ορίσετε, θα βρούμε πολύ διαφορετικούς ορισμούς. Το ίδιο συμβαίνει με τη λέξη «σπίτι», «ενδιαφέρον», «φόβος», «θαύμα». Έτσι λοιπόν το μυαλό μας είναι πολύ περιορισμένο και γίνεται απλώς ο υποδοχέας της προφιλτραρισμένης εμπειρίας.

Πιστεύουμε ειλικρινά ότι αυτό που αντιλαμβανόμαστε σαν πραγματικότητα είναι το μόνο που υπάρχει. Πού να ξέρατε ότι, σ' όποιο σημείο και να βρίσκεστε, είσαστε ακόμη στην αρχή! Τώρα αρχίζετε να γνωρίζετε το σύμπαν και τον εαυτό σας. Λαβαίνοντας μέρος σε μικρές ομάδες ευαισθητοποίησης μπορεί να ανακαλύψετε μέσα σε λίγα λεπτά, ότι διαθέτετε συναισθήματα που δεν τα φανταζόσαστε ποτέ· ικανότητες να αισθανθείτε, να μυρίσετε, να γευθείτε, θαυμάσια πράγματα που ήταν πάντα εκεί, μα δεν τα είχατε ανακαλύψει. Πρέπει ωστόσο να αναπτυχθούν. Δεν είναι τίποτε μαγικό. Πρέπει να το *μάθετε*, πρέπει να τα *καλλιεργήσετε*. Όμως μέσα στον αμαθή και περιορισμένο κόσμο μας πιστεύουμε ότι δεν υπάρχει τίποτε άλλο.

Δεν είχα καταλάβει ότι το καλύτερο μάθημα πάνω στην αντίληψη το πήρα από τον πατέρα μου. Πάντα αναφέρω τον πατέρα μου γιατί ήταν καταπληκτικός άνθρωπος. Μας έμαθε, σε μας τα παιδιά, πώς ν' απολαμβάνουμε το κρασί — δεν είναι σπουδαίο αυτό; Πάντα διασκεδάζω όταν καθόμαστε σ' ένα εστιατόριο, ιδιαίτερα στην Αμερική, κι έρχεται το γκαρσόνι και ρωτάει: «Θα θέλατε να δοκιμάσετε το κρασί, παρακαλώ;» Ύστερα από μια στιγμή αμηχανίας απαντάμε, «Ευχαριστώ». Το γκαρσόνι βάζει λοιπόν λίγο κρασί στο ποτήρι, εμείς το παίρνουμε, πίνουμε μια γουλιά και το ξαναβάζουμε κάτω, λέγοντας «Έξοχο! »Θα μπορούσε να 'ταν και ξίδι!

Ο πατέρας έλεγε: «Το κρασί είναι μια τελετουργία — ένα μυστήριο σχεδόν». Το κρασί απευθύνεται σε όλες τις αισθήσεις μας. Πρώτα σήκωσέ το στο φως. Κοίταξε το χρώμα. Το κάθε είδος κρασιού έχει διαφορετικό χρώμα. Κάνε το γκαρσόνι να τα χάσει! Πες, «Κοίταξε το χρώμα — δεν είναι ωραίο» και δείξ' το στους άλλους. Τα γκαρσόνια έχουν τόσο πολύ συνηθίσει να το πίνουμε αμέσως, που δεν περιμένουν καν πριν να το βάλουν στα ποτήρια. Έχουν ήδη τελειώσει το μισό τραπέζι πριν ν' απαντήσεις. Μετά είναι το άρωμα — αχ, Θεέ μου, τι υπέροχη μυρωδιά! Όταν το κουνήσεις λίγο και το φέρεις κοντά στη μύτη σου, θα νιώσεις το εξαίσιο άρωμα των σταφυλιών. Μετά —αφού το κούνησες, το κοίταξες, το μύρισες— μετά έρχεται η στιγμή να το βάλεις στη γλώσσα σου, στην άκρη μόλις, γιατί η γλώσσα είναι ευαίσθητη κι έχει κάτι να σου πει — και μετά καθώς προχωρεί πιο μέσα σου λέει άλλα πράγματα — το μήνυμα αλλάζει. Αρχίζεις με τη γλώσσα. Μετά το φέρνεις ένα γύρο μέσα στο στόμα σου. Μόνο τότε θα μπορείς να πεις, αν το κρασί είναι καλό ή όχι. Είναι μια τόσο απίστευτα πολύπλευρη εμπειρία.

Θεωρούμε και το «εγώ» μας σαν κάτι ουσιαστικό, τον εαυτό που κατασκευάσαμε. Θα σας πω όμως μια αλήθεια, δεν τον κατασκευάσατε *εσείς* αυτό τον εαυτό. Άλλοι τον έφτιαξαν. Οι άλλοι σας είπαν ποιος πρέπει να είστε και ποιος όχι, πώς πρέπει να κινείστε, να μυρίζετε και να κάνετε τα περισσότερα πράγματα που κάνετε. Τι θαυμάσιο θα ήταν να υποχωρήσουμε και να κάνουμε αυτό που λένε οι Ασιάτες, «Άφησε το «εγώ» σου πάνω στο τραπέζι». Βγες από τον εαυτό σου και άφησέ τον εκεί. Πες του, «Περίμενέ με εδώ». Μόνο μ' αυτό τον τρόπο θα μπουν μέσα σου τα νέα μηνύματα. Ο εαυτός κατασκευάζει τεράστια τείχη γύρω του για «αυτο»προστασία. Αυτά τα τείχη τα ονομάζει πραγματικότητα. Ο,τιδήποτε δεν ταιριάζει μ' αυτό που ο περιτειχισμένος εαυτός θεωρεί πραγματικό, δεν αφήνεται να περάσει από το τείχος· έτσι, όταν πια φτάνει μέσα η νέα αντίληψη, έχει γίνει αυτό που ήθελε από την αρχή. Έτσι οι περισσότεροι από μας περνάμε τη ζωή μας βλέποντας μόνον ό,τι *θέλουμε* να δούμε, ακούγοντας μόνον ό,τι *θέλουμε* να ακούσουμε, μυρίζοντας ό,τι *θέλουμε* να μυρίσουμε, ενώ όλα τα υπόλοιπα παραμένουν απολύτως αόρατα. Όλα τα πράγματα βρίσκονται εδώ. Για να τα δούμε, το μόνο που χρειάζεται είναι να τα αφήσουμε να μπουν, να τα αγγίξουμε, να τα γευτούμε, να τα δαγκώσουμε, να τα αγκαλιάσουμε (το πιο ευχάριστο), να τα ζήσουμε όπως *είναι* — όχι όπως *είμαστε εμείς*.

Ουσιαστικούς θεωρούμε και τους εθισμούς μας. Μιλάω για «εθισμούς», γιατί νομίζω ότι είμαστε κυριολεκτικά εθισμένοι σε αλλόκοτες ιδέες και δεν ξέρουμε πώς να τις ξεφορτωθούμε. Έχουμε ένα σωρό περίεργες αντιλήψεις. Καθόμουνα μόνος μου μια μέρα σε μια αμμουδιά κοντά στη Λα Παζ και σημείωσα σ' ένα χαρτί διάφορους αυτομειωτικούς εθισμούς. Είμαι κι εγώ άνθρωπος και κατά συνέπεια εθισμένος. Απέχω πολύ από το τέλειο. Συχνά κλαίω. Νιώθω μοναξιά. Με τρομάζει το γεγονός ότι έρχονται άνθρωποι να με ακούσουν. Μου κάνει εντύπωση πάντα. Μου είπαν ότι κάποιος, που θα ερχόταν από το Νιου Τζέρσεϋ, τηλεφώνησε και ρώτησε: «Ο Λέο θα έρθει; Γιατί, αν δεν έρθει, δεν έρχομαι ούτε εγώ». Θεέ και Κύριε — τι ευθύνη! Τι έχω να πω; Φαντάζομαι ότι γι' αυτό ξανάγραψα αυτό το λόγο δεκαεφτά φορές!

Όταν ήμουνα σ' αυτή την παραλία, σημείωσα εβδομήντα τρεις αυτομειωτικούς εθισμούς. Τους ονομάζω σύμφωνα με την έκφραση του Πωλ Ρεπς «ο εξοπλισμός του αντι-εαυτού». Ωραίο δεν είναι; Ο «αυτομειωτικός εαυτός» είναι αυτές οι παράλογες ιδέες που μας δίδαξαν και τις πιστεύουμε, και μετά προσπαθούμε στη διάρκεια της ζωής μας να ανοιχτούμε σε καινούργια πράγματα, μα αυτές οι ιδέες δεν αφήνουν τα πράγματα αυτά να περάσουν.

Τέλος το χειρότερο απ' όλα όσα μας εμποδίζουν να δούμε την ουσία είναι η *απάθεια*. «Δε μου καίγεται καρφί». «Πολύ καλά είμαι κι έτσι». «Ποιος θέλει να νιώσει κραδασμούς;». Άσ' τον Μπουσκάλια να τους νιώθει μόνος του!». «Τι σε νοιάζει;» «Ένα λουλούδι, είναι ένα λουλούδι, είναι ένα λουλούδι». «Ένα δέντρο είναι ένα δέντρο». «Ποιος έχει κέφια να δει σαράντα τέσσερα ηλιοβασιλέματα;» Όπως είπα και στο βιβλίο μου *Η αγάπη*, το αντίθετο της αγάπης δεν είναι το μίσος, αλλά η απάθεια. Θα κάνω τα πάντα —και εννοώ πραγματικά *τα πάντα*— για να ξυπνήσω τους ανθρώπους από την απάθεια, γιατί είναι χειρότερη κι από το θάνατο. Το μίσος μπορώ να το αντιμετωπίσω, το ίδιο και το θυμό, την απελπισία, μπορώ ν' αντιμετωπίσω οποιονδήποτε άνθρωπο αισθάνεται κάτι, αλλά το *τίποτε* δεν μπορώ να το αντιμετωπίσω. Έλαβα τις προάλλες ένα γράμμα που μ' έκανε λειώμα. Έλεγε: «Άκουσα μια κασέτα σου, εκεί που αναφερόσουνα στα λόγια του Φώκνερ από τις *Αγριοφοινικιές*. Έλεγες: «Αν είχα να διαλέξω ανάμεσα στον πόνο και στο τίποτα, θα διάλεγα τον πόνο». Και συνέχιζε το γράμμα: «Αυτό μου φαίνεται εξωφρενικό. Εγώ θα διάλεγα το τίποτε χωρίς κανένα δισταγμό».

Ο Ρ. Ντ. Λαινγκ, ο ψυχίατρος που μ' έχετε ακούσει να αναφέρω συχνά, είπε: «Από τη στιγμή της γέννησης είμαστε προγραμματισμένοι να γίνουμε άνθρωποι, πάντοτε όμως αυτό καθορίζεται από την κουλτούρα και τους γονείς μας και τους εκπαιδευτές μας». Το φριχτό είναι ότι κολλάμε πάνω σ' αυτή τη μάθηση κι αρχίζουμε να την ταυτίζουμε με *μας* τους ίδιους. Υπάρχουμε εμείς, ο εαυτός μας και πάνω σ' αυτό τον εαυτό συσσωρεύουμε χιλιάδες και χιλιάδες πράγματα που μπορεί να μην είναι ο εαυτός μας, μα που ανήκουν μάλλον στην οικογένειά μας, την κουλτούρα μας, τους φίλους και ούτω καθεξής. Τα παίρνουμε μαζί μας και τότε αυτά γίνονται εμείς και είμαστε ικανοί να πεθάνουμε για να υπερασπίσουμε αυτό το «εμείς» και καταφεύγουμε στην απάθεια για να αποφύγουμε τις προκλήσεις του νέου εαυτού.

Δημιουργούμε επίσης μοντέλα τελειότητας. Περνάμε τη ζωή μας προσπαθώντας να κάνουμε τον έξω κόσμο να ταιριάσει μ' αυτό που νομίζουμε εμείς σαν τέλειο. Στ' αλήθεια το κάνουμε αυτό! Ποια είναι π.χ. η ιδέα μας για την τέλεια ημέρα; Είναι μια μέρα που ικανοποιεί όλες μας τις ανάγκες, που περνάει όπως ακριβώς τη *θέλουμε*. Και πώς είναι μια *ανάποδη* μέρα; Μια ανάποδη μέρα είναι αυτή που δε βγαίνει όπως τη θέλουμε. Τι να γίνει! Τόσο το *χειρότερο,* αν η μέρα δεν παίρνει το δρόμο που θέλαμε εμείς. Η μέρα ήταν τέλεια — *εμείς* χαλάσαμε την τελειότητα.

Αυτές οι προσδοκίες είναι αυτοενισχυόμενες. Αποκλείουν κάθε πιθανότητα να μας πλησιάσει κάτι που δεν ανταποκρίνεται στους εθισμούς μας. Το έχω δει αυτό να συμβαίνει ένα εκατομμύριο φορές. Οικογένειες ολόκληρες δουλεύουν μέρα και νύχτα για να στήσουν ένα όμορφο σπιτικό για τα παιδιά τους και μετά δεν τους επιτρέπουν να το χρησιμοποιούν. «Μην κάθεσαι στο ντιβάνι», «Μην παίζεις στο σαλόνι», «Βγάλε τα παπούτσια σου», «Όχι εδώ!». Εθισμοί που υπαγορεύουν ότι όλοι πρέπει να πάνε στο Πανεπιστήμιο· είναι ντροπή να μη μπεις. Έτσι υποχρεώνουμε τους ανθρώπους να περάσουν απ' αυτό τον καταναγκασμό κι αν δεν καταστραφούν πριν, σίγουρα καταστρέφονται μετά.

Πρόσφατα εργάστηκα πολύ στενά με μια οικογένεια, και ήταν μια εμπειρία φοβερή. Το δεκαεξάχρονο αγόρι τους είχε μια σοβαρή διαταραχή της μάθησης και δεν ήξερε να διαβάζει. Ήταν όμως ένα από τα πιο όμορφα παιδιά που έχω δει ποτέ. Εργαζόταν έξω κάθε μέρα. Ήταν καλοφτιαγμένος σωματικά, αγαπούσε τον κόσμο και ήταν συνεχώς μαγεμένος από τον κόσμο του —όχι τον κόσμο των γονιών του— αλλά το *δικό του* θαυμαστό κόσμο. Προσπαθούσε πραγματικά. Οι εκπαιδευτικοί δεν είχαν καταφέρει να του μάθουν να διαβάζει, μα οι γονείς του επέμεναν να μάθει. Επέμεναν ξανά και ξανά και ξανά, γιατί είχαν εθιστεί στο σύνθημα, ότι *όλοι πρέπει να ξέρουν ανάγνωση*. Παρέβλεπαν αυτό που ήταν ουσιαστικό για το παιδί, και τώρα βρίσκεται σε ψυχιατρείο. Το πρόβλημα είναι ότι το μυαλό μας δεν είναι τίποτε παραπάνω από ένα εργαλείο εμπειρίας και ακόμη κι αν αυτό το παιδί ικανοποιούσε είκοσι από τους εθισμούς μας κάθε μέρα, ο ένας εθισμός που θα έμενε χωρίς ανταπόκριση θα κέντριζε τη συνείδησή μας και θα μας έκανε δυστυχείς. *Έτσι λειτουργούμε πραγματικά*! Όλη την ημέρα μπορεί να μας λένε οι άλλοι ότι είμαστε σπουδαίοι και καταπληκτικοί κι ότι αξίζουμε πολλά. Και μετά έρχεται κάποιος και μας λέει ότι δε μας συμπαθεί και γινόμαστε λειώμα!

Διάβαζα το βιβλίο του Ορενστάιν πάνω στη συνειδητότητα και νομίζω πως αξίζει να το διαβάσετε κι εσείς. Είναι σπουδαίο. Λέει ένα ενδιαφέρον πράγμα κάπου:

> Οι αισθήσεις μας μας περιορίζουν, το κεντρικό νευρικό μας σύστημα μας περιορίζει, οι προσωπικές και πολιτιστικές μας κατηγορίες μας περιορίζουν, η γλώσσα μάς περιορίζει και πέρα απ᾽ όλες αυτές τις επιλογές οι νόμοι της επιστήμης μάς κάνουν να επιλέξουμε πληροφορίες που θεωρούμε σαν αληθινές κι αυτό επίσης μας περιορίζει.

Όπου και να γυρίσουμε, κάτι μας περιορίζει. *Όλα αυτά όμως μπορούν να αλλάξουν*. Μπορείς ν᾽ αλλάξεις τον εσωτερικό σου προγραμματισμό, είναι ένα πράγμα πολύ εύκολο, πρέπει όμως να πάρεις *εσύ* την απόφαση να γίνει αυτό. Έτσι στα ξαφνικά, αυτή τη στιγμή, πες στον εαυτό σου: «Θ᾽ αρχίσω να πειραματίζομαι. Θ᾽ αρχίσω να γεύομαι την τροφή μου! Να γνωρίζω τους ανθρώπους! Να κοιτάζω τον ουρανό! Να μυρίζω τον αέρα! Να αγγίζω τα πράγματα! Όχι να πέφτω απλώς στο κρεβάτι, αλλά να νιώθω τα σεντόνια, να νιώθω το κορμί μου, να καταλαβαίνω τα συναισθήματα του άλλου, να αγγίζω τον διπλανό μου, να συνειδητοποιώ τον εαυτό μου, τις αλλαγές της ανάπτυξής μου, την ύπαρξή μου». Είναι *τρομερό* να υπάρχουν τόσο *πολλά* και μεις να μένουμε ικανοποιημένοι με τόσο λίγα. Γνωρίζουμε την ύπαρξη ενός ελάχιστου χώρου και αρκούμαστε να πιστεύουμε πως δεν υπάρχει τίποτε άλλο.

Ουσιαστικό θεωρούμε και το σώμα μας. Θεέ και Κύριε! Σπαταλάμε περισσότερο χρόνο για τη φροντίδα του σώματός μας απ' ο,τιδήποτε άλλο στον κόσμο! Σηκωνόμαστε το πρωί, το πλένουμε, το σκουπίζουμε, το χτενίζουμε, το ραντίζουμε αποσμητικά και το ντύνουμε. Όταν τα κάνουμε όλα αυτά και περάσει η μέρα μας, τα ξανακάνουμε πάλι με την αντίστροφη φορά. Σκέτη τρέλα! Υπήρχε μια εποχή, πριν να πάω στην Ασία, που μ' ενοχλούσε το σώμα μου, επειδή απαιτούσε τόσο πολύ χρόνο. Έχω ένα σεμινάριο με όμορφους μαθητές και καθόμαστε στο σπίτι μου και μιλάμε και ένα βράδυ τους λέω πόσο με νευριάζει το σώμα μου. Μερικοί αναστατώθηκαν, γιατί νόμισαν ότι εννοούσα ότι ήθελα να το καταστρέψω. Ποτέ! Μ' αρέσει ο εαυτός μου! Είχα μια δασκάλα της γιόγκα κάποτε, μια καταπληκτική γυναίκα, που γύρισε μια φορά και μου είπε: «Ε, για στάσου! Το σώμα αυτό είναι το όχημά σου. Αν θέλεις να σε πάει στο μέρος που θέλεις, την ώρα που θέλεις και με τον τρόπο που θέλεις, φρόντισε να το κρατάς σε καλή κατάσταση. Να το σέβεσαι, γιατί είναι το όχημα που μεταφέρει ό,τι είναι ουσιαστικό — για την ώρα τουλάχιστον». Έτσι ξαφνικά απόκτησα μια ανανεωμένη αίσθηση για το άτομό μου. Τώρα φτάνω ακόμη και να το χαϊδεύω κατά καιρούς! Ο Πωλ Ρεπς έχει πιάσει το νόημα όταν λέει, «Ο άνθρωπος παλιά έδινε όλο το μυαλό του στη δουλειά του και τώρα το χάνει στον καθρέφτη».

Δεν είναι λοιπόν το σώμα μας το ουσιαστικό. Φυσικά είναι σημαντικό και φυσικα είναι σημαντικές και οι σκέψεις μας και ο προγραμματισμός μας. Το οποιοδήποτε σημείο που βρισκόμαστε τώρα είναι σημαντικό. Μ' αρέσει αυτή η ιδέα του οποιουδήποτε σημείου, αγάπησε το σημείο που βρίσκεσαι γιατί εδώ αρχίζουν όλα. Πρέπει ν' αρχίσεις λέγοντας: «Ναι, αγαπώ τον εαυτό μου εδώ που βρίσκεται με όλους τους εθισμούς και τους περιορισμούς του, όμως δε σημαίνει απαραίτητα ότι θα βρίσκομαι και αύριο εδώ. Σημαίνει απλώς ότι μ' αρέσει ο εαυτός μου εδώ που βρίσκεται τώρα». Δεν μπορείς να ξεκινήσεις αν δεν κάνεις αυτή τη δήλωση. Αν είχα μια και μόνη επιθυμία στον κόσμο και το μαγικό ραβδί θα το κουνούσα πάνω από τα κεφάλια σας και θα σας έκανα να πείτε, να *πιστέψετε*: «Αγαπώ τον εαυτό μου στο σημείο που βρίσκεται τώρα, αυτή ακριβώς τη στιγμή: Είμαι σπουδαίος».

Στην Ασία είχα την τύχη να σπουδάζω κοντά στο Δρα Βου, που είναι ένας από τους πιο διακεκριμένους μελετητές στο λαό του Λάο Τσε. Με δίδαξε ένα θαυμάσιο πράγμα, που μ' έκανε να νιώσω ακόμη πιο μεγάλο σεβασμό για τον άνθρωπο. Αυτός ο υπέροχος, σοφός, ευγενικός, μεγάλος δάσκαλος, ο Λάο Τσε, είπε ότι όλοι είναι οι τέλειοι «αυτοί». Είμαστε ήδη τέλειοι. Ο κόσμος είναι ήδη τέλειος. Προσπαθούμε να επέμβουμε σ' αυτή την τελειότητα κι από κει πηγάζουν όλα τα προβλήματά μας. Τι θαυμάσιο που θα ήταν, αν μπορούσαμε να δεχτούμε το γεγονός ότι είμαστε ο τέλειος εαυτός μας. Είναι λογικό, δεν είναι; Ποιος είναι πιο τέλειος εαυτός από τον εαυτό σου; Ο γείτονάς σου; Και πώς μπορεί να σου πει αυτός ποιος είναι ο τέλειος εαυτός σου; Μόνο εσύ μπορείς να ξέρεις ποιος είναι ο τέλειος εαυτός σου. Είσαι όμως ο τέλειος εαυτός σου και είναι ο μοναδικός τέλειος εαυτός σου που θα περάσει έτσι *στην ιστορία του κόσμου!* Ίσως οι άλλοι να προσπαθήσουν να τον κάνουν ατελή, εμείς όμως θα πρέπει να φερόμαστε όπως μας έχει συστήσει ο Ε.Ε.Κάμιγκς — να αγωνιζόμαστε πάντα να είμαστε ο «εαυτός» μας, γιατί αυτός θα είναι ο μεγαλύτερος αγώνας που θα χρειαστεί ποτέ να κάνουμε και ο μοναδικός που αξίζει. Έτσι, όπως είπα και στην αρχή, περνάμε μια περίοδο όπου οι άνθρωποι αρχίζουν να κοιτάζουν μέσα τους και να προσπαθούν να αγαπήσουν την τελειότητα που βρίσκεται ήδη μέσα στον αληθινό εαυτό τους.

Πιστεύουμε ακόμη ότι το ουσιαστικό στη ζωή είναι οι αδιάκοπες νοητικές και σωματικές δραστηριότητες. Ξέρετε πώς έχω αρχίσει να τα ονομάζω αυτά τα πράγματα; Ραδιοφωνικά παράσιτα! Πραγματικά οι περισσότεροι από μας είμαστε γεμάτοι παράσιτα. Ο Πωλ Ρεπς, στο βιβλίο του *Είμαι*, λέει: «Με το να σκεφτόμαστε πέντε ή έξι σκέψεις μαζί, εκπαιδευόμαστε να ζούμε σε μια χρόνια ένταση. Παντού συναντάμε αυτή την εκπαίδευση στην ένταση. Πουθενά δε βλέπουμε εκπαίδευση στη χαλάρωση και την ευτυχία. Δύστυχε άνθρωπε, δημιουργήθηκες για να γίνεις φίλος όλων των πλασμάτων και δεν είσαι φίλος ούτε του εαυτού σου».

Συνεχώς τρέχουμε, συνεχώς αναλύουμε. Συνεχώς σκεφτόμαστε. Πάμε να κοιμηθούμε με το κεφάλι μας γεμάτο πράγματα και, καθώς δεν μπορούμε να το αδειάσουμε, δεν καταφέρνουμε να κοιμηθούμε. Γι' αυτό αρχίζει να υπάρχει σήμερα μια κίνηση ορισμένων ανθρώπων που προσπαθούν να μειώσουν τα παράσιτα. Οι άλλοι όμως στέκονται απέξω και φωνάζουν: «Ηλίθιοι!», πρέπει να μάθετε ν' αδειάζετε το μυαλό σας, αλλιώς θα σας τρελάνουν τα παράσιτα. Δεν είναι δυνατόν να καθόσαστε και να τρωγόσαστε για το γιο σας είκοσι τέσσερις ώρες το εικοσιτετράωρο. Κάπου-κάπου θα πρέπει να χαλαρώνετε εντελώς. Και τότε θα δείτε να σας συμβαίνει ένα καταπληκτικό πράγμα. Δε συναντάτε το «τίποτε», αλλά το «παν», που τώρα όμως είναι αλογόκριτο και δικό σας χωρίς προσπάθεια. Είναι ένα συναίσθημα μοναδικό.

Μαθαίνουμε ν' αφήνουμε το μυαλό μας να καλπάζει ελεύθερο χωρίς το φόβο ότι θα το χάσουμε. Μαθαίνουμε πράγματα όπως τα όρια της «υποβολιμότητας». Ξέρετε ότι στις χώρες του Κομμουνιστικού Μπλοκ υπάρχει μια νέα επιστήμη (που θα τη γνωρίσουμε σύντομα, αλλά για την ώρα τη φυλάνε σαν όπλο) όπου ανακαλύπτουν πως, όταν αδειάσει το μυαλό μας, ένας δάσκαλος μπορεί να βάλει μέσα σ' αυτό το μυαλό ολόκληρες σειρές μαθημάτων μέσα σε δυο ή τρεις εβδομάδες;

Όταν ήμουνα στην Ασία, έζησα μια ευτυχισμένη εμπειρία σ' ένα μοναστήρι. Το πρώτο πράγμα που έκαναν ήταν να με διδάξουν το «Ζεν άδειασμα του μυαλού». Τι είναι το «Ζεν άδειασμα του μυαλού;» Είναι μια κατάσταση την οποία μαθαίνεις και στην οποία μπορεί να σε βάλουν σ' ένα δωμάτιο χωρίς καθόλου εξωτερικά ερεθίσματα, ένα σκοτεινό δωμάτιο. Εκεί κάθεσαι μόνος με τον «εαυτό σου». Σου φέρνουν φαγητό ελάχιστο, όσο χρειάζεται για να επιζήσεις. Ζεις μέσα σε απόλυτο σκοτάδι. Δεν έχεις ούτε βιβλία να διαβάσεις ούτε τηλεόραση να δεις ούτε άλλον να κουβεντιάσεις μόνο τον εαυτό σου. Τι χαρά να βρίσκεσαι για λίγο μόνος με τον εαυτό σου και να βλέπεις τι θα συμβεί. Και ξέρετε ποια ήταν τα πρώτα μου συναισθήματα; Το πρώτο πράγμα που αισθάνθηκα ήταν, «Πρέπει να συνεχίσω να σκέφτομαι. Πρέπει να κρατηθώ απ' τα παράσιτά μου. Πρέπει να λέω στον εαυτό μου. Αυτό είναι εκεί που είναι». Έτσι καθόμουνα και μίλαγα στον εαυτό μου —κυριολεκτικά—, του 'λεγα πράγματα όπως το «Αρνάκι άσπρο και παχύ», γιατί φοβόμουνα ότι αν έχανα το λόγο θα έχανα το μυαλό μου.

Πολλά ιερά βιβλία λένε κάτι που αξίζει να το σκεφτείτε καλά: «Για να βρεις τον εαυτό σου, πρέπει να χάσεις τον εαυτό σου». Και πόση χαρά αισθάνθηκα όταν αργότερα άφησα το μυαλό μου ελεύθερο, όταν είπα «άσ' το να πάει» και απλώς χαλάρωσα κι άφησα να γίνει ό,τι γίνει. Ήταν μια θαυμάσια αίσθηση να μένεις σιωπηλός, να βγαίνεις για λίγο από το μυαλό σου, να ηρεμείς την κουρασμένη σου σκέψη, να γνωρίζεις μια στιγμή ηρεμίας. Δοκιμάστε το! Είναι μια καταπληκτική τεχνική που μου δίδαξαν και μπορεί να θέλετε να την εφαρμόσετε κι εσείς κάποτε. Λένε: «Διαλογίσου με κέντρο την άκρη της μύτης σου. Κλείσε τα μάτια σου. Συγκέντρωσε το μυαλό σου κι όλη σου την ενεργητικότητα στην άκρη της μύτης σου. Άδειασε το μυαλό σου απ' ο,τιδήποτε άλλο. Και τώρα, άφησε την άκρη της μύτης σου να πέσει!» Δεν είναι απίθανο; Δοκιμάστε το κάποια νύχτα πριν να ξαπλώσετε και θα δείτε ότι θ' αποκοιμηθείτε αμέσως. Έτσι κι αλλιώς πάντως, αυτά τα αιώνια παράσιτα που τα θεωρείτε ουσιαστικά, είναι σκέτη βλακεία! Βγάλτε τα από το μυαλό σας και θα απορήσετε από τα καινούργια πράγματα που θα πλησιάσετε.

Ανακάλυψα κι ένα άλλο θαυμάσιο βιβλίο που ονομάζεται *Καβάλα*. Είναι ένα σπουδαίο ιερό και μυστικιστικό βιβλίο των Εβραίων. Με δίδαξε κάτι που μ' ενθουσίασε πραγματικά και θέλω να το μοιραστώ μαζί σας. Λέει:

Ο άνθρωπος πρέπει να δει ότι τίποτε δεν είναι πραγματικό,

> αλλά ότι τα πάντα γίνονται συνεχώς και αλλάζουν. Τίποτε δε μένει στάσιμο. Όλα γεννιούνται, αναπτύσσονται και πεθαίνουν. Τι στιγμή ακριβώς που ένα πράγμα φτάνει στο αποκορύφωμά του, αρχίζει να παρακμάζει. Ο νόμος του ρυθμού λειτουργεί αδιάκοπα. Δεν υπάρχει πραγματικότητα. Σε τίποτε δεν υπάρχει μόνιμη ποιότητα, σταθερότητα ή υλικότητα. Τίποτε δε μένει σταθερό, όλα αλλάζουν. Ο άνθρωπος πρέπει να δει ότι όλα τα πράγματα πηγάζουν από άλλα και διαλύονται μέσα σε άλλα. Είναι μια αδιάκοπη δράση ή αντίδραση, εισροή ή εκροή, σύνθεση ή αποσύνθεση, δημιουργία ή καταστροφή, γέννηση, ανάπτυξη και θάνατος. Τίποτε δεν είναι πραγματικό και τίποτε δε διαρκεί εκτός από την αλλαγή.

Για να το δεχτούμε αυτό, θα πρέπει ν' αφήσουμε πίσω μας τα παράσιτα. Πρέπει να χάσει κανείς τον εαυτό σου για να βρει τον εαυτό του. Πρέπει να χάσει το μυαλό του για να βρει το μυαλό του.

Θεωρούμε ουσιαστικές τις ανάγκες μας για ασφάλεια. Βέβαια αυτό είναι βασικό σημείο του πολιτισμού μας — οι πολλαπλές ανάγκες ασφάλειας που τις θεωρούμε ουσιαστικές. Μαθαίνουμε τους εθισμούς αυτούς από άλλους ενήλικους που είναι εθισμένοι στις ανάγκες ασφάλειας. Πιστεύουμε ότι η συσσώρευση πραγμάτων είναι απαραίτητη. Ότι η συλλογή σπουδαίων γνωριμιών είναι απαραίτητη. Ο καθορισμός στόχων μας κάνει ασφαλείς. Τα χρήματα, τα πολλά χρήματα μας κάνουν ασφαλείς.

Έζησα μια πολύ ενδιαφέρουσα εμπειρία πριν να φύγω για την Ασία. Μου διέρρηξαν το σπίτι τρεις φορές μέσα σε δυο μήνες. Την πρώτη φορά ειδοποίησα την αστυνομία κι ένας αστυνομικός ήρθε και κοίταξε το σπίτι. Σημειώσαμε ένα σωρό πράγματα που έλειπαν κι εγώ είπα: «Τι να γίνει, ίσως αυτοί να τα χρειάζονταν πιο πολύ από μένα». Ο αστυνομικός έγινε έξω φρενών και μου απάντησε: «Είσαι πραγματική απειλή, αν σκέφτεσαι έτσι!» Έτσι δεν το ξαναείπα. Δυο εβδομάδες αργότερα γύρισα σπίτι και είδα ότι με είχαν ξανακλέψει. Και τρεις τέσσερις εβδομάδες αργότερα με έκλεψαν άλλη μια φορά. Κάθησα κι εγώ κάτω στη μέση του καθιστικού και σκέφτηκα: «Κάθε φορά που έρχονται παίρνουν και κάτι κι έτσι έχω όλο και λιγότερα να μου κλέψουν. Ίσως, όταν πάρουν τα πάντα, να μη μείνει τίποτε άλλο να πάρουν κι έτσι θα έχω σταματήσει από μόνος μου την εγκληματικότητα».

Για τα χρήματα τι να πούμε... Την πρώτη φορά που πήγα στην Ασία, τότε που έγραψα το *Δρόμο του βοδιού*, ζούσα με τριάντα πέντε σεντς την ημέρα. Αυτή την τελευταία φορά που πήγα στην Ασία, ζούσα με είκοσι δολάρια την ημέρα! Και να σας πω κάτι; Δεν πέρασα καλύτερα, απλώς πάχυνα. Τα χρήματα δεν είναι απαραίτητα. *Καλά* είναι, αλλά όχι *απαραίτητα*. Η μοναδική ασφάλεια που υπάρχει είναι *ο εαυτός σας*. Δεν υπάρχει τίποτε άλλο. Κάθε μέρα τα λεφτά χάνουν την αξία τους. Όλοι τρέχουν ν' αγοράσουν χρυσό. Αλλά οι βουδιστές λένε κι εδώ κάτι ενδιαφέρον: «Ξυπνάμε σαν άγγελοι αλλά κοιμόμαστε σαν δαίμονες, γιατί ολόκληρη τη μέρα τρέχουμε πίσω από την ασφάλειά μας». Σπρώχνουμε, πιέζουμε τους γύρω μας, γιατί πιστεύουμε ότι έτσι πρέπει να κάνουμε, γιατί φοβόμαστε ή γιατί ξεχνάμε να σκεφτούμε τι είναι πραγματικά ουσιαστικό, τι έχει σημασία. Η ασφάλεια βρίσκεται μέσα σου. *Εσύ* είσαι η μόνη σου ασφάλεια.

Θεωρούμε επίσης ουσιαστικό πράγμα την ικανοποίηση των αισθησιακών μας αναγκών. Όσο περισσότερα έχουμε, τόσο περισσότερα θέλουμε. Ποτέ δεν έχουμε αρκετά ωραία πράγματα. Ποτέ δεν έχουμε αρκετή προσοχή, αρκετή ενθάρρυνση. Η αναζήτηση της ικανοποίησης σ' αυτό το επίπεδο μας κρατάει σε διαρκή απασχόληση. Όσα κι αν πάρεις, ποτέ δε θα είναι αρκετά, αν *εσύ* δεν είσαι αρκετός.

Ζητάμε διαρκώς να διασκεδάζουμε. Κανείς δε θέλει να υποφέρει. Ξέρετε όμως πόσα πράγματα μαθαίνει κανείς υποφέροντας; Φυσικά προτιμώ να διδάσκω και να μαθαίνω τη χαρά, αλλά είναι μεγάλο λάθος να αρνηθεί κανείς την αξία του πόνου σαν μάθηση. Δε σας λέω να κυνηγάτε τον πόνο ή να τον προκαλείτε. Ζήστε τον όμως, γιατί μπορεί να σας διδάξει ένα σωρό πράγματα. Το να υποφέρει κανείς χωρίς να διδάσκεται από την εμπειρία, αυτό είναι καθαρή βλακεία. Η ζωή για τους περισσότερους από μας τείνει προς μια ευχάριστη ομοιόσταση*.

---

* Τάση του οργανισμού προς διατήρηση της σταθερότητας των φυσιολογικών ή ψυχολογικών στοιχείων.

Είναι θαυμάσιο να ζούμε ωραίες στιγμές και θα 'πρεπε να φροντίζουμε να ζούμε όσο γίνεται περισσότερες. Χτίστε πάνω στις ωραίες στιγμές σας, γνωρίστε όσο γίνεται περισσότερες στο επίπεδο των δυνατοτήτων σας — τότε ακόμη και οι άσχημες στιγμές θα γίνουν απλώς αρνητικές, ωραίες στιγμές και θα είναι πιο εύκολο για σας να τις δεχτείτε και να χαλαρώσετε!

Ας δούμε λοιπόν, ποια πράγματα δεν είμαστε. Δεν είμαστε τα νοητικά μας παράσιτα. Δεν είμαστε το σώμα μας. Δεν είμαστε ο προγραμματισμός μας. Δεν είμαστε η μόρφωσή μας. Δεν είμαστε το τωρινό μυαλό μας. Δεν είμαστε ο σωματικός εαυτός μας. Δεν είμαστε οι αισθήσεις μας. Δεν είμαστε οι αντιλήψεις μας. Δεν είμαστε η εξουσία μας. Δεν είμαστε τα τωρινά αισθήματά μας. Δεν είμαστε οι τωρινές μας αντιδράσεις. Είμαστε, εν μέρει, όλα αυτά τα πράγματα, αλλά και πολύ περισσότερα! Αν όμως έχετε εθιστεί σ' αυτά τα πράγματα, θα μείνετε μ' αυτά για πάντα. Συνειδητοποιήστε ότι τα πράγματα αυτά μπορεί να είναι ο εαυτός σας *τώρα*, δεν αποτελούν όμως παρά ένα μικρό μέρος αυτού που *μπορεί να υπάρξει*. Είναι μεγαλύτερο το μέρος του εαυτού σας που δεν έχει πραγματωθεί. Αυτό που έχει πραγματωθεί είναι απειροελάχιστο σε σύγκριση μ' αυτό που απομένει.

Έχω άλλο ένα ίνδαλμα, το Δρα Χάμερσκελντ. Έχει πει κάτι που τα συμπυκνώνει όλα:

> Κάθε στιγμή διαλέγεις τον εαυτό σου, διαλέγεις όμως *το δικό σου* εαυτό; Το σώμα και η ψυχή διαθέτουν χιλιάδες δυνητικότητες, από τις οποίες μπορείς να φτιάξεις πολλά διαφορετικά «εγώ». Μόνο όμως σε μία απ' αυτές υπάρχει αναλογία ανάμεσα στον εκλέκτορα και τον εκλεγόμενο, μόνο μία, που δε θα τη βρείτε ποτέ παρά αν αποκλείσετε όλα τα επιφανειακά συναισθήματα και τις πιθανότητες ύπαρξης και πράξης, με τις οποίες παίζετε από περιέργεια ή απορία ή απληστία, και που σας εμποδίζουν να ρίξετε άγκυρα στην εμπειρία του

μυστηρίου της ζωής και στη συνείδηση του ταλέντου που σας δόθηκε και στο θαύμα που είναι ο πραγματικός «εαυτός» σας.

Αυτό ήταν από το μαγικό βιβλίο του που ονομάζεται *Ορόσημα*.

Πώς λοιπόν θα έρθουμε σε επαφή με τον εαυτό μας; Πρώτα απ' όλα με την *εγρήγορση*. Δεν είναι όμορφη αυτή η λέξη — εγρήγορση; Χτυπάει κατευθείαν στην καρδιά. Να βρίσκεσαι σε εγρήγορση. Απέναντι στα πάντα. Απέναντι στη ζωή. Να νιώθεις την ανάπτυξη, το θάνατο, την ομορφιά, τους ανθρώπους, τα λουλούδια, τα δέντρα. Άνοιξε το μυαλό σου κι άρχισε να βλέπεις! Άρχισε να ζεις τα πράγματα και μη ντρέπεσαι γι' αυτό! Άγγιξε, χάιδεψε, δάγκωσε, όπως ποτέ δεν το έκανες. Συνέχισε να αναπτύσσεσαι. Συνέχισε να αναπτύσσεσαι σταθερά. Κάθε στιγμή που ζεις, αλλάζεις. Άνοιξε το μυαλό σου, άνοιξε την καρδιά σου, άνοιξε την αγκαλιά σου, βάλ' τα όλα μέσα. Μπορείς να παίρνεις και να παίρνεις ασταμάτητα, ποτέ δεν τελειώνει. Πάντα υπάρχει κι άλλο. Όσο περισσότερα βλέπεις σ' ένα δέντρο, τόσο περισσότερα υπάρχουν. Ακούς μια σονάτα του Μπετόβεν και σε οδηγεί στο άπειρο. Διαλέγεις ένα βιβλίο με ποιήματα κι ανοίγεσαι στην ομορφιά. Αγαπάς έναν άνθρωπο και φτάνεις ν' αγαπάς χιλιάδες. Συνέχισε να αναπτύσσεσαι. Βρες εναλλακτικούς δρόμους. Τα σχήματα που ακολουθείς δεν αποτελούν παρά τη μία δυνατότητα. Υπάρχουν χιλιάδες δυνατότητες για τα πάντα. Χρησιμοποιώ συχνά το παράδειγμα της νεαρής κοπέλας που περιμένει ένα τηλεφώνημα από το φίλο της. Περιμένει. Ξέρει ότι θα της τηλεφωνήσει στις τέσσερις και η καρδιά της αρχίζει να προετοιμάζεται από τη μία και λέει σ' όλες τις φιλενάδες της στο οικοτροφείο να μην αγγίξουν το τηλέφωνο. Περιμένει και περιμένει, κι έρχονται τελικά οι τέσσερις, μα το τηλεφώνημα δε γίνεται. Αυτή συνεχίζει να περιμένει, μα το τηλέφωνο δε χτυπάει ούτε στις τεσσερισήμισι ούτε στις πέντε ούτε στις έξι, και κατά τις εννιά η κοπέλα είναι λειώμα. Πηγαίνει στο μπάνιο και κόβει τις φλέβες της. Γιατί; Γιατί νόμιζε ότι δεν υπήρχε άλλος δρόμος.

Αρχίζω να πιστεύω πως ίσως ο πραγματικά ψυχικά υγιής άνθρωπος είναι αυτός που έχει τις περισσότερες εναλλακτικές λύσεις, τις περισσότερες βιώσιμες λύσεις. Ο άνθρωπος που λέει: «Αν δε συμβεί αυτό, τι άλλο μπορεί να γίνει;»

Ας σκεφτούμε για παράδειγμα το συγκεκριμένο κορίτσι. Τι άλλο θα μπορούσε να κάνει; Βάλτε το μυαλό σας να δουλέψει — τι άλλο θα μπορούσε να κάνει από το να κόψει τις φλέβες της; Τι; Ναι! *Να του τηλεφωνήσει!* Ε, βέβαια! Να του πει: «Τι έγινε αγοράκι, παράλυσε το χέρι σου;» Τι άλλο θα μπορούσε να κάνει; Για ελάτε! Κάτι πιο υγιές; Ναι! Θα μπορούσε να φτιάξει μια πίτσα, να κάνει ένα κρύο ντους, να μην τηλεφωνήσει! Τι κρίμα, που νόμισε ότι δεν της απέμενε παρά μια λύση. Όχι μόνο υπάρχουν εκατομμύρια εναλλακτικές λύσεις, αλλά μερικές απ' αυτές δεν τις έχει καν φανταστεί κανείς ποτέ.

Οι διχοτομίες: καλό, κακό, σωστό, λάθος —σκέτες ανοησίες—, φυσικό, αφύσικο — δεν υπάρχει τέτοιο πράγμα, μόνο διαβαθμίσεις και δυνατότητες και δημιουργικότητα. Έχω στην τάξη μου μια τυφλή κοπέλα που είναι πολύ πιο φυσιολογική από μένα. Βλέπει — σίγουρα καλύτερα. Λέει: «Για μένα είναι φυσιολογικό να είμαι τυφλή όσο και για σένα να βλέπεις». Τι είναι φυσιολογικό; Τι είναι σωστό; Τι είναι λάθος; Ελευθερία σημαίνει να επιλέγεις και να προτιμάς κάποιες λύσεις, φτάνει να δέχεσαι την ευθύνη της ελευθερίας σου. Και όταν δοκιμάσεις τις λύσεις σου και δεν τις βρίσκεις του γούστου σου, μην τα βάζεις με μένα. Βάλ' τα με τις επιλογές σου και δοκίμασε κάποια άλλη εναλλακτική λύση.

Εσύ αποφασίζεις, παίρνεις τα πινέλα σου, διαλέγεις τα χρώματά σου, ζωγραφίζεις τον παράδεισό σου και μετά ζεις σ' αυτόν. Ζωγράφισε την κόλαση, αν το προτιμάς, μα μην κατηγορείς εμένα γι' αυτό. Μόνο εσύ μπορείς να έχεις την ευθύνη για τη μη βίωση της ζωής σου. Ξέχνα αυτό που *ήταν*. Μπες μέσα σ' αυτό που *είναι*! Θα το φροντίσει αυτό η στιγμή. Η ζωή δεν είναι μεμονωμένο φαινόμενο, αποτελεί μέρος της ευρύτερης εμπειρίας και συνεχώς επηρεάζει και επηρεάζεται από την κάθε νέα στιγμή. Δε σου αρέσει αυτού που βρίσκεσαι; Άλλαξέ το! Γίνε κάποιος *άλλος*. Κάνε για μια φορά αυτό που *θέλεις* και μάθε από τις συνέπειες.

Και κάτι άλλο — μην αποφεύγεις τις αρνητικές καταστάσεις. Οι αρνητικές καταστάσεις μπορούν να σε διδάξουν πολλά. Μην αποφεύγεις τους ανθρώπους που σου προκαλούν αρνητικές καταστάσεις. Έχουμε μια τάση να κάνουμε μεταβολή και να φεύγουμε, μα θα χρειαστεί να επαναξιολογήσεις τον εαυτό σου και να τον δεις κάτω από ένα νέο φως. Δε σε νευριάζει η Σάλυ. Εσύ νευριάζεις τον εαυτό σου. Σε βάζει σε μια αρνητική κατάσταση, γιατί δεν ανταποκρίνεται στις προσδοκίες σου. Τι να γίνει, ατυχία σου! Η αιτία του εκνευρισμού σου δεν είναι η Σάλυ — αλλά εσύ ο ίδιος. Μάθε να διδάσκεσαι από τις αρνητικές σου καταστάσεις.

Έμαθα κι ένα άλλο πράγμα στην Ασία και θα ήθελα να σας το μεταδώσω. Μπορεί όμως να είναι πολύ δύσκολο για μερικούς, κι αν είναι, παρατήστε το. Είναι λοιπόν το εξής: απαλλαγείτε από τις *προσδοκίες σας*. Ο Βούδας είπε κάποτε ένα καταπληκτικό πράγμα. Είχε ένα τρόπο να λέει πράγματα μαγικά με πολύ απλά λόγια. Είπε λοιπόν: «Όταν πάψεις να προσδοκάς, έχεις τα πάντα». Αν ζεις κάνοντας αυτά που θέλεις χωρίς προσδοκίες, τότε έχεις ήδη αυτό που χρειάζεσαι. Αν οι άλλοι σου ανταποδώσουν κάτι, το παίρνεις με ανοιχτή αγκαλιά. Αυτό το κάτι θα πρέπει να 'ρχεται πάντα σαν έκπληξη. Αν όμως περιμένεις μια απάντηση κι αυτή έρχεται, είναι πολύ βαρετό. Πάψε να προσδοκαζ και θα έχεις τα πάντα. Παίρνε ό,τι σου δίνουν οι άλλοι. Αγάπησέ το, αγκάλιασέ το, φίλησέ το, δέξου το με χαρά, αλλά μην *το περιμένεις*. Αν θέλεις να υποφέρεις, συνέχισε να γεμίζεις τη ζωή σου με προσδοκίες. Ο κόσμος δεν είναι εδώ για να ικανοποιεί τις προσδοκίες σου.

Τελικά ο,τιδήποτε χρειάζεσαι το έχεις ήδη. Για να το πραγματώσεις, δε χρειάζεται παρά να το αναγνωρίσεις. Είσαι ο τέλειος εαυτός σου. Κι όποιος επεμβαίνει στην τελειότητα, κινδυνεύει να πονέσει. Αναπτύξου προς την κατεύθυνση της τελειότητάς σου.

Θέλω να κλείσω με μία παράθεση από το έργο του Λάο Τσε *Ο δρόμος*, σε μετάφραση του Μπάινερ. Το βιβλίο αυτό συνοψίζει όλα όσα έχω πει, αλλά πολύ πιο ωραία. Δεν είναι εκπληκτικό το γεγονός ότι όλα τα βιβλία σοφίας είναι πάντοτε πολύ μικρά; Χρειάστηκα μια ώρα κι ένα τέταρτο για να πω αυτό που διατυπώνει ο Λάο Τσε μέσα σε πενήντα λέξεις:

Η ύπαρξη βρίσκεται πέρα από τη δυνατότητα ορισμού των λέξεων. Μπορεί να χρησιμοποιηθούν διάφοροι όροι, αλλά κανείς τους δεν είναι απόλυτος. Στην αρχή του ουρανού και της γης δεν υπήρχαν λέξεις. Οι λέξεις βγήκαν από την ύλη της μήτρας. Και είτε ένας άνθρωπος ατενίζει ατάραχα τον πυρήνα της ζωής είτε ατενίζει με πάθος την επιφάνειά της, πυρήνας και επιφάνεια είναι το ίδιο, οι λέξεις τα κάνουν να φαίνονται διαφορετικά, μόνο και μόνο για να εκφράσουν τη φαινομενικότητα. Αν χρειάζεται ένα όνομα, ας είναι το όνομα αυτό θαύμα, κι από θαύμα σε θαύμα ανοίγεται η ύπαρξη.

Αν χρειάζεται ένα όνομα, η λέξη θαύμα καθορίζει και τα δύο. Από θαύμα σε θαύμα ανοίγεται η ύπαρξη.

Το εγώ του εγώ σας είναι απεριόριστο. Όπως και να ονομάσουμε τα παιδιά με τα οποία δουλεύουμε, ο ουσιαστικός εαυτός τους, αυτό που παραμένει αθάνατο, είναι απεριόριστο. Όλοι όσοι έχετε δουλέψει με παιδιά ξέρετε ότι έχουν απεριόριστο δυναμικό, όπως κι αν έχει πραγματωθεί ώς τώρα. Το μόνο που χρειάζεται να κάνουμε, είναι να τα διευκολύνουμε να το αναγνωρίσουν με το *δικό τους* τρόπο και να βρισκόμαστε δίπλα τους όταν χρειάζονται βοήθεια, υποστήριξη, ενθάρρυνση. «Και αν το όνομα είναι θαύμα», θα πετύχουν τα πάντα.

5

Γέφυρες και όχι φράγματα

Ενθουσιάστηκα πάρα πολύ —φαντάζομαι κι εσείς το ίδιο, ίσως— με το θέμα αυτής της διάλεξης: «Γέφυρες προς το αύριο». Απ' όταν ήμουνα παιδί με γοήτευαν οι γέφυρες, όταν λοιπόν έμαθα γι' αυτό το θέμα έβγαλα αμέσως το λεξικό μου και να τι διάβασα: «Γέφυρα: κάτι που ενώνει ένα κενό· ένας δρόμος πάνω από μια στενοχώρια ή ένα εμπόδιο». Και σκέφτηκα, τι ωραία, γιατί τα τελευταία τέσσερα ή πέντε χρόνια της ζωής μου προσπαθώ ακριβώς να αφιερώσω τον εαυτό μου στο γέμισμα των κενών, στο χτίσιμο δρόμων πάνω από τις στενοχώριες, στο ξεπέρασμα των εμποδίων και στο να κάνω ευκολότερη τη ζωή για τους ανθρώπους που έχω γύρω μου.

Μ' αρέσει πάντα να καταφεύγω στα παιδιά για να μου δώσουν ορισμούς. Αν θέλετε να γνωρίσετε μεγάλη χαρά, ρωτήστε ένα παιδί, «τι σημαίνει αυτό;». Η πεντάχρονη ανιψιά μου τώρα αρχίζει να γνωρίζει τον κόσμο. Αγγίζει τα πάντα, γεύεται τα πάντα — είναι ένα θέαμα συναρπαστικό. Τη ρώτησα λοιπόν: «Τι είναι η γέφυρα;» Σκέφτηκε λίγο και μετά μου απάντησε έτσι: «Η γέφυρα είναι όταν το χώμα πέφτει κάτω από τα πόδια σου κι εσύ χτίζεις κάτι για να ενώσεις τις τρύπες».

Δε θα ήταν θαυμάσιο αν καταφέρναμε να μπούμε στο πνεύμα που χρειάζεται για να γεφυρώσουμε το αύριο και αν αφιερώναμε αυτή την ομιλία στο ένωμα των ρωγμών, το γέμισμα των κενών, το χτίσιμο των γεφυριών και το ξεπέρασμα των εμποδίων; Τι απίθανες που θα ήταν οι δυο-τρεις μέρες μας! Αυτό όμως σημαίνει ότι ο καθένας σας θα πρέπει να μπει μέσα στον εαυτό του — ο καθένας χωριστά. Μπορεί να το κάνει αυτό η ομάδα, πρώτα όμως πρέπει να αρχίσει το κάθε άτομο. Πριν να μπορέσουμε να το κάνουμε σαν ομάδα πρέπει να αρχίσουμε από κάπου, και έχω την αίσθηση ότι το πρώτο γεφύρι που πρέπει να χτίσετε είναι το γεφύρι προς τον εαυτό σας.

Είναι φοβερό το πόσο λίγο αυτοσεβασμό και αυτοπεποίθηση έχουμε μάθει να έχουμε. Πολλοί από σας ξέρετε ότι επί έντεκα χρόνια δίδασκα το μάθημα της αγάπης. Δεν είναι απίθανο; Αγάπη Α! Από τα πρώτα χρόνια δίδασκα Β,Γ,Δ, ώς το Ε. Ίσως να αισθανθώ ότι έφτασα κάπου, όταν θα αρχίσω το Αγάπη Ω. Στην τάξη μου ρώτησα τους μαθητές μου να μου πουν, ποιοι θα διάλεγαν να είναι, αν μπορούσαν να είναι οποιοιδήποτε στον κόσμο και πού θα ήθελαν να είναι, αν μπορούσαν να είναι οπουδήποτε. Όσο κι αν φαίνεται απίστευτο, μέσα σ' αυτή την ομάδα των όμορφων και ευαίσθητων ανθρώπων, περισσότεροι από ογδόντα τοις εκατό είπαν πως ήθελαν να είναι κάποιοι άλλοι και να βρίσκονται κάπου αλλού. Ποιοι; τους ρώτησα. Ήθελαν να είναι η Τζάκι Ωνάση! Δεν έχω τίποτε με την Τζάκι Ωνάση και στην πραγματικότητα, αν θέλουμε οπωσδήποτε να καθήσουμε και να σκεφτούμε την Τζάκι Ωνάση, θα διαπιστώσουμε ότι οπωσδήποτε αυτή είναι η καλύτερη Τζάκι Ωνάση. Αν όμως θελήσεις εσύ να γίνεις Τζάκι Ωνάση, θα αποτύχεις. Και καλά να πάθεις!

Οι άντρες ήθελαν να είναι ο Μπαρτ Ρέινολντς! Ένας Μπαρτ Ρέινολντς είναι αρκετός. Είναι υπέροχο που ο Μπαρτ Ρέινολντς είναι ο Μπαρτ Ρέινολντς. Χαίρομαι πολύ που υπάρχει. Το ίδιο όμως χαίρομαι και που υπάρχεις *εσύ*. Είναι απαραίτητο να φτάσεις σ' ένα σημείο όπου να στέκεσαι μπροστά στον καθρέφτη και να λες: «Καθρέφτη, καθρεφτάκι μου, ποιος είναι ο πιο απίθανος;» Και να τον πιστεύεις, όταν ο καθρέφτης σου απαντάει: «Εσύ, γλυκέ μου!» Μπορεί να μην είσαι όσο θα 'θελες ψηλός και οι γοφοί σου να μην είναι όσο θα 'θελες στενοί, μα είσαι το καλύτερο πράγμα που έχεις! Κι όταν φθάσεις να το αναγνωρίσεις αυτό, έχεις μπει στο δρόμο και κανείς δεν μπορεί να σε σταματήσει.

Δεν υπάρχουν πολλές σχολές που να διδάσκουν τον αυτοσεβασμό. Δεν υπάρχουν πολλοί άνθρωποι που να μπορούν να σηκωθούν και να πουν: «Ο εαυτός μου μου αρέσει, μου αρέσει όχι μόνο αυτό που είμαι, αλλά η μαγεία και το δυναμικό μου». Γιατί πρέπει να ξέρετε ότι δεν είσαστε μόνο αυτό που υπάρχει, είσαστε πολύ περισσότερο μια δυνητικότητα. Μέσα σας υπάρχουν τόσο πολλά. Πρέπει να βρούμε τρόπο να πούμε στα παιδιά: «Δεν είσαι μόνο αυτός που διαβάζει. Δεν είσαι μόνο αυτός που μαθαίνει. Είσαι απεριόριστος». Χρειαζόμαστε ανθρώπους που να το πιστεύουν αυτό για να το διδάξουν. Αλλιώς θα είναι ψεύτικο και δε θα έχει αποτέλεσμα.

Μια από τις πιο απίστευτες στιγμές της διδασκαλικής μου καριέρας ήταν όταν πρωτάρχισα στο Πανεπιστήμιο της Νότιας Καλιφόρνιας. Πρώτη φορά έμπαινα σε πανεπιστημιακή τάξη. Είχα διδάξει στο Δημοτικό και στο Γυμνάσιο και μου άρεσε. Μετά όμως ταξίδεψα στην Ασία επί δυο χρόνια. Όταν γύρισα, αποφάσισα να δοκιμάσω τις δυνάμεις μου στο πανεπιστημιακό επίπεδο. Όταν βρέθηκα για πρώτη φορά μπροστά σε μια μεγάλη ομάδα φοιτητών, διαπίστωσα ότι είχαμε φτιάξει ένα μάτσο παθητικά πλάσματα, πλάσματα που είχαν τόσο πολύ βαρεθεί τη μάθηση που, όταν έμπαινες στην τάξη γεμάτος ενθουσιασμό γι' αυτά που ήθελες να πεις, έβλεπες μόνο τις κορυφές των κεφαλιών τους — κι αν δε συνέβαινε αυτό έβρισκες παιδιά που σημείωναν αυτοματικά ο,τιδήποτε έλεγες από φόβο μήπως υπάρξει κάποια πονηρή ερώτηση στις εξετάσεις. Μερικές φορές αναγκάζομαι να πω: «Επιτέλους, αφήστε κάτω τα μολύβια σας και ακούστε!» (Είμαι ένας πραγματικά μη παρεμβατικός συμβουλευτής, έχω φτάσει σε σημείο να πετάξω πορτοκάλια στους μαθητές μου. Πρέπει να τους ξυπνήσεις με κάποιο τρόπο!)

Πολλοί από σας ξέρετε ότι έχω μια μανία με τα μάτια που δε συνηθίζεται στην κοινωνία μας. Πας να κοιτάξεις κάποιον στα μάτια κι αμέσως νιώθεις να λέει μέσα του: «Τι θέλει τώρα αυτός;» Δε θέλω τίποτε. Θέλω απλώς να κάνω ανθρώπινη επαφή. Δεν έχετε κανένα λόγο να με φοβόσαστε. Χαϊδεύω. Αγκαλιάζω. Δοκιμάστε με. Όταν κάποιος φοβάται να παρουσιαστεί μπροστά σ' ένα ακροατήριο, του συστήνω: «Ψάξε να βρεις αυτό που ονομάζω ''συμπαθητικά μάτια''. Θα ξαφνιαστείς όταν δεις πόσα συμπαθητικά μάτια υπάρχουν κι όταν βρεις ένα ζευγάρι τέτοια συγκεντρώσου πάνω τους γιατί, αν πεις κάποια βλακεία, αν μπερδέψεις τα λόγια σου, δεν έχεις παρά να κοιτάξεις αυτά τα μάτια και θα σου πουν: Δεν πειράζει, φίλε. Συνέχισε». Το πρώτο πράγμα που έκανα σ' αυτό το μάθημά μου στο Πανεπιστήμιο ήταν ν' αναζητήσω τα συμπαθητικά μάτια, μα δε βρήκα πολλά. Κορυφές κεφαλιών, ναι. Μολύβια που τρέχουν, ναι. Αλλά μάτια, όχι. Βρήκα τελικά ένα ζευγάρι, όμορφα μάτια στο πρόσωπο μιας κοπέλας στην πέμπτη σειρά και κατάλαβα ότι ήταν αυτά που ζητούσα, γιατί ανταποκρίνονταν σε ο,τιδήποτε έλεγα. Ήξερα έτσι ότι επικοινωνούσα μ' ένα άτομο τουλάχιστον κι ήταν μια καλή αρχή. Το αγάπησα αυτό το κορίτσι.

Στο μάθημά μου υπάρχουν ένα σωρό πράγματα που τα ονομάζω «προαιρετικά υποχρεωτικά». Ένα από τα προαιρετικά υποχρεωτικά είναι ότι κάθε φοιτητής πρέπει να έρθει στο γραφείο μου τουλάχιστον μια φορά. Δεν μπορώ να διδάσκω σκέτα σώματα. Μπορώ μόνο να σχετίζομαι με ανθρώπους. Γι' αυτό λέω: «Ελάτε, απλώς θα καθήσουμε ο ένας κοντά στον άλλο. Δε θέλω να μιλήσουμε για τα κείμενα ή για την τάξη. Αυτό μπορούμε να το κάνουμε μια άλλη φορά. Θέλω απλώς να μάθω ποια είναι η τελευταία φορά που είδατε ένα μονόκερω και αν ακόμα πιστεύετε στα αρχέγονα δάση. Κι όταν έρθετε, θα σας *αγγίξω* — κι αν δεν αντέχετε αυτή τη σκέψη, *πάρτε το ηρεμιστικό σας»*. Είναι απίθανο πόσοι τρομάζουν όταν κάποιος τους λέει: «Θέλω να σ' αγγίξω». Μεγάλωσα σε μια πολυμελή ιταλική οικογένεια όπου, όπως θα ξέρετε φαντάζομαι, όλοι αγκαλιάζονται με την παραμικρή αφορμή. Στις γιορτές μαζεύονται όλοι μαζί και χρειάζεσαι τρία τέταρτα για να τους καλωσορίσεις κι άλλα τρία για να τους αποχαιρετήσεις. Μωρά, γονείς, σκύλοι — όλους πρέπει να τους αγαπήσεις! Έτσι ποτέ δε δοκίμασα αυτή την υπαρξιακή αγωνία της μη ύπαρξης. Όταν κάποιος σε αγκαλιάζει και δεν περνάει από μέσα σου, υπάρχεις. Δοκιμάστε το και θα δείτε.

Πριν από δυο χρόνια μπήκε μια νέα κοπέλα στο γραφείο μου κι αμέσως κατάλαβα ότι κάτι δεν πήγαινε καλά. Τα μάτια της ήταν απλανή, το κεφάλι της κουνιόταν μόνο του. Τη ρώτησα λοιπόν τι τρέχει. «Ω, Δρ. Μπουσκάλια», μου απάντησε, «για να βρω το θάρρος να έρθω, χρειάστηκε να πιω ένα ολόκληρο μπουκαλάκι Ριπλ! Και τώρα ανακατεύομαι». Φαντάσου να χρειάζεται κανείς να πιει ένα μπουκάλι Ριπλ για να βρει το θάρρος να έρθει σε *μένα*. Το μόνο που κάνω είναι ότι απλώνω τα χέρια μου και λέω: «Γεια σου!». Σκεπάζω τα χέρια τους με τα δικά μου και τους οδηγώ στο γραφείο μου. Τότε βλέπω μια έκφραση πανικού στα μάτια τους: «Τι θα μου κάνει τώρα;» Τίποτε δε θα σας κάνω! Θέλω απλώς να ξέρετε πως κι εγώ κλαίω, αισθάνομαι, νοιάζομαι, πως δεν ξέρω τα πάντα και ν' αρχίσουμε έτσι πάνω σε μια κοινή βάση — σαν άνθρωπος σε άνθρωπο. Αν κάποιος θελήσει να παίξει μαζί μου το παιχνίδι «ακολουθήστε τον γκουρού» θα χάσει, γιατί θα διαπιστώσει ότι είμαι το ίδιο μπερδεμένος όπως κι αυτός. Η διαφορά μπορεί να είναι ότι εγώ *το ξέρω*. Ένας βουδιστής δάσκαλος μου είπε κάποτε: «Γιατί συνεχίζεις να προχωράς; Έχεις φτάσει ήδη». Και ξαφνικά το συνειδητοποίησα — Θεέ μου, έφτασα!

Μια πολύ σπουδαία ανακάλυψη είναι να συνειδητοποιήσεις ότι είσαι μοναδικός στον κόσμο. Τίποτε δεν είναι τυχαίο. Είσαι ένας ειδικός συνδυασμός με κάποιο σκοπό — μην πιστέψεις ποτέ κανένα που θα σου πει το αντίθετο, ακόμη κι αν σου πουν ότι αυτός ο σκοπός είναι μια αυταπάτη. (Ζήσε την αυταπάτη, αν δε γίνεται αλλιώς). Είσαι ο συνδυασμός αυτός για να μπορείς να κάνεις ό,τι είναι ουσιαστικό για σένα. Μην πιστέψεις ποτέ ότι δεν έχεις τίποτε να συνεισφέρεις. Ο κόσμος είναι μια τοιχογραφία ανολοκλήρωτη και μόνο εσύ μπορείς να γεμίσεις το μικρό κενό που σου αναλογεί.

«Ω, Θεέ μου», λέει ο Θορώ, «να φτάσει κανείς στο σημείο του θανάτου μόνο και μόνο για να καταλάβει ότι δεν έζησε ποτέ». Δεν έκανες ποτέ τίποτε. Ποτέ δεν έζησες κάτι έντονα. Ποτέ δε γέλασες. Ποτέ δεν έκλαψες. Ποτέ δεν ένιωσες απελπισία. Τα αρνείσαι όλα αυτά τα πράγματα, τα σπρώχνεις μακριά και ζεις στη χώρα του Ποτέ· Ποτέ, που δεν υπάρχει, που είναι μια ψευδαίσθηση. Είσαι όμως ο καλύτερος εαυτός σου. Είσαι ο *μοναδικός* εαυτός σου. Έχεις κάτι να δώσεις. Δώσ' το! Ένας από τους λόγους που αγαπάω αυτό το Σύλλογο, είναι γιατί έχει μέσα γονείς που ενδιαφέρονται. Τρομάζω όμως όταν ακούω ένα γονιό να λέει: «Δεν είμαι παρά ένας γονιός». Τι σημαίνει αυτό; Σαν γονείς μπορείτε να κάνετε τα πάντα. Αυτό είσαστε. Διδάξτε μας, γιατί εσείς ξέρετε.

Γιορτάστε την ανθρωπιά σας. Γιορτάστε την τρέλα σας. Γιορτάστε την ανεπάρκειά σας. Γιορτάστε τη μοναξιά σας. Πάνω απ' όλα γιορτάστε τον εαυτό σας. Δε θέλω να είμαι τίποτε άλλο απ' αυτό που είμαι, δηλαδή άνθρωπος. Μ' αρέσει πραγματικά που είμαι άνθρωπος. Άνθρωπος σημαίνει να ξεχνάς, να σκοντάφτεις πάνω σε τοίχους, να μπαίνεις σε λάθος δωμάτιο, να σταματάς το ασανσέρ σε λάθος πάτωμα. Η πόρτα ανοίγει, βγαίνω κι ανακαλύπτω ότι βρίσκομαι στον έκτο όροφο αντί για τον τρίτο. «Άντε φιλαράκο μου», λέω μέσα μου, «πάλι την έπαθες». Είναι σπουδαίο πράγμα να είσαι άνθρωπος. Χτες το βράδυ πήγα σ' ένα αριστοκρατικό κοκτέιλ πάρτι και κάποιος μου 'βαλε στο χέρι ένα ποτήρι μ' ένα ωραιότατο κόκκινο κρασί. Μ' αρέσει πολύ το κρασί και το 'πιασα με μεγάλη ευλάβεια. Ξαφνικά κάποιος όρμησε πάνω μου φωνάζοντας «Λέο!», με αγκάλιασε και το κρασί τινάχτηκε στον αέρα! Οι διπλανοί μου έβαλαν φωνή σε αχτίνα ενός μιλίου γύρω μου, αν και το κρασί δεν είχε χυθεί παρά μόνο πάνω μου. Εγώ φώναξα αυτό που λένε οι Ιταλοί όταν χύνεται το κρασί — «Allegria», που σημαίνει χαρά, αλλά κανείς δε φάνηκε να το πιστεύει. Κανείς δεν πήρε είδηση ότι αυτό το χυμένο κρασί πρόσθεσε χρώμα στη βραδιά μου.

Όσοι από σας ενδιαφέρεστε πραγματικά, όσοι είσαστε αληθινοί δάσκαλοι, μαθαίνετε πολλά από τα παιδιά. Είσαστε ανοιχτοί στα παιδιά. Δεν είσαστε από κείνους που στέκονται όρθιοι μπροστά στα θρανία και γαυγίζουν, «Περιμένουμε να τελειώσει η Σάλυ». Δεν είναι περίεργο που η Σάλυ λέει μέσα της: «Περίμενε όσο θέλεις, γερο...» Τι θρίαμβος να κάνεις όλη την τάξη να περιμένει εσένα! Ίσως ο δάσκαλος θα 'πρεπε ν' αναρωτηθεί τι βρίσκει τόσο σημαντικό να πει η Σάλυ — και να την ακούσει. Πάντοτε απορώ με τη συνήθεια των μεγάλων να μιλούν *προς* τα παιδιά. Ακούστε λίγο τι λέτε. Το ενενήντα τοις εκατό των λόγων σας είναι πράγματα που στέλνετε πάνω στα παιδιά, όχι που κάνετε μαζί τους. Δε συζητάτε με τα παιδιά. Απλώς τα τροφοδοτείτε με λόγια.

Σε μια από τις επισκέψεις μου στους Ινδιάνους Σιου της Νότιας Ντακότας ήρθαν και με πήραν από το αεροδρόμιο και διασχίσαμε τα Μπάντλαντς σ' ένα μεγάλο φορτηγό με ολόκληρη την ινδιάνικη οικογένεια. Μπροστά καθόταν ο μικρός Ντέιβιντ, η μαμά, ο μπαμπάς κι εγώ. Καθώς κουβεντιάζαμε η μαμά, ο μπαμπάς κι εγώ για όλα τα σημαντικά πράγματα που κάνουμε, ξαφνικά κατάλαβα ότι δε λογαριάζαμε καθόλου τον Ντέιβιντ. Είχα λοιπόν την έμπνευση να γυρίσω στον Ντέιβιντ και να τον ρωτήσω: «Εσύ, Ντέιβιντ, τι ξέρεις να κάνεις;» Κι αυτός μου απάντησε: «Ξέρω να φτύνω». Συγχαρητήρια! Όσοι από σας έχετε εργαστεί με προβληματικά παιδιά σ' όλη σας τη ζωή, όπως εγώ, θα ξέρετε πως όταν δε λειτουργούν οι σφιγκτήρες του στόματος, μπορεί να χρειαστούν πολλά χρόνια για να διδάξεις σε κάποιον να σουρώνει τα χείλια του για να καταφέρει το θαύμα να μπορεί να φτύνει με τη θέλησή του. Κι όμως το θεωρούμε κάτι αυτονόητο. «Τι άλλο μπορείς να κάνεις, Ντέιβιντ;» «Μπορώ να βάλω το δάχτυλό μου στη μύτη μου!» Και βέβαια μπορείς! Δεν είναι κάτι σαν θαύμα να μπορείς να σηκώσεις το χέρι σου όποτε θέλεις και να βάλεις το δάχτυλό σου στη μύτη σου; Γιόρτασε το θαύμα σου!

Όλα αρχίζουν με σένα και η μεγάλη γέφυρα που οδηγεί στους άλλους είναι *η δική σου* γέφυρα. Αυτό είναι το σημαντικό. Όσο πιο πολύ αναπτύσσομαι, τόσο πιο πολύ από μένα μπορώ να σας δώσω. Μαθαίνω για να σας διδάξω περισσότερα. Αναζητώ τη σοφία για να μπορώ να ενθαρρύνω την αλήθεια σας. Γίνομαι πιο συνειδητός και ευαίσθητος για να δεχτώ καλύτερα την ευαισθησία και τη συνειδητότητά σας. Και αγωνίζομαι να καταλάβω την ανθρωπιά μου για να σας καταλάβω καλύτερα, όταν μου αποκαλύπτετε ότι κι εσείς δεν είσαστε παρά μόνο άνθρωπος. Και ζω τη ζωή μου σαν ένα αδιάκοπο θαύμα για να σας δίνω την ευκαιρία να γιορτάζετε κι εσείς τη ζωή σας. Ό,τι κάνω για μένα, το κάνω για σας. Και ότι κάνετε εσείς για σας, το κάνετε για μένα, έτσι ποτέ δεν είναι εγωϊστικό. Ο,τιδήποτε έχετε μάθει, το έχετε μάθει για όλους τους γύρω σας.

Βγείτε από το «εγώ» και μπήτε στο «εμείς». Είναι ο ωραιότερος τρόπος να δείτε τον εαυτό σας και να βοηθήσετε τους άλλους να δουν τον εαυτό τους. Από δω πηγάζει η δύναμη. Γι' αυτό χτίστε πρώτα γέφυρες προς τον εαυτό σας, μα μη σταματάτε εκεί. Το επόμενο μεγάλο βήμα είναι οι γέφυρες προς τους άλλους.

Η δεκαετία του '60 ήταν σπουδαία εποχή. Όλοι αμφισβητούσαν τα πάντα και η διδασκαλία στη διάρκεια της δεκαετίας αυτής ήταν από τις καλύτερες στιγμές της καριέρας μου. Οι μαθητές μου δεν κάθονταν απλώς απέναντί μου, αλλά αντιδρούσαν σ' ο,τιδήποτε έλεγα. Τι καταπληκτική εποχή για να διδάξεις και τι καταπληκτική εποχή για να μάθεις! Η δεκαετία του '60 ήταν μια εποχή έκφρασης, εκδήλωσης, πολυφωνίας και αμφισβήτησης. Τώρα ρίχνουμε μια ματιά στη δεκαετία του '70 και αναρωτιόμαστε τι έγινε στη διάρκεια αυτής της δεκαετίας. Ξέρετε ποιο ήταν το πράγμα που άρχισε να ανατέλλει; Η δεκαετία του '70 ήταν μια εποχή ενδοσκόπησης. Μια ήρεμη εποχή. Μια εποχή που οι άνθρωποι γύρισαν προς τα μέσα, αφού είχαν διαπιστώσει ότι δεν υπήρχαν άλλα *εξωτερικά* ταξίδια. Και ότι αν ήθελαν να βρουν απαντήσεις, έπρεπε να ψάξουν μέσα. Έχουν περάσει δέκα χρόνια σχεδόν που κοιτάζουμε μέσα και το μόνο που φαίνεται να καταφέραμε είναι να κατασκευάσουμε ένα σωρό εγωιστικά άτομα, ανίκανα να σχετιστούν καν με τον εξωτερικό κόσμο. Μπορεί να χάσαμε έτσι δυο δεκαετίες;

Τώρα είναι ο καιρός να βγούμε έξω. Τώρα είναι ο καιρός να χτίσουμε γέφυρες προς τους *άλλους*. Αυτή είναι η δεύτερη γέφυρα. Η σωτηρία μας βρίσκεται στη συνεργασία μας πάνω σε κοινούς στόχους κι όχι στο σκόρπισμα σε μικρές περιχαρακωμένες οντότητες που επιμένουν, «Εγώ έχω δίκιο». Μια από τις πιο σημαντικές μου ανακαλύψεις τα τελευταία χρόνια είναι ότι δεν είμαι υποχρεωμένος να έχω συνέχεια δίκιο. Δεν είναι σπουδαίο αυτό; Σε απελευθερώνει και σου επιτρέπει να έχεις δίκιο κάποιες φορές. Και ξέρετε και τι άλλο ανακάλυψα; Ότι μπορώ κι εγώ να έχω δίκιο κι εσύ. Μπορούμε να έχουμε δίκιο και οι δύο. Υπάρχουν δύο δίκαια! Και μετά ανακάλυψα ότι υπάρχουν εκατοντάδες δίκια κι ότι στην πραγματικότητα δεν υπάρχει δίκιο ή άδικο, αλλά μια τεράστια γκρίζα περιοχή με κάθε είδους διαβαθμίσεις. Οι διχοτομίες είναι φαινόμενα αποστασιοποίησης. Ας βρούμε πρώτα τα κοινά μας σημεία. Δεν υπάρχουν δύο ίδιοι άνθρωποι μέσα σ' αυτό το δωμάτιο, έχουμε όπως πολλά κοινά και μπορούμε ν' αρχίσουμε απ' αυτή την κοινότητα. Αν μπορούμε να το αγγίξουμε αυτό, έχουμε ξεκινήσει.

Σήμερα δεν υπάρχει κανένα μέρος του κόσμου — και σ' αυτό συμπεριλαμβάνεται και το πιο μακρινό μέρος όπως η Κοιλάδα του Κασμίρ, η Κοιλάδα του Νεπάλ ή απομονωμένα χωριά του Θιβέτ— που να απέχει πάνω από εικοσιέξι ώρες. Είμαστε όλοι γείτονες. Θυμάμαι ακόμη την εποχή που κάθε Κυριακή, με ήλιο ή με βροχή, η οικογένεια Μπουσκάλια κατέβαινε στο Λονγκ Μπιτς. Το Λονγκ Μπιτς απέχει σήμερα είκοσι πέντε λεπτά από το κέντρο του Λος Άντζελες, τότε όμως κάναμε τρεις ώρες για να φτάσουμε από εκεί που μέναμε. Τώρα όλα είναι πολύ κοντά.

Ούτε ένα φύλλο δεν μπορεί πια να πέσει χωρίς να έχει συνέπειες πάνω στον καθένα μας. Δεν υπάρχει μέρος να κρυφτεί κανείς. Όλα είναι ένας τεράστιος μαγικός κραδασμός προς όλες τις κατευθύνσεις. Γι' αυτό καλά θα κάνουμε ν' αρχίσουμε να χτίζουμε αυτές τις γέφυρες, αλλιώς οι χαράδρες θα γίνουν τόσο βαθιές, που δε θα μπορούμε να τις γεφυρώσουμε.

Υπάρχει ένα μακρινό μέρος που λέγεται Τσάγια στην κεντρική Ταϊλάνδη, κοντά στα σύνορα με τη Μαλαισία. Στη μέση μιας μεγάλης λίμνης βρίσκεται ένα νησί και πάνω του ένα βουδιστικό μοναστήρι. Δεν έχουν νερό και αναγκάζονται να το φέρνουν με βάρκες από τη στεριά και να το φυλάνε σ' ένα τεράστιο βαρέλι. Ο βουδιστής δάσκαλός μου στο μοναστήρι αυτό προσπαθούσε να μου εξηγήσει την περιχαράκωση και μου διηγήθηκε μια όμορφη ιστορία. «Έχεις δουλέψει πολύ σκληρά όλη τη μέρα και γυρίζεις καταδικασμένος να πιεις απ' αυτό το πολύτιμο νερό που ξέρεις ότι δεν πρέπει να σπαταλήσεις άδικα. Ανοίγεις το βαρέλι, σκύβεις με την κουτάλα σου και βλέπεις ότι υπάρχει ένα μυρμήγκι μέσα στο βαρέλι.

Γίνεσαι έξω φρενών! Του λες: «Πώς τολμάς να βρίσκεσαι μέσα στο βαρέλι μου, κάτω από τη σκιά του δέντρου μου, στο νησί μου — μέσα στο νερό μου!» Και λειώνεις το μυρμήγκι. Δεσμευμένος! Ή σκέφτεσαι καλύτερα να το λειώσεις και λες: «Κάνει πολλή ζέστη σήμερα κι αυτό είναι το πιο δροσερό μέρος του νησιού. Δεν πειράζει που είσαι μέσα στο νερό μου»! Μαζεύεις με την κουτάλα σου γύρω από το μυρμήγκι και πίνεις. Αδέσμευτος. Και μετά πρόσθεσε: «Υπάρχει κι ένας άλλος δρόμος: η «μη-δέσμευση». Ξέρεις ποιος είναι αυτός; Τη στιγμή που ανοίγεις το βαρέλι σου και βλέπεις το μυρμήγκι δε σκέφτεσαι τι είναι καλό, κακό, σωστό ή λάθος. Αυτόματα δίνεις στο μυρμήγκι λίγη ζάχαρη». Αγάπη! Πρέπει ν' αρχίσουμε ν' αναγνωρίζουμε ότι εσείς είσαστε οι μόνοι άνθρωποι που μπορείτε να μου δώσετε τη ζάχαρη που χρειάζομαι κι εγώ ο μόνος άνθρωπος που μπορώ να κάνω το ανάλογο για σας. Είμαστε τόσο πιο φτωχοί χωρίς ο ένας τον άλλο.

Το θέμα «Γέφυρες προς το αύριο» είναι ωραίο, αλλά το αύριο δε μ' ενδιαφέρει και πολύ. Πιο πολύ με απασχολεί το τώρα. Ο δάσκαλός μου έλεγε πως οι περισσότεροι ζούμε μια αυταπάτη. Ζούμε στο χτες, ανησυχούμε γι' αυτό που έγινε χτες. Δεν μπορείς να κάνεις τίποτε για το χτες και δεν έχεις ωριμάσει ακόμη, αν εξακολουθείς να κατηγορείς τους άλλους γι' αυτό που έγινε χτες. Άφησε το χτες να φύγει μακριά γιατί, αν δεν το κάνεις αυτό, θα κρεμαστεί γύρω στο λαιμό σου και θα σε βουλιάξει. «Οι γονείς μου μου 'καναν αυτό ή εκείνο». Ξέρεις τι σου έκαναν οι γονείς σου; Σου έδωσαν ό,τι ήξεραν. Ας είναι ευλογημένοι! Μπορεί να μην ήταν τέλειοι. Το πιο θλιβερό και ίσως η αιτία της απογοήτευσής σου είναι ότι εσύ τους πίστευες για τέλειους κι ότι εκείνοι σε *άφησαν* να το πιστεύεις. Είναι πολύ σοφός ο γονιός που λέει στο παιδί του: «Κοίταξέ με. Κλαίω. Νιώθω μόνος. Δεν ξέρουμε αν αυτό θα πετύχει ή όχι, θέλουμε όμως να το κουβεντιάσουμε μαζί σου». Θυμάμαι τις φορές που ο πατέρας καθόταν στο μεγάλο τραπέζι έχοντας γύρω το παιδομάνι του κι έλεγε: «Ακούστε, παιδιά, έχασα τα πάντα. Πρέπει να δουλέψουμε όλοι μαζί για να ζήσουμε τους Μπουσκάλια». Τι ωραίο προνόμιο να «δουλεύουμε όλοι μαζί» για να συντηρηθούν οι Μπουσκάλια, αντί να βλέπω τους γονείς μου να κλείνονται στο πίσω δωμάτιο κι εγώ να πεθαίνω από αγωνία για κάτι που διαισθάνομαι, αλλά δεν καταλαβαίνω.

Θυμάμαι πως πήγαινα από πόρτα σε πόρτα πουλώντας περιοδικά. Έμαθα πολλά πράγματα μ' αυτό τον τρόπο. Πόρτες μού έκλειναν κατάμουτρα, άνθρωποι με πέταγαν έξω. Δεν πείραζε — κάθε μάθημα είναι καλό, φτάνει να το μαθαίνεις. Και θυμάμαι τη μαμά να λέει: «Μη σε νοιάζει, Τζούλιο, θα τα καταφέρουμε. Έχουμε τον κήπο. Μπορώ να φτιάχνω την ωραία μας πίττα κάθε βράδυ». «Αηδία!», λέγαμε όλοι. Λάχανο, ψωμί και νερό. Χορταίνεις όμως! Φουσκώνει μέσα στο στομάχι σου και ποτέ δεν νιώθεις πείνα. Αλλά το να είμαστε μαζί, να δουλεύουμε μαζί ήταν τόσο ωραίο — και σκεφτόμαστε το *τώρα*. Η μητέρα μου, που ηταν μια θεότρελη γυναίκα, έβρισκε πάντα κάτι να πουλήσει κι εμείς γυρίζαμε σπίτι περιμένοντας το ψωμί και το λάχανο κι αντί γι' αυτό βρίσκαμε ένα πλούσιο τραπέζι. «Τι έπαθες; Τρελάθηκες;», έλεγε ο πατέρας μου. Κι η μητέρα μου απαντούσε: «Κάθε άλλο! Αυτή είναι η στιγμή που χρειαζόμαστε τη χαρά». Καθόμαστε στο τραπέζι και τρώγαμε με την ψυχή μας. «Το χτες», άκουσα να λένε κάποτε, «είναι μια άκυρη επιταγή και το αύριο είναι ένα υποσχετικό σημείωμα. Μόνο το σήμερα είναι μετρητά στο χέρι. Ξόδεψέ τα όσα πιο τρελά μπορείς. Δε θα την ξανάχεις ποτέ αυτή την ευκαιρία. Έχεις έναν ολόκληρο κόσμο να τα ξοδέψεις».

Θέλω να σας διαβάσω κάτι που μου αρέσει πολύ. Το βρήκα στο Περιοδικό της Ανθρωπιστικής Ψυχολογίας. Γράφτηκε από έναν άνθρωπο 85 χρόνων, που έμαθε ότι θα πέθαινε. Λέει: «Αν μπορούσα να ξαναζήσω τη ζωή μου από την αρχή, θα έκανα πολύ περισσότερα λάθη αυτή τη φορά. Δε θα προσπαθούσα να είμαι τόσο τέλειος». Όλοι έχουμε τη μανία της τελειότητας. Τι σημασία έχει αν καταλάβουν οι άλλοι ότι δεν είσαι τέλειος; Θα μπορούν να ταυτιστούν μαζί σου τότε. Κανείς δεν μπορεί να ταυτιστεί με την τελειότητα.

Συνεχίζει: «Θα αφηνόμουνα περισσότερο. Θα χαλάρωνα. Θα

έκανα πιο πολλές ανοησίες απ' ό,τι σ' αυτή τη διαδρομή. Για να πω την αλήθεια, ελάχιστα θα ήταν τα πράγματα που θα έπαιρνα τόσο στα σοβαρά. Θα φερόμουνα πιο τρελά. Θα ήμουνα λιγότερο συγκρατημένος». Δεν είναι ωραίο αυτό;

Ο ογδονταπεντάχρονος γέρος λέει: «Θα διακινδύνευα, περισσότερο, θα 'κανα περισσότερα ταξίδια. Θ' ανέβαινα σε περισσότερες κορφές, θα κολυμπούσα σε περισσότερα ποτάμια, θα κοίταζα περισσότερα ηλιοβασιλέματα, θα έβλεπα περισσότερα μέρη. Θα 'τρωγα περισσότερα παγωτά και λιγότερα φασόλια». Πραγματικά βρίσκουμε μια αλλόκοτη απόλαυση στο να στερούμε τον εαυτό μας. Πρέπει να είναι ένα είδος αυτοτιμωρίας. Βέβαια δεν μπορούμε να κάνουμε ο,τιδήποτε θέλουμε, αλλά κατά διαστήματα πρέπει να κάνουμε κάτι παράλογο. Παραδείγματος χάρη μπαίνεις στο τμήμα με τα εκλεκτά τρόφιμα του σούπερ μάρκετ και βλέπεις κάτι που ήθελες από πάντα να δοκιμάσεις. Το παίρνεις από το ράφι και βλέπεις την τιμή, 2.98 δολάρια το βαζάκι. Το βάζεις αμέσως κάτω λέγοντας, «Ω Θεέ μου», και πηγαίνεις ν' αγοράσεις φασόλια. Για μια φορά έστω πες, «Α, τι ωραία», και αγόρασε έξι βαζάκια. Τα αξίζεις.

Συνεχίζοντας ο ογδονταπεντάχρονος λέει: «Θα είχα περισσότερα πραγματικά προβλήματα και λιγότερα φανταστικά». Τα ενενήντα τοις εκατό των πραγμάτων για τα οποία ανησυχούμε δε συμβαίνουν ποτέ, εμείς όμως συνεχίζουμε ν' ανησυχούμε για τα πάντα. Γι' αυτό και οι ασφαλιστικές εταιρείες στην Αμερική είναι οι πλουσιότερες. Μας ασφαλίζουν ενάντια στα πιο απίθανα πράγματα. Λέει ακόμη: «Βλέπετε, ήμουν ένας από αυτούς τους ανθρώπους που έζησαν συνετά και λογικά και προσγειωμένα κάθε ώρα και κάθε μέρα της ζωής τους. Είχα βέβαια κι εγώ τις παράφορες στιγμές μου και αν γινόταν να ξανάρχιζαν όλα, θα φρόντιζα να έχω περισσότερες τέτοιες στιγμές. Στην πραγματικότητα θα προσπαθούσα να ζήσω μόνο όμορφες στιγμές — στιγμή τη στιγμή. Σε περίπτωση που δεν το ξέρετε, απ' αυτό είναι φτιαγμένη η ζωή. Από στιγμές. Μη χάνετε το τώρα. Στάθηκα ένας απ' αυτούς τους ανθρώπους που δεν πηγαίνουν πουθενά χωρίς το θερμόμετρο, τη θερμοφόρα, το απολυμαντικό, το αδιάβροχο και τα αλεξίπτωτό τους.

Αν ξανάρχιζα από την αρχή, θα κουβάλαγα πολύ λιγότερες αποσκευές».

Ο Βούδας κάποτε έκανε μια απίστευτη δήλωση. Είπε: «Όσο λιγότερα έχεις, τόσο λιγότερες ανησυχίες έχεις». Όλοι λένε, «Ω, ναι, πολύ σωστό». Κι όμως μαζεύουμε και μαζεύουμε χωρίς τελειωμό. Έχουμε στα ντουλάπια μας πράγματα που δεν τα χρησιμοποιήσαμε ποτέ. Τα πιάτα που έφερε μαζί της η θεία Ματίλντα με το Μέιφλάουερ — βγάλτε τα έξω! Είναι προσβολή για τον άνθρωπο που τα έφτιαξε να τα κρατάτε κλειδωμένα. Χρησιμοποιήστε τα — γι' αυτό φτιάχτηκαν. Τίποτε δεν είναι αιώνιο.

Και κλείνει λέγοντας: «Αν ξανάρχιζα από την αρχή, θα ξεκινούσα ξυπόλητος από την αρχή της άνοιξης ώς τα μέσα του φθινοπώρου. Θα πήγαινα σε περισσότερα λούνα πάρκ, θα θαύμαζα περισσότερα ηλιοβασιλέματα. Θα έπαιζα με περισσότερα παιδιά, αν μπορούσα να ξαναρχίσω τη ζωή μου από την αρχή. Βλέπετε όμως, δεν μπορώ». Ούτε εσείς ούτε εγώ ξέρουμε τι βρίσκεται πιο πέρα, ξέρουμε όμως τι βρίσκεται εδώ. Αυτό είναι το δώρο του Θεού σε μας και το πώς θα το χρησιμοποιήσουμε είναι το δικό μας δώρο στο Θεό.

Η ζωή είναι στα χέρια σου. Μπορείς, αν θέλεις, να διαλέξεις τη χαρά ή μπορείς να συναντάς την απελπισία όπου κι αν κοιτάς. Όλα είναι δικά σου. Πώς συμβαίνει και μερικοί άνθρωποι βλέπουν παντού όμορφους ουρανούς και πράσινο χορτάρι με ωραία λουλούδια, ενώ άλλοι δυσκολεύονται να βρούνε έστω και ένα όμορφο πράγμα; Ο Καζαντζάκης λέει: «Έχεις τα πινέλα και τα χρώματα. Ζωγράφισε τον παράδεισο και μπες μέσα». Δεν έχει σημασία τι χρώματα χρησιμοποιείς τώρα. Πάντα μπορεί να τ' αλλάξεις.

Και μια τελευταία συμβουλή: Θα 'θελα να χτίσουμε μερικές νέες γέφυρες προς την τρέλα. Τη βαρέθηκα τη λογική, τουλάχιστον όπως την καθορίζουμε. Όταν κοίταξα τη λέξη τρέλα στο λεξικό, διαπίστωσα ότι ο ορισμός περιλάμβανε την «έκσταση», τον «ενθουσιασμό» και το «γέλιο». (Κοιτάξτε κι εσείς αν δε με πιστεύετε.) Με ανησυχεί πολύ το γεγονός ότι είμαστε μια κοινωνία που έχει φτάσει να στηρίζεται στο κονσερβαρισμένο γέλιο. Κάποιος κάνει κάτι άσχετο στην τηλεόραση κι όλοι στο ακροατήριο βάζουν τα γέλια, κι εγώ κάθομαι κι αναρωτιέμαι: «Συμβαίνει τίποτε με μένα; Δεν το βρίσκω αστείο». Θυμάμαι εποχές που οι άνθρωποι ξεκαρδίζονταν στα γέλια, που κυλιόντουσαν στο πάτωμα και χτυπούσαν το χαλί. Δεν το βλέπω πια αυτό. Η Έμιλυ Ποστ λέει ότι οι γυναίκες στον πολιτισμό μας δε πρέπει να ξεκαρδίζονται, μόνο να μειδιούν. Τόσο το χειρότερο για την Έμιλυ! Αφήστε την να μειδιά μόνη της. Εσείς γελάστε με την καρδιά σας! Ξέρουμε πολύ λίγα πράγματα για την έκσταση. Μιλάμε συνεχώς για το πώς να «προκαλέσουμε» τον ενθουσιασμό. Αυτά είναι γελοία πράγματα.

Ο βουδιστής δάσκαλός μου χρησιμοποιούσε τη λέξη έκσταση — ακούστε την καλά και θα μου πείτε, αν δε σας αγγίζει κατευθείαν στα σωθικά. Έκσταση! Είναι κι αυτό μέσα στα ανθρώπινα δικαιώματά σας μαζί με τον πόνο, το άγχος, την απελπισία. Έχετε το δικαίωμα σαν ανθρώπινα πλάσματα να γνωρίσετε την έκσταση προτού να πεθάνετε. Μερικοί έχετε ίσως γνωρίσει τη μεγάλη χαρά, την έξαρση, αλλά την έκσταση; Ο Ασατζιόλι λέει στην εργασία του πάνω στην ψυχοσύνθεση, ότι πολλά από τα προβλήματά μας προκύπτουν από το ότι είμαστε φυλακισμένοι μέσα στη ρουτίνα, μια ρουτίνα χωρίς τέλος. Κάνουμε τα ίδια πράγματα κάθε μέρα και στο τέλος βαριόμαστε την ίδια τη ζωή μας. Κι όταν ένας άνθρωπος βαριέται, γίνεται βαρετός. Μας συμβουλεύει: «Σπάστε τη ρουτίνα. Παρατήστε τους παλιούς δρόμους». Για σκεφτείτε το λίγο. Οι πιο πολλοί από μας ζούμε τα ίδια ακριβώς πράγματα κάθε μέρα. Σηκωνόμαστε το πρωί από την ίδια πλευρά του κρεβατιού. Πηγαίνουμε στο μπάνιο, απλώνουμε την οδοντόκρεμα πάνω στη βούρτσα, κοιτάζουμε τον εαυτό μας στον καθρέφτη κι αναστενάζουμε, «Θεέ μου!» Μπαίνουμε κάτω από το ντους, μετά βγαίνουμε, πίνουμε τον καφέ μας και φεύγουμε από την ίδια πόρτα. Για μια φορά πηδήστε πάνω από το σύζυγό σας. «Ε, τι κάνεις;» «Αλλάζω τη ζωή μου!» Ή ανοίξτε τα παράθυρα, πηδήστε έξω κι αρχίστε να κάνετε τρέχοντας εφτά φορές το γύρο του σπιτιού με τη νυχτικιά σας. «Τι κάνεις εκεί, Σάλυ;» Απαντήστε χαρούμενα: «Τρέχω!» Μπείτε μέσα και πείτε σ' αυτή την όμορφη γυναίκα που είναι η σύζυγός σας: «Πάμε να πάρουμε έξω το πρωινό μας σήμερα». Θα σας απαντήσει: «Μα σήμερα είναι Κυριακή». Κι εσείς μπορείτε να της πείτε: «Δεν πειράζει, το ίδιο κάνει». Θα ανακαλύψετε πόσο μπορεί να είναι μαγικό ένα πρωινό.

Η τελική γέφυρα: όλες αυτές οι γέφυρες πρέπει να χτιστούν μέσα στην αγάπη. Αυτό το τοποθέτησε πολύ ωραία και συνοπτικά ο Θόρτον Γουάιλντερ λέγοντας: «Υπάρχει μια γη των ζωντανών και μια γη των πεθαμένων και η γέφυρα είναι η αγάπη. Είναι η μοναδική επιβίωση και το μοναδικό νόημα».

Θέλω να σας αφήσω μ' αυτό: στην Ινδία, κάθε φορά που συναντάς ή που αποχαιρετάς κάποιον, απλώνεις τα χέρια σου και λες: «Namaste». Που σημαίνει: «Τιμώ το μέρος μέσα σε σένα, όπου κατοικεί ολόκληρο το σύμπαν. Τιμώ το μέρος μέσα σε σένα όπου, αν βρίσκεσαι σ' αυτό το μέρος μέσα σε σένα και βρίσκομαι κι εγώ σ' αυτό το μέρος μέσα σε μένα μας κάνει ένα». Namaste.

6

Η τέχνη να είσαι πραγματικά άνθρωπος

Μ' αρέσει να με συστήνει κάποιος, αν αυτός ο κάποιος ξέρει να προφέρει το όνομα Μπουσκάλια σαν όπερα του Βέρντι: *το αγαπάω* αυτό το όνομα. Εδώ και μερικά χρόνια μου ζήτησαν να μιλήσω στην Ασία. Χρειαζόμουνα ομοσπονδιακή άδεια, γιατί θα πήγαινα σε στρατιωτικά και ναυτικά στρατόπεδα. Συμπλήρωσα τα απαραίτητα έντυπα στο Ομοσπονδιακό Κτίριο και τα έδωσα στον υπάλληλο που έπρεπε να τα ελέγξει και να δει αν ήταν όλα εντάξει. Όταν είναι έτοιμος, ο υπάλληλος φωνάζει το όνομά σου στο μικρόφωνο. Ήξερα ότι θα υπάρξει κάποιο πρόβλημα, γιατί είναι αλήθεια πως το όνομά μου στην πλήρη του μορφή, Φελίτσε Λεονάρντο Μπουσκάλια, μπορεί να είναι καλό για άρια του Βέρντι, αλλά για τον Τζο Σμιθ πέφτει κάπως δύσκολο. Δεν έδειξε να κολλάει στην Σάλυ Τζόουνς και τον Τζέιμς Μπράουν, μα κατάλαβα ότι είχε φτάσει στο όνομά μου όταν τον είδα να πιάνει το χαρτί, να το κοιτάει και μετά να το ξαναπιάνει. Τελικά πήρε μια βαθιά ανάσα, άρχισε με το πρώτο μου όνομα και τον άκουσα να λέει: «Φύλις!*» Ορκίζομαι ότι περίμενα τα πάντα εκτός από το Φύλις. Όχι πως δε μ' αρέσει το Φύλις, είναι ωραίο όνομα, μα δε μου ταιριάζει. Όχι ακριβώς.

Πάντα μ' απασχολεί κάπως το πώς ν' αρχίσω, γιατί ξέρω ότι μερικοί έχετε διαβάσει τα βιβλία μου, μου έχετε γράψει θαυμάσια γράμματα ή έχετε δει κασέτες δικές μου και ξέρετε περίπου τι έχω μέσα στο κεφάλι μου. Άλλοι πάλι, όπως είναι φυσικό, δεν έχουν

* Ο υπάλληλος πρόφερε το Felice σαν το Phyllis

ιδέα το ποιος είμαι. Είναι κι αυτό πολύ ευχάριστο, γιατί μπορούμε να γνωριστούμε απόψε. Ίσως μια από τις ωραιότερες στιγμές της ζωής μου ήταν η φορά που μίλησα σ' ένα πανεθνικό συνέδριο τυφλών. Όταν τελείωσα την ομιλία μου, ένας όμορφος τυφλός άνδρας ήρθε και μου είπε: «Δρ Μπουσκάλια, μου επιτρέπετε να σας διαβάσω με τα δάχτυλα;» Σας έχουν διαβάσει ποτέ με τα δάχτυλα; Είναι σαν ένα δροσερό αεράκι ή ένα ελαφρό ηλεκτρικό ρεύμα πάνω στο δέρμα. Έτσι είναι δυνατό να αγγίξεις και λεκτικά τον άλλο κι αν θέλετε κάτι περισσότερο, θα σταθώ εδώ κάτω και μπορούμε μετά να προχωρήσουμε πιο πολύ. Ξέρετε ότι είμαι ένας φοβερά εκδηλωτικός Ιταλός. Η μητέρα συνήθιζε να λέει: «Για να πιστέψεις κάτι, χρειάζεται να το αγγίξεις.» Αν θέλετε λοιπόν να σας πιστέψουν, ξέρετε...

Σήμερα θα σας μιλήσω για ένα θέμα που μου είναι πραγματικά πολύ αγαπητό, για την τέχνη —κυριολεκτικά την *τέχνη*— να είναι κανείς πραγματικά άνθρωπος. Δεν ξέρω τι αισθανόσαστε εσείς, αλλά εμένα μου αρέσει πολύ αυτή η ιδέα ότι είμαι άνθρωπος και ότι έχω όλες τις δυνατότητες να γίνω άνθρωπος.

Θυμάμαι ότι είχα συγκινηθεί πολύ από κάτι που διάβασα σ' ενα βιβλίο του Χάιμ Τζίνοτ. Είναι πολύ συγκινητικό κείμενο και το έχει γράψει μια διευθύντρια σχολείου, που το έδωσε στον Τζίνοτ. Λέει:

> Είμαι ένας άνθρωπος που επέζησε από στρατόπεδο συγκέντρωσης. Τα μάτια μου είδαν πράγματα που δεν έπρεπε να τα δει ποτέ κανείς. Θαλάμους αερίων κατασκευασμένους από σπουδασμένους μηχανικούς. Παιδιά δηλητηριασμένα από μορφωμένους γιατρούς. Γυναίκες και μωρά να πυροβολούνται και να σκοτώνονται από καθηγητές Γυμνασίου και Πανεπιστημίου. Γι' αυτό είμαι επιφυλακτική απέναντι στη μόρφωση. Η παράκλησή μου είναι: Βοηθήστε τους φοιτητές σας να είναι άνθρωποι. Δεν πρέπει ποτέ οι προσπάθειές σας να παράγουν μορφωμένα τέρατα, ειδικευμένους ψυχοπαθείς, εκπαιδευμένους Άιχμαν. Η ανάγνωση και η γραφή, η ορθογραφία, η ιστορία και η αριθμητική είναι σημαντικά μόνο αν χρησιμεύουν για να γίνουν άνθρωποι οι μαθητές μας.

Ξέρετε τι σκέφτηκα; Διδάσκουμε τα πάντα στους ανθρώπους εκτός από το πιο ουσιαστικό, Κι αυτό είναι η ζωή. Κανείς δε σου διδάσκει τη ζωή. Υποτίθεται πως την ξέρεις. Κανείς δε σου διδάσκει πώς να είσαι άνθρωπος και τι σημαίνει να είσαι άνθρωπος και πόσο τιμητικό πράγμα είναι να λες: «Είμαι άνθρωπος!» Υποθέτουμε όλοι πως είναι κάτι που το έχεις ή που θα έπρεπε να το είχες πάρει με τη διαδικασία της όσμωσης. Έλα όμως που δεν αποκτάται με την όσμωση.

Μ' αρέσει να κάνω ανοιχτές συζητήσεις, γιατί συναντάω τόσο πολλούς όμορφους ανθρώπους. Όλοι ζητούν ορισμούς. Δεν είναι ενδιαφέρον αυτό; «Δρ, Μπουσκάλια, μπορείτε να μου ορίσετε τι είναι η αγάπη;» Κι εγώ απαντάω: «Όοοχι! Αν με παρακολουθήσεις όμως, θα προσπαθήσω να το ζήσω».

Είναι πολύ δύσκολο να βρεις τον ορισμό, γιατί η έννοια αυτή είναι πάρα πολύ πλατιά. Όσο πιο πολύ ζω μέσα στη χαρά και στην ομορφιά, τόσο καλύτερα μαθαίνω να αγαπάω. Κάθε μέρα αγαπάω και πιο πολύ, όλο και πιο πολύ. Ο ορισμός της αγάπης θα σήμαινε περιορισμό. Καθώς προχωρώ όμως στο δρόμο μου, έχω τουλάχιστον κάποια ιδέα για το πού βρίσκομαι. Ξέρω όμως επίσης πως, αν απλώσω το χέρι μου, θα μου δώσεις νέους ορισμούς, νέες σκέψεις, νέες ιδέες και μαζί θα μπορούσαμε να προχωρήσουμε.

Έχουν μαζευτεί εδώ γύρω στις δυο χιλιάδες άνθρωποι απόψε. Δεν υπάρχει ούτε ένας που να μην έχει γνωρίσει τη μοναξιά. Δεν είναι θαυμάσιο αυτό; Ούτε ένας που να μην έχει γνωρίσει την απελπισία. Δεν είναι θαυμάσιο; Ούτε ένας που να μην έχει κλάψει. Δεν υπάρχουν όμως και πολλοί που να μην έχουν γελάσει ποτέ, που να μην έχουν γνωρίσει τη χαρά. Έτσι, μ' όλους αυτούς τους τρόπους, μπορούμε να επικοινωνούμε. Είμαστε ίδιοι, γιατί κι εγώ τα δοκίμασα όλα αυτά και κάνουμε τον ίδιο αγώνα: να γίνουμε πραγματικά άνθρωποι — το καλύτερο πράγμα που μπορούμε να γίνουμε. Τι σπουδαίος σκοπός! Τι θαυμάσιος σκοπός!

Για μένα το πιο συναρπαστικό πράγμα στον κόσμο είναι ίσως η συνειδητοποίηση ότι έχω το δυναμικό για να γίνω πραγματικά άνθρωπος. Δεν μπορώ να γίνω Θεός, *μπορώ* όμως να γίνω ένα ανθρώπινο πλάσμα σε πλήρη λειτουργία! Και θα ήθελα να σας μιλήσω για μερικά πράγματα που τα θεωρώ ουσιαστικά στην προσπάθεια να γίνει κανείς πραγματικά άνθρωπος.

Πρέπει να ξαναγυρίσουμε στην ουσία. Ξέρω πως αυτό θα σοκάρει αρκετούς ανθρώπους, ξέρω πως δε θα σας αρέσει, αλλά θα το διακινδυνεύσω. Νιώθω έντονα πως πρέπει. Πρέπει να τολμήσουμε και πάλι να πούμε, «Μ' αρέσει ο εαυτός μου». Κανείς δεν μπορεί να δώσει στους άλλους κάτι που δεν έχει. Πρέπει λοιπόν να βάλετε τα δυνατά σας να *πλουτίσετε*. Πρέπει να γίνετε το πιο όμορφο, ευαίσθητο, μαγικό, θαυμάσιο, μοναδικό, φανταστικό πλάσμα στον κόσμο για να έχετε όλα αυτά τα πράγματα με σκοπό να τα χαρίσετε ή να τα μοιραστείτε. Σκεφτείτε το καλά. Αν δεν έχω σοφία, δεν μπορώ να σας διδάξω παρά μόνο την άγνοιά μου. Αν δεν έχω χαρά, θα σας διδάξω την απελπισία. Αν δεν έχω ελευθερία, θα σας βάλω σε κλουβιά. Ό,τι όμως έχω, μπορώ να το χαρίσω. Αυτός είναι και ο μοναδικός λόγος να το έχω. Πρώτα όμως πρέπει να το έχω. Γι' αυτό αφιερώνω το χρόνο μου στο να γίνω ο καλύτερος Λέο που γνώρισε ποτέ ο κόσμος.

Αν είμαι ο καλύτερος Λέο μπορώ να αγαπώ τον καλύτερο εαυτό *σας*. Δε μ' αρέσει το παιχνίδι των οπαδών. Γιατί ο *δικός μου* δρόμος θα σας οδηγήσει *σε μένα* και θα χαθείτε έτσι. Ο μοναδικός τρόπος είναι ν' ακολουθήσετε το *δικό σας* δρόμο. Είσαστε αυτός ο μαγικός συνδυασμός που ποτέ πια δε θα ξαναπαρουσιαστεί στον κόσμο, και δε μ' ενδιαφέρει ποιοι είσαστε, αν νιώθετε έξαρση ή μοναξιά. Ο καθένας σας είναι κάτι μοναδικό και ειδικό. Θα ήθελα να το λέγαμε αυτό στα παιδιά αρκετά νωρίς, ώστε να μη χρειάζεται να ξοδέψουν ολόκληρη τη ζωή τους για να το μάθουν! Έχετε ένα μοναδικό κόσμο να μοιραστείτε.

Εκείνοι που έχουν μελετήσει την αντίληψη και τις αισθήσεις ξέρουν πως ο καθένας βλέπει τον κόσμο με διαφορετικό μάτι. Κι όμως πρόκειται για τον ίδιο κόσμο. Δεν κοιτάζουμε με τον ίδιο τρόπο ένα δέντρο. Κι όμως είναι το ίδιο δέντρο. Δε θα ήταν θαυμάσιο αν μπορούσαμε να μοιράσουμε αυτό το δέντρο και να το κοιτάξουμε με δύο διαφορετικούς τρόπους; Η ιδέα και μόνο με απογειώνει. Και παρ' όλα αυτά συνεχώς ακούω τον κόσμο να λέει: «Και τι έχω να προσφέρω;» Ξέρεις τι έχεις να προσφέρεις; Ένα κεντρικό κομμάτι από το παζλ. Όσο δεν παίρνεις αυτή την ευθύνη, η εικόνα θα μένει ανολοκλήρωτη. Ποτέ δε θα μπορέσω να δω το δέντρο σου και είμαι σίγουρος ότι όλα αυτά που μας βασανίζουν, η δυστυχία, η απελπισία, η αγωνία, προέρχονται από το γεγονός ότι οι άνθρωποι δεν πραγμάτωσαν και δε μοιράστηκαν τους κόσμους τους. Γιατί, αν το είχαν κάνει, η εικόνα θα ήταν πολύ πιο καθαρή. Έχεις κάτι να ζωγραφίσεις, κάτι να προσθέσεις πάνω σ' αυτή την τοιχογραφία, που είναι αποκλειστικά δικό σου. Μη χάσεις την ευκαιρία. *Είσαι* κάτι θαυμαστό. *Είσαι* κάτι μαγικό. Δεν υπάρχει παρά ένας *εσύ*.

Την επόμενη φορά που θα περάσεις μπροστά από ένα καθρέφτη, κοίταξε μέσα και πες: «Θεέ μου. Είναι αλήθεια! Είμαι μοναδικός!» Ω, αν μπορούσαμε να το φτάσουμε αυτό! Και το καταπληκτικό είναι πως δεν έχει σημασία σε ποιο σημείο του εαυτού σου βρίσκεσαι. Τώρα απλώς αρχίζεις, γιατί να ξέρεις, πως κανείς δε βρήκε ποτέ τα όρια των ανθρώπινων δυνατοτήτων, της ανθρωπιάς. Είσαι *απεριόριστες δυνατότητες*.

Ο Έριχ Φρομ λέει πως το θλιβερό στη ζωή μας σήμερα είναι ότι οι περισσότεροι πεθαίνουμε πριν γεννηθούμε πραγματικά. Μη χάσεις τον εαυτό σου! Η Ελίζαμπεθ Κύμπλερ-Ρος μας λέει, πως οι άνθρωποι που φωνάζουν πιο πολύ στο νεκρικό τους κρεβάτι, είναι αυτοί που δε ζήσανε ποτέ. Στάθηκαν παρατηρητές της ζωής, όχι παίκτες. Δε διακινδύνευσαν τίποτε. Έμειναν στις κερκίδες.

Κάθε φορά που απλώνουμε το χέρι σε κάποιον διατρέχουμε τον κίνδυνο να μας δείρουν. Όπως όμως διατρέχουμε τον κίνδυνο — πενήντα τοις εκατό πιθανότητες, στο Λας Βέγκας δε δίνουν περισσότερες—, έχουμε και την πιθανότητα ν' απλώσει κι ο άλλος το χέρι του και να μας αγγίξει με αγάπη.

Ένα από τα ωραιότερα πράγματα που είδα ποτέ έγινε σ' ένα πάρκο. Υπήρχε μια μαμά κι ένας μπαμπάς που είχαν κλέψει — κυριολεκτικά κλέψει λίγο χρόνο από την εξωφρενική, παραγεμισμένη με απαραίτητα πράγματα ζωή που ζούμε, για να βγάλουν το παιδάκι τους στο πάρκο. Ο μικρός άρχισε να περπατάει στην όχθη της λίμνης. Ο πατέρας το είδε αυτό και πήγε να τον σταματήσει. Η μητέρα, που πρέπει να ήταν ένας πολύ μοναδικός και όμορφος άνθρωπος, άπλωσε το χέρι και τον κράτησε. «Άσ' τον να πάει!», του είπε. Κι ο μικρός, που μόλις είχε μάθει να περπατάει, κατηφόρισε χαρούμενος προς τη λίμνη. Αυτή η ιστορία έχει ωραίο τέλος. Ο μικρός δεν πνίγηκε. Είμαι σίγουρος ότι η καρδιά της μαμάς του χτυπούσε πολύ δυνατά. Αν δε ρισκάρεις όμως, δε μεγαλώνεις.

Είμαι ένας απ' αυτούς τους τρελούς ανθρώπους που θέλουν να δείχνουν στους άλλους ότι τους βλέπουν. Ο θεός ξέρει πόση μοναξιά νιώθουμε επειδή δε μας βλέπει κανείς. Είμαστε σίγουροι πως δεν υπάρχουμε. Έτσι κατηφορίζω στο πανεπιστημιακό πάρκο και χαιρετάω: «Καλημέρα. Τι κάνεις;». Οι αντιδράσεις είναι απίστευτες. Μερικοί λένε, «Γεια σου». Κι άλλοι, στο άκρο αντίθετο, μου απαντάνε θυμωμένα σαν να παραβίασα την ιδιωτική τους ζωή — και ίσως αυτό πράγματι έκανα—: «Γνωριζόμαστε;» «Όχι», απαντάω, «αλλά δε θα ήταν ευχάριστο να γνωριζόμαστε;» Μερικές φορές μου απαντούν, «Όχι, δε θα ήταν».

Σ' αυτή την περίπτωση έχω μία καταπληκτική προστασία —αν δεν πιστεύετε πως ακόμη πληγώνομαι—, έχω ένα απίθανο μηχανισμό άμυνας για να υπερκαλύπτει το τραύμα μου. Ο Φρόυντ θα γύριζε μέσα στον τάφο του. Λέω μέσα μου καθώς απομακρύνομαι: «Κοίτα να δεις τι χάνουν, που δε θέλουν να με γνωρίσουν, αφού είμαι τόσο συμπαθητικός. Γι' αυτό, αύριο που θα τους ξαναδώ, θα τους πω *ξανά* καλημέρα και θα τους δώσω άλλη μια ευκαιρία». Έχει πολλή επιτυχία, ξέρετε!

Όταν τους ξανασυναντάω την άλλη μέρα, τους λέω πάλι: «Γεια σου!» Κι αν με ξαναρωτήσουν: «Γνωριζόμαστε;», τους απαντάω: «ΝΑΙ, σε είδα και χτες!»

Ω! μάθετε να ρισκάρετε ξανά. Γυρίστε πάλι σ' αυτή την εποχή της παιδικής μας ζωής, όπου όλα ήταν ένα τεράστιο, υπέροχο μυστήριο που το εξερευνούσαμε. Μπείτε μέσα. Πέστε στον εαυτό σας: «Θέλω να μάθω τα πάντα. Θέλω να νιώσω, να αγγίξω, να γευτώ, να καταλάβω τα πάντα και, αφού δεν έχω χρόνο να τα κάνω όλα στη ζωή μου, πρέπει ν' αρχίσω από τώρα». Ζήστε την κάθε στιγμή σαν να ήταν η τελευταία σας, γιατί μπορεί πραγματικά να είναι.

Πολύς κόσμος βλέπει το θάνατο σαν ένα φονιά. Έχω φτάσει σ' ένα σημείο που έχω υπογράψει ειρήνη με το θάνατο. Τον βλέπω σαν μια πολύ θετική δύναμη, γιατί μου διδάσκει ότι ο χρόνος μου είναι περιορισμένος και γιατί δεν κάνει κόλπα. Ο θάνατος μας το έχει πει αυτό από τη στιγμή που γεννηθήκαμε. Ποτέ δε μας κρύφτηκε. Αν είναι κρυφός, είναι γιατί τον κρύψαμε εμείς. Κανείς δε θα βγει ποτέ ζωντανός απ' αυτό τον κόσμο. Ξέρετε όμως ότι μερικοί από μας πιστεύουν πως είναι δυνατό κάτι τέτοιο; Ενεργούμε σαν να ζούσαμε αιώνια. «Ω, άσ' το αυτό, θα το κάνω *αύριο*». «Πάντα ήθελα να κάνω ορειβασία. Θ' αρχίσω αύριο». Αύριο ίσως να μην μπορείς.

Οι μαθητές μου λένε: «Όταν τελειώσω το σχολείο, θα έχω καιρό να διαβάσω». Εγώ τους λέω: «Δε θα το κάνεις! Αν δε διαβάζεις *τώρα*, δε *θα* διαβάσεις ποτέ».

Τώρα είναι η στιγμή. Μην περιμένεις το αύριο για να πεις σε κάποιον πως τον αγαπάς. Κάν' το τώρα. Ξάφνιασέ τον. Πάρε υπεραστικό τηλέφωνο: «Μαμά, εσύ; Ο Φελίτσε είμαι. Ξέρω πως είναι τρεις το πρωί, μα ήθελα να σου πω ότι σ' αγαπάω».

Αν δεν πάθει συγκοπή, θα της χαρίσεις μια από τις πιο σημαντικές στιγμές της ζωής της. Πέφτω συνεχώς πάνω σε ανθρώπους που λένε: «Αφού το ξέρει πολύ καλά». Ναι, ίσως το ξέρει. Εσύ όμως έχεις βαρεθεί ποτέ να το ακούς;

Πες το τώρα. Υπάρχουν χιλιάδες τρόποι να το πεις. Άπλωσε το χέρι σου και άγγιξέ την. Αγκάλιασέ την. Πες της το. Γύρνα σπίτι και ξύπνησε τα παιδιά: «Ε, ξυπνήστε! Σας αγαπώ, σας αγαπώ, σας αγαπώ—».

«Θεέ και Κύριε, η μαμά τρελάθηκε!»

«Ακριβώς, τρελάθηκα!»

Να θυμάσαι πως όλα αρχίζουν με σένα και δεν μπορείς να γιορτάσεις κάποιον άλλο στον κόσμο, αν δεν γιορτάσεις τον εαυτό σου. Με όλες τις παραξενιές του! Με τις ελλείψεις του! Ακόμα και με την ικανότητά του να πληγώνει τους άλλους!

Ένα από τα σπουδαιότερα χαρίσματά μας είναι το χάρισμα της

συγγνώμης. Σας συγχωρώ που είσαστε λιγότερο από τέλειοι. Θα απαιτήσω την τελειότητα από όλους την ημέρα που θα γίνω κι εγώ τέλειος. Δεν κινδυνεύετε λοιπόν! Γι' αυτό γιορτάστε τον εαυτό σας και την ανθρώπινη υπόστασή σας με χαρά και θαύμα και μαγεία. Και παράλληλα μ' αυτό γιορτάστε τους *άλλους*. Ω, δε φαντάζόσαστε πόση χαρά μου δίνει να γιορτάζω τη *δική σας* ύπαρξη!

Όσοι από σας ξέρετε τη δουλειά μου, θα ξέρετε ότι είμαι μανιώδης λάτρης των φύλλων. Το φθινόπωρο είναι η καλύτερή μου εποχή. Το φθινόπωρο για μένα είναι σκέτη μαγεία. *Αγαπάω* τα φύλλα. Μου λένε τόσο πολλά. Έτσι λοιπόν, όταν έρχεται το φθινόπωρο και βρίσκομαι περιτριγυρισμένος από φυλλοβόλες συκομουριές και αρχίζουν να πέφτουν τα φύλλα τους, μ' αρέσει να τ' αφήνω εκεί που βρίσκονται. Και όχι μόνο: μ' αρέσει να τα φέρνω μέσα στην τάξη και να βάζω από ένα φύλλο στο τραπέζι κάθε μαθητή μου. Τους λέω: «Δεν είναι απίστευτο; Δεν είναι ένα θαύμα το κάθε φύλλο;». Αρχίζω να τους μιλάω για την αντίληψη και την αίσθηση χρησιμοποιώντας το φύλλο σαν παράδειγμα. Τότε, όσοι μαθητές το είχαν πετάξει κάτω, σκύβουν και το μαζεύουν. Δεν ήξεραν ότι αποτελούσε μέρος του μαθήματος. *Τώρα* έχει αποκτήσει σημασία. Όμως αυτό το μαραμένο φύλλο έχει από μόνο του σημασία.

Θυμάμαι ένα καταπληκτικό κορίτσι στην τάξη μου. Όταν ανταλλάσσαμε τα συναισθήματά μας για τα φύλλα, κάποιος είπε: «Δεν είναι πανέμορφο;» και «Κοίτα αυτά τα λεπτά νευράκια». Ενώ εμείς μιλούσαμε γι' αυτό που βλέπαμε, το κορίτσι αυτό είπε κάτι που κανείς μας δεν είχε σκεφτεί: «Τι ωραία που *μυρίζει* ένα ξερό φύλλο»!

Μ' αρέσουν τα φύλλα, κι όταν πέφτουν προτιμώ να τ' αφήσω χάμω, οι γείτονές μου όμως είναι πολύ τακτικοί και καθαροί άνθρωποι. Όλη μέρα καθαρίζουν, καθαρίζουν. Ενώ το σπίτι του Μπουσκάλια (όπως το βλέπουν αυτοί) είναι βρωμιά και μόνο βρωμιά. Αυτοί καθαρίζουν, καθαρίζουν. Φανταζόσαστε την κατάσταση; Μάλιστα ο ένας γείτονάς μου έχει μια από αυτές τις μηχανές που ρουφάνε τα φύλλα — Ρρρρααααρρ! Και βλέπεις ξαφνικά τα φύλλα να χάνονται. ΑΑΑΡΡΡΓΚΓΚ! Δεν αντέχω το θέαμα. Ευτυχώς τα *δικά μου* φύλλα δεν κινδυνεύουν.

Κάποτε έκανα ένα σεμινάριο σπίτι μου και με επισκέφτηκαν οι γείτονές μου — όμορφοι, θαυμάσιοι άνθρωποι, μόνο που είναι καθαροί.

Χτύπησαν την πόρτα και άφησα για λίγο τους φοιτητές μου για ν' ανοίξω την πόρτα. Μου είπαν: «Λέο, ξέρουμε ότι τα Σαββατοκύριακα ταξιδεύεις και ότι δουλεύεις ώς αργά στο Πανεπιστήμιο κι ότι δε σου μένει καιρός να μαζέψεις τα φύλλα σου. Εμείς έχουμε αυτή την καταπληκτική μηχανή. Θα σ' τα μαζέψουμε εμείς!» Βέβαια για να θέλουν να μ' εξυπηρετήσουν σημαίνει πως είναι καλοί γείτονες. Είπα λοιπόν. «Εντάξει, παιδιά. Δεν ήξερα ότι τα φύλλα μου σας ενοχλούν. Θα πάω και θα τα μαζέψω». Μιλήσαμε λίγο ακόμη και μετά έφυγαν. Γύρισα στο δωμάτιο και φυσικά οι μαθητές μου είχαν εξαγριωθεί: «Φοβιτσιάρη! Έπρεπε να τους πεις: αυτό είναι το σπίτι μου και θα κάνω, ό,τι....». «Σκασμός», τους είπα εγώ. (Είναι γνωστό ότι είμαι ένας μη-παρεμβατικός συμβουλευτής). «Σηκωθείτε αμέσως, μαζέψτε όλα τα φύλλα και καθαρίστε τα. Βάλτε τα μέσα σε βαρέλια, φέρτε τα μέσα και αδειάστε τα στη μέση του καθιστικού».

Δε με πίστευαν. «Στα σοβαρά το λες;» *«Ναι, στα σοβαρά*! Κανείς δεν μπορεί να μου υπαγορεύσει τι θα βάλω στο πάτωμα του καθιστικού μου». Έτσι αδειάσαμε αυτά τα θαυμάσια πράγματα στο πάτωμα του καθιστικού και συνεχίσαμε το σεμινάριο καθισμένοι πάνω στα φύλλα. Και να σας πω και κάτι, μερικές φορές τους χρειάζομαι πραγματικά τους γείτονές μου. Χαίρομαι που είναι εδώ. Πολλές φορές εγκαταλείποντας ένα πράγμα χαμηλότερης τάξης, καταφέρνουμε κάτι πολύ ψηλότερης τάξης. Είχα τους γείτονές μου και ήταν ευχαριστημένοι, είχα και τα φύλλα μου, που μ' έκαναν εμένα ευτυχισμένο. Κι όλο αυτό ήταν πολύ απλό. Ξέρετε ότι τα περισσότερα διαζύγια, οι περισσότερες ρήξεις στις σχέσεις γίνονται γύρω από *ανόητα*, *ασήμαντα*, και *παράλογα* πράγματα; «Θέλω να χωρίσω! Η γυναίκα μου πατάει την οδοντόπαστα στη μέση κι αυτό μ' εξαγριώνει»! Για τ' όνομα του Θεού, αγόρασε δύο οδοντόπαστες.

«Πετάει τα ρούχα του όπου βρει, σαν να 'μουνα η υπηρέτριά του!»

Δεν είσαι υπηρέτριά του και δε θα είσαι όσο δεν θα το θέλεις εσύ! Άφησέ τα εκεί που τα πετάει! Παράβλεψέ τα! «Μα τι θα πουν οι γείτοντες;» Θα έχουν απλώς ένα μικρό πρόβλημα να λύσουν όταν θα μπουν στο σπίτι σου και θα πουν: «Τι είναι αυτό; Έξι πουλόβερ στο...» «Α, δεν είναι τίποτε, του άντρα μου είναι. Χαριτωμένος τρόπος ε; Του αρέσει να ρίχνει τα πουλόβερ του κάτω. Και δεν τα μαζεύει ποτέ. Διασκεδάζει τόσο πολύ, όταν τα ταχτοποιεί το πρωί».

Την επόμενη φορά που κάτι σε νευριάζει και σε θυμώνει, εξέτασέ το πιο προσεχτικά. Συνήθως είναι εντελώς παράλογο. Αν καθήσεις να το σκεφτείς λίγο περισσότερο, θα βάλεις τα γέλια. Τότε μπορείς να πεις: «Δεν είναι σπουδαίο πράγμα να είναι κανείς άνθρωπος;»

Αυτό που με τρομάζει πιο πολύ απ' ο,τιδήποτε ίσως στον πολιτισμό μας είναι η έλλειψη του χιούμορ. Τα παίρνουμε όλα τόσο στα σοβαρά. Έχουμε ξεχάσει να γελάμε. Για θυμηθείτε όσοι είσαστε στην ηλικία μου και πιο παλιοί πόσο γέλιο υπήρχε στα σπίτια μας. Δεν ακούω πια καθόλου γέλια.

Θυμάμαι τη μητέρα μου, που ήταν μια πραγματικά σπουδαία γυναίκα — ήταν επιβλητικά στρογγυλή. Ήταν μια πραγματικά χοντρή γυναίκα! Λάτρευε το φαγητό. Κι αυτή την ιδιότητα την πέρασε και σε μένα. Η μόδα όμως μας λέει πως πρέπει να γίνουμε τρομερά λεπτοί για να είμαστε ελκυστικοί. Εξαρτάται από το πού ζεις. Πήγαινε στην Ιταλία και θα δεις ποια εισπράττει τις πιο πολλές τσιμπιές. Όσο πιο πολύ πάχος, τόσο το καλύτερο! Θυμάμαι όμως πως η μητέρα μου γελούσε μερικές φορές τόσο πολύ, που έπεφτε στο πάτωμα και κυλιόταν από τα γέλια —μιλάμε για 90 κιλά— και ξεκαρδιζόμαστε όλοι μαζί της.

Τώρα πια δεν ακούω αρκετά γέλια. Έχουμε πάψει να γελάμε. Τα πράγματα δεν είναι αστεία. Έχουμε ξεχάσει τη χαρά και, το χειρότερο, έχουμε ξεχάσει την τρέλα μας και δεν τη δεχόμαστε πια. Ας το δούμε ξεκάθαρα: όλοι μας είμαστε λίγο τρελοί. *Α, τι ευτυχία να μπορούσαμε να αγγίξουμε ξανά αυτή την τρέλα μέσα μας!*

Ζήσε τρελά. Όποτε μπορείς. Μια φορά κάθε τόσο. Και περίμενες να δεις τι θα γίνει. Η μέρα σου θα γίνει πιο φωτεινή.

Πρόσφατα με κάλεσαν να μιλήσω σε χίλιες καλόγριες στο Γουϊσκόνσιν. Χίλιες καλόγριες και ο Φελίτσε! Α, είμαι σίγουρος ότι η μαμά εκεί πάνω θα βρισκόταν σε έκσταση: «Για σκέψου, ο μικρός μου Φελίτσε να μιλάει σε χίλιες καλόγριες!» Δε φανταζόσαστε τι υπέροχο Σαββατοκύριακο περάσαμε. Όταν με προσκάλεσαν, μου είπαν: «Δεν έχουμε χρήματα, αλλά γιορτάζουμε την επιστροφή μας στη μητρική στέγη και μερικές από μας δεν έχουμε ιδωθεί για χρόνια. Θα είναι πολύ ωραία και θέλουμε να έρθεις και να μοιραστείς την αγάπη μας μαζί μας».

Πήγα και ο,τιδήποτε είδα και σχολίασα, το αντιμετώπισαν με κάποια πράξη. Ήταν φθινόπωρο. Το φθινόπωρο στο Γουϊσκόνσιν είναι υπέροχο. Σκέφτηκα ότι τα φύλλα ήταν ωραία. Οι καλόγριες πήγαν και μάζεψαν φύλλα και μου έδωσαν μια μεγάλη τσάντα να την πάρω σπίτι μαζί μου. Παρατήρησα ότι είδα εκεί τις πιο μεγάλες κολοκύθες. Οι κολοκύθες του Γουϊσκόνσιν είναι τρελή υπόθεση. Πραγματικοί γίγαντες! Μου έφεραν κολοκύθες. Υπήρχε μια καλόγρια που έφτιαχνε ένα ψωμί άξιο για το εκλεκτικότερο γαστρονομικό τραπέζι. Κόντεψα να βάλω τα κλάματα. Θα πρέπει να με δείτε όταν βρίσκομαι μπροστά σ' ένα καλό τραπέζι. Πραγματικά κλαίω. Ο κόσμος με ρωτάει: «Τι συμβαίνει, Μπουσκάλια;» «Είναι όλα τόσο όμορφα!»

Μου δώσανε δυο φραντζόλες ψωμί. Και πριν ν' ανεβώ στο αεροπλάνο πολύ αργά το βράδυ —ήταν μια νυχτερινή πτήση από το Σικάγο— μου έδωσαν τρία κιλά τυρί του Γουϊσκόνσιν. Κανείς άλλος δεν ήταν σ' αυτή την πτήση εκτός από τη συνοδό κι *εμένα* με την κολοκύθα μου, το τυρί και μια τσάντα φύλλα. Τα είχα πάρει όλα μαζί μου στο αεροπλάνο.

Μετά από τα κλασικά «Καφές, τσάι ή γάλα;», τα φώτα χαμήλωσαν. Δεν υπάρχει τίποτε πιο θαυμάσιο από το να βρίσκεσαι εκατοντάδες μίλια ψηλά στον αέρα, με χαμηλωμένα φώτα, μέσα στη σιγαλιά, και να είσαι μετέωρος πηγαίνοντας από το πουθενά στο πουθενά. Εκεί... μ' έπιασε η τρέλα. Πήγα στην κεντρική πτέρυγα και σήκωσα όλα τα ακουμπιστήρια των χεριών. Μετά έβγαλα τα φύλλα μου και τα έβαλα στο κάθισμα. Στη μέση έβαλα την κολοκύθα — με τις δυο φραντζόλες δεξιά κι αριστερά, μοίρασα γύρω τα κομμάτια του τυριού και πάτησα το κουμπί για τη συνοδό!

Μπήκε τότε η κοπέλα κουρασμένη, περιμένοντας να της ζητήσουν να σερβίρει καφέ, τσάι ή γάλα. Κι εγώ της είπα: «Κοίτα!» Κι εκείνη είπε: *«Ω, Θεέ μου!»* και φωτίστηκε ολόκληρη σαν χριστουγεννιάτικο δέντρο. Της είπα: «Θέλω να τα μοιραστώ αυτά τα πράγματα. Μου τα χάρισαν και θέλω να τα μοιραστώ μαζί σου και με τις άλλες συνοδούς, αν θέλουν κι εκείνες».

«Στάσου», μου είπε και πήγε μέσα και σε λίγο γύρισε με τους υπόλοιπους και δυο μποτίλιες όμορφο κρασί Καλιφόρνιας, σερβιρισμένο σε πραγματικά ποτήρια κι όχι αυτά τα πλαστικά κατασκευάσματα. Ήταν το πιο γρήγορο ταξίδι που κάναμε ποτέ όλοι μας. Και δημιουργήσαμε ένα προηγούμενο. Έχουμε μια ετήσια συνάντηση το φθινόπωρο. Κι όλα αυτά επειδή κάποιος αποφάσισε να πάρει ένα κοινό πράγμα και να το κάνει μαγικό.

Ο καθένας μας έχει μαγικές ικανότητες, γιατί είναι άνθρωπος. Βρες τη μαγεία μέσα σου. Όταν νιώσεις την τρέλα να σε κυριεύει, μην τη διώχνεις. Άσ' την να εκφραστεί. *Έστω και μια φορά* — και μετά έλα να μου πεις τι θα γίνει!

Νομίζω ακόμα πως, αν θέλουμε να είμαστε άνθρωποι, θα πρέπει να διαμορφώσουμε αυτό που θα μπορούσαμε να ονομάσουμε, μη έχοντας καλύτερη λέξη, ένα δημοκρατικό χαρακτήρα. Να συνειδητοποιήσουμε, ότι κανείς δεν είναι καλύτερος ή χειρότερος από μας. Νομίζω ότι καμιά φορά φτάνουμε να ξεχνάμε ότι όλοι είμαστε άνθρωποι.

Διηγούμαι πάντα μια ιστορία, γιατί σημαίνει πολλά πράγματα για μένα. Κάποτε με διάλεξαν να πάω σε μια «τράπεζα εγκεφάλων» στο Σαιντ Λιούις με άλλους δεκαπέντε ή είκοσι εκπαιδευτικούς από ολόκληρη την Αμερική. Επί τρεις μέρες ακούγαμε βαθυστόχαστες εργασίες. Θεέ και Κύριε! Το μόνο που μπορώ να πω είναι ότι, αν το μέλλον της παιδείας στην Αμερική εξαρτιόταν απ' αυτούς τους σπουδαίους κυρίους, είμαστε *καταδικασμένοι!* Κάπου στη μέση απ' όλες τις βαθυστόχαστες εργασίες, αποφάσισα ότι δεν άντεχα άλλο. Η τρέλα άρχισε ν' ανεβαίνει. Είπα: «Συγγνώμη, Συγγνώμη, Συγγνώμη» και το 'σκασα.

Καθώς περπατούσα στις όχθες του ποταμού, είδα ένα μικροκαμωμένο γεροντάκι. Χωρίς καθόλου δόντια, το είδος του ανθρώπου που ονομάζουμε βρώμικο γιατί εμείς είμαστε καθαροί —όλα είναι σχετικά, ξέρετε—, έπινε μια μποτίλια φτηνό κρασί κι έτρωγε ένα κομμάτι τυρί μ' ένα πλατύ χαμόγελο στο πρόσωπο. Πήγα να τον προσπεράσω, όταν μου είπε: «Καλημέρα, γιε μου». Όποιος με λέει «γιε μου», είναι αυτόματα φίλος μου. Κάθησα λοιπόν δίπλα του κι αρχίσαμε το κουβεντολόι. Μοιραστήκαμε το κρασί, μοιραστήκαμε το τυρί και μοιραστήκαμε τη φιλοσοφία. Είπα σ' αυτό τον άνθρωπο: «Ξέρεις, φαίνεσαι τόσο ευτυχισμένος και ικανοποιημένος και σίγουρος και γαλήνιος. Έχεις κανένα μυστικό που ζεις έτσι»; Χωρίς να διστάσει ούτε στιγμή, μου απάντησε: «Και βέβαια».

«Θα 'θελες να το μοιραστείς μαζί μου;», τον ρώτησα.

Φυσικά, γιε μου», απάντησε. «Αν θέλεις να ζήσεις ευτυχισμένος όλη σου τη ζωή, κράτα το μυαλό σου *γεμάτο* και τα έντερά σου *άδεια*». Αυτή είναι πραγματική σοφία! Κανείς δεν τον είχε διαλέξει για την τράπεζα εγκεφάλων, κι όμως θα 'πρεπε!

Έχω το έντονο συναίσθημα, πως αυτή η υπέροχη ιδιότητα της ανθρώπινης υπόστασης, με όλη τη μαγεία της, είναι το δώρο του Θεού σε σας. Και το τι την κάνετε, είναι δικό σας δώρο στο Θεό. Μη χαρίσετε στο Θεό κάτι λιγότερο από το τέλειο δώρο που είστε εσείς. Και κάντε το αυτό όσο γίνεται πιο συναρπαστικό. Σας ευχαριστώ.

7

Τα παιδιά του αύριο

Το θέμα της σημερινής διάλεξης μ' ενθουσιάζει. Φαντάζομαι να συμφωνείτε μαζί μου ότι είναι κάπως γελοίο και παράλογο να ξεχωρίζουμε *μία* χρονιά και να την ονομάζουμε Έτος του Παιδιού. *Κάθε* χρονιά θα 'πρεπε να είναι Έτος του Παιδιού και είναι καιρός πια να το αναγνωρίσουμε. Ίσως αυτή να είναι η αρχή του πράγματος και να ξεκινήσουμε όλοι μαζί να αναγνωρίσουμε πως τα παιδιά μας έχουν απόλυτα την ανάγκη μας. Σήμερα είμαι εδώ για να σας μιλήσω για την έννοια του παιδιού, του Αυριανού Παιδιού — του παιδιού που ξέρει να αγαπάει ή είναι καταδικασμένο να χάνει.

Θα ξεκινήσω διαβάζοντάς σας ένα κομμάτι από το θαυμάσιο βιβλίο του Άντονυ Στορ *Ο κόσμος των παιδιών*. Λέει μέσα ότι είμαστε όλοι παιδιά, ακόμη κι αν οι περισσότεροι το έχουν ξεχάσει. Νομίζω πως θα ήταν ωραίο αν μπορούσαμε να θυμηθούμε πώς ήταν τα πράγματα στην αρχή της διαδικασίας, τότε που μαθαίναμε ψαχουλευτά τον κόσμο. Τότε που είδαμε το πρώτο μας δέντρο. Όλοι μας περάσαμε από την εμπειρία της συνάντησης με το πρώτο λουλούδι, όλοι μας ανακαλύψαμε ξανά τη φωτιά. Είναι μια μακριά διαδικασία που ακόμη συνεχίζει, ή τουλάχιστον έτσι ελπίζω. Εξακολουθούμε να μαθαίνουμε ψαχουλευτά τον κόσμο. Δε μας αρκεί να κοιτάζουμε ένα δέντρο, θέλουμε να σκαρφαλώσουμε πάνω του, να το μυρίσουμε, θέλουμε να το αγκαλιάσουμε, να το βάλουμε στο στόμα μας, να το δαγκώσουμε, θέλουμε να το *ζήσουμε*. Κι αυτό είναι που δίνει στη ζωή τη μαγεία και το θαύμα της. Ο Άντονυ Στορ όμως μας λέει:

> Τι ταπεινωτικό να είσαι παιδί! Να είσαι τόσο μικρός, που

> να σε σηκώνουν οι άλλοι και να σε μετακινούν όπως τους καπνίσει. Να σε τρέφουν ή να σε αφήνουν νηστικό. Να σε καθαρίζουν ή να σε αφήνουν βρώμικο. Να σε παρηγορούν ή να σε αφήνουν να κλαις. Είναι μια τόσο ταπεινωτική κατάσταση, που δεν είναι περίεργο ότι μερικοί από μας δεν την ξεπερνάμε ποτέ. Γιατί σίγουρα ένας από τους βασικούς φόβους του ατόμου είναι μήπως το μεταχειριστούν σαν αντικείμενο κι όχι σαν πρόσωπο. Φοβόμαστε μήπως καταντήσουμε να μας χειραγωγούν, να μας κατευθύνουν απρόσωπες δυνάμεις, να μας αντιμετωπίζουν σαν τα σκουπίδια οι ανώτεροι και οι ισχυροί. Μπορεί ο καθένας μας να είναι απειροελάχιστο άτομο μέσα στο άπειρο σύμπαν, χρειαζόμαστε όμως την εντύπωση ότι μετράμε — ότι η ατομικότητά μας απαιτεί την προσοχή. Η περίπτωση να βρεθούμε εντελώς αγνοημένοι σαν άτομα, είναι ένα είδος ζωντανού θανάτου ενάντια στον οποίο έχουμε την τάση να παλεύουμε με όλες μας τις δυνάμεις.

Πιστεύω πως όσοι από μας εργάζονται σε νοσηλευτικά επαγγέλματα ξέρουν, καλύτερα από τον καθένα ίσως, πόσο δύσκολο είναι να βρει κανείς τον εαυτό του, να τον διατηρήσει και να είναι σε θέση να σηκωθεί πάνω και να πει όχι «Είμαι», αλλά «Γίνομαι», γιατί στην πραγματικότητα, από ένα σωρό πλευρές, δεν έχουμε γεννηθεί ακόμη. Κι απ' όσο ξέρω, δεν υπάρχει ακόμη σχολείο της ζωής και είναι ελάχιστα τα πρότυπα — άνθρωποι που μπορούν πραγματικά να σηκωθούν πάνω και να πουν: «Γίνομαι, Είμαι, Είναι θαυμάσιο. Η ζωή είναι όμορφη, ο κόσμος είναι όμορφος».

Υπάρχει ένω ωραίο βιβλίο που ήταν πάντοτε ανάμεσα στα πιο αγαπημένα μου, *Ο ηλίθιος* του Ντοστογιέφσκι. Δεν ξέρω πόσοι το έχετε διαβάσει, αλλά κάποια μέρα, όταν θα 'χετε πολύν καιρό — είναι μεγάλο, αλλά αξίζει — ανοίξτε το και ξεκινήστε το, γιατί είναι μαγικό βιβλίο. Μιλάει για τον Πρίγκιπα Μύσκιν που είναι ένα είδος παραπλανημένου αγίου σ' έναν αμαρτωλό κόσμο. Ο,τιδήποτε αγγίζει με την καλύτερη πρόθεση καταλήγει στον πόνο και την απελπισία, κι αυτό δεν μπορεί να το καταλάβει. Είναι επιληπτικός και κάθε φορά που παθαίνει μια κρίση αποχτά μια τρομερά καθαρή εικόνα του κόσμου. Η μαγική πέννα του Ντοστογιέφσκι την περιγράφει ως εξής:

> Ξαφνικά μέσα στη λύπη, το πνευματικό σκοτάδι και την καταπίεση, άστραφταν από καιρούς λάμψεις φωτεινές μέσα στο μυαλό του. Και με μια εκπληκτική ορμή όλες οι ζωτικές του δυνάμεις άρχιζαν ξαφνικά να δουλεύουν στην πιο μεγάλη ένταση. Το πνεύμα κι η καρδιά του πλημμύριζαν με ένα καταπληκτικό φως. Όλη η ανησυχία του, όλες οι αμφιβολίες, οι αγωνίες του χάνονται μεμιάς. Όμως αυτές οι αστραπές δεν ήταν παρά ο προάγγελος της τελικής στιγμής που θα άρχιζε η κρίση.

Κάθε φορά όμως που παθαίνει μια κρίση, αποχτά μια εντυπωσιακή ενόραση και κάποια φορά, πολύ κοντά στο τέλος του βιβλίου, αστράφτουν όλα μες στο μυαλό του και φωνάζει: «Ω, Θεέ μου, γιατί δεν τα λέμε όλα αυτά στα παιδιά;»

Αυτό θέλω να πω κι εγώ μαζί του: «Γιατί δεν τα λέμε όλα αυτά στα παιδιά;» Γιατί δεν τους λέμε ότι έχουν τη δυνατότητα της εκλογής, ότι μπορούν να γίνουν άνθρωποι της αγάπης αντί για ηττημένοι; Αν κοιτάξετε γύρω σας, θα δείτε ένα τρομερό αριθμό ηττημένων. Δεν ξέρω για σας, εμένα όμως με τρομάζει το γεγονός, ότι στην Αμερική έχουμε κάθε χρόνο 26.000 επιτυχημένες αυτοκτονίες. Οι τελευταίες στατιστικές δείχνουν ότι τα εγκλήματα βίας έχουν αυξηθεί επτά τοις εκατό σ' ολόκληρη τη χώρα. Τι έγιναν οι άνθρωποι που μπορούσαν να κάνουν ένα γάμο και να τον κρατήσουν και να μεγαλώνουν μια οικογένεια για 20, 30 ή 50 χρόνια; Τι διαφορετικό έχουμε εμείς; Ίσως το διαφορετικό είναι ότι μεγαλώσαμε όλοι μέσα σε θερμοκήπια. Μας προστάτεψαν από τη ζωή. Δε μας άφησαν να δούμε τι είναι η ζωή — σαν η ζωή να ήταν κάτι άσχημο κι επικίνδυνο κι έπρεπε να μεγαλώσουμε σε σκεπαστούς κήπους γεμάτους λουλούδια και θαύματα. Μόνο στην εφηβεία ανοίγουμε την πόρτα με ανυπομονησία και διαπιστώνουμε ότι δεν είμαστε εξοπλισμένοι για να επιζήσουμε στην πραγματικότητα.

Δεν αντέχουμε τον πόνο, γι' αυτό καταπίνουμε χάπια, ναρκωτικά, γινόμαστε αναίσθητοι, μεθάμε. Φοβόμαστε να ζήσουμε κι ακόμη πιο πολύ φοβόμαστε να πεθάνουμε. Κατηγορούμε το παρελθόν, *λατρεύουμε* να κατηγορούμε το παρελθόν, κι όλο τον κόσμο της εποχής εκείνης, αλλά νιώθουμε ανίκανοι να κάνουμε κάτι για το παρόν ή το μέλλον. Βλέπουμε τους άλλους με καχυποψία κι ακόμη πιο πολύ τον εαυτό μας. Έχουμε ξεχάσει πώς ν' ακούμε τις φωνές μας. Δε συντονιζόμαστε μ' αυτό που έρχεται από μας. Χάνουμε το παρόν, το αφήνουμε να μας ξεφεύγει. Δεν ξέρουμε ότι δική μας είναι η εκλογή, ότι μπορούμε να εκλέξουμε τη χαρά. Μας λείπουν οι στόχοι και δεν καταλαβαίνουμε γιατί ζούμε. Ποτέ δε ρωτάμε τον εαυτό μας: «Τι κάνω εδώ τώρα;» Ο ρόλος σου στον κόσμο είναι απλώς να πιάνεις τόπο;

Πέρασα αρκετό από το χρόνο μου σε μοναστήρια Ζεν και βουδιστικά μοναστήρια και ασράμ στην Ινδία, προσπαθώντας να μάθω όσο μπορούσα περισσότερα πράγματα από όσο γίνεται περισσότερους πολιτισμούς. Είχα τη μεγάλη τύχη να είμαι ικανός να μάθω ότι υπάρχουν δρόμοι. Στην Ινδία όμως είδα ένα πράγμα που δεν είδα πουθενά αλλού και που συνέβη μ' ένα τρόπο σχεδόν μαγικό. Όταν έφθασα στην Καλκούτα βγήκα από το τρένο και, πριν προχωρήσω πιο πολύ από 500 μέτρα, είδα ξαφνικά, μέσα σε μια υπερφυσική συμπύκνωση, ο,τιδήποτε υπάρχει να δει κανείς γύρω από τη ζωή! Είδα τη φτώχεια, την απελπισία, είδα πεινασμένα παιδιά, ανθρώπους απελπισμένους, είδα τη χαρά, είδα την έκσταση. Ναι, είδα την έκσταση. Είδα λουλούδια και χορούς και ομορφιά και θάνατο. Μέσα σε 500 μέτρα — όταν είχα χρειαστεί τόσο πολλά χρόνια για ν' αρχίσω απλώς να μαθαίνω τι είναι η ζωή.

Αυτό ακριβώς εννοώ όταν λέω ότι αρνούμαστε τη ζωή στα παιδιά. Περιμένουμε να γίνουν ενήλικοι για να τους διδάξουμε το θάνατο. Τα κάνουμε να πιστέψουν ότι η ζωή είναι ένας ροδόκηπος. Τι απογοήτευση όταν ανακαλύπτουν πως δεν είναι έτσι. Τα αφήνουμε να πιστεύουν ότι είμαστε τέλειοι και σοκάρονται αφάνταστα όταν ανακαλύπτουν ότι δεν είμαστε. Γιατί δεν τολμάμε να διδάξουμε την ανθρωπιά με τη δική μας ανθρωπιά;

Πριν όμως αρχίσουμε να διδάσκουμε τη ζωή στα παιδιά, πρέπει να μάθουμε ξανά πώς να τους μιλάμε απλά. Θα 'θελα να γράψω ένα βιβλίο με τίτλο «Πώς να μιλάς στα παιδιά», γιατί αυτό που βλέπω με τους ενήλικους είναι ότι μιλούν πάντα *προς* τα παιδιά, μέσα από τα παιδιά, πέρα από τα παιδιά. Ποτέ δεν επικοινωνούν *με* τα παιδιά. Για να επικοινωνήσεις πραγματικά με τα παιδιά, πρέπει να μάθεις να σκύβεις. Πρέπει να σκύψουμε για να βρεθούμε πρόσωπο με πρόσωπο. Πρέπει να προσπαθήσουμε να μπούμε μέσα στον κόσμο τους και να πάψουμε να τους μιλάμε για τον δικό μας. Άκουσέ τα. Ζήτησέ τους να σου πουν τι βλέπουν, τι αισθάνονται, τι ακούν, ποιος ξέρει, μπορεί να σου διδάξουν κάτι. Μπορεί να σε φέρουν ξανά σε επαφή με το θαύμα που ήταν μέσα σου και τώρα το έχεις ξεχάσει.

Ξέρετε τι ανακάλυψα τα τελευταία χρόνια; Μ' ενδιαφέρει πιο πολύ να *ξεμάθω* παρά να μάθω. Προσπαθώ να ξεμάθω όλα τα σκουπίδια που έχω συσσωρεύσει. Κι εσείς μέσα στην ίδια διαδικασία είσαστε. Με κάθε σκουπίδι που πετάω, αισθάνομαι πιο ελεύθερος· κι όσο πιο ελεύθερος γίνομαι, τόσες πιθανότητες έχω να γίνω κάτι για σας. Εξακολουθώ να γυρίζω τα σχολεία γιατί, όπως είπα και πριν, το να είμαι δάσκαλος είναι για μένα το πιο σημαντικό πράγμα στον κόσμο. Τι ακούω όμως; Ακούω και σήμερα ακόμη δασκάλους να λένε: «Δε θα βγει κανείς από το δωμάτιο αυτό, αν δε γίνει ευθεία αυτή η γραμμή». Σπουδαία τα λάχανα. Καμία μάθηση δε γίνεται, αλλά η γραμμή πρέπει να είναι ευθεία. «Γιατί το έκανες αυτό, Τζόνυ;». Θεέ και Κύριε. Χρειάζεται κανείς μια ολόκληρη ζωή για ν' απαντήσει σ' ένα τέτοιο ερώτημα! Τι πρέπει να πει ο Τζόνυ; «Δεν ξέρω». Σας ρώτησε ποτέ κανείς *γιατί* κάνετε κάτι; Τι θα του απαντούσατε; Απίστευτοι τρόποι μη-επικοινωνίας με τα παιδιά.

Μ' αρέσει αυτό που λέει ο Χάιμ Τζίνοτ:

> Ένα παιδί έχει δικαίωμα να παίρνει υγιή μηνύματα από τους ενήλικους. Ο τρόπος που οι γονείς και οι δάσκαλοι μιλούν

στα παιδιά, θα τα βοηθήσει να καταλάβουν πώς πρέπει να νιώθουν. Τα λόγια τους επηρεάζουν την αυτοεκτίμηση και την αυταξία του παιδιού. Ο τρόπος που μιλούν καθορίζει σε μεγάλο βαθμό το πεπρωμένο του. Οι γονείς και οι δάσκαλοι πρέπει να εξαλείψουν τον παραλογισμό που είναι τόσο ύπουλα κρυμμένος μέσα στην καθημερινή τους ομιλία. Τα μηνύματα που λένε στο παιδί να μην πιστεύει στην αντίληψή του, να μην παραδέχεται τα συναισθήματά του και να αμφιβάλλει για την αξία του. Η επικρατούσα υποτιθέμενη «φυσιολογική» ομιλία τρελαίνει τα παιδιά. Οι επικρίσεις και το ντρόπιασμα, οι κατηχήσεις και οι ηθικολογίες, οι διαταγές και οι καταπιέσεις, το κήρυγμα και οι κατηγορίες, η γελοιοποίηση και η υποτίμηση, οι απειλές και οι δωροδοκίες, οι διαγνώσεις κι οι προγνώσεις — όλες αυτές οι τεχνικές κακοποιούν, χυδαιοποιούν και απανθρωπίζουν το παιδί. Η υγεία εξασφαλίζεται μόνο όταν εμπιστευόμαστε την εσωτερική μας πραγματικότητα κι αυτή η εμπιστοσύνη μαθαίνεται μόνο μέσα από τη διαδικασία της πραγματικής επικοινωνίας.

Τι χρειάζεται να ξέρει ένα παιδί; Θα 'θελα να μοιραστώ μαζί σας μερικά από τα πράγματα που κατά τη γνώμη μου είναι σημαντικό να διδάξουμε στα παιδιά. Το πρώτο απ' αυτά είναι πως πρέπει από νωρίς να ξεκινήσουμε και να δείξουμε στα παιδιά το απίστευτο χρυσωρυχείο φαντασίας που διαθέτουν. Πρέπει να τα πείσουμε ότι είναι μοναδικά στον κόσμο. Νομίζω ότι πολλοί από μας το 'χουμε ξεχάσει.

Ένα από τα ιδιαίτερα γνωρίσματα της κοινωνίας μας είναι, νομίζω, η μανία μας να βάλουμε όλο τον κόσμο στο ίδιο καλούπι. Μην αφήνετε να σας βάλουν στο καλούπι. Κοιτάξτε τα πρόσωπα των παιδιών. Ποτέ δεν έχω δει δυο πρόσωπα που να είναι ίδια κι αυτό μου αρέσει. Μ' αρέσει να σκέφτομαι ότι το καθένα του είναι ένας συνδυασμός που δε θα ξανασυμβεί ποτέ στην ιστορία της ανθρωπότητας. Όταν το νιώσεις αυτό, αισθάνεσαι ένα είδος περηφάνειας. Και, σχετικά με το νόημα αυτής της αλήθειας, νομίζεις πως βρίσκονται εδώ για το τίποτε; Όλη αυτή η μοναδικότητα τους ανήκει χωρίς αιτία; Ξέρετε, μ' αρέσει να βλέπω τον κόσμο σαν μια γιγαντιαία τοιχογραφία, όπου ο καθένας μας έχει την υποχρέωση να ζωγραφίσει ένα μικρό κομματάκι και, αν δεν αναλάβουμε την ευθύνη αυτή και δεν την πραγματώσουμε, η τοιχογραφία θα είναι για πάντα κάτι λιγότερο απ' ό,τι θα 'πρεπε να είναι και θα χάσουμε όλοι. Δεν έχω καμια διάθεση να γίνετε *εγώ*. Ένα εγώ μού φτάνει και μου περισσεύει. Και δε μ' αρέσει καθόλου να παίζω τον γκουρού. Αν θέλετε να χάσετε τον εαυτό σας, ακολουθήστε εμένα. Ο δρόμος αυτός θα σας οδηγήσει σε μένα και θα χάσετε τον εαυτό σας. Το δικό μου σύνθημα είναι «ακολουθήστε τον εαυτό σας», γιατί, αν εσείς ακολουθήσετε τον εαυτό σας και φτάσετε στην ουσία σας κι εγώ φτάσω στη δική μου ουσία, κάποια μέρα θα γίνουμε ένα, αντί να είμαστε αποξενωμένοι.

Πρέπει λοιπόν να διδάξουμε στα παιδιά ότι είναι μοναδικά στον κόσμο. Πρέπει να τους δείξουμε ότι θα είναι πάντα ο καλύτερος εαυτός τους. Κι αυτό είναι δύσκολο, γιατί από πολύ νωρίς δεν το πιστεύουμε. Κανείς δε μας βλέπει, κανείς δε μας αγγίζει.

Πρέπει να πείσουμε τα παιδιά ότι όχι μόνο διαθέτουν αυτή την απίστευτη μοναδικότητα, αλλά ότι έχουν και κάτι άλλο που μερικές φορές το ξεχνάμε. Έχουν τη δυνητικότητα. Το ανεξερεύνητο μέρος τους είναι πολύ μεγαλύτερο από το εξερευνημένο. Κι εδώ είναι το θαύμα. Δεν έχει σημασία το πού βρίσκονται, απλώς τώρα ξεκινούν και το μαγικο ταξίδι της ζωής σκάβει βαθιά και αποκαλύπτει τον υπέροχο εαυτό τους.

Μόνο τώρα πρόσφατα άρχισα να καταλαβαίνω κάτι που μου είπε κάποιος εδώ και πολλά χρόνια. «Το σπίτι μου έχει πολλά δωμάτια». Εγώ νόμιζα πως το σπίτι μου το αποτελούσε ένα μεγάλο και άνετο καθιστικό. Πολύ ευχάριστο. Ήταν καλά διακοσμημένο, ήταν καθαρό και πολύ ταχτοποιημένο. Ένα σωρό πράγματα συνέβαιναν σ' αυτό το καθιστικό. Δεχόμουνα φίλους, ζούσα εκεί, έκανα ευχάριστα πράγματα. Μια μέρα όμως σκέφτηκα πως όλα τα υπάρχοντα του δωματίου ήταν πράγματα που κάποιος άλλος με είχε βοηθήσει να τα βάλω εκεί. Σαν να είχα χίλιους διακοσμητές εσωτερικών χώρων για το καθιστικό μου. Ξαφνικά όμως παρατήρησα ότι αυτό το δωμάτιο είχε πολλές πόρτες. Μια μέρα έκανα κάτι τρελό. Πήγα κι άνοιξα μια πόρτα. Κι είδα ένα σκοτεινό, μουχλιασμένο, αραχνιασμένο δωμάτιο. Τρόμαξα κι η πρώτη μου παρόρμηση ήταν να ξανακλείσω την πόρτα. Μετά αναγκάστηκα να παραδεχτώ πως το δωμάτιο αυτό ήταν μέρος του σπιτιού μου κι επομένως ήταν καθήκον μου να το καθαρίσω, να το ξαναεπιπλώσω και να ζήσω μέσα σ' αυτό. Έτσι χώθηκα μέσα στο δωμάτιο κι όλα άλλαξαν. Τώρα είναι ένα θαυμάσιο, ηλιόλουστο δωμάτιο κι εγώ έχω τουλάχιστον *δύο* δωμάτια να δέχομαι τους ανθρώπους που αγαπώ. Αυτό το δωμάτιο έχει επτά ακόμη πόρτες και τις άνοιξα και τις επτά. Η μία με οδήγησε στη μουσική, μια άλλη στην τέχνη, μια άλλη στην αγάπη, μια άλλη στην ομορφιά, μια άλλη στη χαρά και τώρα έχω πολλά δωμάτια και το κάθε δωμάτιο έχει επτά πόρτες. Δεν υπάρχει τέλος! Κανείς ποτέ δεν μπόρεσε να εξαντλήσει τα δωμάτια του σπιτιού μου. Μπορούμε να συνεχίζουμε για πάντα.

Ξέρετε ποιο πράγμα με τινάζει πραγματικά; Είμαστε το μόνο ζωντανό είδος που μπορεί να σκεφτεί πάνω στη σκέψη. Μπορούμε να χρησιμοποιούμε συμβολικά σύμβολα για να σκεφτούμε πάνω στη σκέψη. Μπορούμε να αναλύουμε, να ονειρευόμαστε, να δημιουργούμε με το μυαλό μας — αυτό σημαίνει άνθρωπος και γι' αυτό θα 'πρεπε να νιώθετε ένα πανίσχυρο αίσθημα μαγείας και θαύματος.

Αν είχα μια και μοναδική επιθυμία σ' αυτό τον κόσμο, νομίζω πως θα ήταν να *σας* δώσω πίσω τον *εαυτό σας*. Όχι με την έννοια του εγωκεντρισμού, αλλά ξέροντας ότι μπορείτε να κάνετε αυτό τον άνθρωπο —εσάς— το πιο συναρπαστικό, το πιο εντυπωσιακό, το πιο ανοιχτό, το πιο όμορφο, το πιο δημιουργικό πλάσμα στον κόσμο. Όχι για να τον αποθηκεύσετε, αλλά για να τον χαρίσετε, γιατί δεν μπορεί κανείς να δώσει στους άλλους παρά αυτό που έχει. Αν έχεις άγνοια, διδάσκεις την άγνοιά σου — γι' αυτό πρέπει ν' αποκτήσεις σοφία. Αν είσαι δεμένος με αλυσίδες, διδάσκεις την προκατάληψη και γι' αυτό πρέπει να φροντίσεις να απελευθερωθείς. Όλα έρχονται από σένα. Αν κάνω κάτι για μένα, το κάνω για σένα. Όσο πιο πολύ αγαπώ τον εαυτό μου, τόσο πιο πολλή αγάπη έχω να σου δώσω. Πιστεύω ότι αυτό πρέπει να το πούμε στα παιδιά πολύ νωρίς.

Ένα άλλο πράγμα που πρέπει να πούμε στα παιδιά, είναι η ύπαρξη των άλλων ανθρώπων. Αυτό μπορεί να σας φαίνεται παράξενο, αλλά τις προάλλες ανακάλυψα ένα πολύ εντυπωσιακό γεγονός: δεν υπάρχει ούτε ένα μέρος στον κόσμο που να μη μπορεί να το φτάσει κανείς μέσα σε 23 ώρες — ακόμη και τα πιο μακρινά όπως είναι η Κοιλάδα του Κασμίρ. Αυτό μας κάνει όλους γείτονες. Παλιότερα οι άνθρωποι, που ζούσαν τόσο μακριά, έμεναν ξεχασμένοι. Όχι πια τώρα. Τώρα δεν υπάρχουν πια τείχη. Εύκολα τα υπερπηδάς ή τα βομβαρδίζεις.

Έγινε πρόσφατα σ' ένα Πανεπιστήμιο του Μιντζουέστ ένα ενδιαφέρον κοινωνιολογικό πείραμα με τους φοιτητές σχετικά με το παίρνω και το δίνω. Ζήτησαν από κάθε φοιτητή να φέρει δέκα σεντς. Τους είπαν: «Στην Ινδία υπάρχουν άνθρωποι που λιμοκτονούν. Έχει ξεσπάσει επιδημία και χρειάζονται βοήθεια. Αν νομίζεις ότι πρέπει να βοηθήσεις, βάλε τα δέκα σεντς σου σε ένα φάκελο και γράψε «Ινδία». Η Ινδία είναι πολύ μακριά. Υπάρχει μια οικογένεια στο γκέτο της πόλης που χρειάζεται τρόφιμα για να ζήσει αυτή τη στιγμή. Αν θέλεις να βοηθήσεις αυτούς τους ανθρώπους, τα χρήματά σου θα τους δοθούν ανώνυμα. Βάλε τα δέκα σεντς σου μέσα σ' ένα φάκελο και γράψε «φτωχή οικογένεια». Τώρα υπάρχει και κάτι άλλο, το Πανεπιστήμιό μας δεν έχει φωτοαντιγραφικό μηχάνημα και το χρειάζεται γι' αυτούς που θέλουν να αντιγράψουν εργασίες και χειρόγραφα και να τα δίνουν στους άλλους. Αν θέλετε να βοηθήσετε στην αγορά του φωτοαντιγραφικού μηχανήματος, βάλτε δέκα σεντς μέσα σ' ένα φάκελο και γράψτε «Φωτοαντίγραφα». Το ογδόντα τοις εκατό των χρημάτων πήγαν στο φωτοαντιγραφικό μηχάνημα!

Έχουμε πάψει να ενδιαφερόμαστε. Έχουμε σχηματίσει μικρούς αεροστεγείς πυρήνες. Λέμε: «Αυτά τα πράγματα πρέπει να μ' ενδιαφέρουν. Δεν είναι δική μου δουλειά το τι συμβαίνει πιο πέρα». Νομίζω ότι έχεις φτάσει κάπου, όταν καταλάβεις ότι δεν πέφτει ούτε ένα φύλλο χωρίς να επηρεάσει τη ζωή σου. Δεν υπάρχει πουθενά μέρος να κρυφτείς! Το αφεντικό σου βάζει τις φωνές. Γυρίζεις σπίτι και βάζεις τις φωνές στον άντρα ή τη γυναίκα σου. Ο άντρας ή η γυναίκα σου τα βάζει με το παιδί. Το παιδί κλωτσάει το σκύλο που δαγκώνει τη γάτα, που λερώνει το χαλί. Από πού αρχίσαν όλα αυτά! Έχω την ανάγκη σας και καλύτερα θα κάνουμε να αρχίσουμε και πάλι να φτιάχνουμε ομάδες, να μπορούμε να δώσουμε λίγα, προκειμένου να πάρουμε. Πρέπει να μάθουμε ξανά να εμπιστευόμαστε, να πιστεύουμε και να συνεργαζόμαστε.

Χρειάζονται δύο για να δουν τον ένα. Θέλεις να ξέρεις ποιος είσαι; Κοίταξε γύρω σου τα μάτια των ανθρώπων που σε αγαπούν. Είναι οι μόνοι άνθρωποι που θα τολμήσουν να σου πουν ότι είναι βρώμικη η μύτη σου. Όλοι οι άλλοι θα σ' αφήσουν να γυρίζεις όλη τη μέρα με τη βρωμιά στη μύτη. Αυτός που σ' αγαπάει θα σου πει: «Κοίτα, αγάπη μου, έχεις μια βρωμιά στη μύτη».

Ένα άλλο σημαντικό πράγμα είναι, ότι πρέπει να πούμε στα παιδιά για το θάνατο και να πάψουμε να τα προστατεύουμε δίνοντάς τους την εντύπωση ότι είναι αθάνατα. Κάνουμε πραγματικά σαν να το πιστεύουμε. Ο Φρόυντ είπε πολλά έξυπνα πράγματα κι ένα απ' αυτά ήταν πως πολλά από τα προβλήματά μας και η ανικανότητά μας να ζήσουμε, πηγάζει από την πίστη ότι δε θα πεθάνουμε ποτέ. Νομίζουμε ότι ο χρόνος μπροστά μας είναι άπειρος. Αν το σκεφτείτε καλά, θα δείτε πως κατά βάθος πιστεύετε ότι πεθαίνουν μόνο οι άλλοι. Έχω άσχημα νέα για σας! Θα πεθάνουμε *όλοι*! Ο θάνατος είναι το πιο δημοκρατικό πράγμα που έγινε ποτέ. Όποιος και να 'σαι, όσο πλούσιος ή διάσημος, όσα πτυχία κι αν έχεις, όσο άσχημη ή όσο όμορφη κι αν έκανες τη ζωή σου, μια μέρα θα πεθάνεις. Γιατί όμως να φοβάσαι; Φοβάται κανείς το θάνατο μόνο όταν δε ζει. Αν είσαι ενεργά μέσα στη διαδικασία της ζωής, δεν κλαίς, ούτε οδύρεσαι. Αν έχεις φερθεί στους άλλους όμορφα όσο είναι ζωντανοί, δεν πέφτεις πάνω στο φέρετρό τους φωνάζοντας: «Μη μ' αφήνεις, μη μ' αφήνεις!» Για τ' όνομα του Θεού! Δεν αφήνουμε τους ανθρώπους ούτε να πεθάνουν με αξιοπρέπεια. Τους αφήνουμε να πεθαίνουν με ενοχή φωνάζοντας: «Μην πεθαίνεις!»

Τι τρελή ιδέα που έχουμε για το θάνατο! Δε θέλουμε να παίρνουμε τα παιδιά σε κηδείες. Μερικοί από σας θα θυμούνται ότι παλιά ο κόσμος ξενυχτούσε τους νεκρούς και πολλές φορές σου έλεγαν να πας να δεις τον παππού ή τη γιαγιά και να τους αποχαιρετήσεις. Πολλές φορές σου εξηγούσαν ότι όλοι πεθαίνουν, όπως τα λουλούδια πεθαίνουν το χειμώνα και ξαναφυτρώνουν. Ο θάνατος είναι μια συνεχής, όμορφη διαδικασία *ζωής*. Όταν τον έχεις δει, δεν τον φοβάσαι. Ο θάνατος είναι καλός φίλος, ένας πολύ καλός φίλος, γιατί μας λέει πως δεν είμαστε αιώνιοι και πρέπει να ζήσουμε το τώρα. Έτσι καταλαβαίνουμε πόσο πολύτιμο είναι το κάθε λεπτό. Το διαβάζουμε αυτό που λέμε: «Ναι, ναι, πόσο αληθινό!» Ζούμε όμως πραγματικά έτσι; Πόσο θαυμάσιο είναι να είσαι ολόκληρος μέσα στη στιγμή που βλέπεις ένα λουλούδι. Όταν κάποιος σου μιλάει, για το Θεό, άκουσέ τον και πάψε να κοιτάς πάνω από τον ώμο του, μη χάσεις τίποτε από τα γύρω. Σαν να είσαι σε κοκτέιλ! Δεν υπάρχει μεγαλύτερη προσβολή! Αν δε θέλεις να είσαι μαζί μου, *μην είσαι*! Εντάξει, μπορώ να το δεχτώ αυτό. Αν όμως θέλεις να είσαι μαζί μου, είσαι αποφασισμένος *να είσαι μαζί μου;* Λες: «Πάω να κοιτάξω τη θάλασσα». Κοιτάζεις πραγματικά τη θάλασσα; «Ω, τι ωραίο ηλιοβασίλεμα!» Το λες στ' αλήθεια αυτό, το βλέπεις, αναγνωρίζεις ότι δε θα ξαναγίνει ποτέ πια;

Ο θάνατος μας διδάσκει, αν θέλουμε να τον ακούσουμε, πως τώρα είναι η στιγμή. Τώρα είναι η στιγμή να σηκώσεις το ακουστικό και να τηλεφωνήσεις σ' αυτόν που αγαπάς. Ο θάνατος μας διδάσκει τη χαρά της στιγμής. Μας διδάσκει πως δεν είμαστε αιώνιοι. Μας διδάσκει ότι δεν υπάρχει τίποτε μόνιμο. Μας διδάσκει να αφεθούμε, ότι δεν μπορούμε να κρατηθούμε από τίποτε. Και μας λέει να παραιτηθούμε από τις προσδοκίες και ν' αφήσουμε το αύριο να πει τη δική του ιστορία, γιατί κανείς δεν ξέρει αν θα γυρίσει σπίτι του απόψε. Για μένα αυτό είναι μια τρομερή πρόκληση. Ο θάνατος λέει: «Ζήσε τώρα». Ας το πούμε αυτό στα παιδιά.

Το τελευταίο πράγμα που θέλω να μοιραστώ με τα παιδιά είναι πως η ζωή δεν είναι μόνο πόνος, δυστυχία και απελπισία, όπως ακούμε στο δελτίο των ειδήσεων και διαβάζουμε στις εφημερίδες. Αυτά είναι τα πράγματα που αποτελούν ειδήσεις. Εκείνο που δεν ακούγεται, είναι τα θαυμάσια, απολαυστικά, σπουδαία και φανταστικά πράγματα που συμβαίνουν την ίδια στιγμή. Πρέπει με κάποιο τρόπο να πληροφορήσουμε τα παιδιά γι' αυτά τα θαυμάσια πράγματα. Για να το πετύχετε αυτό, πρέπει να έρθετε ξανά σε επαφή με τη δική σας χαρά και τη δική σας τρέλα. Όλοι είμαστε τρελοί! Κι αν δεν το πιστεύετε, είσαστε οι πιο τρελοί απ' όλους. Η ανία γεννιέται από τη ρουτίνα. Η χαρά, το θαύμα, η έκσταση, γεννιούνται από την έκπληξη. Η ρουτίνα οδηγεί στην ανία κι όποιος νιώθει ανία γίνεται *ανιαρός*. Είναι περίεργο λοιπόν που δε σας θέλουν για παρέα; Μπορούμε να διαλέξουμε. Έχουμε τη δυνατότητα. Μπορείτε να διαλέξετε πώς θέλετε να ζήσετε τη ζωή σας. Μπορείτε να διαλέξετε τη χαρά, την ελευθερία, τη δημιουργικότητα, την έκπληξη ή την απάθεια και την ανία. Αυτή την επιλογή μπορείτε να την κάνετε τώρα!

Υπάρχει ένα κείμενο που μου αρέσει πολύ και που συνοψίζει όλα όσα είπαμε. Έχει γραφτεί από τον Φρέντερικ Μόφετ του Γραφείου Εκπαιδευτικής Επιθεώρησης του Τμήματος Παιδείας της Νέας Υόρκης. Έχει σαν τίτλο «Πώς μαθαίνει ένα παιδί».

> Έτσι μαθαίνει ένα παιδί, ρουφώντας επιδεξιότητες με τα δάχτυλα των ποδιών και των χεριών του, ώσπου να φτάσουν βαθιά μέσα του. Απορροφώντας τις συνήθειες και τις στάσεις του περίγυρού του, σπρώχνοντας και τραβώντας τον κόσμο του. Ένα παιδί μαθαίνει πιο πολύ από τη δοκιμή παρά από το λάθος, πιο πολύ από την ευχαρίστηση παρά από τον πόνο, πιο πολύ από την πείρα παρά από την υποβολή και τη συμβουλή, και πιο πολύ από την υποβολή παρά από την καθοδήγηση. Έτσι ένα παιδί μαθαίνει με τη στοργή, την αγάπη, την υπομονή, την κατανόηση, τη συμμετοχή, με το να είναι και να κάνει. Μέρα με τη μέρα το παιδί μαθαίνει λίγα απ' αυτά που ξέρετε, λίγα περισσότερα απ' όσα νομίζετε και

> καταλαβαίνετε. Αυτά που ονειρευόσαστε και πιστεύετε, αυτά γίνεται το παιδί. Από την αντίληψή σας που είναι θολή ή διαυγής, από τη σκέψη σας που είναι συγκεχυμένη ή οργανωμένη, από τα πιστεύω σας που είναι ανόητα ή σοφά, από τα όνειρά σας, που είναι άχρωμα ή —αυτό μ' αρέσει πολύ— *χρυσά*, από τις ανακρίβειες που λέτε ή από την αλήθεια, από όλα αυτά μαθαίνει ένα παιδί».

Πρέπει να πούμε στα παιδιά ότι έχουν το δικαίωμα να διαλέξουν ανάμεσα στην αγάπη και το χάσιμο. Γιατί αν χάσεις την αγάπη, χάνεις τη ζωή. Ο Θόρτον Γουάιλντερ λέει: «Υπάρχει μια χώρα των ζωντανών και μια χώρα των νεκρών και η γέφυρα είναι η αγάπη. Η μόνη επιβίωση και το μόνο νόημα».

Ας το πούμε αυτό στα παιδιά!

8

Ο βαθύτερος εαυτός σας

Ειλικρινά πιστεύω ότι, αν έχουμε στον κόσμο αυτό έστω και *ένα* πρόσωπο που μπορούμε ν' αγγίξουμε απόλυτα, χωρίς επιφύλαξη και χωρίς ντροπή, δε θα πεθάνουμε ποτέ από μοναξιά. Ένα μόνο πρόσωπο! Δεν είπα ούτε πενήντα, ούτε εκατό, ούτε χίλια. Δεν έχει καμία σημασία ποιο είναι αυτό το πρόσωπο, γυναίκα για γυναίκα, άντρας για άντρα, το σημαντικό είναι να μπορείς να το πλησιάσεις και να του μιλήσεις, να σε ακούσει. Κάποιος που δε χρειάζεται να του κρυφτείς. Κάποιος που μπορείς να του πεις, «Αυτό αισθάνομαι» και να σου πει, «Εντάξει. Δεν πειράζει». «Αυτός είμαι!» «Εντάξει».

Ρωτάω συχνά τους μαθητές μου: «Πόσοι έχετε τέτοιο πρόσωπο στη ζωή σας;» Δε θέλω να μου απαντήσουν, θέλω να το σκεφτούν! Στο σπίτι σας; Στην οικογένεια; Μπορείς να μιλήσεις στον άντρα σου; Στη γυναίκα σου; Στο γείτονά σου; Αυτός μπορεί να έρθει σε σένα; Λίγοι είναι αυτοί που ζουν πραγματικά στενές σχέσεις. Είναι τρομακτικό.

Κι όμως μπορούμε να διαλέξουμε τη χαρά της στενής επαφής. Γιατί όχι; Θα σας διαβάσω μερικούς από τους λόγους που δίνουν οι άνθρωποι, όταν δεν επιλέγουν τη στενή επαφή. (Το εντυπωσιακό είναι ότι βρήκα και τον εαυτό μου μέσα σ' αυτές τις απαντήσεις, όπως θα βρείτε κι εσείς τον δικό σας.) Ακούστε τι είπαν:

«Δεν φοβάμαι τη στενή σχέση. Φοβάμαι μήπως πληγωθώ».

«Βαρέθηκα πολύ γρήγορα τις σχέσεις. Μόλις γνωριστούμε καλά με τον άλλον, σβήνει η αίγλη του καινούργιου και μαζί σβήνει κι ο ενθουσιασμός».

«Ο κόσμος δε θέλει στενές επαφές, σεξ θέλει μόνο».

«Φοβάμαι να αφήσω τους άλλους να καταλάβουν ποιος είμαι αληθινά· αν το ήξεραν, θα γέμιζαν φρίκη».

«Δεν πιστεύω στη στενή επαφή. Δε νομίζω ότι είναι δυνατή. Οι άνθρωποι είναι πολύ διαφορετικοί».

«Η στενή επαφή με κάνει να νιώθω ανασφάλεια και ζήλεια. Όσο πιο βαθιά είναι τα συναισθήματά μου για κάποιον, τόσο είναι πιο μεγάλη η ανασφάλεια και η ζήλεια μου, γι' αυτό προτιμώ να είμαι μάλλον αδιάφορος. Έτσι δεν πληγώνομαι».

«Είναι περίεργο», είπε κάποιος άλλος, «αλλά τσακώνομαι και πληγώνω μόνο τους ανθρώπους με τους οποίους έχω κάποια στενή σχέση. Κάθε φορά που φτιάχνω μια στενή σχέση, αισθάνομαι ξεγελασμένος. Νιώθω πως πρέπει να υπάρχει κάτι περισσότερο κι αρχίζω να το ψάχνω και τότε τα χαλάω όλα».

«Όλοι μας έχουμε τρομερές ανάγκες και είναι όλες διαφορετικές. Αν προσπαθήσω να καλύψω τις ανάγκες κάποιου άλλου, η ζωή μου θα γίνει πολύ μπερδεμένη. Αρκετά προβλήματα έχω κι έτσι».

Όλα αυτά είναι πολύ ανθρώπινα σχόλια και πολύ τίμια. Είναι αλήθεια πως οι στενές σχέσεις αποτελούν ρίσκο, είναι αλήθεια ότι κινδυνεύεις να πληγωθείς, είναι αλήθεια ότι θα απαιτήσουν πολλά από σένα, είναι αλήθεια ότι θα απαιτήσουν αλλαγές και είναι αλήθεια ότι θα βγάλουν στην επιφάνεια τα βαθύτερα συναισθήματά σου και θα σε κάνουν να νιώσεις δυστυχισμένος πολλές φορές. Όπως είπα και πριν όμως, είναι αλήθεια επίσης ότι αν αρνηθείς τη στενή επαφή δε σου μένει παρά η απελπισία και η μοναξιά.

Η σύγχρονη κοινωνία μας δεν ενθαρρύνει τη στενή επαφή. Στους τέσσερις γάμους ο ένας καταλήγει σε διαζύγιο. Στη νότια Καλιφόρνια οι γάμοι και τα διαζύγια είναι περίπου μισά-μισά. Θεέ και Κύριε! Ο ένας στους δύο αποτυγχάνει. Οι εύκολες σχέσεις που αρχίζουν με έντονα αισθήματα αγάπης και στοργής κρατούν τρεις μήνες. Όταν τα πράγματα γίνονται λίγο πιο δύσκολα ή πιο δυσάρεστα, δεν τα αντέχεις πια και τα παρατάς. Υπάρχουν και βιβλία όπως το πολυδιαβασμένο *Νιώσε ελεύθερος*. Θα σας διαβάσω τι μας λέει: «Νιώσε ελεύθερος — αν μια σχέση σου γίνεται ανιαρή και βαριά διάκοψέ την χωρίς ενοχές, γιατί τώρα πια οι μόνιμες σχέσεις ανάμεσα στους ανθρώπους είναι κάτι αδύνατο». Αυτός ο συγγραφέας είναι ψυχίατρος! Έτσι λοιπόν, αν τσακωθείς με κάποιον, αν διαφωνήσεις, πες του: «Α στο διάβολο! Δεν πρόκειται να καθήσω να τα βρω μαζί σου. Γιατί να κάνω τον κόπο; Γιατί να ψάχνω για λύσεις; Είναι πιο εύκολο να βρω ένα άλλο».

Ο Τζωρτζ Λίοναρντ λέει: «Είμαστε ικανοί να μπαίνουμε σε τροχιά γύρω από τη γη, είμαστε ικανοί να πάμε στο φεγγάρι, όμως η κοινωνία μας δεν έχει βρει τρόπο να ζήσουν δυο άνθρωποι μαζί αρμονικά για επτά συνεχείς μέρες, χωρίς να θέλουν να πνίξουν ο ένας τον άλλο». Μας λένε ότι οι στενές σχέσεις δεν είναι πια της μόδας, εγώ όμως λέω ότι *η στενή επαφή είναι ουσιαστικά απαραίτητη, αν δε θέλουμε να τρελαθούμε όλοι*. Σήκω και πήγαινε να ζήσεις απομονωμένος, αν μπορείς. Πιστεύω ότι το επίπεδο της ψυχικής σου υγείας κρίνεται από το βαθμό που μπορείς να διατηρήσεις σημαντικές και μόνιμες σχέσεις. Όχι από την *ποσότητα* τέτοιων σχέσων, αλλά από την *ποιότητά* τους.

Η στενή επαφή έχει πολλά επίπεδα. Θυμάμαι, για παράδειγμα, όταν έκανα το ντοκτορά μου πάνω σε χρόνιους σχιζοφρενείς, δεν υπήρχε απολύτως καμιά επαφή. Αν τους άγγιζες, φώναζαν, «άσε με ήσυχο!». Στεκόντουσαν ώρες ολόκληρες στα παράθυρα κοιτάζοντας έξω, σε επαφή με το τίποτε. Και σ' ένα βήμα πάνω απ' αυτό το επίπεδο βρίσκεται αυτό που ονομάζουμε τελετουργικές σχέσεις — μια τελετουργική ανταλλαγή, όπως περπατάς στο δρόμο και λες: «Α, γεια σου Μαίρη, τι κάνεις;» Κι εκείνη σου απαντάει: «Πολύ καλά». (Πεθαίνει από λέπρα, αλλά σου λέει «Πολύ καλά». Η κουβέντα βγαίνει αυτοματικά από τα χείλια της. Κι άλλωστε μήπως νοιάζεσαι πραγματικά;) «Πώς είσαι, Μιν;» Αν εκείνη απαντήσει, «Αυτή η ισχιαλγία μου μ' έχει τρελάνει», δεν έχεις καμιά διάθεση να την ακούσεις. Γιατί ρώτησες; Δε θα ήταν υπέροχο να έλεγες, «Γεια σου, Μαίρη» και να την κοίταζες στα μάτια για να δείξεις ότι ενδιαφέρεσαι; Μη ρωτάς τίποτε παρά μόνο αν θέλεις να μάθεις. Και αν σου πει, κάθησε κάτω, άναψε μια φωτιά και άκουσέ την.

Σ' ένα υψηλότερο αλλά αρκετά αλλόκοτο επίπεδο βρίσκεται αυτό που ονομάζουμε «κουβέντες των κοκτέιλ πάρτι», που αποτελούν ένα περίεργο υλικό. Μιλάμε για όλα τα σίγουρα πράγματα που δεν αγγίζουν κανένα. Πήγατε ποτέ σ' ένα κοκτέιλ να πείτε: «Και τώρα, ας έρθουμε στα ουσιαστικά πράγματα. Ας μιλήσουμε για τη θρησκεία, την πολιτική, τον έρωτα. Έχει πεθάνει ο Θεός;» Δε θα σας ξανακαλέσουν!

Σ' ένα ακόμη πιο υψηλό επίπεδο βρίσκεται αυτό που ο Έρικ Μπερν ονόμασε «τα παιχνίδια που παίζουν οι άνθρωποι». Άλλη μια αλλόκοτη διασκέδαση. Μπαίνεις σ' ένα παιχνίδι στενής επαφής για να πάρεις την αντίδραση που θέλεις. Για παράδειγμα ο άντρας σου σε παραμελεί ή αντίστροφα, γυρίζεις λοιπόν στο σπίτι και ρωτάς: «Τι τρέχει, αγάπη μου;» Η απάντηση είναι, «Α, τίποτε». Εσύ λες τότε: «Δεν είναι δυνατόν, κάτι έχεις, μοιάζεις σαν να γύρισες από τον τάφο». «Δεν έχω τίποτε». «Αν δεν έχεις τίποτε, τότε γιατί κάνεις τέτοια μούτρα;» *«Δεν έχω τίποτε!»* «Κι όμως κάτι έχεις, αγάπη μου». «Όχι» — και πάει λέγοντας...

Αλλά το πραγματικά υψηλό επίπεδο είναι αυτό, για το οποίο θέλω να σας μιλήσω σήμερα. Εκεί που μπορείς να ανταλλάξεις πράγματα και να ζήσεις μια σχέση, κι αυτό είναι η *στενή επαφή*. Εδώ δίνουμε και παίρνουμε χωρίς εκμετάλλευση του άλλου. «Δε θέλω να σε χρησιμοποιήσω, θέλω να σε αγαπήσω. Θέλω να σε ζήσω. Θέλω να σε γνωρίσω, να σε μυρίσω, να σε αγγίξω. Θέλω να μεγαλώσω μαζί σου. Θέλω να χορέψω, να κλάψω μαζί σου. Θέλω να σε χαϊδέψω». Όπως είπα και πιο πριν όμως, αυτή η επαφή θα απαιτήσει όλη σας την ενέργεια.

Η αναζήτηση της στενής επαφής είναι ρίσκο και πιθανόν να προκαλέσει πόνο. Όμως ο μοναδικός τρόπος που έχεις να δεις τον εαυτό σου και να αναπτυχθείς, είναι μέσα από μια στενή σχέση. Στο βιβλίο μου *Αγάπη* έχω γράψει: «Όταν σ' αγαπώ κι εσύ μ' αγαπάς είμαστε σαν καθρέφτης ο ένας του άλλου, και καθώς καθρεφτιζόμαστε ο ένας μέσα στον άλλο, κοιτάζουμε το άπειρο. Αν θέλω να γνωρίσω τον εαυτό μου, δε θα τα καταφέρω ζώντας μόνος μου. Θα τον γνωρίσω από τις αντιδράσεις σας απέναντί μου — από τις αντιδράσεις του καθένα χωριστά, κι αν έχω φτάσει ν' απομακρύνω τους άλλους, καλά θα κάνω να κοιτάξω καλύτερα τον εαυτό μου. Πόσους ανθρώπους δεν ξέρουμε που κατηγορούν τους πάντες εκτός από τον εαυτό τους; Η κοινωνία είναι εναντίον τους, η γραμματέας είναι εναντίον τους, τα παιδιά είναι εναντίον τους. Ακόμη κι ο Θεός. Αν είναι αλήθεια όλα αυτά, μήπως τελικά έχουν *αυτοί* κάτι που απομακρύνει τους ανθρώπους; Μήπως θα 'πρεπε να κοιτάξουν καλύτερα τον εαυτό τους; Ένας θαυμάσιος τρόπος να κοιτάξεις τον εαυτό σου είναι μέσα από την αντανάκλαση των αντιδράσεων του άλλου απέναντί σου.

Νομίζω ότι το δεύτερο σημαντικό στοιχείο μιας σχέσης αγάπης είναι η πιστότητα των συναισθημάτων. Είναι το πιο ωραίο φάρμακο κατά της μοναξιάς. Δεν είναι ευχάριστο να ξέρεις πως, όταν γυρίζεις σπίτι, θα υπάρχει κάποιος να σε υποδεχτεί; Δεν ξέρω πόσοι από σας γνωρίζετε τη δουλειά της Τζόαν Ντίντιον. Είναι μια θαυμάσια, ευαίσθητη συγγραφέας που δεν τη διαβάζει σχεδόν κανείς. Το τελευταίο της βιβλίο λέγεται *Ένα βιβλίο κοινής προσευχής* — μια ιστορία απίστευτη. Αυτό που την ενδιαφέρει πιο πολύ είναι η απελευθερωμένη γυναίκα — όχι με τη συνηθισμένη έννοια, αλλά με την έννοια που λέει, «Ας πάψουμε πια να εκμεταλλευόμαστε τις γυναίκες· ας καταλάβουμε ότι δε θα μας αφήσουν πια να τις εκμεταλλευόμαστε».

Ένα προηγούμενό της βιβλίο είναι το *Παίχ' το όπως έρχεται*. Μιλάει για μια όμορφη στάρλετ του Χόλιγουντ που την χρησιμοποιούν και την εκμεταλλεύονται όλοι: ο σκηνοθέτης, ο παραγωγός, οι μουσικοί, τόσο, που σιγά-σιγά τρελαίνεται. Γίνεται στην κυριολεξία αντικείμενο, κάτι που το χρησιμοποιείς και το πετάς. Πεθαίνει από μοναξιά, αλλά δεν μπορεί να βρει ειλικρίνεια πουθενά. Κάθε φορά που νομίζει ότι την βρήκε, κάποιος της κόβει τα πόδια. Κάνει μια όμορφη μικρή ομολογία που θα ήθελα να σας διαβάσω και που βοηθάει νομίζω να καταλάβουμε την απύθμενη μοναξιά που, αν είμαστε ειλικρινείς, θα παραδεχόμαστε όλοι ότι νιώθουμε πολλές φορές:

> Τις παρακολουθούσε στο σούπερ μάρκετ και γνώριζε όλα τα σημάδια. Στις επτά το απόγευμα του Σαββάτου στέκονταν μπροστά στα ταμεία διαβάζοντας το ωροσκόπιο και το Harper's Bazaar. Μέσα στα καροτσάκια τους θα είχαν μία

και μοναδική αρνίσια κοτολέτα, ίσως δύο κονσέρβες, τροφή για γάτες και την κυριακάτικη εφημερίδα, την πρώτη έκδοση με τα κόμικς τυλιγμένα γύρω της. Πολλές φορές ήταν πανέμορφες, με τη φούστα τους στο σωστό μάκρος και τα γυαλιά τους στη σωστή απόχρωση, δείχνοντας ίσως μόνο μια ελαφρά πίκρα κι ένα σφίξιμο γύρω στο στόμα. Τις έβλεπες όμως πάντα με τη μοναδική κοτολέτα, τις δυο κονσέρβες γατοτροφή και την πρωινή εφημερίδα. Για να αποφεύγει να δείχνει αυτά τα σημάδια η Μαρία, ψώνιζε πάντα οικογενειακά: λίτρα ολόκληρα χυμό γκρέιπφρουτ, μισόλιτρα σάλτσας με πράσινη πιπεριά, φακές και κριθαράκι, ριγκατόνι και κονσερβαρισμένα γιαμ, απορρυπαντικό σε κάδο. Ήξερε όλα τα αναγνωριστικά σημάδια των μοναχικών γυναικών και ποτέ της δεν αγόραζε μία μοναδική οδοντόπαστα, ούτε έριχνε ποτέ στο καροτσάκι της ένα και μόνο περιοδικό. Το σπίτι της στο Μπέβερλι Χιλς ξεχείλιζε από ζάχαρη, έτοιμη ζύμη για μάφινς, κατεψυγμένα ψωμάκια και ισπανικά κρεμμύδια, και η Μαρία έτρωγε σκέτο άπαχο τυρί.

Πόσο έχουμε ανάγκη ο ένας τον άλλο!

Ένα άλλο χαρακτηριστικο της στενής επαφής είναι ότι διευρύνει τον κόσμο μας. Θα 'θελα να είχα ένα πίνακα για να σας το δείξω αυτό. Νομίζω ότι είναι ένα υπέροχο πράγμα. Έχουμε ένα «εγώ» κι αυτό το «εγώ» συναντάει ένα «εσύ» και μένουμε μαζί επειδή νιώθουμε έλξη ο ένας για τον άλλο κι έχουμε κοινά σημεία και μοιραζόμαστε κάποια πράγματα. Αυτά τα κοινά που μοιραζόμαστε γίνονται το «εμείς». Όσο περισσότερα μοιραζόμαστε, τόσο πιο πολλά «εμείς» αποκτάμε. Το «εσύ» μένει πάντα «εσύ» και το «εγώ» πάντα «εγώ». Δε χάνει ο καθένας τον εαυτό του, αναπτύσσουμε όμως το «εμείς» *μαζί* αυτός είναι ο κοινός μας δεσμός.

Αλίμονο σε σένα αν δώσεις ολοκληρωτικά τον εαυτό σου σε κάποιον άλλο. Θα είσαι χαμένος για πάντα. Κράτησε τον εαυτό σου, όπως κρατούν και οι αλλοι τον εαυτό τους. Μετά βάλε μαζί το «αυτοί» και σχημάτισε το «εμείς». Στη συνέχεια δούλεψέ το αυτό το «εμείς» και θα δεις ότι γίνεται όλο και πιο μεγάλο, ενώ ταυτόχρονα μεγαλώνει και το «εσύ» και το «εγώ» και σχηματίζουν αυτούς τους τεράστιους ομόκεντρους κύκλους που δεν παύουν να μεγαλώνουν! Η στενή επαφή είναι αυτό το θαυμάσιο «εμείς». Κι αν από κακή τύχη χάσεις αυτό το ιδιαίτερο «εμείς», σου μένει πάντα το «εγώ» και οι τρυφερές αναμνήσεις να χτίσεις τη συνέχεια.

Εργάζομαι σ' ένα Πανεπιστήμιο όπου πολλές γυναίκες εργάζονται για να σπουδάσει ο άντρας τους. Δε δίνω συχνά συμβουλές, προσφέρω όμως εναλλακτικές λύσεις και τις προειδοποιώ να μην κάθονται σ' ένα βαρετό γραφείο χτυπώντας όλη τη μέρα τα πλήκτρα της μηχανής, ενώ ο σύζυγός τους βρίσκεται στο Πανεπιστήμιο κι ακούει ένα σωρό ενδιαφέρουσες νέες ιδέες. Καλύτερα να πουν: «Κοίτα, φίλε μου, η σχέση μας στηρίζεται στην ισότητα. Κάθε Τετάρτη βράδυ θα βγαίνω μόνη. Μπορείς να βοηθήσεις καθαρίζοντας το σπίτι».

Πρέπει να συνεχίσετε την ανάπτυξή σας. Πρέπει να βάζετε κάτι νέο στην κάθε μέρα σας. Η κυριότερη ευθύνη σας είναι απέναντι στον εαυτό σας. Γιατί, αν δε νιώθετε έτσι, δεν μπορείτε να προσφέρετε τίποτε σε κανένα. Δεν μπορείτε να προσφέρετε παρά αυτό που έχετε. Αν βάλετε πιο πολλή ζωντάνια στη ζωή σας αρχίζοντας να σκαρφαλώνετε στα δέντρα, να κάνετε πράγματα λίγο τρελά, θα γίνετε και θα παραμείνετε συναρπαστικοί και για τους άλλους.

Είναι λοιπόν η *ομοιότητα* που μας φέρνει κοντά, αλλά μας κρατάει μαζί το καινούργιο. Μάθετε να είσαστε έξυπνοι, ενδιαφέροντες, συναρπαστικοί, μοιραστείτε με τους άλλους νέες ιδέες, εξελιχθείτε, αλλάξτε. Μην είσαστε προβλεπόμενοι!

Όταν έκανα συμβουλευτική θεραπεία με γονείς, γνώρισα ένα ζευγάρι που μου είπε αυτή την αληθινή ιστορία. Είχαν μεγαλώσει τρία παιδιά. Είχαν δουλέψει τρομερά για τα παιδιά τους και κάποτε παντρεύτηκε κι η μικρότερη κόρη τους. Όταν τέλειωσε ο γάμος, γύρισαν σπίτι και κάθησαν ο ένας δίπλα στον άλλο. Τότε ο άντρας γύρισε στη γυναίκα του και της είπε: «Ποια είσαι;» Αυτό συμβαίνει πολύ πιο συχνά απ' όσο νομίζουμε! Δινόμαστε τόσο πολύ στην προσπάθεια να προετοιμάσουμε τη ζωή των άλλων, που ξεχνάμε ότι η ουσία είναι η δική μας ζωή. Κάπου-κάπου κάθησε δίπλα του και κάνε κάτι τρελό, όπως π.χ. το να φας πέστροφες στο φως των κεριών. Κι αν δ σ' αρέσουν οι πέστροφες, προτίμησε το χάμπουργκερ! Άναψε όμως ένα κερί και βάλε λίγη ρομαντική μουσική! Άνοιξε ένα μπουκάλι κρασί και πιες το με χαρά. «Αυτή είναι η *δική μας* στιγμή. Δε θα σηκώσουμε ούτε το τηλέφωνο». Ακόμη κι αν είναι μεσάνυχτα — άλλωστε αυτή είναι η καλύτερη ώρα. Έχουμε ξεχάσει πόσο είναι ωραίο να βλέπεις την αυγή να χαράζει.

Ένα άλλο πράγμα που καταστρέφει τη στενή επαφή είναι η έλλειψη αλλαγής. Φοβόμαστε την αλλαγή κι όμως η στενή επαφή την χρειάζεται. Η ίδια η επαφή αλλάζει, όλα μέσα της είναι σε διαρκή αλλαγή, δεν μπορείς να περιμένεις απο τους άλλους να μείνουν ίδιοι· θ' αλλάξουν κι αυτοί!

Επίσης η στενή επαφή δεν είναι πράγμα *απαιτητό*. Δεν μπορείς να έχεις απαιτήσεις στην αμοιβαία σχέση με τους άλλους. Κανείς δεν μπορεί πάντα να είναι ή να κάνει αυτό που θέλεις εσύ απ' αυτόν. Όλα είναι απροσδόκητα κι αν το καλοσκεφτείς, κάθε απογοήτευση που νιώθεις προέρχεται από το γεγονός, ότι κάποιος δεν ανταποκρίθηκε στις *δικές σου* προσδοκίες. Σκέψου το λίγο καλύτερα! Κάθε φορά που στενοχωριέσαι είναι γιατί κάποιος δεν τηλεφώνησε ή γιατί δε θυμήθηκε τα γενέθλιά σου. Αν τα θυμηθούν, χόρεψε, χοροπήδησε, κάνε τούμπες. Αν δεν τα θυμηθούν πάλι δεν πειράζει. Το σημαντικό είναι να είσαι αυθόρμητος στην προσέγγισή σου απέναντι στις σχέσεις. Κοίταξε αυτό που συμβαίνει. Γέλα με τα πράγματα που ενοχλούν τους άλλους: «Δεν τα θυμήθηκε τα γενέθλιά μου αυτός ο υπέροχος τύπος. Θ' αγοράσω *εγώ* ένα δώρο στον εαυτό μου. Έτσι είναι καλύτερα. Θα πάρω ακριβώς αυτό που θέλω». Το προβλεπόμενο είναι βαρετό, αν θέλεις να είσαι συναρπαστικός, μάθε να είσαι απρόβλεπτος. Το μοναδικό πράγμα για το οποίο μπορείς να είσαι σίγουρος με μένα, είναι ότι θα φερθώ απρόβλεπτα. Δεν μπορείς ποτέ να προβλέψεις τι θα κάνω ή τι θα πω. Αλλάζω συνεχώς κι αυτό μου αρέσει. Όταν οι μαθητές μου σηκώνουν το χέρι τους και μου λένε: «Άλλα μας είπες την Τετάρτη», τους απαντάω: «Το ξέρω. Έχω μεγαλώσει από την Τετάρτη. Περιμένατε ο σημερινός Λέο να είναι ο Λέο της Τετάρτης;».

Δείξε αυτό που αισθάνεσαι μέσα σε μια σχέση. Αν θέλεις να

κλάψεις, κλάψε όσο θέλεις! Αν θέλεις να γελάσεις, γέλασε με την καρδιά σου. Ούρλιαξε, αν θέλεις να ουρλιάξεις. Κυλήσου κάτω. Ξάφνιασε τους πάντες.

Κυρίως μην *καθυστερείς* να ανακοινώσεις τα συναισθήματά σου. Νομίζω ότι ένα από τα πιο καταστροφικά στοιχεία στις σχέσεις και τις στενές επαφές είναι η ανικανότητά μας να μεταδώσουμε αυτό που αισθανόμαστε τώρα. Εγώ πάντα λέω στους άλλους αυτό που θέλω. Δεν έχω ποτέ σύντομους καυγάδες, οι σύντομοι καυγάδες μένουν εκκρεμείς. Το πρόβλημα με τους καυγάδες είναι ότι συνήθως τελειώνουν πριν να λύσουν ο,τιδήποτε, πριν καλά καλά μάθουμε γιατί καυγαδίζουμε. Όσο περισσότερο λογομαχείς, τόσο πιο κοντά στα συναισθήματα θα φτάσεις· γι' αυτό, όταν ο άλλος ετοιμάζεται να φύγει από το δωμάτιο, πάρ' τον από πίσω! Πες του: «Στάσου! Δεν καταλαβαίνω. Συνέχισε να μιλάς!» Στο τέλος ίσως να βρεις ότι καυγαδίζετε για κάτι εντελώς ανόητο.

Αν ποτέ χρειαζόμαστε ο ένας τον άλλο, τον χρειαζόμαστε τώρα. Η οικογένεια διαλύεται, ο ρυθμός των διαζυγίων αυξάνει, οι σχέσεις είναι επιφανειακές και χωρίς νόημα τις πιο πολλές φορές. Το ποσοστό των αυτοκτονιών διπλασιάζεται, κυρίως ανάμεσα στους νέους. Η στενή επαφή δεν είναι εύκολο πράγμα. Είναι μια μεγάλη πρόκληση για την ωριμότητά μας. Είναι η πιο μεγάλη μας ελπίδα.

9

Διάλεξε τη ζωή

Για μένα το μεγαλύτερο αγαθό που διαθέτουμε είναι η ζωή. Και όπου υπάρχει ζωή υπάρχει και ελπίδα, όπως λέει και το παλιό ρητό. Έτσι λοιπόν, αν καταφέρουμε ν' αποφασίσουμε να *διαλέξουμε* τη ζωή, ίσως τα πράγματα να μην είναι τόσο δύσκολα όσο τα φανταζόμαστε. Όμως υπάρχουν πάρα πολλοί άνθρωποι που δε διαλέγουν τη ζωή. Πριν από λίγο καιρό ένας από τους φοιτητές μου ήρθε στο Πανεπιστήμιο. Ήταν στα χάλια του. Μου είπε: «Σε βαρέθηκα πια εσένα και τις ιδέες σου για τη ζωή. Λες «διάλεξε τη ζωή». Και γιατί στην οργή να το κάνω; Η ζωή διάλεξε *εμένα*. Δε ζήτησα εγώ να γεννηθώ. Άλλοι μ' έφεραν σ' αυτή τη γη κι αν δε μ' αρέσει να ζω εδώ, δεν καταλαβαίνω γιατί είναι δική μου ευθύνη να την διαλέξω».

Χιλιάδες άνθρωποι μπαίνουν στα ψυχιατρεία κάθε χρόνο και παραδίνουν τη ζωή τους στα χέρια των γιατρών και των θεραπευτών. Άλλοι άνθρωποι παραιτούνται και λένε, «Ζήσε εσύ αντί για μένα», αντί να πάρουν στα χέρια τους αυτό το υπέροχο δώρο και να το ζήσουν όσο γίνεται πιο απόλυτα.

Δεν ξέρω αν το έχετε πάρει είδηση, αλλά παρατηρείται μια αύξηση του φαινομένου που ονομάζεται «σύνδρομο κακοποίησης των παιδιών», όπου ο κόσμος δέρνει τα παιδιά του σε αφάνταστο βαθμό. Τώρα τελευταία στο Λος Άντζελες ενός μικρού κοριτσιού του έβγαλαν τα μάτια — πράγματα εντελώς απίστευτα. Παράλληλα αρχίζει και μια άλλη επιδημία, εντελώς ακατανόητη για μένα, η κακοποίηση των ηλικιωμένων. *Δέρνουμε* τους γέρους. Τα παιδιά δέρνουν τους ηλικιωμένους γονείς τους.

Σε μια έρευνα που έγινε ανάμεσα σε ηλικιωμένους από 65 χρόνων και πάνω —σε χιλιάδες άτομα— μόνο το 20% είπαν ότι είναι «ευτυχισμένοι». Οι υπόλοιποι χαρακτήρισαν τον εαυτό τους «θύμα». Εκεί λοιπόν θα φτάσουμε; Αυτό είναι το νόημα της ζωής; Να ζήσουμε για να γίνουμε θύματα στο τέλος;

Πολύς κόσμος γυρίζει και μιλάει για θάνατο, απελπισία, αθλιότητα. Αν σας αρέσει αυτό, θα το βρείτε παντού. Διαβάστε την εφημερίδα σας. Ανοίχτε την τηλεόρασή σας. Μπορείτε όμως να διαλέξετε να πείτε πως η ζωή είναι *καλή*, η ζωή είναι *ωραία*, ας τη γιορτάσουμε.

Σκεφτήκατε ποτέ να κοιτάξετε τι λέει το λεξικό για μια λέξη σαν τη ζωή; Θα σας διαβάσω τι βρήκα εγώ, γιατί είναι συναρπαστικό: «Ζωή είναι η ιδιότητα που διακρίνει ένα ζωντανό και εν λειτουργία οργανισμό από ένα νεκρό». Δεν είναι απίθανο αυτό; Δε μας βοηθάει όμως πολύ, έτσι δεν είναι; Ας δούμε έναν άλλο που μου αρέσει πάρα πολύ. Λέει, «η περίοδος χρησιμότητας ενός πράγματος». Σκέφτηκα λοιπόν πως, αν η χρησιμότητά μας καθορίζει το αν είμαστε ζωντανοί ή νεκροί, τότε υπάρχουν πολλοί νεκροί γύρω μας. Αλλά ο ορισμός που μου αρέσει πιο πολύ είναι ο τελευταίος: «Να περνάς ή να ξοδεύεις το χρόνο». Ξέρετε, οι περισσότεροι δεν κάνουν τίποτε άλλο από το να περνούν και να ξοδεύουν το χρόνο. Πολύ λίγοι από μας είμαστε ζωντανοι με την πραγματική έννοια της λέξης και ζούμε απόλυτα. Το θέμα είναι ότι όσο αφήνει κανείς τη ζωή του στα χέρια των άλλων, ποτέ δε θα ζήσει. *Πρέπει να πάρετε την ευθύνη να διαλέξετε και να καθορίσετε εσείς τη ζωή σας.*

Πιστεύω πραγματικά ότι πολλοί άνθρωποι την *φοβούνται* τη ζωή. Δεν ξέρω γιατί συμβαίνει αυτό. Φοβόμαστε να είμαστε αυτό που είμαστε! Νιώθουμε υπέροχα, τρελά συναισθήματα, μα δεν τα ακολουθούμε. Βλέπεις κάποιο άτομο πραγματικά γοητευτικό και σκέφτεσαι: «Θα πάω να της (του) πω πως είναι γοητευτική (κός)». Και αμέσως *μετά* σκέφτεσαι: «Α, δεν μπορώ να το κάνω αυτό». Κι εκείνη φεύγει μην ξέροντας πως είναι όμορφη! Είναι πολύ κρίμα γιατί, όταν δε ζούμε εμείς ολοκληρωτικά, εμποδίζουμε και τους άλλους να ζήσουν ολοκληρωτικά!

Φοβόμαστε να ζήσουμε τη ζωή και γι' αυτό δε βιώνουμε, δε βλέπουμε. Δεν αισθανόμαστε. Δεν *τολμάμε*! Δε νοιαζόμαστε! Και κατά συνέπεια δε ζούμε, γιατί ζωή σημαίνει ενεργή συμμετοχή. Ζωή σημαίνει να βρωμίζεις τα χέρια σου, σημαίνει να πηδάς στη μέση της γιορτής, σημαίνει να πέφτεις με τα μούτρα. Ζωή σημαίνει να πηγαίνεις πέρα από τον εαυτό σου — προς τα αστέρια.

Πρέπει όμως να αποφασίσει ο εαυτός σου για τον εαυτό σου. «Τι σημαίνει η ζωή για μένα;» Είμαι βέβαιος ότι αν ξοδεύαμε τόσο χρόνο — όχι, *ένα τέταρτο* του χρόνου που ξοδεύουμε για να σχεδιάσουμε ένα γεύμα, για να σκεφτούμε τη ζωή, θα ήμαστε *άπιαστοι!*

Η ίδια η ζωή όμως έχει ένα θαυμάσιο τρόπο να λύνει αυτό το πρόβλημα. Είναι κάτι που με συναρπάζει πάντα γιατί, όταν η ζωή δε βιώνεται, δημιουργεί *έκρηξη* μέσα μας. Είναι σαν να προσπαθείς να κρατήσεις το καπάκι, όταν ο ατμός είναι έτοιμος να τιναχτεί. Κάτι θα συμβεί, είμαι *σίγουρος* γι' αυτό. Θα βρεθείτε σε κάποια ακραία κατάσταση φόβου, πόνου, μοναξιάς, παράνοιας ή απάθειας. Σημάδια όλα αυτά ότι δεν είσαστε ζωντανοί, ότι δε ζείτε! Γι' αυτό λοιπόν, αν νιώθετε κάποια απ' αυτά τα πράγματα, ανασκουμπωθείτε και πείτε: «Τώρα θα ζήσω». Μόλις αρχίσετε να μπαίνετε ξανά στη ζωή, *η πίεση του ατμού* πέφτει και ο κίνδυνος απομακρύνεται. Δεν είναι εύκολο πράγμα, όμως η ζωή μάς υπενθυμίζει πως πρέπει να την ζήσουμε. Τι θαυμάσιο πράγμα!

Πολλοί έρχονται και μου λένε: «Φαίνεται να έχεις μια απάντηση για όλα. Αν η ζωή είναι τόσο σπουδαία, τότε γιατί υπάρχει ο θάνατος, ο πόνος, η δυστυχία, όλα αυτά τα αρνητικά πράγματα; Γιατί να υποφέρουν τα παιδιά; Γιατί γίνονται δολοφονίες και βιασμοί και πόλεμοι; Γιατί, γιατί, γιατί;»

«Πού στην οργή θέλετε να ξέρω;», τους απαντάω. Άνθρωποι πολύ πιο σπουδαίοι από μένα βάζουν αυτά τα ερωτήματα επί αιώνες. Ξέρετε όμως τι κάνω εγώ; Έπαψα να θέτω τα ερωτήματα κι άρχισα να ζω μέσα στις απαντήσεις, κι αυτό άλλαξε εντελώς τα πράγματα.

Γιατί υπάρχει ο θάνατος; *Εγώ* δεν ξέρω γιατί υπάρχει ο θάνατος. Γιατί ο πόνος; Θα 'θελα να μην υπήρχε, όμως δεν ξέρω γιατί υπάρχει. Αν περνούσα τη ζωή μου περιμένοντας να μου απαντήσουν σ' αυτά τα ερωτήματα, δε θα ζούσα ποτέ.

Τους λέω όμως ότι ξέρω λίγα πράγματα για τη ζωή. Υπάρχει ένα πράγμα που λέγεται χαρά, το ξέρω γιατί το έχω *νιώσει*. Και υπάρχει κάτι που λέγεται *εξαίσια τρέλα*, την ξέρω γιατί την έχω ζήσει. Και ξέρω ότι υπάρχει η αγάπη, γιατί έχω *αγαπήσει*. Και ξέρω ότι υπάρχει η *έξαρση* γιατί την έχω γνωρίσει. Κι ακόμη ξέρω — επειδή γνωρίζω ανθρώπους που την έχουν αισθανθεί— ότι υπάρχει κάτι που λέγεται *έκσταση*. Α, πώς μ' αρέσει η λέξη έκσταση! *Ζητήστε την έκσταση*! Αρνούμαι να πεθάνω πριν να μάθω τι είναι η έκσταση.

Ένα από τα πράγματα που ξέρω λοιπόν, είναι ότι μπορείς να χαρίσεις στον εαυτό σου αυτά τα πράγματα. Μπορείς να τα δημιουργήσεις αυτά τα πράγματα. Σ' όλη σου τη ζωή σου *δόθηκε* ο εαυτός σου. *Έγινες* ο εαυτός σου. Έμαθες να *είσαι* ο εαυτός σου. Το καταπληκτικό πράγμα είναι —σαν παιδαγωγός μπορώ να το εγγυηθώ αυτό— ότι ο,τιδήποτε έχεις μάθει, μπορείς να το ξεμάθεις και να το ξαναμάθεις από την αρχή με νέο τρόπο. Έτσι, αν θέλεις να γίνεις κάτι άλλο, *μπορείς* να γίνεις — φτάνει να είσαι αποφασισμένος να λερώσεις τα δάχτυλά σου, αποφασισμένος να υποφέρεις λιγάκι, να αγωνιστείς λιγάκι και να το παλέψεις, γιατί αυτά τα πράγματα δεν έρχονται από μόνα τους. Πρέπει να το παλέψεις και θα γίνει.

Μ' αρέσει η σκέψη πως την ημέρα που γεννιέται κανείς, του χαρίζουν τον κόσμο σαν δώρο γενεθλίων. Ένα *υπέροχο κουτί* δεμένο με *εξαίσιες* κορδέλες! Μερικοί δεν κάνουν τον κόπο ούτε τις κορδέλες να λύσουν, όχι ν' ανοίξουν το κουτί. Κι όσοι το ανοίγουν περιμένουν να βρουν μέσα μόνο το θαύμα, την ομορφιά, την έκσταση. Ξαφνιάζονται που υπάρχει στη ζωή και ο πόνος και η απελπισία, η μοναξιά και η σύγχυση. Κι όμως είναι όλα μέρος της ζωής. Δεν ξέρω για σας, εγώ όμως δε θέλω να χάσω τη ζωή. Θέλω να μάθω το κάθε πραγματάκι που έχει μέσα το κουτί. Αυτό το μικρό κουτί λέγεται Πόνος. Τι να κάνουμε, δικό μου είναι κι αυτό, θ' ανοίξω λοιπόν τον πόνο και θα γνωρίσω τον πόνο. Κι αυτό το μικρό πακετάκι λέγεται Μοναξιά. Ξέρετε τι συμβαίνει όταν ανοίγω το δεματάκι που λέγεται Μοναξιά; *Γνωρίζω τη μοναξιά*. Κι όταν μου λες «Νιώθω μοναξιά», μπορώ να καταλάβω λιγάκι τη μοναξιά *σου* και μπορούμε να καθήσουμε μαζί και να κρατήσουμε ο ένας το μοναχικό χέρι του άλλου. Θέλω να τα γνωρίσω *όλα* τα πράγματα μέσα στο κουτί. Γιατί ξέρω ότι έτσι θα *γνωρίσω* και την έκσταση. Βρίσκεται εκεί και θα τη βρω. Ξέρω ότι μπόρεσα να μετατρέψω τον πόνο σε χαρά. Κι εσύ μπορείς να το κάνεις αυτό. Μπόρεσα να πάρω την αγωνία και να την κάνω αλήθεια. Κι εσύ μπορείς να το κάνεις αυτό. Δεν υπάρχει τίποτε που να μπορώ να το κάνω εγώ και να μη μπορείς να το κάνεις εσύ. Δεν είμαι υπεράνθρωπος. Ό,τι μπορώ εγώ, το μπορείς κι εσύ. Και πολλά πράγματα μπορείς να τα κάνεις καλύτερα. Αν δεν τα έχεις, δεν είναι γιατί *δεν* τα έχεις. Είναι γιατί δεν προσπαθείς γι' αυτά. Βρίσκονται *εδώ* και είναι *δικά σου.*

Έχουμε τη μαγική ικανότητα να μετατρέψουμε την απελπισία σε ελπίδα. Μπορούμε να σκουπίσουμε τα δάκρυα και να τ' αντικαταστήσουμε με χαμόγελα.

Υπάρχουν δύο μεγάλες δυνάμεις που λειτουργούν, η εξωτερική και η εσωτερική. Ελάχιστος είναι ο έλεγχος που μπορούμε να ασκήσουμε πάνω στις εξωτερικές δυνάμεις όπως είναι οι τυφώνες, οι σεισμοί, οι πλημμύρες, οι καταστροφές, η αρρώστια, ο πόνος.

Αυτό όμως που έχει τη μεγαλύτερη σημασία, είναι η *εσωτερική* δύναμη. Θέλετε να μάθετε πώς *αντιδρώ* σ' αυτές τις καταστροφές; Έχω απόλυτο έλεγχο πάνω στην *αντίδρασή μου*. Αν θέλετε με πιστεύετε. Εδώ και μερικά χρόνια έγινε ένας μεγάλος σεισμός στο Λος Άντζελες. Ήταν ξημέρωμα. Άκουσα ένα τρομερό «κρακ» και το καθιστικό μου κατέρρευσε. Από την είσοδο ανέβηκε ένα σύννεφο σκόνης. Η ζωή μ' αρέσει πάρα πολύ, όπως και σε σας, γι' αυτό η πρώτη μου αντίδραση ήταν, «Μπουσκάλια, τρέξε όσο πιο γρήγορα μπορείς!». Βγήκα από το σπίτι γεμάτος απελπισία λέγοντας μέσα μου, «Πάει το όμορφο σπιτάκι μου κι όλα τα πράγματα που είχα μαζέψει — χαμένα για πάντα».

Ηρέμησα τα νεύρα μου και κάθησα στην πίσω αυλή μου. Η σκόνη ακόμη άχνιζε και μικρότεροι σεισμοί συνέχιζαν να μας τραντάζουν. Από το φράχτη είδα τους γείτονές μου και τους είπα: «Γεια σας!» «Λέο!», μου είπαν αυτοί. «Το σπίτι σου!» Κι εγώ τους είπα:

«Ξέρω, κάτι έχει πάθει το σπίτι μου, μα δε βλέπω καλά ακόμη κι έτσι μπορεί να περιμένει».

Έβαλαν τα γέλια. Εγώ δεν είχα τίποτε, αλλά οι γείτονές μου είχαν γκάζι και μπορέσαμε να φτιάξουμε καφέ. Καθήσαμε κάτω από τα δέντρα, ώσπου ανέτειλε ο ήλιος και τότε μπήκα μέσα στο σπίτι και κοίταξα τις ζημιές. Δεν μπορούσα όμως να κάνω τίποτε. Είναι εύκολο να το ρίχνεις στην υστερία, είναι όμως δυνατό, αν το θέλεις, να αγγίξεις τα πραγματικά σου συναισθήματα και να τα δεχτείς.

Με ρωτούν πάντα: «Πώς άρχισες ν' αγαπάς τη ζωή;» Για να πω την αλήθεια, δεν ξέρω. Πώς ξέρει κανείς πότε αρχίζει κάτι; Αν νομίζετε πως ανέβηκα σε μια πανύψηλη κορφή του Νεπάλ κι εκεί είδα κάποιο όραμα, λυπάμαι, αλλά θα σας απογοητεύσω. Θα ήταν θαυμάσιο να σας έλεγα κάτι τέτοιο, μα δεν είναι αλήθεια. Δεν *ξέρω* πότε άρχισε, ίσως όμως να άρχισε με τον Τούλιο και τη Ρόζα, τους δυο απίθανους γονείς μου. Ήταν οι πιο τρελοί άνθρωποι στον κόσμο. Και οι δυο τους. Λυπάμαι πολύ που δε βρίσκονται πια σ' αυτό τον κόσμο, γιατί θα το 'θελα πάρα πολύ να τους μοιραστώ μαζί σας. Ήταν πραγματικά θεοπάλαβοι. Ζούσαν μέσα στην έξαρση αυτής της τρέλας κι ήταν θαυμάσιο. Νομίζω πως όλοι μας μάθαμε απ' αυτούς τους δυο πώς να είμαστε τρελοί — μ' αυτή την υπέροχη τρέλα που, όταν την αγγίξεις μέσα σου, σε βοηθάει να ζήσεις ακόμη κι όταν όλα γύρω σου είναι τόσο αβάσταχτα λογικά!

Όλοι λένε: «Ο Μπουσκάλια είναι τρελός». Πού να δείτε τη φήμη που έχω στο Πανεπιστήμιο: «... θεότρελος». Αυτό όμως είναι υπέροχο, γιατί μου αφήνει μια τεράστια ελευθερία στη συμπεριφορά. Όταν σε πιστεύουν για τρελό, σου συγχωρούν τα πάντα, αλλιώς θα φώναζαν την αστυνομία.

Ο πατέρας πέθανε πριν από πεντέξι χρόνια. Κάθε φορά που πηγαίνω στο Σαν Φραντσίσκο, νιώθω αβάσταχτη νοσταλγία, γιατί την αγαπούσε πολύ αυτή την πόλη. Η μητέρα κι ο πατέρας πήγαιναν στη Βόρεια Παραλία γιατί τους θύμιζε κάπως την Ιταλία. Έτρωγαν μακαρόνια μέχρι που έσκαγαν, μιλούσαν ιταλικά για να έρθουν ξανά σε επαφή με την κουλτούρα τους και γύριζαν ξανά στην έρημη χώρα του Λος Άντζελες.

Για μας ήταν σπουδαίο γεγονός. Πάντα κουβάλαγαν μαζί τους όλα τα *μπαμπίνι*, δεν πήγαιναν πουθενά μόνοι τους. Στριμωχνόμαστε όλοι μέσα στην παλιά μικρή Σεβρολέτ — θυμάμαι ότι μερικοί κρεμιόμαστε από τα παράθυρα. Η μητέρα ταξίδευε με όλες τις ανέσεις — κουβάλαγε μαζί της ειδικά καθίσματα. Σταματούσαμε στα σημεία του δρόμου που υπήρχαν για να ξεκουράζεται ο κόσμος και όπου οι περισσότεροι τρώνε στο πόδι κάποιο σάντουιτς ή φυστίκια. Όχι όμως η μητέρα — αυτή μαγείρευε νιόκι. Κάναμε τρελό φαγοπότι. Μετά στριμωχνόμαστε και πάλι μέσα στο αυτοκίνητο εμείς, η κουζίνα, το ψυγείο και η μηχανή των μακαρονιών. Κάναμε μέρες ολόκληρες για να φτάσουμε στο Σαν Φραντσίσκο. Είχα πάντα την εντύπωση ότι απέχει 2.000 μίλια από το Λος Άντζελες.

Εύχομαι όλοι μας να μπορέσουμε να συμφιλιωθούμε με τον πατέρα και τη μητέρα, τα αδέρφια κι όλους τους αγαπημένους μας πριν πεθάνουν. Ο πατέρας έμαθε ότι θα πέθαινε από καρκίνο. Πήγα λοιπόν και του είπα: «Πατέρα θέλω να κάνω κάτι μαζί σου όλο αυτό το διάστημα. Αν με θέλεις, θα είμαι μαζί σου συνέχεια. Πού θέλεις να πάμε; Θέλεις να γυρίσουμε στην Ιταλία;»

«Όχι, όχι, όχι. Αυτή είναι η χώρα μου τώρα. Θέλω όμως να πάμε στο Σαν Φραντσίσκο».

Έτσι μπήκαμε στο αυτοκίνητο και πήγαμε στο Σαν Φραντσίσκο. Για πέντε υπέροχες μέρες γυρίζαμε στους δρόμους. Φάγαμε σαν τρελοί! Πέντε γεύματα τη μέρα. Κάναμε απίθανα πράγματα μαζί.

Θέλετε να μάθετε τι άλλο ζήτησε να κάνει; Έτσι θα καταλάβετε τι τρελός άνθρωπος ήταν. Του άρεσαν πολύ οι τυχερές μηχανές του Λας Βέγκας, ήθελε λοιπόν να πάει να παίξει στις μηχανές των κερμάτων — δεν ήταν μεγάλος παίχτης, ήθελε απλώς να κάθεται εκεί και να παίζει στις μηχανές. Είπα λοιπόν στην κοπέλα που ήταν εκεί: «Τον βλέπεις αυτό τον άντρα που κάθεται εκεί και παίζει τόσο σοβαρά στο μηχάνημα με τα κέρματα; Μην τον αφήσεις να ξεμείνει από κέρματα». Εγώ της έδινα δολάρια κι η κοπέλα έβαζε μέσα ένα πεντοδόλαρο κι ο πατέρας μου φώναζε: «Κερδίζω! Όλη τη νύχτα κερδίζω!» Μη νομίζετε πως δεν καταλάβαινε τι γινόταν — ήταν πανέξυπνος—, πέρασε όμως πολύ όμορφα. Ποτέ δεν είχε τόση τύχη!

Παρ' όλα αυτά, όταν πέθανε, ήταν πολύ δύσκολο για μένα, όπως θα είναι και για σας, να αποχαιρετήσω έναν άνθρωπο που αγαπούσα τόσο πολύ. Θυμάμαι ότι σαν γύρισα από την κηδεία ήμουν πραγματικά διαλυμένος. Καθώς προχωρούσα προς την πόρτα μου είδα ένα μεγάλο μπουκέτο λουλούδια κι ένα μεγάλο κέικ σοκολάτα. Το σημείωμα, σταλμένο από ένα φίλο, έλεγε: «Λέο, αυτά είναι για να σου θυμίσω πως υπάρχουν πάντα ωραία πράγματα να δεις και να φας».

Βλέπετε, δε γινόταν να εμποδίσω τον πατέρα να πεθάνει, όταν ήρθε ο καιρός του, αλλά οι εσωτερικές δυνάμεις με βοήθησαν να πω «ναι, έτσι είναι».

Ο πατέρας μου ήταν από τους ανθρώπους που χάριζαν τα πάντα. Τα πάντα! Ποτέ δεν είχε τίποτε. Μόλις προλαβαίναμε να ορθοποδήσουμε και ν' αγοράσουμε ρούχα και παπούτσια, έβρισκε πάλι κάποιο τρόπο να χαρίσει να λεφτά του. Έτσι ταλαντευόμαστε συνεχώς από την αφθονία στην ανέχεια. Η μητέρα όμως ήταν πάντα ικανή να μαγειρεύει υπέροχα πράγματα από το τίποτε. Τρώγαμε pan e choi — ένα φαγητό μόνο με ψωμί, ζωμό και λάχανο. Ψήνεται στο φούρνο κι όταν μπαίνει στο στομάχι σου *φουσκώνει απίστευτα*, τόσο που παύεις να πεινάς! Έτσι, όταν τα πράγματα πήγαιναν άσχημα, είχαμε πάντα pan e choi.

Θυμάμαι τον πατέρα μου σε στιγμές που ήταν πραγματικά απελπισμένος. Μην ξεχνάτε ότι ποτέ δε μας έκρυβαν τίποτε. Πάντα μας άφηναν να δούμε πότε ήταν απογοητευμένοι και στενοχωρημένοι ή φοβισμένοι. Ποτέ δε μας έδωσαν την ψευδαίσθηση ότι ήταν οι βράχοι του Γιβραλτάρ. Μας άφηναν πάντα να καταλάβουμε πως ήταν άνθρωποι και τους χρωστάω ευγνωμοσύνη γι' αυτό. Δεν ήταν σύμβολα τελειότητας, αλλά σύμβολα ανθρωπιάς!

Τον θυμάμαι να κάθεται στην καρέκλα και να μας λέει, πως ο συνεταίρος του το 'σκασε μαζί με όλα τα χρήματα κι ότι δεν ήξερε καν πώς θα μας εξασφάλιζε το επόμενο γεύμα.

Η μητέρα είχε την πιο παλαβή συνήθεια — της άρεσε να γελάει.

Κι η κουβέντα του πατέρα της φάνηκε τρομερά αστεία. Εκείνος ήταν έξω φρενών! Η μητέρα γελούσε, είχε δακρύσει από τα πολλά γέλια. Ξέρετε τι έκανε τελικά η μητέρα μου; Βγήκαμε όλοι κι όταν γυρίσαμε το βράδυ είχε ετοιμάσει ένα τέτοιο φαγοπότι, που μόνο σε βαφτίσια και γάμους το βλέπαμε: αντίπαστο, μακαρόνια, μοσχάρι, τα πάντα.

«Θεέ μου, τι είναι αυτό;», είπε ο πατέρας μου.

«Χάλασα όλα τα λεφτά μας γι' αυτά», είπε η μητέρα.

«Είσαι εντελώς *τρελή*!», είπε ο πατέρας, κι εκείνη του απάντησε:

«Τώρα είναι η στιγμή που χρειαζόμαστε τη χαρά, όχι αργότερα. Τώρα χρειαζόμαστε την ευτυχία. Σώπα λοιπόν και τρώγε!»

Δεν είναι ενδιαφέρον αυτό;

Καθήσαμε λοιπόν και φάγαμε. Έχουν περάσει πολλά χρόνια από τότε, μα σας βεβαιώνω, πως δε θα ξεχάσω ποτέ αυτό το δείπνο, το Μητρικό Δείπνο της Φτώχειας! Και ξέρετε, τελικά επιζήσαμε! Δεν είναι τρελό; Επιζήσαμε. Κοιτάξτε με!

Βλέπετε λοιπόν ότι υπάρχουν βέβαια οι εξωτερικές δυνάμεις, αλλά αυτό που έχει σημασία είναι το πώς ανταποκρίνεται κανείς *προσωπικά* σ' αυτές τις εξωτερικές δυνάμεις. Μπορείς να φέρεις τη χαρά μέσα στην απελπισία. Πίστεψέ το! Δοκίμασέ το την επόμενη φορά!

Για ένα πράγμα είμαι απόλυτα σίγουρος: η μιζέρια ζητάει συντροφιά. Όχι μόνο την επιδιώκει, αλλά κυριολεκτικά την *απαιτεί*! Οι μίζεροι θέλουν να είσαι κι εσύ μέσα στη μιζέρια. Σας βεβαιώ ότι θα κάνουν ό,τι μπορούν για να πετύχουν. «Μην τολμήσεις να είσαι ευτυχισμένος». Τι νας σας πω, εμένα δε θα με καταφέρουν. Μπορεί να θέλουν παρέα, και θα τους κάνω παρέα, θα είμαι όμως η *χαρούμενη* παρέα τους, όχι η παρέα στη δυστυχία.

Για να γίνουν όλα αυτά τα πράγματα, χρειάζεται να γίνει μια σειρά από επιλογές. Μια από τις πιο κεντρικές είναι να «διαλέξεις τον εαυτό σου».

Διάλεξε τον εαυτό σου.

Πάψε να μισείς τον εαυτό σου. Πάψε να τον υποτιμάς. Αγκάλιασέ τον και πες του: «Ξέρεις, είσαι πολύ ωραίος! Μπορεί να σου πέφτουν τα μαλλιά, αλλά είσαι ο μόνος, δεν έχω άλλον!»

Όταν θα έχεις συμφιλιωθεί με τις αδυναμίες σου, θα έχεις πετύχει! Δεν είναι πολλές, είναι ένα μικρό μόνο μέρος του εαυτού σου.

Πρέπει να διαλέξεις τον εαυτό σου. Είμαι σίγουρος ότι οι άνθρωποι που αυτοκτονούν, οι άνθρωποι που δε *ζουν*, είναι βασικά άνθρωποι που έχουν χάσει τον αυτοσεβασμό τους. Δεν ξέρω ποια είναι η τελευταία φορά που σου το είπε κάποιος αυτό, εγώ όμως θέλω να το ξανατονίσω: *Είσαι ένα θαύμα.*

Ζω μέσα σε μια διαρκή έκπληξη. Τόσο διαφορετικά πρόσωπα... όλα υπέροχα, όλα τόσο ωραία! Μάτια διαφορετικά, μύτες διαφορετικές, στόματα διαφορετικά. Είσαι τόσο διαφορετικός, που μπορεί κανείς να σε αναγνωρίσει από τα δακτυλικά σου αποτυπώματα! Αν αυτό δε σου δίνει να καταλάβεις πόσο μοναδικός είσαι!

Γιατί γεννήθηκες τόσο μοναδικός; Για να γίνεις σαν τους άλλους; Δεν το πιστεύω. Δεν πιστεύω πως αυτός ήταν ο σκοπός του Θεού. Νομίζω πως γεννήθηκες μοναδικός για να κάνεις κάτι μοναδικό. Αφιέρωσε τη ζωή σου στην αναζήτηση αυτής της μοναδικής έκφρασης. Διατύπωσε αυτή την έκφραση και μοιράσου την μαζί μου, γιατί μέσα σ' αυτή τη διαδικασία του μοιράσματος θα γίνουμε και οι δυο κάτι περισσότερο. Έχεις την ευθύνη και το καθήκον να γίνεις όλα όσα είσαι. Αν χάσεις τον εαυτό σου, δε θα σου μείνει τίποτε.

Κράτησε την αξιοπρέπειά σου. Κράτησε την ακεραιότητά σου. Κανείς δεν μπορεί να σε υποβιβάσει εκτός από σένα τον ίδιο. Μπορεί οι άλλοι να σε βλέπουν διαφορετικά, εσύ όμως *ξέρεις* ποιος είσαι και μπορείς να *είσαι* με περηφάνεια αυτό που είσαι: «Εγώ είμαι εγώ» — θυμηθείτε την κουβέντα της Μήδειας στο τέλος αυτού του όμορφου έργου, όταν τη ρωτάνε: «Μήδεια, τι έχει απομείνει;» κι εκείνη απαντάει: «Τι έχει απομείνει; Υπάρχω εγώ!» Είναι πολύ ωραίο πράγμα αυτό, γιατί ο καθένας μας είναι τόσο πολλά.

Ο καθένας μας είναι μια ιστορία. Δεν είναι καταπληκτικό; Έχουν γίνει μελέτες επί μελετών — μέσα στο ίδιο σπίτι, με τον ίδιο πατέρα, την ίδια μητέρα: το ένα παιδί γίνεται άγιος, το άλλο δαίμονας. Γιατί; Αυτό δε σου λέει κάτι, δεν αποδεικνύει ότι είσαι ιδιαίτερος και ότι αντιλαμβάνεσαι τα πράγματα διαφορετικά; Απόψε ήρθατε εδώ μ' ένα διαφορετικό κόσμο στο μυαλό του ο καθένας, με μια διαφορετική ιστορία. Μερικοί είχατε γονείς υπέροχους, στοργικούς, γεμάτους αγάπη και τρυφερότητα. Άλλοι είχατε γονείς εκμεταλλευτικούς, που προσπάθησαν κι απέτυχαν. Άλλοι είχατε ιστορίες ανολοκλήρωτες, με μεγάλα κενά. Άλλοι είχατε ιστορίες γεμάτες και συναρπαστικές. Ήρθατε όμως όλοι εδώ απόψε.

Εδώ μπαίνει ένα άλλο μεγάλο «γιατί». Πώς συμβαίνει αυτό; Τι το κοινό έχουμε, τι μας έφερε όλους μαζί απόψε; Δεν ξέρω, ξέρω όμως ότι υπάρχει. Υπάρχει *κάτι*. Μ' αρέσει να το βλέπω σαν μαγεία. Είναι ένα πραγματικό θαύμα — για σκεφθείτε το λιγάκι! Φέρατε ο καθένας την ειδική του ιστορία. Έχετε ακόμη και μια συγκινησιακή ιστορία που είναι μοναδικά δική σας. Μερικοί από σας τη στιγμή αυτή ακριβώς νιώθουν μεγάλη μοναξιά και απελπισία. Μερικοί είναι βουτηγμένοι στη σύγχυση. Μερικοί νιώθουν πίκρα. Άλλοι αισθάνονται χαρά, άλλοι έξαρση. Μερικοί δημιουργούν υπέροχους κραδασμούς. Όλοι είναι άξιοι. Όλοι είναι καλοί. Όλοι είναι όμορφοι. Αγκαλιάστε τους όλους — είναι μέρος του εαυτού σας. Το μυστήριο είναι ότι όλα αυτά μας έφεραν μαζί. Ας μη ρωτάμε το γιατί.

Ανήκουμε σε μια κουλτούρα που αναλύει το *καθετί*. Σου λέει κάποιος, «Σ' αγαπώ» και του λες: «Τι ακριβώς εννοείς;» Έχουμε φτάσει σχεδόν στο σημείο να μην ξέρουμε πώς να βιώσουμε κάτι μεστά. Ό,τι έρχεται προς το μέρος μας περνάει μέσα από ένα περίεργο φίλτρο και μέχρι να φτάσει σε μας έχει πάψει να είναι *αυτό* που είναι και έχει γίνει αυτό που *θέλουμε* να είναι. Έτσι δεν αλλάζουμε. Δεν αναπτυσσόμαστε, δεν ωριμάζουμε. Συνεχίζουμε να κάνουμε τα ίδια πράγματα μέρα τη μέρα... Είσαι μια ολόκληρη ιστορία. Μια μοναδική ιστορία. Μια ιστορία θαυμαστή! Όποια όμως και να είναι αυτή η ιστορία, έχει περάσει, έχει φύγει. Αγάπησέ την, αγκάλιασέ την. Μάθε να συγχωρείς. Ποτέ δε θα μπορέσεις να διαλέξεις τη ζωή, αν δε μάθεις να συγχωρείς! Συγχώρεσε τους ανθρώπους που σου έκαναν κακό, μαθαίνοντας να συγχωρείς και λέγοντας, «Δεν πειράζει». Γιατί, αν δεν το κάνεις αυτό, θα κουβαλάς όλα αυτά τα πράγματα στην πλάτη σου σαν νεκρά πουλιά και θα σε *βαραίνουν*. Όταν μάθεις να συγχωρείς, όταν μάθεις ξανά τι σημαίνει χαρά, θα μπορείς να κόψεις όλα αυτά τα βαρίδια και η ενέργεια που χρησιμοποιούσες για να κρατάς υπό τον ελέγχό σου αυτά τα πράγματα, θα χρησιμοποιηθεί για να μπορέσεις να αναπτυχθείς και να γίνεις όμορφος. Γι' αυτό λοιπόν μην κουβαλάς πάνω σου το παρελθόν σου σαν νεκρό πουλί. *Άσ' το να φύγει*. Μάθε ό,τι μπορείς απ' αυτό και άσ' το να φύγει.

Ξέρετε, ο Ευγένιος Ο' Νηλ έχει πει κάτι πολύ όμορφο:

> Κανείς δεν μπορεί να γιατρέψει τις πληγές της ζωής. Έγιναν πριν καν το πάρουμε είδηση και στη συνέχεια σε κάνουν να κάνεις κάποια πράγματα σ' όλη σου τη ζωή, ώσπου τα πράγματα αυτά μπαίνουν συνεχώς ανάμεσα σε σένα και σ' αυτό που θα 'θελες να γίνεις. Και με τον τρόπο αυτό χάνεις τον εαυτό σου για πάντα.

Είσαι λοιπόν ένα παρελθόν, αλλά και ένα *μέλλον*. Αυτό το ξέρεις. Ποιος όμως μπορεί να κρίνει τι θα είναι αυτό το μέλλον; Κανείς. Γιατί λοιπόν να σ' απασχολεί το μέλλον αυτό; Οι μόνοι που πλουτίζουν από την αγωνία για το μέλλον είναι οι ασφαλιστικές εταιρίες. Μας εξασφαλίζουν. Για τ' όνομα του Θεού! Αν κάποιος *δε* μας εξασφαλίζει, αυτός είναι οι ασφαλιστικές εταιρίες. Μας βάζουν ένα σωρό αλλόκοτες ιδέες στο μυαλό μας, πείθοντάς μας ότι πρέπει να προστατευτούμε από ένα σωρό πράγματα, έτσι που τελικά ανησυχούμε με την ανησυχία.

Είσαι όμως και ένα παρόν. Είσαι ένα «τώρα». Με θέληση, νοημοσύνη, επιθυμία και έκσταση — μπορείς να γίνεις ο,τιδήποτε θέλεις από το σημείο αυτό.

Αυτό που θα σας πω θα φανεί πολύ αφελές, είμαι όμως απόλυτα σίγουρος, πως αν αποφασίζατε να «υπάρξετε» από απόψε... αν λέγατε δηλαδή απόψε φεύγοντας από δω: «Θα ψάξω να βρω τι σημαίνει ν' αγαπάς τη ζωή» ή «θα ψάξω να βρω τι σημαίνει να είσαι ερωτικός άνθρωπος και θ' αρχίσω ξεκινώντας από σήμερα να φέρομαι ερωτικά. Κάθε φορά που θα μου τυχαίνει να πω κάτι αρνητικό, θα δαγκώνω τη γλώσσα μου!» Αυτό που θα σας συνέβαινε στις επόμενες τρεις ή τέσσερις εβδομάδες θα ήταν απίθανο και απίστευτο.

Τη δύναμη την *έχετε*. Μπορείτε να το κάνετε. Ο Νίκος Καζαντζάκης έχει πει: «Έχεις τα πινέλα, έχεις τις μπογιές, ζωγράφισε τον παράδεισο και μπες μέσα». Κι αν θέλεις να ζωγραφίσεις την κόλαση, ζωγράφισέ την, αλλά μην κατηγορείς εμένα, μην κατηγορείς τους γονείς σου ή την κοινωνία — και επιτέλους πάψε να κατηγορείς το Θεό... Ανέλαβε την ευθύνη της δημιουργίας της κόλασής σου.

Είμαστε ένα παρελθόν; Είμαστε ένα μέλλον; Ναι. Αλλά αν θέλουμε να *διαλέξουμε* τη ζωή, πρέπει να προσανατολίσουμε τον εαυτό μας να διαλέξει τη ζωή στο παρόν. Στο *τώρα*! Γιατί αυτό έχει πραγματικά σημασία. Γιατί είμαστε ένα δυναμικό που για να το αναπτύξουμε, όμως, πρέπει ν' απαλλαγούμε από τον «αυτομειωτικό εαυτό». Ο Πωλ Ρεπς το ονομάζει αυτό «ο εξοπλισμός του αντιεαυτού». Κι ο Θεός ξέρει πόσο είμαστε γεμάτοι απ' αυτά! Πρέπει να απαλλαγούμε από τα «μη». Πρέπει ν' απαλλαγούμε από τα «ποτέ». Πρέπει ν' απαλλαγούμε από τα «δεν μπορώ». Πρέπει ν' απαλλαγούμε από τα «όχι» — τι αρνητική λέξη! Πρέπει ν' απαλλαγούμε από τα «αδύνατον» — τίποτε δεν είναι αδύνατον. Πρέπει ν' απαλλαγούμε από το «δε γίνεται τίποτε» — δεν υπάρχει τίποτε που να μη γίνεται. Όλες αυτές είναι λέξεις για *χαζούς*, όχι για έξυπνους ανθρώπους. Σβήσ' τες από το λεξιλόγιό σου. Ποτέ μην ξαναπείς ποτέ! «Αδύνατον; Φυσικά και είναι δυνατόν».

Τα μεγαλύτερα επιτεύγματα της ανθρωπότητας κάποτε χαρακτηρίστηκαν αδύνατα — και κάποιος απέδειξε ότι το αδύνατο ήταν δυνατό. Άνθρωποι που κρίθηκαν ετοιμοθάνατοι σηκώθηκαν πάνω και είπαν: «Στο διάβολο, *εγώ* δεν πρόκειται να πεθάνω». Και δεν πέθαναν. Μιλάμε ότι δεν πέθαναν! Διαβάστε την *Ανατομία της ασθένειας* του Νόρμαν Κάζιν. Τον είχαν θεωρήσει ετοιμοθάνατο και του είχαν δώσει μόνο δυο μήνες ζωή. Αντί γι' αυτό ο άνθρωπος γράφει τώρα άρθρα για το Saturday Review, κάνει διαλέξεις σ' όλο τον κόσμο, έγραψε ένα βιβλίο. Διδάσκει με πλήρες ωράριο. Είναι γεμάτος ενεργητικότητα, θαυμάσιος — αρνήθηκε να πεθάνει!

Πες «ναι» στη ζωή! «Ναι» στο θαύμα, στη χαρά, στην απελπισία. «Ναι» στον πόνο, «ναι» σ' αυτό που δεν καταλαβαίνεις. Δοκίμασε το «ναι». Δοκίμασε το «πάντα». Δοκίμασε το «δυνατόν». Δοκίμασε το «ελπίζω». Δοκίμασε το «θα το κάνω». Δοκίμασε το «μπορώ».

Είναι σίγουρο πως ο κυριότερος λόγος που υποφέρεις, είναι γιατί είσαι ανολοκλήρωτος. Γίνε όλα όσα είσαι. Αγκάλιασέ τα. Μη σταματάς όμως εκεί. Ίσως να πεις, «φαίνονται πάρα πολλά», συνέχισε όμως, μη σταματάς, γιατί αυτή είναι η λειτουργία της ζωής: ν' ανακαλύπτουμε καινούργια μάθηση, καινούργιες ικανότητες, μια νέα δημιουργικότητα. Θα μπορούσες να ζεις ώς τα 500 και να συνεχίζεις να δημιουργείς σαν τρελός.

Αν όμως θέλεις ν' αλλάξεις πιο γρήγορα, πιο μαγικά, πρέπει να αλλάξεις το «εγώ» και να το διευρύνεις σε «εμείς». Πρέπει να περιλάβεις κι εμένα μέσα. Βαρέθηκα στ' αλήθεια αυτή τη γενιά του «εγώ», το ίδιο νομίζω ότι συμβαίνει και με σένα.

Για να μπορέσω όμως να σε βάλω μέσα στη ζωή μου, πρέπει να είμαι σε θέση να εγκαταλείψω ένα μικρό μέρος του εαυτού μου. Κι αυτό είναι καλό, γιατί έτσι κερδίζω πολύ περισσότερα.

Ξέρετε όλοι ότι έχω τρομερό πάθος με τα δέντρα και τα φύλλα, Έχω τη μανία των φύλλων, δεν ντρέπομαι να το πω. Όταν ταξιδεύω στις ανατολικές πολιτείες, εκεί όπου τα φύλλα φτάνουν στην πιο εντυπωσιακή τους μεγαλοπρέπεια, τρελαίνομαι κυριολεκτικά.

Θυμάμαι μια φορά πήγα να επισκεφτώ ένα φίλο μου που ζει στη Νέα Αγγλία και που ήθελε να δω όλα αυτά τα φύλλα το φθινόπωρο. Γράψτε απόψε στο ημερολόγιό σας: «Δε θα χάσω για τίποτε τη Νέα Αγγλία το φθινόπωρο. Θα το σκάσω από τη δουλειά μου. Θα χαρίσω αυτό το δώρο στον εαυτό μου. Θα πάρω μαζί μου και τους φίλους που αγαπάω. Θα μοιραστώ μαζί τους όλη αυτή τη μαγεία!»

Ταξιδεύω λοιπόν με το μαθητή μου και συνεχώς τον σταματώ αναφωνώντας: «Εδώ! Σταμάτα το αυτοκίνητο! Θεέ μου! Τι πράγμα είναι αυτό!» — κόντευα να τρελαθώ! Δεν το άντεχα, ποτέ δεν είχα δει τέτοιο θέαμα! Δε βλέπουμε τέτοια πράγματα στο Λος Άντζελες. Τα φύλλα απλώς ξεραίνονται και πέφτουν κάτω. Εκεί ήταν αναρίθμητα δέντρα με κόκκινα φύλλα, χρυσά, μπλε, κατακόκκινα, καφετιά, μωβ και μαύρα —ναι, μαύρα φύλλα— όλα πάνω στο ίδιο δέντρο! Μπορείτε να το πιστέψετε αυτό; Ήταν σαν θαύμα!

Γύρισα λοιπόν σ' αυτόν το *λαμπρό* μαθητή μου — ήταν πτυχιούχος Πανεπιστημίου, μα αυτό δε λέει τίποτε. Ένα πράγμα που έμαθα εδώ και πολλά χρόνια, είναι πως η μόρφωση δεν έχει απολύτως κανένα αποτέλεσμα. Μερικοί από τους πιο ηλίθιους ανθρώπους που έχω γνωρίσει είχαν πάρει ντοκτορά. Κι εγώ έχω πάρει. Τέλος πάντων, γύρισα σ' αυτό το λαμπρό μαθητή μου που ζούσε εκεί πέρα, που είχε ζήσει εκεί πέρα όλη του τη ζωή και τον ρώτησα: «Πώς γίνεται αυτό; Πώς γίνεται το ένα φύλλο ν' αποφασίζει να γίνει μαύρο και το άλλο ν' αποφασίζει να γίνει κίτρινο»;

«Δεν ξέρω», μου απάντησε. «Απλώς έτσι γίνεται».

«Δε γίνεται έτσι *απλώς*!», είπα εγώ. «Πρέπει να υπάρχει κάποιος λόγος και θέλω να τον μάθω. Πάρε με στη βιβλιοθήκη, τώρα αμέσως».

«Θεέ και Κύριε, δεν έχεις αλλάξει καθόλου», είπε ο μαθητής μου.

Έτσι πήγαμε στη βιβλιοθήκη και κοίταξα, και ξέρετε κάτι, βρήκα πως η αιτία ήταν η *μαγεία*. Τώρα ξέρω, αλλά δε θα σας το πω.

Ξέροντας όμως την επιστημονική αιτία της αλλαγής του χρώματος, δε γίνεται το φαινόμενο λιγότερο πνευματικό. Εξακολουθεί να είναι μαγικό και θαυμάσιο.

Για να διαλέξεις τη ζωή, πρέπει να είσαι διατεθειμένος να ξανανακαλύπτεις...

Για να διαλέξεις τη ζωή, πρέπει να είσαι διατεθειμένος να ξαναρισκάρεις και να ξαναγαπήσεις. Υπάρχει τίποτε πιο σημαντικό; Γιατί δουλεύουμε; Γιατί αγωνιζόμαστε; Γιατί υποφέρουμε; Γιατί ελπίζουμε; Για την αγάπη. Για τη ζωή. Αν τη χάσουμε, θα είναι η πιο μεγάλη απώλειά μας.

Αν όμως είναι κανείς πρόθυμος να διακινδυνεύσει, να *υποφέρει* θα γνωρίσει την αγάπη.

Ο Βαν Γκογκ είπε ένα πολύ ωραίο πράγμα: «Ο καλύτερος τρόπος ν' αγαπάς τη ζωή, είναι ν' αγαπάς πολλά πράγματα». Δεν είναι ωραίο αυτό; Ο καλύτερος τρόπος ν' αγαπάς τη ζωή, είναι ν' αγαπάς πολλά πράγματα. Αν θέλεις να μάθεις πόσο αγαπάς, άκουσε πόσες φορές τη μέρα λέει ο εαυτός σου «Μισώ» — «Το μισώ αυτό το πράγμα», «Α, πάρ' το αμέσως, το σιχαίνομαι», «Αυτό το είδος ανθρώπων το απεχθάνομαι», «Σιχαίνομαι αυτό το είδος πραγμάτων»—αντί να λέει «Αγαπώ». Λες πως αγαπάς — πόσες φορές τη μέρα ακούς τον εαυτό σου να λέει: «Αγαπώ», «Αυτό μ' αρέσει», «Αγαπώ τα λουλούδια», «Αγαπώ τα παιδιά» και λοιπά;

Ένα άλλο πράγμα που θα πρέπει να είσαι ικανός να αντιμετωπίσεις και να επιλέξεις είναι ο θάνατος. Για να διαλέξουμε τη ζωή πρέπει να συμφιλιωθούμε με το θάνατο, γιατί ο θάνατος είναι ένας απίστευτα καλός μας φίλος. Μας λέει ότι δε θα ζήσουμε για πάντα. Αν θέλεις τη ζωή, λέει, ζήσε την τώρα! Γιατί, αν καθυστερήσεις, ίσως να μην την βρεις εκεί.

Το καταπληκτικό με το Δημοκρατικό Θάνατο είναι ότι κανείς δε γνωρίζει πότε θα 'ρθει. Έτσι σε προκαλεί να ζήσεις την *κάθε στιγμή* σαν να καθόταν ο θάνατος δίπλα σου και να σου έλεγε: «Είμαι εδώ! Είμαι εδώ! Είμαι εδώ!» Στην κουλτούρα μας τίποτε δεν είναι πιο αποτρόπαιο από την έννοια του θανάτου. Πουθενά δεν είδα ανθρώπους να φοβούνται τόσο το θάνατο όσο στις Ηνωμένες Πολιτείες. Και ξέρετε γιατί; *Γιατί δεν ζούμε!* Αν ζούσαμε, δε θα φοβόμασταν το θάνατο.

Όταν έχεις ζήσει την κάθε στιγμή της ζωής σου —την κάθε στιγμή που σου χάρισε ο Θεός— κι έρχεται πια η στιγμή του θανάτου σου, τότε δεν παρακαλείς, ούτε φωνάζεις. Ρωτήστε αυτούς που μελετούν το φαινόμενο του θανάτου να σας πουν ποιοι άνθρωποι έχουν ευτυχισμένο θάνατο. Είναι αυτοί που τόλμησαν να δοκιμάσουν τη ζωή.

Ο θάνατος είναι μια πρόκληση. Μας λέει να μη χάνουμε καιρό. Μας λέει να αναπτυχθούμε, να ολοκληρωθούμε. Μας λέει να πούμε τώρα αμέσως στον άλλο, ότι τον αγαπάμε. Μας λέει να χαρίσουμε τον εαυτό μας *τώρα*! Υπάρχει ένα πολύ ωραίο βιβλίο που ονομάζεται *Il Leopardo* — «Ο Γατόπαρδος». Μιλάει για ένα Σικελό που έζησε τη ζωή του με πολύ πάθος! Πίστευε πως το ωραιότερο πράγμα στον κόσμο ήταν *la donna* — η γυναίκα. Έζησε τη ζωή του θαυμάζοντας την ομορφιά, ιδιαίτερα τη γυναικεία. Ταυτόχρονα φρόντιζε να κρατάει ενωμένη την οικογένειά του, αλλά ποτέ δεν έχασε από τα μάτια του τη μαγεία, την ομορφιά όλων των γυναικών. Γι' αυτόν δεν υπήρχαν άσχημες γυναίκες. Αρρωσταίνει λοιπόν πολύ βαριά και συμβαίνει να βρίσκεται στη βόρεια Ιταλία εκείνη την εποχή. Για ένα νοτιοϊταλό από τη Σικελία είναι κάτι *αφάνταστο* να πεθάνει στη βόρεια Ιταλία. Έτσι λοιπόν ζητάει: «Πάρτε με σπίτι. Πάρτε με σπίτι! Πρέπει να γυρίσω σπίτι να πεθάνω κοντά στην οικογένειά μου». Τον παίρνουν λοιπόν στο τρένο και ταξιδεύουν προς το νότο. Είναι ένα πολύ όμορφο ταξίδι, όπου περιγράφεται ο πόνος και η απελπισία του. Γυρίζει στο σπίτι του επειδή ξέρει ότι θα πεθάνει. Το τρένο σταματάει στη Ρώμη κι ο άρρωστος ακούει όλο το βουητό του σταθμού. Ανοίγει το κουρτινάκι του και κοιτάζει έξω. Τότε βλέπει μια *απίθανη* γυναίκα, την ωραιότερη γυναίκα που έχει δει ποτέ. Είναι ντυμένη στα καφέ, μ' ένα τεράστιο καφετί καπέλο κι ένα μεγάλο καφετί φτερό και καφετιά γάντια ώς τους αγκώνες. Είναι η πιο κομψή γυναίκα που έχει δει ποτέ. Την κοιτάζει κι αναφωνεί: «Madonna mia!» Ακόμα και μέσα στην αρρώστια του. Η γυναίκα γυρίζει, του χαμογελάει και το τρένο βγαίνει αργά από το σταθμό. Αυτός όμως δεν μπορεί να βγάλει τη γυναίκα αυτή από το μυαλό του.

Στο επόμενο κεφάλαιο πεθαίνει κι έχει μαζευτεί γύρω του όλη η οικογένειά του. Όλοι κλαίνε. Ο άρρωστος παίρνει την τελευταία μετάληψη, όταν ξαφνικά ανοίγει η πόρτα και μπαίνει μέσα η κυρία με τα καφέ. Με απίστευτα κομψές κινήσεις προχωρεί ανάμεσα στα μέλη της οικογένειάς του και στέκεται δίπλα στο κρεβάτι του. Τότε σηκώνει το όμορφο γαντοφορεμένο χέρι της και πιάνει το δικό του. Αυτός την κοιτάει και λέει: «*Εσύ* είσαι».

Δεν είναι υπέροχο; Ο θάνατος δεν έχει τίποτε το φοβερό. Τίποτε. Είναι η μεγαλύτερη πρόκληση. Αν θυμάσαι ότι δεν είσαι αιώνιος, έχεις πιθανότητες να γυρίσεις στον άνθρωπο που κάθεται δίπλα σου και να του πεις: «Είσαι σπουδαίος, σ' ευχαριστώ που είσαι εσύ». Μπορείς να σηκώσεις το τηλέφωνο και να πεις: «Γεια σου, μαμά. Ξέρεις, πολλές φορές μπορεί να τσακωνόμαστε και να φωνάζουμε, εγώ όμως σ' αγαπώ», έτσι — και να το κλείσεις.

Βλέπεις λοιπόν ότι η ζωή είναι έργο ζωής. Θυμάμαι ότι έχω διαβάσει κάποτε κάτι που είπε ο Κίρκεγκααρντ: «Τη ζωή δεν μπορούμε να την καταλάβουμε παρά αναδρομικά», κατόπιν εορτής. Αυτό μπορεί να είναι θαυμάσιο, *πρέπει* όμως να την ζήσουμε προς τα *εμπρός*. Μ' αυτό τον τρόπο ίσως να μην την καταλαβαίνουμε, δεν ξέρω όμως αν είναι τόσο απαραίτητο να την καταλάβουμε. Σίγουρα πάντως είναι απαραίτητο να την ζήσουμε. Χώσου ανάμεσα στα κουτιά, άνοιξέ τα όλα. Πες: «Όλα δικά μου είναι. Μου ανήκουν. Έχω δικαιώματα πάνω τους». Είσαι το δώρο του Θεού σε σένα.

Θέλω να κλείσω την ομιλία μου με κάτι πολύ ωραίο που διάβασα στο βιβλίο της Τζόαν Ατγουότερ *Η απλή ζωή*. Είναι πολύ όμορφο και σύντομο και τα λέει όλα. Ακούστε το:

> Η ζωή μας είναι παραφορτωμένη και συχνά μας φαίνεται ότι το να ζούμε είναι ένα τρομερά μπερδεμένο πράγμα. Τα προβλήματα του κόσμου είναι τόσο απίστευτα πολύπλοκα και αντιλαμβανόμαστε ότι δεν υπάρχουν απλές απαντήσεις. Η πολυπλοκότητα μας δημιουργεί πάντα ένα αίσθημα αδυναμίας και ανικανότητας. Παρ' όλα αυτά συνεχίζουμε να ζούμε μέρα με τη μέρα, λαχταρώντας πάντα μισοσυνειδητά κάτι πιο απλό, με πιο πολύ νόημα.
>
> Έτσι το τι ζητάμε από τη ζωή μας γίνεται τρομερά σημαντικό. Από μας εξαρτάται να εισάγουμε αυτή την αυθεντικότητα, την απλότητα, την αμεσότητα, την ελαφριά καθαρότητα μέσα στη ματιά μας. Αν σας ενδιαφέρει μια ζωή γεμάτη — (*ωραία δεν το λέει; αν σας ενδιαφέρει μια γεμάτη ζωή*) από σας εξαρτάται να μάθετε γι' αυτή και να την ζήσετε.

Φυσικά και μπορούμε να μιλήσουμε μαζί και να δουλέψουμε μαζί και να μάθουμε μαζί, στο τέλος όμως ο καθένας πρέπει να καθορίσει μόνος του την ατομική ζωή του. Γιατί η ζωή αυτή ανήκει μόνο σ' εσένα, σε κανένα άλλο. Και δεν υπάρχει κανένας άλλος δρόμος.

Διάλεξε τη Ζωή!

10

Δίδαξε τη ζωή

Θέλω να σας διηγηθώ μια ενδιαφέρουσα ιστορία. Μερικοί από σας ξέρετε ότι την Ημέρα του Αγίου Βαλεντίνου γίνομαι κάτι σαν εθνικός ήρωας. Είναι πραγματικά σπουδαίο πράγμα να σε συνδέουν με την αγάπη και δεν παραπονιέμαι. Όμως λαβαίνω αμέτρητα τηλεφωνήματα από ολόκληρη τη χώρα, όπου μου ζητάνε να μιλήσω στο ραδιόφωνο ή τις εφημερίδες. Μου παίρνουν συνεντεύξεις από τα περιοδικά. Για μια μέρα το χρόνο γίνομαι ήρωας. Με στενοχωρεί το γεγονός ότι έχουμε ξεχωρίσει μια ιδιαίτερη μέρα για να θυμηθούμε ν' αγαπήσουμε ο ένας τον άλλον. Είναι σαν την Ημέρα της Μητέρας. Κάθε μέρα θα 'πρεπε να είναι Ημέρα της Μητέρας. Κάθε μέρα θα 'πρεπε να είναι Ημέρα της Αδελφής, Ημέρα του Αδελφού, Ημέρα της Γιαγιάς, Ημέρα του Θείου Λούι. Δεν καταλαβαίνω γιατί είναι απαραίτητο να ξεχωρίζουμε αυτές τις μέρες, πάντως είναι καλό να θυμόμαστε.

Διασκεδάζω πολύ παρατηρώντας τις αντιδράσεις του κόσμου την Ημέρα του Αγίου Βαλεντίνου. Κοντά στο σπίτι μου βρίσκεται ένα μεγάλο εμπορικό κέντρο και πήγα εκεί ν' αγοράσω κάρτες για μερικές από τις γραμματείς μου και τους φίλους μου. Ήθελα να είναι κάτι πραγματικά ιδιαίτερο, γι' αυτό ήμουνα έτοιμος να διαθέσω αρκετό χρόνο. Ταυτόχρονα ήθελα να παρατηρήσω την ανθρώπινη συμπεριφορά.

Έτσι λοιπόν είδα έναν άντρα να μπαίνει ορμητικά και να κατευθύνεται σ' ένα όμορφο σταντ γεμάτο από μικρές κόκκινες καρδούλες κι ένα σωρό χαμογελαστά ζωάκια και σήματα που έγραφαν «Αγάπη». Άρχισε να ψάχνει σαν τρελός ανάμεσα στις κάρτες λέγοντας κάθε τόσο: «Στα κομμάτια!» Ήθελε ν' αγοράσει μια καρδούλα για τη γυναίκα του. Καθώς συνέχιζε το ψάξιμο, σχολίασε: «Τι μπελάς κι αυτός πάλι! Τι τη θέλουμε αυτή την ιστορία;»

«Αν είναι έτσι, γιατί το κάνεις;», τον ρώτησα εγώ.

«Τι θα πει *γιατί* το κάνω; Αν δεν το κάνω η γυναίκα μου θα με *σκοτώσει!*», μου απάντησε.

Λίγα λεπτά αργότερα μπήκε μέσα μια νέα κοπέλα. Της χαμογέλασα, μου χαμογέλασε κι αυτή και της ευχήθηκα. Μου είπε τότε: «Ξέρεις τι ήρθα να κάνω εδώ; Δε θα με πιστέψεις. Μ' έστειλε το αφεντικό μου ν' αγοράσω μια καρδούλα για τη γυναίκα του». Και πρόσθεσε: «Τι να σου πω, αν έστελνε ο άντρας μου μια άλλη γυναίκα να αγοράσει μια κάρτα για μένα, θα τον *σκότωνα*». Στεκόμαστε εκεί ανάμεσα στις καρδούλες και τα σύμβολα της αγάπης κι είχα ακούσει δυο προμελετημένες δολοφονίες μέσα σε πέντε λεπτά! Και ξαφνικά κατάλαβα κι εγώ γιατί γυρίζω και λέω στον κόσμο να διαλέξει την αγάπη, να διαλέξει τη ζωή.

Ξέρετε ότι, πέρα από το να γυρίζω ολόκληρο τον κόσμο και να κάνω ένα σωρό τρελά πράγματα, βασικά είμαι δάσκαλος και χαίρομαι γι' αυτό περισσότερο απ' ο,τιδήποτε άλλο. Έχω μάθει εδώ και πολλά, πολλά χρόνια, ότι κανείς δε δίδαξε ποτέ τίποτε σε κανένα. Πρόκειται για ένα εσωτερικό ταξίδι. Θα μπορούσα να είμαι ο πιο σοφός άνθρωπος του κόσμου και να σας πω όλα όσα ξέρω, αν όμως εσείς δε θέλετε να τα μάθετε, δε θα τα μάθετε ποτέ. Το ξέρω αυτό, γιατί συνεχώς ουρλιάζω και φωνάζω στους μαθητές μου και ξέρω ότι έχουν την ικανότητα να δείξουν ενθουσιασμένοι. Με κοιτάζουν σαν να λένε: «Τι υπέροχα που τα λες», αλλά στο βάθος δε συμβαίνει τίποτε. Ακούνε αυτά που λέω, τα γράφουν, καταλαβαίνω όμως ότι τις πιο πολλές φορές λένε μέσα τους: «Τι να φορέσω απόψε;». Η μεταφορά των πληροφοριών είναι ένα πράγμα, αλλά η μάθηση εξαρτάται από την απόφαση που παίρνεις. Αυτή την απόφαση δεν μπορώ να την πάρω εγώ για σένα. Ο Μπαντούρα του Στάνφορντ, που κάνει τώρα αυτή την καταπληκτική έρευνα πάνω στη μάθηση, μας λέει ξανά και ξανά ό,τι μαθαίνουμε με τη *διαμόρφωση*. Δε μαθαίνουμε επειδή μας *λένε* κάτι. Μαθαίνουμε όταν παρατηρούμε, παρακολουθούμε, αντιγράφουμε και δοκιμάζουμε Έτσι μαθαίνουμε. Είναι μια θεληματική διαδικασία ανακάλυψης. Με ανησυχεί το γεγονός ότι ζητάμε από τα παιδιά μας να μάθουν την αγάπη, την υπευθυνότητα, τη χαρά της ζωής και δεν τους δίνουμε αρκετά μοντέλα. Καταλήγουμε έτσι σε ανθρώπους που φωνάζουν και στέλνουν τη γραμματέα τους ν' αγοράσει καρδούλες για τη γυναίκα τους.

Έχω δει στην τηλεόραση μια διαφήμιση που με ανησυχεί. Διαφημίζουν μια υπηρεσία που, όταν της τηλεφωνήσεις, αναλαμβάνει να διαλέξει ένα δώρο και να το στείλει στους γονείς σου, όπου και να βρίσκονται. Η διαφήμιση δείχνει δυο χαριτωμένα γεροντάκια. Το κουδούνι της πόρτας χτυπάει κι αυτοί τρέχουν ν' ανοίξουν και παίρνουν αυτό το δώρο που έχει διαλεχτεί από κάποιον άσχετο. Δεν είναι *δώρο* αυτό! Κρατήστε το για σας καλύτερα!

Πώς σας φαίνεται η παρακάτω στατιστική; Σε μια πρόσφατη έρευνα για την ψυχική υγεία, μόνο το είκοσι τοις εκατό αυτών των ανθρώπων που ερευνήθηκαν στην Αμερική δήλωσαν ότι ήταν ευτυχισμένοι και χαίρονταν τη ζωή. Είκοσι τοις εκατό! Ο ένας στους επτά θα χρειαστεί ψυχοθεραπεία πριν φτάσει στα 40. Ο ένας στους τρεις γάμους καταλήγει σε διαζύγιο. Και λένε ότι πριν από το 2000 το ποσοστό θα φτάσει πενήντα-πενήντα — ο ένας στους δύο. Μόλις πρόσφατα έμαθα κι ένα άλλο στατιστικό στοιχείο που με διάλυσε: κάθε χρόνο δίνονται στις ΗΠΑ έξι εκατομμύρια συνταγές για valium.

Όταν αποτελούμε τέτοιου είδους πρότυπο, τι περιμένουμε να αντιγράψουν από μας οι άνθρωποι του περίγυρού μας και ιδιαίτερα τα παιδιά;

Συχνά μου λένε: «Α, εσύ είσαι τυχερός, Μπουσκάλια, που μεγάλωσες σε τέτοιο σπίτι». Όταν μου το λένε αυτό, χαμογελάω. Ναι, είναι αλήθεια. Είχα ένα καταπληκτικό, απίθανο πατέρα και μια θεότρελη μητέρα! Τα πράγματα που έκανε ήταν απίστευτα! Έφερνε πάντα τη χαρά, τη μουσική, την ομορφιά και την κατανόηση μέσα στο σπιτικό μας. Ο πατέρας ήταν σοβαρός.

Έμαθα αφάνταστα πράγματα απ' αυτούς. Δεν ήξερα ότι αυτή η γυναίκα ήταν τόσο καταπληκτική. Κανείς δε μου είπε ποτέ συγκεκριμένα πράγματα. Εγώ όμως μάθαινα. Έμαθα την περηφάνεια. Ήμαστε πολύ, πάρα πολύ φτωχοί. Μερικοί θα με καταλαβαίνετε. Δεν είναι το παν. Όλα τα χρήματα που έχουμε δε φτάνουν ν' αγοράσουν αυτά που έμαθα. Όμως δεν ήταν πάντα χαρά και περηφάνεια και ευτυχία.

Θυμάμαι ότι ήμουνα ένα πολύ αδύνατο μικρόσωμο αγόρι και ο μεγαλύτερός μου εφιάλτης ήταν η γυμναστική. Είχα τέτοιο κακό συντονισμό, που ποτέ δεν έμαθα να πετάω την μπάλα. Είχα κάτι πόδια σαν σπιρτόξυλα και μακριά, κρεμασμένα χέρια. Το μόνο μεγάλο πράγμα που είχα, ήταν τα μάτια μου. Πήγαινα λοιπόν στο μάθημα της γυμναστικής μ' αυτό το σορτσάκι που ήταν δυο νούμερα μεγαλύτερο, γιατί η μητέρα ήταν προνοητική: «Θα μεγαλώσεις, πάρε το μεγαλύτερο νούμερο». Στεκόμουνα λοιπόν κι εγώ μέσα σ' αυτό το τεράστιο πράγμα που μου κρεμόταν ώς τα γόνατα. Δυο μάτια μέσα σ'ένα αθλητικό σορτσάκι. Στέκομαι λοιπόν στη γραμμή μ' όλα τ' άλλα παιδιά κι από την άλλη βρίσκεται αυτός ο ψηλός, γεροδεμένος μάγκας που πρόκειται να γίνει αρχηγός της ομάδας. Και στην άλλη γωνία αυτός ο άλλος ψηλός, γεροδεμένος μάγκας που θα γίνει ο άλλος αρχηγός της ομάδας. Και αρχίζουν να διαλέγουν, θυμόσαστε τη σκηνή. «Εσύ», και μετά παρακάτω «Εσύ». Η γραμμή ολοένα αραιώνει. Κι εσύ αρχίζεις να παρακαλάς, να προσεύχεσαι: «Καλέ μου Θεούλη, κάνε να με διαλέξει κάποιος. Μη μ' αφήσεις να μείνω *τελευταίος*». Κάθε φορά τελευταίος. Θυμάμαι πως ήμουνα εγώ κι ένα όμορφο, χοντρό Εβραιόπουλο. Ο Ιταλός κι ο Εβραίος. Πάντοτε οι δύο τελευταίοι. Οι μάγκες πετούσαν και χτυπούσαν τις μπάλες κι εγώ στεκόμουνα εκεί με το ραβδί στο χέρι και προσευχόμουνα: «Για μια φορά και μόνο, Θεέ μου, κάνε με να στείλω μια ίσια μπαλιά». Ποτέ. Ο Θεός είχε άλλα πράγματα να σκεφτεί.

Τι μάθαινα όμως από τα πρότυπα αυτά; Μάθαινα πως ήμουνα ανεπαρκής και πως δεν μπορούσα να κάνω αυτά που έκαναν οι άλλοι. Χρειάστηκε να φτάσω στα δεκαεφτά για να μου πει κάποιος: «Και βέβαια *μπορείς* να πετάξεις μια μπάλα. Τι έχεις; Είναι πράγμα που μαθαίνεται εύκολα. Έλα να σου δείξω». Και αναρωτήθηκα γιατί κανείς δεν το είχε κάνει ώς τότε. Τόσα χρόνια αγωνίας και απελπισίας, αποστροφής για το σώμα μου. Το σώμα μου ήταν μια χαρά. Απλώς ήμουνα αδύνατος. Τώρα το σώμα μου είναι μια χαρά. Απλώς είναι χοντρό. Και το αγαπάω. Κάθε μέρα όμως διδασκόμαστε χωρίς να το ξέρουμε. Δουλεύω συνέχεια με τα παιδιά. Αυτή είναι η ζωή μου, το ξέρετε. Ακούω λοιπόν καθημερινά: «Δεν μπορώ να το κάνω αυτό. Είμαι κουτός». Και ρωτάω: «Ποιος σου είπε πως είσαι κουτός;» «Ο δάσκαλός μου». «Ο πατέρας μου».

Α! Πώς θα 'θελα να τους είχα εδώ! Να τους δείξω την καλύτερη δασκάλα που υπήρξε ποτέ, αυτή που αναφέρω ξανά και ξανά στα γραφτά μου. Αν την συναντήσετε πουθενά, πέστε τό μου. Θα ταξιδέψω ακόμη και στο Νεπάλ για να την αγκαλιάσω. Υπέροχη μις Χαντ. Γι' αυτή κανείς δεν ήταν κουτός. Ο καθένας είχε τη δική του μοναδικότητα και το ήξερε πολύ καλά. Ζύγιζε εκατόν πενήντα κιλά! Εκατόν πενήντα κιλά, μοναδικότητας, αγάπης, κατανόησης. Ω! όταν σε αγκάλιαζε η μις Χαντ και χανόσουνα μέσα στην αγκαλιά της... μπορούσε να σου μάθει τα πάντα! *Οποιαδήποτε στιγμή!* Αυτό ήταν πρότυπο!

Κάθε μέρα λοιπόν παίζουμε το ρόλο του προτύπου για τα παιδιά μας. Το ερώτημα που κάνω πάντα είναι: τι είδους πρότυπο είμαστε; Πώς μπορούμε να ζητάμε από τα παιδιά την αγάπη, όταν δεν την βλέπουν πουθενά; Πώς μπορούμε να τους ζητάμε να γίνουν υπεύθυνα και στοργικά και να ενδιαφέρονται για τους άλλους, όταν δε βλέπουν πουθενά τέτοια πρότυπα; Τα παιδιά θα εφαρμόσουν αυτό που βλέπουν και μαθαίνουν. Αυτό θα εισπράξουμε στο τέλος. Γι' αυτό θα 'θελα να σας μιλήσω για μερικά από τα πράγματα που ίσως θέλουμε να δείξουμε. Για να το κάνουμε αυτό, πρέπει να πούμε: «Θέλω να γίνω το καλύτερο πρότυπο. Ένα πρότυπο ζωής».

Μένω κατάπληκτος όταν διαβάζω ορισμένες στατιστικές, όπως το ότι μόνο το είκοσι τοις εκατό του αμερικανικού πληθυσμού διαλέγει τη ζωή. Τόσοι άνθρωποι έρχονται και μου λένε: «Δε διάλεξα εγώ να γεννηθώ». Τι κρίμα, όταν υπάρχουν τόσο πολλά πράγματα. Εγώ δεν μπορώ να θεωρήσω ούτε ένα πράγμα περιττό. Κάτι τέτοιο με τρελαίνει. Αγαπώ με τόση ένταση, επειδή υπάρχουν τόσο πολλά πράγματα να δει κανείς και να κάνει, να γευτεί και να δαγκώσει — ναι, ιδιαίτερα να δαγκώσει!

Θα σας δείξω πόσο αφελής είμαι πραγματικά. Το σκεφτήκατε

ποτέ αυτό; Δε σας κάνει εντύπωση που τα καρότα έχουν γεύση καρότου και τα ραπανάκια έχουν γεύση από ραπανάκι; Και πως, αν τα ανακατέψουμε μαζί και κάνουμε μια σαλάτα, θα έχουν μια τρίτη γεύση; Αυτού του είδους οι αλήθειες μ' αφήνουν κατάπληκτο.

Ήμουνα στο Όλμπανυ πρόσφατα κι είχα μόλις έρθει από τους 83 βαθμούς στους -15. Όλοι είπαν: «Α, τι κρίμα για σένα», κι εγώ τους είπα: «Τι εννοείτε; Εδώ χιονίζει, το χώμα έχει παγώσει, δεν το βλέπω συχνά αυτό το θέαμα. Θέλω να γιορτάσω το χιόνι». Όταν τα είπα αυτά, βεβαιώθηκαν ότι είχαν να κάνουν με τον ίδιο τρελό Μπουσκάλια.

Ένα από τα πρώτα πράγματα που πρέπει να διδάξουμε στα παιδιά —και δεν μπορούμε να το διδάξουμε αν δεν το πιστεύουμε εμείς οι ίδιοι— είναι ότι ο καθένας μας είναι «ιερός». Με πιάνει δέος όταν απευθύνομαι σ' ένα ακροατήριο ή όταν συναντάω κόσμο: είναι τέτοιο χρυσωρυχείο. Το γεγονός και μόνο ότι σας κοιτάζω και βλέπω όλα αυτά τα καταπληκτικά πρόσωπα, τα μάτια που λάμπουν και τα μαλλιά, κόκκινα, ξανθά, καστανά, και τα κεφάλια χωρίς μαλλιά. Το γεγονός ότι δεν υπάρχουν ανάμεσά σας δύο ίδιοι άνθρωποι, μου φέρνει δέος. Πρέπει να το πούμε αυτό στα παιδιά πριν να χάσουν την ατομικότητά τους.

Γιατί προστατεύουμε τα παιδιά από τη ζωή. Μετά απ' αυτό δεν είναι περίεργο που φοβόμαστε να ζήσουμε. Κανείς δε μας λέει πώς πραγματικά είναι η ζωή. Κανείς δε μας λέει ότι η ζωή είναι χαρά και μαγεία και θαύμα, ακόμη και έκσταση. Κανείς δε μας λέει ότι η ζωή είναι πόνος και δυστυχία, απελπισία και δάκρυα. Δεν ξέρω για σας, εγώ όμως δε θέλω να χάσω *τίποτε*. Θέλω ν' αγκαλιάσω τη ζωή, θέλω να γνωρίσω τα πάντα. Δεν είναι δυνατόν να περάσει η ζωή μου και να μην ξέρω τι θα πει κλάμα. Γι' αυτό έχω τους δακρυϊκούς πόρους. Αν δεν ήμουνα φτιαγμένος για να κλαίω, δε θα τους είχα. Δεν είναι κακό να κλαίει κανείς. Τα μάτια σου βλέπουν πιο καθαρά μετά.

Μ' αρέσει πολύ η δουλειά του Μάρτιν Μπιούμπερ και ιδιαίτερα η άποψή του για το «Εγώ» και το «Εσύ». Λέει πως ο καθένας από μας είναι ένα «Εσύ» και πως, όταν βρισκόμαστε σε σχέση μεταξύ μας, πρέπει να αντιμετωπιζόμαστε σαν ιερά πλάσματα, γιατί στην πραγματικότητα ο καθένας μας είναι κάτι ιδιαίτερο. Έτσι στη σχέση μου μαζί σας είσαστε ένα «Εσύ». Ο Μπιούμπερ λέει ότι συχνά σχετιζόμαστε με τους άλλους σε μια βάση του «Εγώ» και «Αυτό». Πόσες φορές δεν έχετε θυμώσει επειδή κάποιος σας αντιμετωπίζει σαν αντικείμενο; Εγώ ποτέ δε διστάζω να φωνάζω δυνατά: «Δεν είμαι αντικείμενο! Είμαι *εγώ* ο Φελίτσε Μπουσκάλια. Ένας άνθρωπος μοναδικός! Μην κοιτάς σαν να μη με βλέπεις. Έχω *αξιοπρέπεια*». Όταν αντιμετωπίζουμε τους ανθρώπους στη βάση του «Εγώ» και του «Εσύ», λέει ο Μάρτιν Μπιούμπερ, έχουμε *διάλογο*. Όταν μένουμε στο «Εγώ» και στο «Αυτό», έχουμε απλώς *μονόλογο*. Δε θέλω να μιλάω στον εαυτό μου. Θέλω να μιλάω *μαζί σας*. Και θέλω κι εσείς να μιλάτε με μένα. Έχουμε αξιοπρέπεια. Τα παιδιά πρέπει να το μάθουν αυτό και να το μάθουν *νωρίς*.

Πρέπει επίσης να μάθουν πως δε θα βρουν τον εαυτό τους κοιτάζοντας έξω από τον εαυτό τους. Πρέπει να κοιτάξουν *μέσα*. Είναι ένα δύσκολο ταξίδι, το ταξίδι που πρέπει να κάνεις για να βρεις τη μοναδικότητά σου και να την μοιραστείς με τους άλλους, γιατί σ' όλη σου τη ζωή έχεις συνηθίσει να σου λένε οι άλλοι ποιος είσαι. Σου πέρασε ποτέ από το μυαλό ότι δεν είσαι πραγματικά εσύ; Οι περισσότεροι από σας είσαστε αυτό που σας είπαν οι άλλοι ότι είσαστε. Και ίσως μερικοί από σας να κατάλαβαν κάποια στιγμή ότι οι άλλοι μπορεί να είναι καλοπροαίρετοι, αλλά αυτό που λένε ότι είσαστε μπορεί να μην ταυτίζεται μ' αυτό που *πραγματικά* είσαστε, γιατί νιώθετε άβολα μέσα στο ρόλο που σας έδωσαν. Έτσι αποφασίζετε να σπάσετε τον κλοιό. Λέτε: «Θα προσπαθήσω να βρω ποιος είμαι», κι αν το κάνετε αυτό, θα είναι μια μεγάλη περιπέτεια. Δε θα ησυχάσετε ποτέ, αλλά ούτε θα πλήξετε. Η ανακάλυψη του εαυτού μοιάζει με όλες τις ανακαλύψεις. Δεν είναι ποτέ εύκολη και δεν μπορείτε να λογαριάζετε στην καθοδήγηση των άλλων.

Μ' αρέσει πολύ η ιστορία των Σούφι για τον Μουλά που είχε βγει στο δρόμο κι έψαχνε γονατιστός το χώμα. Πέρασε ένας φίλος του και τον ρώτησε: «Τι κάνεις εκεί, Μουλά, πεσμένος στα τέσσερα στη μέση του δρόμου;»

«Ψάχνω για το κλειδί του σπιτιού μου. Έχασα το κλειδί», απάντησε ο Μουλά.

Ο φίλος του τότε τον ρώτησε:

«Δείξε μου πού το έχασες και θα γονατίσω κι εγώ να σε βοηθήσω».

«Στο σπίτι μέσα το έχασα», απάντησε ο Μουλά.

«Τότε γιατί το ψάχνεις εδώ πέρα;», ρώτησε ο φίλος.

«Γιατί εδώ έχει περισσότερο φως», είπε ο Μουλά.

Οι περισσότεροι από μας ψάχνουν τον εαυτό τους έξω στο φως. Δε θα το βρείτε εκεί. Πρέπει να πέσετε στα γόνατα μέσα, εκεί που συχνά έχει σκοτάδι και φαντάσματα και τότε θ' ανακαλύψετε ένα σωρό θαυμάσια πράγματα για σας. Είναι μεγαλύτερο το μέρος του εαυτού σας που μένει απραγματοποίητο από αυτό που έχει πραγματωθεί. Αυτή η διαδικασία μπορεί να συνεχίσει για πάντα. Ο Αϊνστάιν παραπονέθηκε, όταν ήταν ετοιμοθάνατος, ότι είχε πραγματωθεί τόσο λίγο μέρος του εαυτού του.

Αυτό ισχύει για όλους μας. Δεν είναι ανάγκη να είμαστε Αϊνστάιν. Η γνώση ότι είσαι απεριόριστος είναι η μεγαλύτερη πρόκληση. Βρες το θαύμα μέσα σου και ανάπτυξέ το και στάσου με περηφάνεια και συνέχισε το ψάξιμο. Μη φοβάσαι την αποτυχία. Δεν πειράζει. Δεν είσαι αναγκασμένος να είσαι τέλειος.

Πριν μπω μέσα, κάποιος ήταν πολύ ευγενικός και μου είπε: «Πρόσεξε, έχει ένα καλώδιο εδώ. Και τα σκαλιά είναι δύο, κοίτα μην πέσεις». Κι εγώ του απάντησα: «Δε θα ήταν διασκεδαστικό αν παρουσιαζόμουνα μπροστά σ' αυτές τις χιλιάδες κόσμου μέσα σ' όλη μου τη δόξα και ξαφνικά σωριαζόμουνα κάτω; Μ' αυτό τον τρόπο, αν κάποιος στην αίθουσα νόμιζε ότι είμαι κάτι σπουδαίο, θα διαπίστωνε ότι δεν είμαι». Είμαι πολύ ευτυχισμένος που είμαι άνθρωπος και μαθαίνω.

Πιστεύω ακόμη πως πρέπει να διδάξουμε στα παιδιά πόσο σημαντικοί είναι οι άλλοι και ότι δεν μπορούν να μεγαλώσουν σ' αυτό τον κόσμο χωρίς να λάβουν υπόψη τους τους άλλους. Όσο περισσότερους κόσμους γνωρίζουν, όσο περισσότερους μοναδικούς κόσμους, τόσο πιο πολύ ολοκληρώνονται. Πρέπει να διδάξουμε στα παιδιά πώς να ξαναρχίσουν να εμπιστεύονται τους άλλους, γιατί έχουμε φτάσει να τρέμουμε ο ένας τον άλλο. Χτίζουμε όλο και υψηλότερα τείχη, όλο και ισχυρότερες κλειδαριές. Γκρεμίστε τα τείχη! Κάθε μέρα βλέπω πόσο λίγο εμπιστευόμαστε ο ένας τον άλλο και λυπάμαι βαθιά.

Πρέπει να μάθουμε να εμπιστευόμαστε ξανά, να πιστεύουμε ξανά. Έτσι φυσικά ρισκάρουμε λίγο, μα και τι δεν είναι ρίσκο; Πρέπει να πάμε πιο μακριά από το να «είμαστε» απλώς. Πρέπει να ξαναρχίσουμε να «είμαστε *άνθρωποι*», κι αυτό είναι λίγο διαφορετικο. Οι βουδιστές λένε μια πολύ όμορφη ιστορία για ένα μυρμήγκι μέσα στο βαρέλι του νερού και τις διαφορετικές στάσεις απέναντι στο μυρμήγκι. Λένε πως ο πρώτος που μπαίνει, κοιτάζει μέσα στο βαρέλι του νερού και βλέπει το μυρμήγκι. «Τι γυρεύεις μέσα στο βαρέλι μου;», του λέει και το πατάει ανάμεσα στα δάχτυλά του. *Εγωϊσμός*. Ο επόμενος που έρχεται βλέπει το μυρμήγκι και λέει: «Κοίτα να δεις, σήμερα κάνει πολλή ζέστη, ακόμη και για τα μυρμήγκια. Αφού δεν πειράζεις κανένα, συνέχισε να κάθεσαι στο βαρέλι μου». *Ανεκτικότητα*. Έρχεται και ο τρίτος, που δεν σκέφτεται καν να θυμώσει ή να δείξει ανοχή. Βλέπει το μυρμήγκι μέσα στο βαρέλι κι αυθόρμητα το ταΐζει με ζάχαρη. Αυτό είναι *αγάπη*. Όταν φτάσεις στο σημείο να μη χρειάζεται να το αναλύεις, είσαι μέσα. Η αυθόρμητη αντίδραση. Κάποιος στέκεται στο δρόμο και με χρειάζεται. Σταματώ. Κάποιος θέλει να πάει ώς τον αυτοκινητόδρομο. Τον πηγαίνω. Κάποιος κλαίει και ρωτάω: «Μπορώ να σε βοηθήσω;». Κάποτε με ρώτησαν σε μια συγκέντρωση: «Τι κάνεις όμως όταν πλησιάζεις τον άλλον να τον ρωτήσεις τι έχει και σου απαντάει να κοιτάς τη δουλειά σου;» Ένα πράγμα που σίγουρα θα σου συμβεί. Μην ξεχνάς όμως πως δεν αγαπάς για να σου ανταποδώσουν την αγάπη σου. Αγαπάς για ν' αγαπάς. Το κάνεις γιατί σου είναι φυσικό να απλώσεις το χέρι και να δώσεις στο μυρμήγκι λίγη ζάχαρη. Έχασες τίποτε; Τόσοι άνθρωποι με δυνατότητες πάνε χαμένοι, επειδή φοβούνται να σ' αφήσουν να δεις ποιοι είναι. Τόση ομορφιά πάει χαμένη επειδή φοβόμαστε.

Νομίζω επίσης πως είναι σημαντικό να μιλήσουμε στα παιδιά για τη συνέχεια της ζωής. Ζούμε σε μια διαμερισματοποιημένη κοινωνία. Τα μικρά παιδιά ζουν μεταξύ τους. Οι έφηβοι ζουν μεταξύ τους. Τα νεαρά ζευγάρια ζουν μεταξύ τους. Κι αν χάσεις το σύντροφό σου, χάνεις και τους καλύτερους φίλους σου. Οι γέροι, αν είναι δυνατόν, ζουν μεταξύ τους. Και πού θέλετε να μάθουν τα παιδιά πως η ζωή είναι ένα ταξίδι; Ότι είναι ένα συνεχές;

Ήμουνα πολύ τυχερό παιδί, γιατί το σπίτι μου ήταν πάντοτε γεμάτο κόσμο — γιαγιάδες και παππούδες και νοεγέννητα και γυναίκες έγκυες και νιόπαντρους. Θα μπορούσα να σας διηγηθώ ατελείωτες ιστορίες. Όλες μέσα στο ίδιο σπίτι! Έτσι μάθαμε νωρίς πως η ζωή είναι μια διαδικασία συνεχής κι όχι στρωματοποιημένη. Βλέπαμε γέρους και ξέραμε ότι μια μέρα θα γεράσουμε κι εμείς. Είδαμε ανθρώπους να πεθαίνουν κι αρχίσαμε να εκτιμάμε τη ζωή. Όταν όμως δε βλέπεις το θάνατο, δεν ξέρεις τι είναι και τον φοβάσαι μέχρι θανάτου. Οι περισσότεροι από μας τον τρέμουμε το θάνατο. Δεν ξέρουμε ούτε να ζήσουμε ούτε να πεθάνουμε με αξιοπρέπεια. Αν έχεις ζήσει με αξιοπρέπεια, θα πεθάνεις με αξιοπρέπεια. Δεν χρειάζεται ν' ανησυχείς γι' αυτό.

Ένα από τα συναρπαστικότερα γράμματα που έλαβα την περσινή χρονιά, ήταν από μια γυναίκα που της έμεναν μόνο τρεις ή τέσσερις μήνες ζωής. Κάθε δεύτερη λεξη της ήταν «εγώ» κι «εμένα». Καταλάβαινα όμως ότι ήταν πολύ ωραίος και ευαίσθητος άνθρωπος. Απλώς δεν ήξερε πώς να αντιμετωπίσει το θάνατο. Έτσι έκανα ένα τόλμημα και της έγραψα: «Κοίτα, αντί να κάθεσαι και να περιμένεις να πεθάνεις, εκμεταλλεύσου όσο μπορείς αυτές τις λίγες μέρες, τους λίγους μήνες που σου μένουν να ζήσεις και *ζήσε*! Κοίτα να δεις τι θα γίνει αν *κάνεις* κάτι. Πήγαινε στο Παιδιατρικό Νοσοκομείο. Στο Παιδιατρικό Νοσοκομείο υπάρχει μια πτέρυγα με παιδιά που πρόκειται να πεθάνουν. Πήγαινε να δεις τα παιδιά».

Δόξα τω Θεώ, το έκανε. Το πιο καταπληκτικό απ' όλα είναι ότι *τα παιδιά* τής δίδαξαν πώς να πεθάνει. Από την πρώτη στιγμή που μπήκε μέσα, τα μικρά παιδιά την περιτριγύρισαν ρωτώντας: «Θα πεθάνεις κι εσύ;». Κανείς μεγάλος δεν είχε τολμήσει να της κάνει τέτοια ερώτηση. Όχι μόνο πέθαινε, αλλά πέθαινε κι από *μο-*

ναξιά. Δεν ξέρω γιατί, αλλά η γυναίκα τούς απάντησε: «Ναι, θα πεθάνω». Ένα παιδάκι την ρώτησε: «Φοβάσαι;» Κι αυτή απάντησε: «Ναι». «Γιατί φοβάσαι», είπε το παιδί, «αφού θα πας κοντά στο Θεό». Δεν είναι ενδιαφέρον; Πολλοί από μας λένε, πως όταν πεθαίνει κανείς πηγαίνει κοντά στο Θεό, κι όμως, όταν έρχεται ο θάνατος, φωνάζουμε έντρομοι. Είναι μια πολύ ενδιαφέρουσα δυναμική που αξίζει να μελετηθεί.

Ένα κοριτσάκι ρώτησε: «Θα φέρεις την κούκλα σου;». Η γυναίκα εξακολουθεί να ζει και να εργάζεται και δε νομίζω ότι ανησυχεί πολύ για το πότε θα 'ρθει ο θάνατος. Υπάρχει πάντα κάτι να κάνεις. Υπάρχει πάντα ο καιρός. Η ηλικία δεν έχει καμιά σχέση με το ότι γερνάς. Γερνάς επειδή νιώθεις πως δεν έχεις άλλες επιλογές. Όσο είσαι ζωντανός, μπορείς να ζήσεις ώς την τελευταία στιγμή πριν από το θάνατο. Αυτό όμως πρέπει να το μάθουμε στα παιδιά. Πρέπει να *το δουν*. Τους κρύβουμε τις κηδείες. Δεν τα αφήνουμε να δουν το νεκρό. Δεν τους απαντάμε όταν ρωτάνε: «Τι έγινε το σκυλί μου;» «Τι έπαθε η γιαγιά;» «Πήγε ταξίδι». Τα μικρά παιδιά θα μάθουν ό,τι τους διδάξουμε. Τα παιδιά υιοθετούν τη στάση των γονιών τους. Αν οι γονείς τους τρέμουν το θάνατο μέχρι θανάτου, το ίδιο θα κάνουν κι εκείνα. Και δεν είναι λογοπαίγνιο.

Ένα άλλο πράγμα πολύ σημαντικό είναι να μάθουν τα παιδιά πως έχουν περιθώρια επιλογής. Θα το πιστέψουν αυτό μόνο αν τους προσφέρετε εναλλακτικές λύσεις μέσα στη ζωή τους. Οι άνθρωποι που αυτοκτονούν είναι εκείνοι με την πιο στενή ματιά πάνω στη ζωή, εκείνοι που δεν έχουν άλλες επιλογές. Κάθε χρόνο, στις τελικές εξετάσεις του Πανεπιστημίου, κάποιοι κάνουν απόπειρες αυτοκτονίας. Είναι πάντοτε όμορφα νεαρά κορίτσια κι αγόρια που κόβουν τις φλέβες τους γιατί φοβούνται την αποτυχία. Φανταζόσαστε πόσο λίγη αυτοεκτίμηση πρέπει να έχει κανείς για να θυσιάζει τη ζωή του σ' ένα διαγωνισμό; Λέω πάντα στους μαθητές μου, για τ' όνομα του Θεού, σκεφτείτε τι άλλο μπορείτε να κάνετε! Βέβαια η αυτοκτονία είναι μια προσιτή λύση — μα τι άλλο θα μπορούσατε να κάνετε; Σκεφθείτε λίγο δημιουργικά!

Ο κόσμος λέει συχνά, πως ένας από τους λόγους που συγκεντρώνουμε και συσσωρεύουμε πλούτη, είναι γιατί μας δίνουν μεγαλύτερο περιθώριο επιλογών. Αυτό είναι παράλογο! Το υψηλότερο ποσοστό αυτοκτονιών το συναντάμε ανάμεσα στους πλούσιους. Αν δεν τις έχεις *τώρα* τις επιλογές, κι όλα τα χρήματα του κόσμου ν' αποκτήσεις δε θα τις έχεις ποτέ.

Θυμάμαι ακόμη πως, όταν ήμαστε μικροί, το συνταρακτικό γεγονός της εβδομάδας, που το περιμέναμε με αγωνία, ήταν πότε θα στοιβαζόμαστε όλοι μέσα στην παλιά Σεβρολέτ. Φανταζόσαστε μια τόσο τεράστια οικογένεια μέσα σε μια Σεβρολέτ; Η σκεπή του αυτοκινήτου ήταν φορτωμένη μ' ένα σωρό συμπράγκαλα, γιατί η μητέρα ήθελε τις ανέσεις της. Πηγαίναμε στο Λονγκ Μπιτς. Θέλαμε γύρω στις δυο ώρες για να φτάσουμε εκεί. Σ' όλο το δρόμο τραγουδούσαμε. Λέγαμε όλες τις όπερες. Η μητέρα ήταν τραγουδίστρια. Μας έμαθε κι εμάς. Έτσι τη μια φορά τραγουδούσαμε τους *Μποέμ*. Την αλλη την *Τραβιάτα*. Μια θεότρελη οικογένεια, με καρέκλες, κιβώτια, μια ομπρέλα. Η μητέρα δεν καταδεχόταν ποτέ τα σάντουιτς. Μαγειρεύαμε μακαρόνια στην αμμουδιά. Μπορείτε να το πιστέψετε! Αντίπαστο. Ο κόσμος μας κοίταζε με δέος! Φτάναμε στην παραλία και χρειαζόμαστε κάπου δυο ώρες για να στήσουμε τα πάντα. Η μητέρα κοίταζε να δει από πού φυσάει. «Βάλε την ομπρέλα από δω και τις καρέκλες εκεί, κόντρα στον άνεμο, απέναντι στον ήλιο». Τα στήναμε όλα και μετά πηδούσαμε μέσα στη θάλασσα, κολυμπούσαμε, βγαίναμε, στεγνώναμε, αλλάζαμε. Ω! πόσο την θυμάμαι αυτή τη μαγική εποχή. Ήμαστε τόσο φτωχοί υλικά. Δεν είχαμε *τίποτε*. Κι όλος αυτός ο κόσμος γύρω μας, που είχε τόσο *πολλά*, μας κοίταζε κι αναρωτιόταν: «Πού βρέθηκαν αυτοί οι τρελοί;». Είχαμε όμως εναλλακτικές λύσεις για τη φτώχεια. Είχαμε επιλογές, ή έτσι πιστεύαμε με τον αφελή μας τρόπο. Μα τι σημασία έχει αν είσαι αφελής και χαζός, όταν είσαι ζωντανός και χαρούμενος; Δε νομίζω πως ήμαστε και τόσο χαζοί. Ήμαστε ζωντανοί και διασκεδάζαμε.

Θυμάμαι όταν αποφασίσαμε να πάρουμε τον πατέρα στη Χαβάη πριν να πεθάνει. Το ξέραμε ότι θα πέθαινε. Ανακαλύψαμε λοιπόν ότι μια αεροπορική εταιρεία είχε ένα πολύ φθηνό εισιτήριο. Αυτές τις θέσεις τις έλεγαν «θέσεις χωρίς δαντέλες». Όχι μόνο δε σε *τρέφουν*, αλλά δε σε *κοιτάζουν* καν. Απλώς σε στέλνουν να καθήσεις στο πίσω μέρος του αεροπλάνου. Εντάξει. Εμάς δε μας πείραζε. Διασχίσαμε όλη την Πρώτη Θέση και πήγαμε στο πίσω μέρος. Είχες δικαίωμα να πάρεις το φαγητό σου μαζί σου. Να το *θυμόσαστε* αυτό! Μην είσαστε τόσο σνομπ. Δεν είχατε αυτά που έχετε τώρα. Ο πατέρας είχε πει: «Και λοιπόν, τι μας νοιάζει; Θα μαγειρέψουμε δικό μας φαγητό!». Θα το θυμάμαι πάντα αυτό το φαγητό, γιατί ήταν ανεπανάληπτο. Καθόμαστε λοιπόν στη σειρά η αδελφή μου, εγώ, η ανιψιά μου, ο πατέρας και άλλοι —μια ολόκληρη σειρά δική μας— κι ο πατέρας άνοιξε το κουτί με το φαγητό. Είχε φτιάξει κοτόπουλο με σκόρδο και δεντρολίβανο. Η Πρώτη Θέση γλειφόταν ως ογδόντα σειρές μπροστά! Θυμάμαι τη συνοδό που περνούσε και ξαναπερνούσε: «Μα τι τρώτε εδώ πέρα;». Τρώγαμε μανιτάρια μαρινάτα με σκόρδο. Α, ήταν ένα απίθανο γεύμα. Κανείς δεν έφαγε τέτοιο φαγητό σ' αυτή την πτήση. Και το μοιραστήκαμε με τους άλλους. Όλο και κάποιος γύριζε και μας κοίταζε. Τους λέγαμε: «Πάρτε λίγο κοτόπουλο». Η επιλογή είναι *δική σου*. Μπορείς να διαλέξεις την χαρά αντί για την απελπισία. Μπορείς να διαλέξεις την ευτυχία αντί για τα δάκρυα. Μπορείς να διαλέξεις τη δράση αντί για την απάθεια. Μπορείς να διαλέξεις την ανάπτυξη αντί για τη στασιμότητα. Μπορείς να διαλέξεις τον εαυτό σου. Και μπορείς να διαλέξεις τη ζωή. Είναι καιρός να μάθεις ότι δε βρίσκεσαι στο έλεος δυνάμεων ισχυρότερων από σένα. Εσύ είσαι η *ισχυρότερη* δύναμη για σένα. Δεν μπορείς να το κάνεις για *μένα*, αλλά μπορείς να το κάνεις για *σένα*.

Ο κόσμος λέει: «Α, Μπουσκάλια, τι αφελής που είσαι! Λες πως μπορεί κανείς να διαλέξει τη Χαρά!». Δοκίμασέ το. Την επόμενη φορά που θα πιάσεις τον εαυτό σου έτοιμο να βάλει τις φωνές σε κάποιον, δοκίμασε να του χαμογελάσεις. Είναι απίστευτο πράγμα. Πολλοί από σας θα μ' έχετε ακούσει να μιλάω γι' αυτό τον άντρα στο αεροδρόμιο που ούρλιαζε στους πάντες, ότι έπρεπε οπωσδήποτε να βγει απ' αυτό το αεροδρόμιο, ακόμη κι αν ερχόταν θύελλα, κι αυτό που ήθελε ήταν αδύνατο. Ταυτόχρονα υπήρχε κι αυτή η μικρόσωμη γυναίκα που μάζεψε κοντά της όλα τα μικρά παιδιά ελευθερώνοντας έτσι τις εξαντλημένες μητέρες για να πάνε να φάνε κάτι. Αυτό είναι το είδος της επιλογής που είναι στο *χέρι σου* να κάνεις. Κι εγώ είπα: «Γιατί να διαλέξεις τις φωνές, που απλώς ξαναγυρίζουν σε σένα και σε κάνουν να παθαίνεις έλκος, αντί να κάνεις τους άλλους ευτυχισμένους;». Ένας άντρας που γνώρισα αργότερα μου είπε πως, όσο κι αν φαίνεται αλλόκοτο, δεν το είχε ξανασκεφτεί ποτέ. Λίγο καιρό μετά απ' αυτή την κουβέντα βρέθηκε στο αεροδρόμιο του Σικάγου, στο ίδιο μέρος που είχα και τη δική μου εμπειρία. Είναι καταπληκτικό μέρος για εμπειρίες. Αν περνάς αρκετά συχνά, κάτι θα σου συμβεί οπωσδήποτε. Μου είπε λοιπόν ότι είχε θύελλα όταν έφτασε και ότι τον ειδοποίησαν ότι θα τον πήγαιναν στον τόπο του προορισμού του με λεωφορείο, γιατί δεν ήταν δυνατό ν' απογειωθεί αεροπλάνο αυτή τη νύχτα. Σ' αυτή την πτήση ήταν και δυο γυναίκες σε αναπηρικές καρέκλες. Δε γνωρίζονταν μεταξύ τους. Στέκονταν η μια στη μια γωνία και η άλλη στην άλλη. Μου είπε λοιπόν αυτός ο άντρας: «Μου ήρθε στο μυαλό ο Μπουσκάλια που θα μου 'λεγε: ''Τι κάθεσαι έτσι, κάνε κάτι!''» (Δεν είναι δικά μου λόγια, της μητέρας είναι!). Πλησίασε λοιπόν τις δυο γυναίκες και τις ρώτησε:

«Πηγαίνετε εκεί που πηγαίνω κι εγώ;»

«Ναι», του απάντησαν.

«Οι βαλίτσες σας πού είναι;»

«Κοίτα», του απάντησαν οι γυναίκες. «Εμείς δεν μπορούμε να κουνηθούμε από την αναπηρική καρέκλα και δεν υπάρχει κανένας υπάλληλος να...»

«Θα φροντίσω εγώ», τους είπε εκείνος.

Μάζεψε τα μπαγκάζια τους, τα φόρτωσε στο λεωφορείο και τις βοήθησε ν' ανεβούν κι αυτές. Μου είπε μετά: «Ποτέ μου δεν ευχαριστήθηκα τόσο πολύ! Ήταν μια όμορφη χαρούμενη εμπειρία». Ήταν επιλογή!

Ας μιλήσουμε λίγο για το ρισκάρισμα, είναι τόσο ωραίο! Μόλις μάθεις να ρισκάρεις, ολόκληρη η ζωή σου αλλάζει. Όμως η αλλαγή και η ανάπτυξη θα συμβούν μόνο αν είσαι πρόθυμος να ρισκάρεις και να πειραματιστείς με τη δική σου ζωή. Ποτέ δεν είναι κανείς σίγουρος για τίποτε. Όλα είναι ρίσκο. Θυμάμαι πως πριν από πολλά χρόνια πήρα την απόφαση και πούλησα όλα μου τα υπάρχοντα — κόντρα στη γνώμη όλων. Ήθελα να γυρίσω τον κόσμο.

Ήθελα ν' ακούσω τον κρυστάλλινο ήχο της καμπάνας ενός ναού στο Νεπάλ. Ήθελα να καθήσω σ' ένα ρυζοχώραφο της Ταϊλάνδης και να μιλήσω με τους ανθρώπους, ή τουλάχιστον να τους αγκαλιάσω. Έτσι και έκανα. Πούλησα το σπίτι μου, το αυτοκίνητό μου, την ασφάλειά μου, ό,τι είχα και δεν είχα. Και ξεκίνησα. Ο κόσμος έλεγε: «Τι πράγματα είναι αυτά! Παράτησες μια στρωμένη δουλειά. Πού θα βρεις άλλη; Θα πεινάσεις όταν γυρίσεις». Γύρισα με δέκα σεντς στην τσέπη. Δεν πείνασα, διδάχτηκα. Τα πράγματα που έμαθα ήταν απείρως σημαντικότερα. Έμαθα για τις συμπεριφορές. Στην Μπανγκόγκ λένε μαχ-πεν-λάι. Άκουγα τον κόσμο να λέει μαχ-πεν-λάι κι αναρωτιόμουνα: «Τι σημαίνει αυτό το μαχ-πεν-λάι;». Τελικά, όταν γνώρισα μερικούς Ταϊλανδούς, τους ρώτησα: «Υπάρχει μια φράση που την ακούω παντού, στην αγορά, στο αεροδρόμιο, στα μουσεία, στα κανάλια, στους ποταμούς: μαχ-πεν-λάι — τι σημαίνει αυτό;». Χαμογέλασαν ελαφρά και μου είπαν: «Σημαίνει: εντάξει, δεν πειράζει». Και ξαφνικά κατάλαβα τα πάντα. Ε, βέβαια, δεν είναι περίεργο που την ονομάζουν χώρα του χαμόγελου όταν ο κόσμος γυρίζει και λέει, «Εντάξει, δεν πειράζει». Και μετά σκέφτηκα το δικό μας πολιτισμό όπου *όλα πειράζουν*. «Τι σημαίνει δεν πειράζει; Νομίζεις ότι δεν πειράζει γιατί είσαι επιπόλαιος!» Κι όμως πραγματικά *δεν πειράζει*. Ο κόσμος θα συνεχίσει να γυρίζει και χωρίς εμάς. Το ενενήντα τοις εκατό των πραγμάτων που φοβόμαστε ότι θα συμβούν, ποτέ δε συμβαίνουν. Κι εμείς συνεχίζουμε να φοβόμαστε και να ανησυχούμε. Και μετά ανησυχούμε που ανησυχούμε!

Κάθε φορά που μιλάω, ρισκάρω. Πάντοτε πλησιάζω τους ανθρώπους με ανοιχτή αγκαλιά λέγοντάς τους: «Με γνωρίζεις». Δε λέω: «Τι κάνετε, πώς είστε;». Φαντάσου, είμαι ένας από αυτούς τους τρελούς ανθρώπους που τόλμησαν να αγκαλιάσουν τον πρύτανη. Ποιος αγκαλιάζει τον πρύτανη; Ο πρύτανης κάθεται πίσω από ένα γραφείο με τρία μίλια πλάτος και δύο μίλια μήκος. Κι εσύ κάθεσαι απέναντι και λες: «Μάλιστα, κύριε πρύτανη, μάλιστα, κύριε πρύτανη». Αυτό κάνεις μ' ένα πρύτανη. Δεν τον *αγκαλιάζεις!* Εγώ λοιπόν καθόμουνα έτσι απέναντί του μια μέρα και τον άκουγα να λέει ένα σωρό συμπαθητικά πράγματα. Και σκέφτηκα μέσα μου: «Τι γλυκό ανθρωπάκι! Σίγουρα θα του άρεσε πολύ να τον αγκαλιάσω». Σηκώθηκα λοιπόν και του είπα: «πρύτανη, είσαι πολύ ωραίος». Και όρμησα πάνω του εκεί που καθόταν στη γυριστή πολυθρόνα του. Έκανε ένα «Ααα!». Τον αγκάλιασα και τον έσφιξα — προς αφάνταστη φρίκη των συναδέλφων μου που θα λέγαν μέσα τους: «Πάει, τρελάθηκε εντελώς ο Λέο!» Ξέρετε, εγώ είμαι άνθρωπος συνεπής και κάθε φορά που βλέπω τον πρύτανη μετά απ' αυτό, του λέω, «Γεια σου, πρύτανη!» και τον αγκαλιάζω. Και ξέρω ότι του αρέσει, γιατί ύστερα από λίγο άρχισε να ανταποκρίνεται! Κανείς δεν έχει περάσει την ηλικία του αγκαλιάσματος. Όλοι θέλουν κάποιον να τους αγκαλιάζει. Αλλάζει το μεταβολισμό σου. Τολμήστε!

Θέλω να σας διαβάσω αυτό:

«Όταν γελάς, κινδυνεύεις να περάσεις για χαζός». Και τι μ' αυτό; Οι χαζοί διασκεδάζουν πολύ.

«Όταν κλαις, κινδυνεύεις να περάσεις για συναισθηματικός». Και βέβαια είμαι συναισθηματικός. Μ' αρέσει. Τα δάκρυα βοηθάνε.

«Όταν ανοίγεσαι στον άλλο, κινδυνεύεις να μπλεχτείς». Ποιος λέει ότι το μπλέξιμο είναι κίνδυνος; Εγώ *θέλω* να μπλεχτώ.

«Όταν εκδηλώνεις τα συναισθήματά σου, κινδυνεύεις να δείξεις τον πραγματικό εαυτό σου». Και τι άλλο έχω να δείξω;

«Όταν εκθέτεις τις ιδέες και τα όνειρά σου μπροστά στους άλλους, κινδυνεύεις να χαρακτηριστείς αφελής». Α, μ' έχουν χαρακτηρίσει πολύ χειρότερα απ' αυτό.

«Όταν αγαπάς, κινδυνεύεις να μη στο ανταποδώσουν». Δεν αγαπώ για να μου το ανταποδώσουν.

«Όταν ζεις, κινδυνεύεις να πεθάνεις». Είμαι έτοιμος γι' αυτό. Μην τολμήσετε να χύσετε ούτε ένα δάκρυ, αν μάθετε ότι ο Μπουσκάλια τινάχτηκε στον αέρα ή έμεινε στον τόπο. Το έκανε με ενθουσιασμό.

«Όταν ελπίζεις, κινδυνεύεις ν' απογοητευτείς, κι όταν δοκιμάζεις, κινδυνεύεις ν' αποτύχεις». Ναι, αλλά *πρέπει* να ρισκάρεις, γιατί ο μεγαλύτερος κίνδυνος στη ζωή είναι να μη ρισκάρεις *τίποτε*. Ο άνθρωπος που δε ρισκάρει τίποτε, δεν κάνει τίποτε, δεν έχει τίποτε, δεν είναι τίποτε, και γίνεται ένα τίποτε. Μπορεί ν' αποφεύγει τον πόνο και τη λύπη, όμως δεν μπορεί να μάθει και να νιώσει και ν' αλλάξει και ν' αναπτυχθεί και ν' αγαπήσει και να ζήσει. Δεμένος με τις βεβαιότητές του, είναι ένας σκλάβος. Έχει παραιτηθεί από την ελευθερία του. Μόνο ο άνθρωπος που *ρισκάρει* είναι πραγματικά ελεύθερος. Δοκίμασε και θα δεις.

11

Μιλώντας για την αγάπη

Έχουμε μια ώρα μόνο, γι' αυτό ας μη χάνουμε καιρό. Δεν είναι καταπληκτικό ότι αυτή η διάλεξη θ' ανεβεί ώς τους δορυφόρους;* Εσείς κι εγώ, μαζί. Όμως το πρώτο πράγμα που θα κάνω, πριν να φτάσουμε στο δορυφόρο, είναι να βγάλω το καινούργιο μου σακκάκι τώρα που το είδατε όλοι.

Εδώ και λίγο καιρό ένας γείτονάς μου μου μίλησε για μια μικρή εκκλησία κοντά στο σπίτι μου, όπου γίνονταν ωραία, πνευματικά πράγματα και μου πρότεινε να πάω να τα δω. Εγώ είπα ότι θα το 'θελα πολύ και πήγαμε μαζί. Μόλις άνοιξε η πόρτα της εκκλησίας, οι άνθρωποι βγήκαν να με υποδεχτούν. Μου έπιασαν το χέρι, μου χάιδεψαν τον ώμο, μου άγγιξαν τα μαλλιά. Από την πόρτα! Και *μετά* μας έβαλαν μέσα. Έψαλαν πολύ και γύριζαν από δω κι από κει και χόρευαν — μια πραγματική γιορτή. Αλλά η πιο σημαντική στιγμή ήταν όταν σηκώθηκε ο ιερέας και είπε: «Φίλοι μου, το κήρυγμα θα το κάνει σήμερα ο Αδελφός Τζόναθαν και θα μας μιλήσει για την πίστη». Ο μικρός Αδελφός Τζόναθαν σηκώθηκε. Δεν ήταν πάνω από 1.60. Στάθηκε αμίλητος για λίγο, μετά σταύρωσε τα χέρια του και είπε: «Πίστη, πίστη, πίστη, πίστη, πίστη, πίστη». Μετά ξανακάθησε. Ο ιερέας σηκώθηκε μ' ένα μεγάλο χαμόγελο στο πρόσωπό του και είπε: «Σ' ευχαριστούμε, Αδελφέ Τζόναθαν, για την ωραία σου διάλεξη πάνω στην πίστη». Σκέφτηκα τότε ότι κάποια μέρα θα το αποφασίσω κι εγώ κι όταν θα πρέπει να δώσω μια διάλεξη, όπως απόψε, για την αγάπη, θα σταυρώσω τα χέρια μου, θα πω, «Αγάπη, Αγάπη, ΑΓΑΠΗ, ΑΓΑΠΗ, ΑΓΑΠΗ, αγάπη, αγάπη» και *μετά θα γυρίσω σπίτι μου*! Θα ήταν η πιο όμορφη βραδιά για

* Η διάλεξη αυτή μεταδόθηκε στους σταθμούς PBS μέσω δορυφόρου.

όλους μας. Επειδή όμως δεν έχω τέτοια σιγουριά, θα καθήσω και σας πω επί μία ώρα όλα όσα είπε εκείνος μέσα σ' ένα λεπτό.

Με ανησυχεί πραγματικά το γεγονός, ότι όλοι χρειαζόμαστε και λαχταράμε την αγάπη, κι ωστόσο υπάρχει τόσο λίγη αγάπη γύρω μας! Έκανα μερικά μαθήματα παιγνιοθεραπείας. Αυτή τη χρησιμοποιούμε στα παιδιά, γιατί με τους μεγάλους μπορούμε να χρησιμοποιήσουμε τη γλώσσα και να φτάσουμε στη θεραπεία μέσα από το λόγο. Για τα παιδιά όμως ο φυσιολογικός δρόμος είναι να παίξεις μαζί τους. Συγκεντρώνεις τα παιδιά μέσα σ' ένα δωμάτιο, τους δίνεις διάφορα μικρά πραγματάκια για να μπορούν να παίξουν και τους λες: «Έλα να κοιτάξουμε, να μιλήσουμε, να παίξουμε μαζί, να μοιραστούμε». Όλα αυτά τα κάνεις με δράση. Μου δώσανε ένα κοριτσάκι με συγκινησιακά προβλήματα. Πρώτη φορά μου δούλευα μ' ένα τόσο μικρό παιδί — πέντε χρονών ήτανε. Έκανε απίστευτα πράγματα. Δόξα τω Θεώ, σιγά-σιγά διαπιστώνουμε ότι ακόμη και τα μωρά στην κούνια καταλαβαίνουν τι γίνεται γύρω τους. Τώρα αρχίζουμε να μιλάμε για την αξία της βρεφικής διέγερσης. Οι καλές μαμάδες τα ήξεραν αυτά από χρόνια όταν νανούριζαν τα μικρά τους, τα χάιδευαν και τα έπαιζαν στα γόνατά τους και τα πέταγαν ψηλά, αντί να τ' αφήνουν μόνα στην κούνια τους από φόβο μην τα κακομάθουν.

Όπως και να 'ναι, πάντως, η Λελάνι είχε αρκετά προβλήματα και για αρκετές μέρες έκανε κάτι που πραγματικά με ενοχλούσε. Έπαιρνε κομματάκια από πηλό, έφτιαχνε μ' αυτά μικρά ανθρωπάκια κι αφού τα έφτιαχνε, τσακ, με μια κίνηση τα έσπαγε κι έλεγε, «μαμά!». Μετά έφτιαχνε ένα άλλο, το έσπαγε κι έλεγε, «μπαμπάς!». Μ' αυτό τον τρόπο μεταχειριζόταν όλα τα μέλη της οικογένειας. Και μετά ζητούσε να κάνω κι *εγώ* το ίδιο! Εγώ όμως ήμουνα καταπληκτικός παιδοθεραπευτής — εντελώς ανεπίδεκτος δηλαδή, γιατί ταυτιζόμουνα μ' αυτά τα παιδιά, ενώ έπρεπε να μένω λίγο πιο πίσω και να σκέφτομαι απλώς: «Α, η Λελάνι γκρέμισε τη μητέρα της». Αυτό δεν μπορούσα να το κάνω. Αισθανόμουνα πολύ μέσα σ' αυτή την ιστορία κι έτσι τη ρώτησα: «Για πες μου, Λελάνι, γιατί καταστρέφεις όλους τους ανθρώπους που αγαπάς;» Η Λελάνι με κοίταξε αναγακτισμένη σαν να μου έλεγε, «μα είσαι εντελώς ηλίθιος;» και μου απάντησε: «Γιατί αυτοί είναι οι άνθρωποι που συνεχώς με πληγώνουν».

Πέντε χρονώ! Κι επειδή είμαι πολύ κακός θεραπευτής, συνέχισα: «Εγώ όμως σ' αγαπώ και δε σε πληγώνω». Και ξέρετε τι μου απάντησε;

«Εσύ είσαι άλλο, είσαι τρελός». Πέντε χρονώ και ήξερε κιόλας πως η αγάπη μπορεί να σε πληγώσει. Πέντε χρονών κι είχε μάθει ήδη πως, όταν αγαπάς χωρίς όρους, είσαι τρελός.

Από τότε έχω λάβει μέρος σε πολλές ανοιχτές συζητήσεις με μεγάλους και τα πράγματα δεν απέχουν πολύ απ' αυτό, ακόμη και τώρα. Χτυπάει το τηλέφωνο και λέω, «Εμπρός». Και μου λέει ο άλλος: «Ε, Μπουσκάλια, πού βρίσκεται αυτό το πράγμα που ονομάζουμε αγάπη; Ζω εντελώς μόνος σ' ένα μικρό διαμέρισμα στο Μελρόουζ και δεν έχω ούτε τον τρόπο ούτε το θάρρος να βγω έξω. Πού είναι η αγάπη;»

Γι' αυτό δε με πειράζει να πάω κάπου και να πω: «Ας μιλήσουμε για την αγάπη». Δε με νοιάζει. Κι αν νομίζετε πως είμαι τρελός, τόσο το καλύτερο, γιατί μου δίνετε μεγαλύτερα περιθώρια ελευθερίας. Άλλωστε δεχόμαστε και συγχωρούμε τους τρελούς. Θέλω όμως να μοιραστώ μαζί σας μερικά καθόλου τρελά στατιστικά στοιχεία για την αγάπη που με ανησυχούν και ελπίζω ότι ανησυχούν κι εσάς.

Ξέρετε ότι οι αυτοκτονίες στις ΗΠΑ είναι γύρω στις 26.000 το χρόνο; Για μένα, που πιστεύω ότι η μεγαλύτερη απώλεια στον κόσμο είναι η απώλεια του ανθρώπινου δυναμικού, ο αριθμός είναι τεράστιος και μου έρχεται να φωνάξω: «Ε, *για σταθείτε*! Δεν ξέρετε ότι υπάρχουν κι άλλες λύσεις»; Έχετε υπόψη σας ότι πολλοί απ' αυτούς που αυτοκτονούν είναι πάνω από τα εξήντα πέντε; Κάτι μας λεει αυτό για τον τρόπο που φερόμαστε στους γέρους, πώς αισθανόμαστε απέναντί τους. Είμαστε μια κοινωνία που απεχθάνεται ο,τιδήποτε γέρικο. Το γκρεμίζουμε. Το κλείνουμε κάπου για να μην το βλέπουμε, αντί να το φέρνουμε μπροστά συνειδητοποιώντας, ότι τα γέρικα πράγματα μπορεί να είναι όμορφα και οι άνθρωποι που έχουν χάσει την αίσθηση της ιστορίας θα χρειαστεί να την ξαναζήσουν οι ίδιοι. Μια απ' αυτές τις μέρες θα βρεθείτε *κι εσείς* σ' αυτή τη θέση κι αν δεν κάνετε κάτι τώρα, θα βρεθείτε κι εσείς κλεισμένος κι απομονωμένος κάπου. Με ανησυχεί ακόμη και το γεγονός ότι, ενώ το μεγαλύτερο ποσοστό των αυτοκτονιών το έχουν οι γέροι πάνω από τα εξήντα πέντε, τη μεγαλύτερη αύξηση την παρουσιάζουν οι έφηβοι. Παιδιά δεκατριών, δεκατεσσάρων και δεκαπέντε χρονώ, που ακόμα δεν ξέρουν τι σημαίνει ζωή και που κανείς δεν τους είπε πόσο καταπληκτική, μαγική, συναρπαστική μπορεί να είναι. Έτσι βάζουν οριστικό τέλος. Γι' αυτούς τελειώνουν όλα. Δε θα υπάρξει δεύτερη ευκαιρία!

Ξέρετε ότι ο ένας στους επτά κατοίκους των ΗΠΑ θα χρειαστεί κάποια μορφή ψυχοθεραπείας πριν να φτάσει στα σαράντα; Ένας, δυο, τρεις, τέσσερις, πέντε, έξι, επτά — εσύ: Ένας, δύο, τρεις, τέσσερις, πέντε, έξι, επτά — εσύ! Δεν είναι απαραίτητο αυτό! Δεν είναι αναπόφευκτο! Έχεις όλες τις δυνατότητες να γιατρέψεις μόνος σου τον εαυτό σου, άλλωστε τελικά αυτό θα κάνεις. Καλύτερα λοιπόν ν' αρχίσεις από τώρα.

Μην αφήνεις την αγάπη να χαθεί. Είναι ένα απίστευτο δώρο. Μου αρέσει να σκέφτομαι ότι την ημέρα που γεννήθηκες, ο κόσμος σού δόθηκε σαν δώρο. Με τρομάζει το γεγονός ότι ελάχιστοι άνθρωποι έλυσαν ακόμη και την κορδέλα! *Σκίσε το χαρτί! Άνοιξε το κουτί!* Είναι *γεμάτο* με αγάπη και μαγεία και ζωή και χαρά και θαύματα και πόνο και δάκρυα. Όλα αυτά είναι δώρα για σένα, επειδή είσαι άνθρωπος. Όχι μόνο τα χαρούμενα πράγματα — «Θέλω να είμαι πάντοτε ευτυχισμένος»— αλλά και ο πόνος και τα δάκρυα. Πολλή μαγεία, πολλά θαύματα, πολλή σύγχυση. Όμως αυτό σημαίνει ζωή. Και είναι τόσο *συναρπαστική*. Άνοιξε το κουτί και ποτέ δε θα πλήξεις.

Βλέπω ανθρώπους που λένε: «Είμαι γεμάτος αγάπη, είμαι γεμάτος αγάπη. Πιστεύω πραγματικά στην αγάπη. Την εφαρμόζω». Και ξαφνικά φωνάζουν στο γκαρσόνι: *«Πού είναι εκείνο το νερό;!»* Θα πιστέψω ότι αγαπάς, όταν σε δω στην πράξη. Όταν θα έχετε καταλάβει ότι όλοι μας διδάσκουμε την αγάπη στους άλλους σε κάθε στιγμή. Κι όταν ρωτάς τον εαυτό σου, «είμαι ο καλύτερος δάσκαλος;» και απαντάς «Ναι» — πολύ ωραία, σε πιστεύω, πρόσεξε όμως ν' ακούσεις πόσες φορές στη μέρα σου λες «Αγαπώ» και όχι «Μισώ». Δεν είναι ενδιαφέρον ότι τα παιδιά, όταν μαθαίνουν να μιλάνε, μαθαίνουν το «όχι» χρόνια ολόκληρα πριν να μάθουν τη λέξη «ναι». Ρωτήστε τους γλωσσολόγους να σας πούν πού τη μαθαίνουν. Ίσως αν άκουγαν περισσότερα «Αγαπώ, Αγαπώ, Αγαπώ», να το έλεγαν πιο νωρίς και πιο συχνά.

Το θέμα της αγάπης με απασχολεί τόσα χρόνια, που έχω κοιτάξει εκατοντάδες βιβλία ψυχολογίας και κοινωνιολογίας να δω τι λένε οι ειδικοί που θα έπρεπε να έχουν ασχοληθεί με το ζήτημα. Ξέρετε ότι δε βρισκόταν καν στα περιεχόμενα; Τόσο λίγη σημασία έχει η αγάπη για μας. Όταν έγραψα το βιβλίο μου *Η αγάπη*, είχε μεγάλη πλάκα, γιατί ο εκδότης μου μου είπε: «Κοίτα να δεις, Λέο, πρέπει ν' αλλάξουμε τον τίτλο, γιατί σίγουρα θα τον έχει χρησιμοποιήσει κάποιος ήδη». «Γιατί δεν τον στέλνεις καλύτερα, και να δούμε τι θα γίνει;», του είπα εγώ. Τον στείλαμε λοιπόν και πήραμε το «κοπιράιτ» για τον τίτλο *Η αγάπη*! Υπάρχουν βιβλία με τίτλο *Αγάπη και μίσος, Αγάπη και πόθος, Αγάπη και φόβος, Η χαρά και η δύναμη της αγάπης*, κανείς όμως ώς τότε δεν είχε σκεφτεί να τιτλοφορήσει ένα βιβλίο *Η αγάπη*. Α-Γ-Α-Π-Η. Τόσο όμορφη λέξη. Τόσο απεριόριστη. Τόσο απεριόριστη έννοια.

Ποιος είναι ο άνθρωπος που αγαπάει; Αυτός που αγαπάει τον εαυτό του. Το λέω πολύ συχνά αυτό κι ο κόσμος μού απαντάει: «Ναι, έχεις τόσο δίκιο», αλλά κανείς *δεν το κάνει!* Δε θα μπορέσεις ποτέ ν' αγαπήσεις κανέναν, αν δεν αγαπάς τον εαυτό σου. Ο Βάιζελ, αυτός ο καταπληκτικός Εβραίος συγγραφέας, έγραψε ένα θαυμάσιο βιβλίο με τίτλο *Φλογισμένες ψυχές*:

> Όταν θα πεθάνουμε και θα πάμε στον ουρανό να συναντήσουμε τον Πλάστη μας, ο Πλάστης μας δε θα μας ρωτήσει, γιατί δεν έγινες ο Μεσσίας; Γιατί δεν ανακάλυψες το φάρμακο γι' αυτή και την άλλη αρρώστια; Το μόνο πράγμα που θα μας ρωτήσει αυτή την κρίσιμη στιγμή είναι: Γιατί δε έγινες *εσύ*;

Αυτή είναι η πρωταρχική σου ευθύνη γιατί, αν δεν ήταν αυτή, τότε γιατί είσαι τόσο απίστευτα μοναδικός; Όλοι είμαστε διαφορετικοί. Όλοι έχουμε να δώσουμε κάτι που δεν το έχει κανένας άλλος στον κόσμο. Δε φτάνει αυτό για να ενθουσιαστείς με τον εαυτό σου; Και για να πεις: «Πρέπει να βρω τι είναι αυτό».

Τα λέω αυτά στους μαθητές μου και μου λένε: «Εγώ; Μα εγώ δεν έχω τίποτε χρήσιμο». Κοίτα, αν το πιστεύεις αυτό και αν ακούς τους άλλους, θα πειστείς τελικά ότι έτσι είναι. Δεν καταλαβαίνω γιατί οι άλλοι προτιμούν πάντα να μας υποβιβάζουν αντί να μας ενθαρρύνουν να γίνουμε ολοκληρωμένοι άνθρωποι, αφού η δική σου ολοκλήρωση θα μου χαρίσει ένα κόσμο που δε θα μπορούσα να τον έχω με άλλο τρόπο. Είμαι σίγουρα γραμμένος στο *Βιβλίο Γκίνες* για τα ρεκόρ μου στο αγκάλιασμα. Ξέρετε πως δεν υπάρχουν δυο άνθρωποι που να αγκαλιάζουν το ίδιο; Είναι αυτός που αγκαλιάζει χαλαρά και σχεδόν πλέει μέσα στα χέρια σου. Είναι αυτός που σε αρπάζει και σε σφίγγει. Είναι αυτός που σε χτυπάει μπαμ, μπαμ, μπαμ, στην πλάτη. Είναι ο τρυφερός που χάνεται στην αγκαλιά σου. Μη μου πείτε πως μπορεί κανείς να βρει το αγκάλιασμα ανιαρό!

Ένα όμως από τα πιο δύσκολα πράγματα που έχεις να κάνεις —θα 'πρεπε να είναι και το πιο απλό— είναι να είσαι *εσύ*, να βρεις ποιος είσαι και τι έχεις να δώσεις. Αφού το βρεις αυτό, θα πρέπει να το καλλιεργήσεις, ώστε να μπορείς να το δώσεις και στους άλλους, γιατί αυτός είναι ο μοναδικός λόγος που αξίζει να έχεις κάτι. Το καταπληκτικό με τον εαυτό είναι ότι δεν πρόκειται για κάτι συγκεκριμένο. Αυτό που θ' αφήσεις πίσω σου δεν είναι χειροπιαστό. Είναι κάτι το υπέροχα πνευματικό. Αυτό που είσαι. Κι αν το καλλιεργήσεις αυτό, θα το αφήσεις σ' όποιον αγγίξεις. Και τότε θα γίνει κάτι περισσότερο. Χρειάζεται όμως αγώνας.

Συχνά κάτω από το όνομα της αγάπης κρύβεται η πιο μεγάλη παραβίαση της προσωπικότητας, γιατί δίνουμε την αγάπη μας υπό όρους: «Θα σ' αγαπώ, αν μου φέρεις καλούς βαθμούς». «Θα σ' αγαπώ, αν είσαι όπως σε θέλω». Θα ήθελα να υπάρχει έστω και ένας άνθρωπος στον κόσμο που να λέει απλά, «Θα σ' αγαπώ».

Κανονικά αυτό θα 'πρεπε να είναι οι οικογένειες. Ο Ρόμπερτ Φροστ έχει πει: «Το σπιτικό είναι ένα μέρος όπου, όταν πας, σε δέχονται πάντα». Και ποτέ δε σου λένε: «Εγώ σου το 'χα πει. Δεν έπρεπε να φερθείς έτσι». Απλώς η μητέρα κι ο πατέρας ετοιμάζουν επιδέσμους και λένε: «Κάτσε κάτω. Θα σου δέσω τα τραύματα και μετά πήγαινε να ξαναδοκιμάσεις». Ένας άνθρωπος μόνο! Δε ζητάω πολλά. Φερθείτε έτσι σε κάποιον. Κι αν σας το προσφέρουν ποτέ, δεχτείτε το, γιατί είναι δύσκολο να πάρεις, όσο και να δώσεις. Μερικοί μάλιστα δυσκολεύονται πιο πολύ να πάρουν παρά να δώσουν.

Έτσι λοιπόν ο πιο δύσκολος αγώνας που θα χρειαστεί να παλέψεις, είναι ο αγώνας για να γίνεις *ο εαυτός σου*. Θα τον συνεχίσεις αυτό τον αγώνα σ' όλη σου τη ζωή μέσα σ' ένα κόσμο, όπου οι άλλοι αισθάνονται πιο άνετα, αν είσαι όπως σε θέλουν αυτοί. Αν όμως παραιτηθείς από τον εαυτό σου, δε θα σου μείνει τίποτε. Ενώ αν συγκεντρώσουμε όλες τις ιδιότητές μας μπορούμε να γίνουμε όλα τα πράγματα που είμαστε. Τότε μόνο μπορείς να πεις: «Είμαι. Γίνομαι εγώ. Είμαι γεμάτος αγάπη, γιατί σας δίνω όλα όσα είμαι χωρίς προπέτασμα καπνού. Σας δίνω τον εαυτό μου ελεύθερα». Τι ωραίο πράγμα! Μην το στερηθείς. Μη στερηθείς τον *εαυτό σου*. Βρες τον, συνάντησέ τον. Χαιρέτησέ τον και πες του: «Γεια σου! Πού κρυβόσουνα όλα αυτά τα χρόνια; Τώρα που βρεθήκαμε, θα συνεχίσουμε μαζί». Τότε θα δεις ότι ο εαυτός σου δεν έχει τέλος. Το δυναμικό σου είναι απεριόριστο. Κανείς δεν μπόρεσε να βρει ποια είναι τα όρια του ανθρώπινου δυναμικού. Θα μάθεις ν' αγγίζεις, όπως δεν έχεις αγγίξει ποτέ. Να κοιτάζεις, όπως δεν κοίταξες ποτέ. Να ακούς, όπως δεν άκουσες ποτέ. Να νιώθεις, όπως δεν ένιωσες ποτέ! Να «είσαι» ο εαυτός σου, όπως δεν ήσουν ποτέ. Κι όταν τα κάνεις όλα αυτά, θα διαπιστώσεις ότι τίποτε δεν τέλειωσε. Έχεις όλο και πιο πολλά να καλλιεργήσεις και να δώσεις. Τι υπέροχο πράγμα! Κι έτσι, όταν φτάσεις στην πύλη και σε ρωτήσουν: «Ήσουνα ο εαυτός σου; Έγινες ο εαυτός σου;», θα μπορείς να πεις: «Ναι».

Ήμουνα στο αεροπλάνο πρόσφατα. Ταξιδεύω πολύ και μ' αρέσουν τα αεροδρόμια. Μερικοί δεν τα αντέχουν καθόλου. Εγώ δεν αντέχω τη διαδρομή ώς το αεροδρόμιο, αλλά το αεροδρόμιο μου αρέσει, γιατί μαθαίνω απίστευτα πράγματα για τους ανθρώπους. Μάθε να κοιτάς τον κόσμο! Δε θα βαρεθείς ποτέ. Μην παρακολουθείς συνέχεια τον πίνακα των αναχωρήσεων. Κοίτα τι γίνεται μέσα στο χώρο, τη δυναμική της ζωής σε δράση.

Όταν μπήκα στο αεροπλάνο κάθησα δίπλα σ' ένα νεαρό παιδί που έμοιαζε να έχει τα πάντα. Πήγαινε σ' ένα Πανεπιστήμιο στο Κολοράντο. Αρχίσαμε να μιλάμε. Στις δύο λέξεις του η μία ήταν «εγώ». «Δεν τα γουστάρω αυτά» και «τα σχολεία είναι για τους ανόητους» και «Οι καθηγητές είναι πουλημένοι» και «Ο κόσμος είναι φριχτός» και «Η Αμερική...». Τελικά, σαν τέλειος μη-παρεμβατικός συμβουλευτής που είμαι, του είπα: «Σκάσε επιτέλους! Έχεις πάρει είδηση πόσες φορές στα τελευταία 500 μίλια έχεις πει «εγώ»; Το «εμείς» δεν το έχεις ακούσει ποτέ;». Ακολούθησε μια μακρυά σιωπή και μετά ρώτησε: «Ποιος είσαι»;

Στο άλλο άκρο βρίσκεται η περσινή μου εμπειρία στο αεροδρόμιο Ο' Χέαρ, όπου αποκλειστήκαμε από το χιόνι, εννοώ ότι κυριολεκτικά αποκλειστήκαμε επί δυο μέρες και δυο νύχτες. Ήμουνα κι εγώ εκεί. Και θα σας πω κάτι. Το αεροπλάνο μας ήταν το τελευταίο που του δόθηκε άδεια προσγείωσης. Μετά μας ανάγγειλαν ότι όχι μόνο δεν υπήρχαν άλλες πτήσεις, αλλά ότι δεν μπορούσαμε καν να φύγουμε από το αεροδρόμιο εξαιτίας της χιονοθύελλας. Ήμαστε αποκλεισμένοι. Μας είπαν όμως ότι το φαγητό ήταν δωρεάν και τα μπαρ ανοιχτά. Σκέτος παράδεισος δηλαδή! Κι όμως υπήρχαν άνθρωποι που ουρλιάζανε στις συνοδούς: «Βγάλε με αμέσως απ' αυτό το αεροδρόμιο! Θέλω οπωσδήποτε να γυρίσω στο Σινσινάτι». Και καταλάβαινες από τα πρόσωπα των συνοδών ότι έλεγαν: «Να δεις εγώ πόσο θέλω να σε ξεφορτωθώ».

Σε αντίθεση με όλους αυτούς που ουρλιάζανε κι απαιτούσαν να τους βγάλουν αμέσως από το αεροδρόμιο, ήταν μια καταπληκτική γυναίκα που βρήκε όλες τις μητέρες με παιδιά που ταξίδευαν και τους είπε: «Αφήστε μου τα παιδιά σας. Πάντα ήθελα να γίνω νηπιαγωγός και τώρα θα στήσω ένα νηπιαγωγείο. Θα πω στα παιδιά μια ιστορία και στο μεταξύ εσείς θα πάτε να πιείτε ένα ποτό και να φάτε κάτι».

Θα 'πρεπε να την βλέπατε αυτή τη γυναίκα στο αεροδρόμιο μ' όλα τα παιδιά μαζεμένα γύρω της να τους λέει ιστορίες. Ήταν για όλους η ίδια κατάσταση, η ίδια χιονοθύελλα. Ποια ήταν η διαφορά ανάμεσα στον τύπο που ούρλιαζε και τη γυναίκα που έστησε το αυτοσχέδιο νηπιαγωγείο; Μια επιλογή, αυτό ήταν όλο. Μια απίστευτη, θαυμάσια, μαγική, προσωπική επιλογή. Σε αναγνωρίζω. Και θέλω να σε βοηθήσω, γιατί αυτό μου δίνει χαρά. Όχι μόνο αυτό. Ξέρετε, πολλές φορές μπορείς να κάνεις πολύ κακό όταν συνεχώς δίνεις. Μερικοί το ξέρετε πολύ καλά. Πολλές φορές το καλύτερο δώρο είναι να κρατηθείς και να μη δώσεις. Εδώ όμως ήταν τόσο όμορφο! Να δίνεις. Να μοιράζεσαι. Γιατί έχεις. Και μπορείς να πάρεις την απόφαση και να πεις: από δω και μπρος θα δίνω ό,τι έχω να δώσω και θα κάνω τη ζωή πιο εύκολη για *σένα*.

Είμαι από τους λίγους τυχερούς που μπόρεσαν να δουν τον Δαλάι Λάμα του Θιβέτ, όταν εμφανίστηκε, και εύχομαι να είχατε όλοι αυτή την εμπειρία. Είδα τι σημαίνει πίστη! Ανέβηκε στη σκηνή και κοίταξε ένα γύρο την Αίθουσα του Βωμού, που ήταν γεμάτη κόσμο, και νιώσαμε όλοι να λειώνουμε μέσα στη ζεστασιά του. Κι όμως, αν υπάρχει ένας άνθρωπος που έχει δικαίωμα να κρατάει κακία, αν υπάρχει τέτοιο πράγμα σαν το δικαίωμα στην κακία, ήταν αυτός. Ξέρετε τι είπε; Είπε: «Το μεγαλύτερο καθήκον μας, το πρωταρχικό καθήκον μας, είναι να βοηθάμε τους άλλους». Μετά χαμογέλασε λίγο και πρόσθεσε: «Και θέλω να σας παρακαλέσω, αν δεν μπορείτε να τους βοηθήσετε, μπορείτε τουλάχιστον να μην τους πληγώνετε;»

Ξέρετε λοιπόν, αν ο καθένας μας απόψε έλεγε μέσα του, τι να γίνει, δεν έχω την ικανότητα να βγω έξω και να βοηθήσω τον κόσμο. Δεν μπορώ. Υπόσχομαι όμως πως δε θα πληγώσω ποτέ κανέναν, όχι με τη θέλησή μου τουλάχιστον. *Σκεφτόσαστε τι θαυμαστός τόπος θα γινόταν ο κόσμος!* Κάθε φορά που σας έρχεται να πείτε κάτι κακό, δαγκώστε τη γλωσσα σας! Σε λίγο θα σας γίνει συνήθεια να δαγκώνετε νοητικά τη γλώσσα σας. Και μετά δε θα χρειάζεται ούτε αυτό. Να, τι κερδίζει κανείς όταν είναι θετικός —

γιατί η θετικότητα γεννάει θετικότητα. Το έχουμε ακούσει πολλές φορές και γελάμε: ότι όλος ο κόσμος αγαπάει τους ευχάριστους ανθρώπους. Νομίζουμε πως είναι τρελοί, αλλά μας αρέσει να τους έχουμε γύρω μας. Γι' αυτό είναι θαυμάσιο να απλώνεις το χέρι σου, γιατί, όταν απλώνεις το χέρι σου και δείχνεις την αγάπη σου, παίρνεις ένα θετικό αντικαθρέφτισμα του εαυτού σου. Είναι και ο μοναδικός, πραγματικός τρόπος που έχουμε να δούμε τον εαυτό μας και να αναπτυχθούμε.

Όταν γινόμαστε δυο και μετά τρεις και τέσσερις, καταλαβαίνετε πόσο πολλοί γινόμαστε. Όταν σε βάλω μέσα στη ζωή μου, έχω τέσσερα χέρια αντί για δύο. Δύο κεφάλια. Τέσσερα πόδια. Δύο δυνατότητες χαράς. Και δύο πιθανότητες δακρύων βέβαια, αλλά θα είμαι κοντά σου όταν θα κλαις κι εσύ θα είσαι κοντά μου όταν θα κλαίω, γιατί κανείς ποτέ δε θα πρέπει να κλαίει μόνος του.

Και κανείς δε θα 'πρεπε να πεθαίνει μόνος του. Ξέρετε ότι στο Λος Άντζελες υπάρχει μια υπηρεσία, όπου μπορείς για 7,50 δολάρια την ώρα να νοικιάσεις κάποιον να καθήσει κοντά σου όσο πεθαίνεις, για να μην πεθάνεις μόνος σου; Ανατριχιάζει κανείς και που το ακούει! Αν έχεις φτάσει κοντά στο θάνατο και δεν έχεις ούτε *έναν* άνθρωπο να καθήσει δίπλα και να σου κρατάει το χέρι, τότε αναθεώρησε τη ζωή σου. Κανείς δε θα 'πρεπε να πεθαίνει μόνος. Και αν θέλεις να μπάσεις τους άλλους μέσα στη ζωή σου, πρέπει ν' απλώσεις το χέρι σου, πρέπει να ρισκάρεις. Μάθε ξανά να εμπιστεύεσαι!

Μ' αρέσει πολύ το ανέκδοτο με τον τύπο που ανεβαίνει με το αυτοκίνητό του ένα πολύ στενό και ανηφορικό δρόμο στο βουνό και φτάνει σ' ένα μέρος με μια πολύ-πολύ απότομη στροφή. Είναι έτοιμος να στρίψει, όταν βλέπει να έρχεται ένα αυτοκίνητο από τη στροφή. Το οδηγεί μια γυναίκα που βγάζει το κεφάλι της από το παράθυρο και του φωνάζει: «Γουρούνι!» «Τι στο...», κάνει εκείνος και της φωνάζει όσο πιο δυνατά μπορεί: «Κι εσύ είσαι σκρόφα!» Και μετά παίρνει τη στροφή και πέφτει πάνω σ' ένα γουρούνι!

Δεν πιστεύουμε πια στις καλές προθέσεις των ανθρώπων! Δοκιμάστε να μπείτε σ' έναν αυτοκινητόδρομο του Λος Άντζελες κάποια μέρα. Κάθομαι μέσα στο αυτοκίνητό μου και βλέπω όλο αυτόν τον κόσμο με τα σκληρά πρόσωπα: *«Πέθανε, Μπουσκάλια! Βρρ! Βρρ! Βρρ!»* Και μου φαίνεται τόσο αστείο, γιατί όταν κόβω ταχύτητα για ν' αφήσω κάποιον να περάσει από τη ράμπα στον αυτοκινητόδρομο, πράγμα που το κάνω συχνά γιατί ποτέ δε βιάζομαι τόσο πολύ, και λέω, «Έλα, πέρνα», το φανταζόσαστε ότι δε με πιστεύουν; Κοντεύουν να με διαλύσουν, επειδή λένε μέσα τους: «Εγώ, εγώ!;» «Μέσα! Μέσα! Μέσα! Ναι!» Και μ' αυτό το λίγο φτιάχνει η μέρα τους. Κάποιος τους άφησε να περάσουν στον αυτοκινητόδρομο.

Στην πραγματικότητα όμως γινόμαστε άνθρωποι μόνο όταν απλώνουμε το χέρι και διακινδυνεύουμε να εμπιστευτούμε τους άλλους και να τους μπάσουμε μέσα στη ζωή μας. Την ιστορία αυτή την έχω ξαναπεί, την έχω ξαναγράψει. Είναι όμως τόσο σπουδαία ιστορία, που μ' αρέσει να την ξαναλέω. Στην τάξη μου υπάρχουν μερικά πράγματα που τα λέω προαιρετικά, υποχρεωτικά. Πολλοί τα ξέρετε. Ένα πολύ προαιρετικό, υποχρεωτικό πράγμα είναι να κάνει ο καθένας κάτι για κάποιον άλλο. Μερικές φορές με ρωτάνε: «Τι εννοείς να κάνω κάτι για κάποιον; Τι να κάνω;». Όταν το ακούω αυτό, με πιάνει κάτι σαν αποπληξία. Συγκρατούμαι και λέω απλώς: «Τι να κάνεις!»

Ένας τέτοιος νεαρός ήρθε κάποτε να με δει. Τον έλεγαν Τζόελ. Και έχει γίνει διάσημος πια, γιατί λέω την ιστορία του παντού. Του αρέσει, μου έχει δώσει την άδειά του να την λέω. Ήρθε λοιπόν τότε να με βρει και με ρώτησε: «Τι μπορώ να κάνω;». «Έλα εδώ, Τζόελ», του είπα. Λίγο μακρύτερα από το Πανεπιστήμιο ήταν ένας οίκος ευγηρίας. Τον πήγα εκεί. Όλοι θα 'πρεπε να πάτε μια φορά να δείτε — αν θέλετε να ξέρετε το μέλλον σας, πηγαίνετε σ' έναν οίκο ευγηρίας. Τον έμπασα μέσα και είδαμε ένα σωρό ηλικιωμένους ανθρώπους, ξαπλωμένους στα κρεβάτια με παλιές βαμβακερές ρόμπες, να κοιτάζουν το ταβάνι. Η γεροντική άνοια δεν έρχεται με τα χρόνια. Έρχεται γιατί δε μας αγαπάει κανείς και δε νιώθουμε χρήσιμοι. Όσον καιρό είσαι χρήσιμος δεν είσαι *γέρος*. Μην εξαρτάσαι από τους άλλους. Κάνε το μόνος σου. Κράτα την ενεργητικότητά σου. *Βρες* πράγματα να κάνεις! Θα βρεις πολλά και ουσιαστικά. Κι όταν φτάσεις στα 170, θα με θυμηθείς και θα πεις: «Είχε δίκιο ο Μπουσκάλια».

Μπήκαμε λοιπόν μέσα κι ο Τζόελ κοίταξε γύρω του και είπε: «Τι θέλεις να κάνω εδώ μέσα; Έχω μεσάνυχτα από γεροντολογία». «Δεν πειράζει», του είπα εγώ. «Τη βλέπεις αυτή την κυρία εκεί κάτω; Θα πας και θα της πεις καλημέρα».

«Αυτό μόνο;»

«Αυτό».

Ούτε ο Θεός να την είχε στείλει. Ο Τζόελ την πλησίασε και της είπε: «Ε, καλημέρα». Εκείνη τον κοίταξε καχύποπτα για ένα λεπτό και τον ρώτησε: «Είσαι συγγενής;» «Όχι, δεν είμαι», είπε ο Τζόελ. «Πολύ καλά!», είπε η γριά κυρία. «Τους σιχαίνομαι τους συγγενείς μου. Κάθησε, παιδί μου».

Ο Τζόελ κάθησε κι άρχισαν να μιλούν. Δε φανταζόσαστε τι πράγματα του είπε! Όπως σας έλεγα και πιο πριν, όποιος αγνοεί την ιστορία είναι καταδικασμένος να κάνει ξανά και ξανά τα ίδια πράγματα. Αυτή η γυναίκα ήξερε τόσα, υπέροχα πράγματα για τη ζωή, την αγάπη, τον πόνο. Ακόμα και για το θάνατο που πλησίαζε και με τον οποίο είχε συμφιλιωθεί. Κανείς όμως δεν ήθελε να την ακούσει! Ο Τζόελ άρχισε να πηγαίνει να την βλέπει μια φορά την εβδομάδα κι η μέρα αυτή γρήγορα χαρακτηρίστηκε «Μέρα του Τζόελ». Έμπαινε μέσα και μαζεύονταν γύρω του όλοι οι γέροι.

Ξέρετε τι έκανε αυτή η υπέροχη γυναίκα; Ζήτησε από την κόρη της να της φέρει ένα ωραίο φόρεμα. Και μια μέρα περίμενε τον Τζόελ καθισμένη στο κρεβάτι της, φορώντας αυτό το ωραίο σατινένιο φόρεμα με το χαμηλό ντεκολτέ. Είχε φορμάρει και τα μαλλιά της, ένα πράγμα που είχε χρόνια να το κάνει. Γιατί να φτιάξεις τα μαλλιά σου, αφού δε θα σε δει κανείς; Οι άνθρωποι στο γηροκομείο δε σε βλέπουν. Σε εξυπηρετούν. Δε θέλω εξυπηρετήσεις. Δε θέλω χάρες. Καλύτερα να με κοιτάξεις και να μου πεις, «Τι κάνεις, Μπουσκάλια», παρά να με εξυπηρετήσεις.

Υπάροχα πράγματα άρχισαν να γίνονται στη Μέρα του Τζόελ. Και ίσως η πιο θριαμβευτική στιγμή σ' όλη την εκπαιδευτική μου καριέρα ήταν μια μέρα όταν, εντελώς απροειδοποίητα, εκεί που περπατούσα στο πανεπιστημιακό πάρκο, είδα τον Τζόελ σαν το Μαγικό Φλογεροπαίχτη να προχωρεί μαζί με τριάντα γεροντάκια και να πηγαίνουν όλοι μαζί σ' ένα ποδοσφαιρικό ματς!

Τι μπορείς να κάνεις; Ρίξε μια ματιά γύρω σου. Τι μπορείς να κάνεις; Δίπλα σου βρίσκεται ένας μοναχικός άνθρωπος που έχει ανάγκη την παρέα σου. Δίπλα σου βρίσκεται μια ταλαιπωρημένη πωλήτρια που έχει ανάγκη να της πεις μπράβο. Τι μπορείς να κάνεις; Άπειρα πράγματα. Αυτά τα μικρά πράγματα έχουν σημασία. Μικρά πράγματα το ένα δίπλα στο άλλο.

Θα σας διαβάσω κάτι που έγραψε η Ελίζαμπεθ Κύμπλερ-Ρος στο τελευταίο της βιβλίο με τίτλο *Ο θάνατος: το τελικό στάδιο της ανάπτυξης*. Λέει μέσα:

> Το σημαντικό είναι να συνειδητοποιήσουμε ότι, ανεξάρτητα από το αν καταλαβαίνουμε καλά ποιοι είμαστε ή τι θα συμβεί όταν θα πεθάνουμε, ο σκοπός μας είναι να εξελιχθούμε σαν ανθρώπινα άτομα, να κοιτάξουμε μέσα μας, να αντλήσουμε και να ωφεληθούμε απ' αυτή την πηγή γαλήνης, κατανόησης και δύναμης που αποτελεί ο ατομικός εαυτός μας. Και *μετά* (η υπογράμμιση είναι δική μου) να αγγίξουμε τους άλλους με αγάπη και αποδοχή και υπομονετική καθοδήγηση, με την ελπίδα ότι θα ολοκληρωθούμε μαζί.

Είναι κάτι που δεν μπορώ να το κάνω μόνος μου. Χρειάζονται δύο για να δουν τον ένα. Τέσσερις τον βλέπουν ακόμη καλύτερα. Κι όλοι μαζί μέσα σ' αυτό το ακροατήριο βλέπουν ακόμη πιο καθαρά. Αν βάζαμε πραγματικά όλες τις δυνάμεις της αγάπης μας να δουλέψουν, θα μπορούσαμε να υψώσουμε το Σακραμέντο στον αέρα. Θα ήταν η πρώτη πόλη στον κόσμο που θα 'μπαινε σε δορυφορική τροχιά, χωρίς να χρησιμοποιηθεί τίποτε άλλο πέρα από το ανθρώπινο δυναμικό!

Πάλι άρχισε τις τρέλες του αυτός ο Μπουσκάλια! Το πιστεύω στ' αλήθεια! Ένα άλλο πράγμα που χρειάζεται να κάνουμε για να πλησιάσουμε πιο πολύ στην αγάπη, είναι ν' απελευθερωθούμε από τις λέξεις. Από την τυραννία των λέξεων. Οι λέξεις είναι παγίδες. Μάθατε τις λέξεις και πιαστήκατε στην παγίδα τους πριν ακόμα φτάσετε σε ηλικία να μπορείτε να γράψετε το δικό σας λεξικό. Έτσι, σας είπαν οι άλλοι ποιον ν' αγαπάτε και ποιον να μισείτε, τι είναι σημαντικό και γιατί, όλες τις λέξεις. Κι εσείς το πιστέψατε. Κι ακόμα αυτό κάνετε.

Ξέρετε, η λέξη είναι ικανή να γεννήσει ένα σωρό πράγματα μέσα μας. Νομίζετε πως είναι απλώς μια διανοητική άσκηση; Κάθε άλλο! Κάθε φορά που *ακούμε* μια λέξη, ακούμε έναν ορισμό του λεξικού, ταυτόχρονα όμως *νιώθουμε* κάτι μέσα μας. Για σκεφτείτε το λίγο. *Κομμουνιστής. Καθολικός. Εβραίος*. Βλέπετε; *Μαύρος. Ισπανόφωνος*. Τα συναισθήματα που γεννάει μέσα μας η λέξη βρίσκονται πάντα εκεί, δεμένα με κάτι που μάθαμε εδώ και πολλά *χρόνια* και ποτέ δεν *ανατοποθετήσαμε*. Έτσι, συχνά οι λέξεις είναι γεμάτες μίσος και προκατάληψη και καταστροφή, γιατί ποτέ δεν καθήσαμε να βρούμε νέους ορισμούς.

Αυτά τα πράγματα αναγκάστηκα να τα μάθω πολύ νωρίς, γιατί οι γονείς μου ήταν Ιταλοί μετανάστες. Όταν ήρθαν στη χώρα αυτή, δεν είχαν απολύτως *τίποτε*! Εγκαταστάθηκαν στο Λος Άντζελες και μεγάλωσαν την οικογένειά τους. Για πολύ μεγάλο διάστημα δεν ξέραμε καν ούτε πώς τρώγαμε. Δούλευαν μέρα νύχτα και οι δυο. Καταπληκτικό πράγμα. Μας έμαθαν την εργασία, μας έμαθαν την υπευθυνότητα. Ποτέ δεν τεμπελιάζαμε. Όλοι είχαμε κάτι να κάνουμε. Ήμαστε πραγματικό μέρος της οικογένειας.

Όμως δεν ξέρουμε Αγγλικά. Στη γειτονιά μάς φωνάζανε «μακαρονάδες» και βρίσκανε πως η παρουσία μας έκανε να πέφτουν τα νοίκια. Όταν πήγα στο σχολείο, μόλις που μιλούσα αγγλικά, τα ιταλικά μου όμως ήταν τέλεια. Ήξερα απέξω επτά όπερες. Όταν πήγα σχολείο όμως, τα παιδιά με φώναζαν «ντάγκο» και «γουόπ». Θυμάμαι μια φορά που γύρισα στο σπίτι και ρώτησα τον πατέρα μου: «Μπαμπά, τι σημαίνει γουόπ; τι σημαίνει ντάγκο;». «Μη σε νοιάζει, Φελίτσε, μη σε νοιάζει. Δε σημαίνει τίποτε. Οι λέξεις δεν μπορούν να σε βλάψουν». Κι όμως μπορούν και το έκαναν. Με πλήγωσαν, γιατί σήμαιναν πως οι άλλοι δε με ήθελαν. Και ξέρετε τι άλλο έκαναν οι λέξεις; Οι πολύξεροι εκπαιδευτές με πέρασαν από ειδικά τεστ. Και αποφάσισαν ότι, επειδή δεν μπορούσα να μιλήσω αγγλικά, ήμουνα διανοητικά καθυστερημένος. Άλλη μια ωραία ετικέτα! Έτσι μ' έβαλαν σε μια τάξη με διανοητικά καθυστερημένα παιδιά — και πήρα την καλύτερη μόρφωση της ζωής μου! Πολύ λίγους δασκάλους θυμάμαι, *αυτή* όμως τη δασκάλα δε θα την ξεχάσω ποτέ. Ήταν μια Βίκιγκ τεραστίων διαστάσεων. Ξέρετε, 230 εκ. — 90 εκ. — 250 εκ. Αυτή να σας μάθει τι σημαίνει αγάπη! Δεν έδινε δεκάρα αν ήμουνα μακαρονάς ή ο,τιδήποτε άλλο. Ερχόταν κι έσκυβε πάνω μου, Θυμάμαι πώς χανόμουνα μέσα στην αγκαλιά της. Απίστευτα ζεστή. Με αγκάλιαζε, με κράταγε, με κοίταζε κι εγώ δούλευα σαν τρελός για χάρη της. Έγραφα τόσο πολλά πράγματα, που τελικά αποφάσισαν ότι είχαν κάνει σοβαρό λάθος και με ξανατοποθέτησαν μέσα στη φοβερή ανία που ονομάζεται «κανονική» εκπαίδευση.

Το πιο θλιβερό όμως ήταν ότι οι γείτονες δεν έρχονταν ποτέ να μας επισκεφτούν. Ο πατέρας κι η μητέρα μου κατάγονταν από ένα όμορφο χωριουδάκι στους πρόποδες των ιταλοελβετικών Άλπεων, όπου όλοι γνωρίζονταν μεταξύ τους κι αγαπιόντουσαν, κι αν αρρώσταινε ο Φελίτσε, έφτιαχναν κοτόσουπα και πήγαιναν στην εκκλησία να ανάψουν κεριά και να προσευχηθούν, κι όταν ο Φελίτσε γινόταν καλά, γιόρταζαν όλοι μαζί. Δεν υπήρχαν υπαρξιακά προβλήματα, κανείς δεν αμφέβαλλε αν «υπάρχει». Εδώ δεν ξέρουμε καν ποιοι είναι οι γείτονές μας και δε δίνουμε δεκάρα! Οι φίλοι μας κατοικούν στην άλλη άκρη της πόλης, τριάντα μίλια μακριά. Δεν χαιρετιόμαστε καν με τους διπλανούς μας. Αλλόκοτοι τρόποι.

Κι όμως, ξέρετε, αυτοί οι άνθρωποι έχασαν πολλά με τους χαρακτηρισμούς που έδιναν σε μένα και στην οικογένειά μου. Δεν έμαθαν ποτέ πως η μητέρα ήταν μια σπουδαία μάγισσα. Είχε ένα γιατρικό για τα πάντα. Το σκόρδο! Ξέρετε τι έκανε; Πρωί-πρωί, πριν να πάμε στο σχολείο, μας έστηνε στην γραμμή, έβαζε το σκόρδο σ' ένα μαντίλι και μας το έδενε γύρω στο λαιμό. Εγώ διαμαρτυρόμουνα: «Μην το κάνεις αυτό, μαμά. Βρωμάει!» Κι εκείνη απαντούσε: «Σκασμός!» Ήταν ο πρώτος μη-παρεμβατικός συμβουλευτής. Πέρασα όλο το σχολείο με το σκόρδο και δεν αρρώστησα ποτέ.

Μου έδωσαν κι ένα ειδικό βραβείο για «αδιάλειπτη παρακολούθηση». Φυσικά έχω την προσωπική μου θεωρία γι' αυτό το θαύμα: κανείς δε με πλησίαζε, ώστε να με κολλήσει κάποια αρρώστια! Τώρα τα έχω ξεπεράσει αυτά τα μαγικά. Δε φοράω το σκόρδο, αλλά κολλάω γρίππη, ελονοσία, *τα πάντα!* Η μητέρα μου έφτιαχνε ένα πράγμα που λέγεται *πολέντα*, όταν κρυολογούσαμε. Το έβραζε, το άπλωνε πάνω σ' ένα πανί, το άλειβε με λίγο λάδι και μας το' βαζε πάνω στο στήθος. Όλα αυτά γιατί μας αγαπούσε. Τραγουδούσε συνεχώς. Της άρεσε η όπερα. Τη μια μέρα βρισκόμαστε στην «Κάρμεν», την άλλη στην «Τραβιάτα». Α, όλη αυτή η μαγική μουσική, η χαρά, το γέλιο, το φαγητό! Ήμαστε τόσο πολλοί, που βάζαμε σανίδες πάνω σε σκαμνιά για να καθήσουν όλοι γύρω από τα τραπέζια.

Όσο για τον πατέρα, αυτός είχε μια εντελώς δική του τεχνική επιμόρφωση. Υπέροχη. Δεν άφηνε κανένα να σηκωθεί από το τραπέζι πριν να του πει τι *καινούργιο* είχε μάθει αυτή τη συγκεκριμένη μέρα. Για μας ήταν κάτι *φριχτό*. Όταν οι αδελφές μου κι εγώ πλέναμε τα χέρια μας στο μπάνιο, τις ρωτούσα: «Τι μάθατε;», «τίποτε!», έλεγαν οι αδελφές μου κι εγώ έλεγα: «Πρέπει οπωσδήποτε να μάθουμε κάτι». Μετά καθόμαστε στο τραπέζι και τρώγαμε αυτά τα υπέροχα φαγητά που η μυρωδιά τους έκανε τους γείτονες να λιγοθυμάνε! Μετά ο πατέρας ακουμπούσε πίσω στην καρέκλα του κι έβαζε κρασί στο ποτήρι του. Έστριβε το μικρό του μουστάκι φτιάχνοντας μια πολύ όμορφη μπούκλα και ρωτούσε: «Φελίτσε, τι έμαθες σήμερα;». Είχαμε απομνημονεύσει κάτι από την εγκυκλοπαίδεια και λέγαμε: «Ο πληθυσμός του Νεπάλ είναι τρία εκατομμύρια τετρακόσιες...». Τότε εκείνος έλεγε: «Α, μπα;» κι εγώ σκεφτόμουνα μέσα μου τι παλαβός που ήταν! Ρώταγα μετά και τους φίλους μου: «σας ζητάει ο πατέρας σας να μαθαίνει κάτι καινούργιο;» «Τον πατέρα μου ούτε που τον βλέπω!», έλεγαν αυτοί. Μετά ο πατέρας κοίταζε το τραπέζι και ρώταγε: «Το ήξερες αυτό, Ρόζα;» Κι εκείνη απαντούσε: «Να σου πω την αλήθεια, ούτε πού είναι το Νεπάλ δεν ξέρω». Κατεβάζαμε λοιπόν την εγκυκλοπαίδεια. Βρίσκαμε πού είναι το Νεπάλ και διασκεδάζαμε πάρα πολύ. Έτσι όλοι μας είχαμε πάντα κάτι να μοιραστούμε. Ακόμη και σήμερα, όταν ο Φελίτσε έχει δουλέψει εκατό ώρες το εικοσιτετράωρο και πέφτει ψόφιος στο κρεβάτι του, ακούει τη φωνή του πατέρα καθώς ακουμπάει το κεφάλι του στο μαξιλάρι: «Τι έμαθες σήμερα, Φελίτσε»; Κι αν δεν έχει τίποτε ν' απαντήσει ο Φελίτσε, η φωνή τού ξαναλέει: «Την εγκυκλοπαίδεια». Τότε μαθαίνω κάτι και μετά κοιμάμαι.

Η ζωή δεν είναι ένα ταξίδι. Δεν είναι ένας σκοπός. Είναι μια διαδικασία. Την περνάς βήμα το βήμα. Κι αν το κάθε βήμα είναι υπέροχο, αν το κάθε βήμα είναι μαγικό, έτσι θα είναι και η ζωή. Τότε δε θα είσαστε ποτέ από εκείνους τους ανθρώπους που έφτασαν στο σημείο του θανάτου χωρίς να έχουν ζήσει τίποτε. Γιατί δε θα έχετε χάσει τίποτε. Μην κοιτάτε πάνω από τον ώμο του άλλου. Κοιτάξτε τον στα μάτια. Μη βγάζετε λόγο στα παιδιά σας. Πάρτε το πρόσωπό τους στα χέρια σας και μιλήστε τους. Μην κάνετε έρωτα σ' ένα κορμί, αλλά σ' έναν άνθρωπο. Κάντε το τώρα. Γιατί η στιγμή αυτή δε θα κρατήσει αιώνια. Χάνεται κιόλας και δε θα ξαναγυρίσει ποτέ. Οι περισσότεροι από μας χάνουμε τον καιρό μας κλαίγοντας για τις χαμένες στιγμές. Πολύ αργά! Υπάρχουν όμως εκατομμύρια άλλες που θα έρθουν.

Ένας από τους συναδέλφους μου έπαθε μια σοβαρή καρδιακή προσβολή. Ήταν γύρω στα 52. Η γυναίκα του τηλεφώνησε στην κόρη της, που ζούσε στην Αριζόνα, να γυρίσει αμέσως. Η κόρη ήταν 22 χρόνων. Νοίκιασε ένα αυτοκίνητο στο Διεθνές Αεροδρόμιο του Λος Άντζελες κι έχασε τη ζωή της τρακάροντας στον αυτοκινητόδρομο. Ήταν 22 χρόνων και πέθανε! Ο συνάδελφός μου συνήλθε από το καρδιακό επεισόδιο. Κανείς δεν ξέρει ποτέ. Είναι ένα μεγάλο, υπέροχο μυστήριο και το μόνο που ξέρουμε, το μόνο σίγουρο, είναι αυτό που βρίσκεται τώρα εδώ. Μην το χάσεις. Αγάπη σημαίνει ανάλωση.

Θα 'θελα να τελειώσω με κάτι που ακόμη το δουλεύω και που το ονομάζω «Μια αρχή»:

> Κάθε μέρα υπόσχομαι στον εαυτό μου να μην προσπαθήσω να λύσω όλα μαζί τα προβλήματά μου. Αυτό δεν το περιμένω ούτε από σένα.

Ηρέμησε, ίσως δεν μπορείς να μάθεις να αγαπάς τέλεια από αύριο. Την άλλη εβδομάδα όμως...

> Την κάθε μέρα θα προσπαθώ να μάθεις κάτι καινούργιο για σένα και για μένα και για τον κόσμο όπου ζω, ώστε να συνεχίσω να νιώθω τα πράγματα σαν μόλις τώρα να γεννήθηκαν.

Ποτέ δεν είσαι ίδιος. Μετά από τη σημερινή νύχτα είσαι διαφορετικός. Κι όταν φεύγοντας από δω θα περπατήσεις ανάμεσα σ' αυτά τα φύλλα, θα είσαι διαφορετικός. Κι αύριο το πρωί μετά το πρωινό θα είσαι διαφορετικός. Ακόμα κι αν αυτό σημαίνει απλώς ότι θα είσαι λίγο παχύτερος.

> Κάθε μέρα θα θυμάμαι να μεταδίδω στους άλλους τόσο τη χαρά μου όσο και την απόγνωσή μου, για να γνωριστούμε καλύτερα. Κάθε μέρα θα θυμίζω στον εαυτό μου να σε ακούει πραγματικά και να προσπαθεί να καταλάβει την άποψή σου και να αναζητεί το λιγότερο απειλητικό τρόπο να σου πει τη δική του, έχοντας στο μυαλό μου, ότι κι οι δυο μας εξελισσόμαστε και αλλάζουμε με χίλιους διαφορετικούς τρόπους. Κάθε μέρα θα θυμίζω στον εαυτό μου ότι είμαι άνθρωπος και δε θα ζητάω την τελειότητα από σένα, όσο εγώ δεν είμαι τέλειος.

(Άρα δεν κινδυνεύεις.)

> Κάθε μέρα θα προσπαθώ να μη χάνω από τα μάτια μου τα όμορφα πράγματα του κόσμου μας.

Το ξέρω ότι υπάρχει ασχήμια. Υπάρχει όμως και ομορφιά. Κι όποιος σας πει το αντίθετο, λέει ψέματα. Θα κοιτάζω τα λουλούδια. Θα κοιτάζω τα πουλιά. Θα κοιτάζω τα παιδιά. Θα νιώθω το δροσερό αεράκι. Θα τρώω ωραίο φαγητό και θα το απολαμβάνω. Θα μοιράζομαι όλα αυτά τα πράγματα μαζί σας. Ένα από τα πιο συμπαθητικά πράγματα είναι να πεις σε κάποιον: «Κοίτα το ηλιοβασίλεμα».

> Κάθε μέρα θα θυμίζω στον εαυτό μου να απλώνει το χέρι και να σε αγγίζει απαλά. Γιατί δε θέλω να χάσω την ευκαιρία να σε αγγίξω. Κάθε μέρα θα δίνω στον εαυτό μου την ευκαιρία της αγάπης, ό,τι κι αν συμβεί.

Ξέρετε, πιστεύω πως, αν σας ζητούσαν να δώσετε τον ορισμό της αγάπης, η μοναδική λέξη που θα μπορούσε πραγματικά να την περιλάβει είναι η λέξη «ζωή». Η αγάπη είναι ζωή σε όλες τις μορφές της. Κι αν χάσεις την αγάπη, χάνεις τη ζωή. Σας παρακαλώ, μην το κάνετε αυτό.

12

Μαζί με τον Λέο Μπουσκάλια

Θα ήθελα να σας μιλήσω για κάτι πολύ σημαντικό για μένα, κι αυτό είναι η έννοια της επαφής. Με ανησυχεί πραγματικά το γεγονός ότι ζούμε τόσο χωρισμένοι. Ο καθένας μας φαίνεται να υποφέρει από αυτό που επισήμανε ο Σβάιτσερ πριν από τόσα χρόνια, όταν είπε ότι ζούμε τόσο πολύ μαζί μέσα στα πλήθη κι ωστόσο πεθαίνουμε όλοι μας από μοναξιά. Είναι σαν να μην ξέρουμε πια πώς να αγγίξουμε τον άλλο, να τον κρατήσουμε, πώς να τον φωνάξουμε, πώς να χτίσουμε γέφυρες. Γι' αυτό θα 'θελα να σας μιλήσω για την επαφή ανάμεσα σε σας και σε μένα και να σας πω μερικές τρελές ιδέες που έχω για το πώς μπορούμε να χτίσουμε αυτές τις γέφυρες για να μικρύνουμε την απόσταση.

Νομίζω πως αυτό που μου συνέβη πρόσφατα σ' ένα ταξίδι, δείχνει πολύ καλά αυτόν το χωρισμό, τη μοναξιά, και την απόγνωση. Συμβαίνουν τόσο πολλά πράγματα στα αεροπλάνα! Τα λατρεύω τα αεροπορικά ταξίδια. Συναντάς παλιούς φίλους που έχεις χρόνια να τους δεις, φτιάχνεις εύκολα νέους, γιατί οι άνθρωποι ξέρουν ότι μπορεί να μη σε ξαναδούν. Είναι σαν την πραγματική εξομολόγηση. Σου λένε για τον άντρα τους, για τη γυναίκα τους. Ξέρετε πολύ καλά ότι μου αρέσει να ζω στην πραγματικότητα και χαίρομαι πολύ να ακούω για συζύγους, παιδιά, χαρές, δάκρυα — όλα αυτά τα υπέροχα πράγματα που μας κάνουν ανθρώπους.

Σ' ένα τζετ 747 ένας άλλος άντρας κι εγώ είχαμε την τύχη να βρισκόμαστε μόνοι μας σε δυο θέσεις. *Εγώ* τουλάχιστον έτσι το είδα. Καθόταν δίπλα στο παράθυρο κι εγώ τον πλησίασα και του είπα, «καλημέρα», πράγμα που κάνω πάντοτε με την ελπίδα ότι κάτι θ' αρχίσει έτσι. Αν πρόκειται να βρίσκεσαι μαζί με κάποιον επί πέντε ώρες, είναι προτιμότερο να λες «καλημέρα», ακόμη κι αν μερικοί δεν το ανταποδίδουν. Του είπα, «καλημέρα», κι αυτός απάντησε: «Α, στην οργή, νόμιζα πως θα μείνει αδειανή η διπλανή μου θέση ν' απλωθώ λιγάκι». Έτσι λοιπόν του είπα: «Σου υπόσχομαι ότι μόλις απογειωθούμε, θα δω αν υπάρχει κάποια κενή θέση και θα φύγω».

Κάθησα δίπλα του, έδεσα τη ζώνη μου και σε λίγο πέρασε μια γυναίκα μ' ένα μωρό στην αγκαλιά. Αμέσως μου ήρθε στο μυαλό η σκέψη: «Δεν είναι σπουδαίο που υπάρχουν τα αεροπορικά ταξίδια για τις γυναίκες που πρέπει να ταξιδέψουν με μωρά;» Σκεφτόμουνα τη μητέρα, όταν διέσχισε όλη τη χώρα με το Βιντσέντσο μωρό στην αγκαλιά, τότε που πρωτοήρθε από την Ιταλία. Χρειάστηκε εφτά μέρες! Και τώρα αυτή η γυναίκα θα φτάσει στη Νέα Υόρκη μέσα σε πέντε ή έξι ώρες. Σκεφτόμουνα αυτό το συμπαθητικό πράγμα, όταν ο διπλανός μου είπε: «Α, στην οργή. Κοίτα τώρα αυτή τη γυναίκα με το μωρό. Το μωρό θα κλαψουρίζει ώς τη Νέα Υόρκη». Αυτό ήταν το δεύτερο σχόλιό του. Κι ακόμα δεν είχαμε απογειωθεί! Το τρίτο έφθασε όταν η συνοδός ανάγγειλε, ότι υπήρχε πτέρυγα για μη καπνίζοντες κι αυτός βιάστηκε να παρατηρήσει: «Θα 'πρεπε να τους σκοτώνουν τους καπνιστές!» «Όλους;», τον ρώτησα. «Ξέρω μερικούς πολύ συμπαθητικούς. Εγώ δεν είμαι καπνιστής, αλλά δε θα 'θελα να τους σκοτώσω όλους». Μετά μας έδωσαν το μενού. Δεν είναι καταπληκτικό, ότι διασχίζεις όλη τη χώρα πετώντας και όχι μόνο σου προσφέρουν φαγητό, αλλά σου δίνουν και περιθώριο να επιλέξεις το γεύμα σου; Είναι καταπληκτικό πράγμα! Ο διπλανός μου κοίταξε τα πάντα και μετά δήλωσε: «Α, στην οργή, δεν υπάρχει ποτέ τίποτε καλό σ' αυτά τα καταραμένα αεροπλάνα». Φανταστείτε, ακόμα δεν είχαμε απογειωθεί. Μετά η συνοδός σηκώθηκε και άρχισε να δείχνει τις δύο εξόδους μπροστά, τις δύο εξόδους πίσω κ.λπ., αυτά που ξέρετε. Είναι μέσα στη δουλειά τους να το κάνουν. Ο διπλανός μου παρατήρησε: «Κοίταξέ τες τις ηλίθιες. Εντελώς άχρηστες. Το μόνο που κάνουν είναι να ψαρεύουν πλούσιους συζύγους. Δεν κάνουν καμιά δουλειά, είναι απλώς γκαρσόνες πολυτελείας». Συνέχισε να μιλάει και να μιλάει. Με είχε καταπλήξει πραγματικά, κι όλα αυτά πριν ακόμα απογειωθεί το αεροπλάνο.

Όταν βρεθήκαμε στον αέρα (δεν μπορούσα να μετακινηθώ, αλλά είχα αποφασίσει ότι θα τον έχω μάθει να αγαπάει πριν να φτάσουμε στη Νέα Υόρκη), γύρισε και με ρώτησε: «Τι δουλειά κάνεις»; «Είμαι καθηγητής σ' ένα Πανεπιστήμιο». «Και τι διδάσκεις»; «Δίνω μαθήματα συμβουλευτικής και αγάπης μέσα στις σχέσεις». Τότε αυτός είπε: «Δόξα τω Θεώ, επιτέλους βρίσκω έναν άνθρωπο που βλέπει τους ανθρώπους όπως κι εγώ». Όλοι νομίζουν ότι ξέρουν από αγάπη! Πριν να φτάσουμε στη Νέα Υόρκη, έμαθα ότι η γυναίκα του τον είχε εγκαταλείψει και ότι χαρακτήριζε τα παιδιά του σαν «αχάριστους αλήτες». Δεν είναι απίθανο;

Άνοιξε την καρδιά σου στον άλλο. Μάθε ν' ανοίγεις την καρδιά σου. Άκουσε καλά τον εαυτό σου και μέτρησε πόσες φορές λες, «Αγαπώ τους ανθρώπους». Το δικό μου ερώτημα είναι πόσες φορές την ημέρα λες, «Αγαπώ», αντί για το «Μισώ, μισώ, μισώ». Είναι ένα πολύ ενδιαφέρον φαινόμενο. Βαρέθηκα πια αυτή την προσέγγιση στη ζωή που στηρίζεται στο «εγώ». Κουράστηκα ν' ακούω τον κόσμο να λέει «εγώ» και «εγώ». Θα 'θελα για μια φορά να τους ακούσω να λένε «εμείς». Δεν είναι όμορφο το «εμείς»; Το «εγώ» είναι σημαντικό, μα έχετε καταλάβει πόση δύναμη κλείνει μέσα του το «εμείς»; Εσείς κι εγώ μαζί είμαστε πιο δυνατοί απ' όσο εσείς κι εγώ μόνοι μας και μ' αρέσει να σκέφτομαι ότι, όταν βρισκόμαστε μαζί, δε δίνω μόνο, αλλά και παίρνω. Έτσι μπορώ να έχω τέσσερα χέρια, δυο δικά μου και δυο δικά σου, δυο κεφάλια —πράγμα που σημαίνει νέες δημιουργικές ιδέες— και δυο διαφορετικούς κόσμους, το δικό σου και το δικό μου. Γι'αυτό το λόγο σου ανοίγω την πόρτα να μπεις.

Έμαθα μερικά πολύ ενδιαφέροντα πράγματα από ένα βιβλίο που λέγεται *Μια συνηθισμένη μέρα στην Αμερική*. Δείχνει πόσο παγιδευμένοι είναι οι άνθρωποι μέσα στην έννοια του «εγώ». Λέει το βιβλίο: Μέσα σε μια συνηθισμένη μέρα στην Αμερική γεννιούνται 9.077 μωρά, κι αυτό είναι θαυμάσιο. 1.282 είναι εξώγαμα και ανεπιθύμητα. Περίπου 2.740 νεαρά παιδιά το σκάνε κάθε μέρα από το σπίτι τους. Περίπου 1.986 ζευγάρια χωρίζουν. Μέσα σε μια συνηθισμένη αμερικάνικη μέρα 69 όμορφοι, υπέροχοι άνθρωποι αυτοκτονούν. Κάθε 10 δευτερόλεπτα χτυπάει ένας διαρρήκτης, κάθε 33 δευτερόλεπτα κλέβεται ένα αυτοκίνητο και η μέση διάρκεια μιας σχέσης στη σημερινή Αμερική είναι τρεις μήνες. Αν όλα αυτά δε σας τινάζουν στον αέρα, τι να πω! Αυτός είναι ο κόσμος που φτιάχνουμε! Αυτός είναι ο κόσμος του «εγώ». Δε θέλω να συμμετέχω σ' αυτό τον κόσμο, θέλω να φτιάξω έναν κόσμο διαφορετικό, κι αυτό μπορούμε να το κάνουμε μαζί. Είναι ένα θαυμάσιο πράγμα.

Δεν έχω τίποτε να σας πουλήσω. Έχω πολλά να μοιραστώ μαζί σας. Και είμαι βέβαιος ότι, αν μπορούσαμε να συνεννοηθούμε, θα μου δίνατε ένα σωρό ιδέες, για το πώς μπορούμε να αντιστρέψουμε αυτή την τάση, αναγνωρίζοντας πως δεν μπορούμε να επιζήσουμε μόνοι και πως η μοναξιά και το «εγώ» οδηγούν στο θάνατο και την καταστροφή.

Ταυτόχρονα μαθαίνουμε πολλά για τη μάθηση. Είμαι δάσκαλος — ήμουνα δάσκαλος σ' όλη τη ζωή μου και μ' αρέσει να διδάσκω. Πρόσφατα όμως ανακάλυψα πως δεν έχω να διδάξω τίποτε σε κανένα. Είναι σκέτος εγωισμός να πιστεύεις ότι μπορείς να διδάξεις κάτι σε κάποιον. Το περισσότερο που μπορώ να είμαι, είναι ένας ενθουσιώδης, μαγικός διευκολυντής της γνώσης. Μπορώ να σας την παρουσιάσω, αν όμως εσείς δε θέλετε να την πάρετε, δε γίνεται τίποτε. Βρήκα όμως πως, αν την κάνω γοητευτική και συναρπαστική, ίσως κάποιοι να ενδιαφερθούν και να αναρωτηθούν: «Μα τι λέει αυτός ο παλαβός; Αν βρίσκει τη ζωή τόσο καταπληκτική, ίσως να είναι πραγματικά». Όταν χορεύω ανάμεσα στα φύλλα, κάτι που κάνω αρκετά συχνά, διαπιστώνω ότι κι άλλοι άνθρωποι βρίσκουν το θάρρος να αρχίσουν κι αυτοί να χορεύουν ανάμεσα στα φύλλα. Κι αυτό είναι πολύ καλό. Αν μπορώ να διδάξω σε κάποιον να χορεύει ανάμεσα στα φύλλα, δε με πειράζει που θα με πουν τρελό. Μ' αρέσει να με λένε τρελό γιατί, όπως έχω ξαναπεί, σε αφήνουν ελεύθερο να κάνεις ό,τι θέλεις. Ο,τιδήποτε κι αν κάνεις, όλοι λένε: «Α, δεν είναι τίποτε αυτό, ο τρελο-Μπουσκάλια χορεύει πάλι μέσα στα φύλλα». Έτσι εγώ διασκεδάζω, ενώ οι γνωστικοί πλήττουν μέχρι θανάτου.

Βλέπετε, αυτό που πραγματικά χρειαζόμαστε, όπως μας λένε

οι αναμορφωτές συμπεριφοράς είναι τα καλά *πρότυπα*. Χρειαζόμαστε πρότυπα αγάπης, ανθρώπους που θα μας δείξουν πώς ν' αγαπάμε. Όσοι έχετε διαβάσει το βιβλίο μου *Η αγάπη*, ξέρετε ότι είναι αφιερωμένο στους γονείς μου, τον Τούλιο και τη Ρόζα Μπουσκάλια, γιατί δε με δίδαξαν απλώς την αγάπη, μου *έδειξαν* πώς να αγαπάω. Και δεν είχαν ιδέα από αναμόρφωση της συμπεριφοράς. Όμως και άνθρωποι σαν τον Μπαντούρα στο Στάνφορντ μας αποδεικνύουν ότι ο καλύτερος τρόπος διδασκαλίας είναι το πρότυπο. Χωρίς να χρειάζεται να πεις τίποτε σε κανένα, χωρίς να διδάξεις τίποτε, αν *είσαι* αυτό που θέλεις να γίνουν τα παιδιά σου, θα δεις πόσο είναι αποτελεσματικό.

Πολλοί από σας ξέρετε ήδη, ότι μεγάλωσα μέσα σε μια μεγάλη, ζεστή, υπέροχη, ιταλική οικογένεια και ότι έγινα γερός κι ευτυχισμένος, τρώγοντας μπάνια κάλντα και πάστα φαζούλε και πολέντα κι όλα αυτά τα υπέροχα φαγητά. Έμαθα όμως ένα σωρό πράγματα από τα πρότυπα αυτά και τα περισσότερα τα διδάχτηκα χωρίς καν να το ξέρω. Ένα από τα πράγματα που έμαθα είναι ότι έχουμε ανάγκη το άγγιγμα, ότι έχουμε ανάγκη την αγάπη. Έτσι πέρασα όλη τη ζωή μου αγγίζοντας και αγαπώντας και διασκέδασα αφάνταστα. Ήταν τόσο θαυμάσιο κι ούτε είχα ιδέα, ότι στον έξω κόσμο οι άνθρωποι δεν αγγίζονται και δεν αγαπιούνται, τουλάχιστον όχι χωρίς επιφυλάξεις. Το πρώτο σημείωμα που έλαβα από εκπαιδευτικό στην Αμερική, ήταν ένα σημείωμα γραμμένο για τη μητέρα μου. Φανταστείτε τι ευαισθησία είχε αυτή η κυρία, όταν έγραφε σε μια φτωχή Ιταλίδα μετανάστρια που μόλις μπορούσε να αρθρώσει δυο λέξεις αγγλικά: «Αγαπητή κυρία Μπουσκάλια. Ο γιος σας Φελίτσε είναι πολύ *απτικός*». Το πιστεύετε; Πήγα το σημείωμα στη μητέρα μου κι αυτή με ρώτησε: «Τι είναι πάλι αυτό το απτικός; Φελίτσε, αν έκανες κάτι κακό, θα σου ανοίξω το κεφάλι στα δυο». Εγώ της απάντησα: «Σου ορκίζομαι, μαμά, δεν ξέρω τι σημαίνει απτικός. Δεν έκανα τίποτε όμως». Έτσι καταφύγαμε στο λεξικό, όπως κάναμε συχνά, και βρήκαμε τη λέξη απτικός. Σήμαινε να αγγίζεις, να πιάνεις. «Και τι το κακό υπάρχει σ' αυτό;», είπε η μητέρα μου. «Αυτό είναι πολύ ωραίο. Η δασκάλα σου είναι τρελή». Ποτέ μου δεν είχα το υπαρξιακό πρόβλημα, να αναρωτιέμαι αν υπάρχω ή όχι. Αν μπορώ να σε αγγίζω και να μ' αγγίζεις, υπάρχω. Χιλιάδες άνθρωποι πεθαίνουν από μοναξιά, γιατί δεν τους αγγίζει κανείς.

Ένα άλλο πράγμα που με δίδαξαν, είναι να μοιράζομαι. Με μια τόσο μεγάλη οικογένεια σ' ένα τόσο μικρό σπίτι, μαθαίνεις εύκολα να μοιράζεσαι με τους άλλους. Τώρα έχουμε τόσο μεγάλα σπίτια, που χανόμαστε μέσα. Τότε είχαμε πολλά άτομα και μια μόνο τουαλέτα. Α!, πώς τη θυμάμαι αυτή την τουαλέτα! Ήταν το κέντρο του σπιτιού. Μπαινοβγαίναμε όλοι συνεχώς στην τουαλέτα και, πριν καλά-καλά περάσουν 30 δευτερόλεπτα, άκουγες να σου φωνάζουν: «Βγες τώρα, η σειρά μου». Έτσι μαθαίνεις να δίνεις και να μοιράζεσαι, μάθαινες να βγαίνεις και να κάνεις γρήγορα, μάθαινες να χρησιμοποιείς τον ίδιο νιπτήρα και να κοιμάσαι στο ίδιο δωμάτιο. Είναι μια μάθηση με μεγάλη αξία. Είμαι σίγουρος ότι μια οικογένεια με μια τουαλέτα μένει πάντα ενωμένη. Τώρα όμως έχουμε ξεχωριστή τουαλέτα για τη Μαίρη και για τη Σάλυ, ξεχωριστή τουαλέτα για τον μπαμπά και για τη μαμά. Δεν είναι καλό πράγμα — δεν τον χρειαζόμαστε όλο αυτό το χώρο. Είναι απίστευτο, χτίζουμε τεράστια σπίτια, δουλεύουμε σαν τρελοί, υποτίθεται για τα παιδιά μας. Και τελικά τι κάνουμε, τα βάζουμε μέσα σ' αυτά τα ωραία σπίτια με τα ωραία έπιπλα και δεν τα αφήνουμε να ζήσουν. «μην το αγγίζεις αυτό!» «Πρόσεξε, θα το σπάσεις!» Για τ' όνομα του Θεού, για ποιον είναι το σπίτι, για τους γείτονες; Τι θα πει «μην αγγίζεις»; Το σπίτι το φτιάξαμε για να ζήσουμε μέσα!

Έτσι έμαθα να μοιράζομαι και έμαθα τι θα πει υπευθυνότητα από τη μητέρα μου, που ήταν μια πολύ αυστηρή κυρία. Ο λόγος της ήταν διαταγή. Αυτό με διασκέδαζε πολύ όταν πήγα στο Πανεπιστήμιο και μελετούσα τις θεωρίες της συμβουλευτικής κι όλα αυτά περί επιτρεπτικότητας. Η μητέρα ήταν ο καταπληκτικότερος μη-παρεμβατικός συμβουλευτής. Μια λέξη έλεγε: «Σκασμός!» κι όλοι καταλαβαίναμε τι σήμαινε. Ήταν ένα ωραίο είδος αλληλεπίδρασης μέσα στην οικογένεια. Δεν είναι καθόλου περίεργο, ότι κανείς από μας δεν είχε ποτέ ψυχικά προβλήματα.

Παιδί ακόμη, ήθελα να πάω στο Παρίσι. Η μητέρα μου είπε: «Φελίτσε, είσαι πολύ μικρός για να ταξιδέψεις μόνος». «Μα θέλω να πάω, μαμά». Εκείνη την εποχή ο Ζαν Πωλ Σαρτρ και η Σιμόν ντε Μπωβουάρ μελετούσαν αυτή την καταπληκτική θεωρία του υπαρξισμού. Και ο Φελίτσε ήθελε να πάει εκεί, γιατί άκουγε πως ζούσαν όλοι μέσα στην απόγνωση και ήθελε να ζήσει κι αυτός μέσα στην απόγνωση. Βλέπετε, ήθελα να δοκιμάσω τα πάντα. «Εντάξει», είπε τελικά η μητέρα, «αν πας όμως, είναι σαν να δηλώνεις ότι είσαι ενήλικος και μη μου ζητήσεις τίποτε μετά. Είσαι ενήλικος. Είσαι ελεύθερος να πας όπου θέλεις». Ήταν κάτι φανταστικό! Δεν είχα πολλά λεφτά, αλλά πήγα εκεί και έζησα ένα υπέροχο όνειρο. Είχα ένα μικροσκοπικό διαμέρισμα. Από το φεγγίτη του έβλεπα όλες τις στέγες του Παρισιού. Καθόμουνα και άκουγα με τις ώρες ανθρώπους σαν τον Σαρτρ και την Μπωβουάρ χωρίς να καταλαβαίνω τίποτε απ' ό,τι έλεγαν, όμως τα έβρισκα όλα υπέροχα. Αν υπέφερα; Φριχτά! Ζούσα με τυρί Καμαμπέρ και γαλλικό κρασί! Πολύ γρήγορα έμεινα χωρίς καθόλου λεφτά. Δεν ήξερα τι σημαίνει χρήμα. Μοιραζόμουνα τα λεφτά μου με τους άλλους, ήμουνα ο τελευταίος απόγονος των μεγάλων χαροκόπων. Πάντα είχα μια μπουκάλα κρασί κι όλοι έρχονταν σπίτι μου για να πιούμε. Έτσι είχα μεγαλώσει, αυτά ήταν τα πρότυπά μου. Ερχόταν σπίτι μας ο ταχυδρόμος κι ο πατέρας μου τον κερνούσε ένα ποτήρι κρασί. «Ε, τον καημένο, όλη μέρα τρέχει. Του χρειάζεται ένα ποτηράκι». Εμείς του λέγαμε: «Μπαμπά, μην του δίνεις κρασί!» Κοντέψαμε να πεθάνουμε όταν ήρθε στο σπίτι η δασκάλα κι ο πατέρας της πρόσφερε κρασί. «Η δασκάλα δεν πίνει κρασί». Μετά τα χάσαμε όταν την είδαμε να το πίνει. Δεν ήταν κορόιδο, το κρασί ήταν πολύ καλό! Θυμάμαι πάντως ότι έφτασα να μείνω με ελάχιστα χρήματα — σχεδόν καθόλου. Είναι απλό, σκέφτηκα, θα τηλεγραφήσω σπίτι και θα μου στείλουν. Πήγα στο τηλεγραφείο στο Παρίσι και, για να εξοικονομήσω χρήματα, έγραψα απλώς: «Πεινάω, Φελίτσε». Μια μόνο λέξη, αλλά γεμάτη νόημα. Είκοσι τέσσερις ώρες αργότερα έλαβα ένα τηλεγράφημα από το σπίτι που έλεγε: «Καλά κάνεις. Μητέρα». Η στιγμή της αλήθειας! Επιτέλους ήμουνα ενήλικος. Τι θα έκανα τώρα;

Θα σας πω τι μου δίδαξε αυτή η ιστορία. Μου δίδαξε την πείνα, μου δίδαξε πόσο κρύο μπορεί να είναι ένα δωμάτιο, κι όχι μόνο για το σώμα· ότι όταν δεν έχεις πια τα μπουκάλια του κρασιού, οι άνθρωποι που σε ονόμαζαν «φίλο» δεν έρχονται πια να σε δουν. Με δίδαξε ένα σωρό πράγματα που δε θα τα μάθαινα ποτέ, αν η μητέρα υποχωρούσε και μου έστελνε ένα τσεκ. Κι εγώ έμενα όσο περισσότερο γινόταν, για να της δείξω ότι μπορούσα να το κάνω. Όταν γύρισα σπίτι αρκετούς μήνες αργότερα, μου είπε ένα βράδυ: «Ήταν το πιο δύσκολο πράγμα που έκανα ποτέ, αν δεν το έκανα όμως, δε θα μεγάλωνες ποτέ να γίνεις ο Φελίτσε». Είχε δίκιο. Έτσι, μέσα από τα δικά τους πρότυπα, με δίδαξαν πολλά για τη ζωή και την αγάπη.

Με καλούν συχνά σε τηλεοπτικές συζητήσεις. Εκείνο που με εντυπωσιάζει, είναι ότι το ένα τηλεφώνημα στα δύο, τουλάχιστον, έχει να κάνει με τη μοναξιά. «Τι να κάνω; Ήμουνα παντρεμένη, έκανα παιδιά και τώρα είμαι μόνη. Ζω μόνη μου σε μια παλιά πολυκατοικία. Τι μου έχει συμβεί; Θα το 'θελα πολύ να πιάσω σχέσεις με τους γείτονες, αλλά φοβάμαι να χτυπήσω την πόρτα τους». «Περπατάω στο δρόμο και βλέπω συμπαθητικούς ανθρώπους και θα 'θελα να τους χαμογελάσω, αλλά φοβάμαι». Διδάσκουμε στους άλλους τα πάντα εκτός από τα ουσιαστικά: πώς να ζουν με χαρά, πώς να ζουν με ευτυχία, πώς να έχουν την αίσθηση της προσωπικής αξίας και αξιοπρέπειας. Αυτά τα πράγματα διδάσκονται, μπορείς να τα μάθεις. Χρειαζόμαστε περισσότερους ανθρώπους που να διδάσκουν τα πράγματα αυτά στην πράξη, τολμώντας να πούνε καλημέρα, να καθήσουν δίπλα στον άλλο, να του δείξουν ότι η αεροσυνοδός είναι άνθρωπος σαν κι αυτόν κι ότι είναι θαυμάσιο θέαμα μια γυναίκα μ' ένα μωρό.

Πρόσφατα σε μια τηλεοπτική συζήτηση άκουσα μια γυναίκα να λέει το εξής απίστευτο: «Προσπάθησα επί 20 χρόνια ν' αλλάξω τον άντρα μου και με απογοήτευσε πολύ. Δεν είναι πια ο άνθρωπος που παντρεύτηκα». Δεν είναι απίθανο;

Δεν ξέρω αν γνωρίζετε τον Ρόντνεϋ Ντάντζερφιλντ, είναι ένας άνθρωπος που λέει τα πιο εξωφρενικά πράγματα. Είναι το κάτι άλλο. Λέει π.χ.: «Κοιμόμαστε σε χωριστά δωμάτια, τρώμε χωριστά, πηγαίνουμε χωριστά διακοπές, κάνουμε ό,τι μπορούμε για να συνεχίσουμε να ζούμε μαζί». Δεν είναι εξωφρενικό; Κι όμως εδώ έχουμε φτάσει.

Η χαρά βρίσκεται στις σχέσεις αγάπης, στο «μαζί», όχι στο «εγώ» αλλά στο «εμείς». Είναι ωραίο να τρως μόνος σου ένα καλό γεύμα, όταν όμως το μοιράζεσαι με πέντε ή έξι ανθρώπους που αγαπάς, είναι κάτι υπέροχο. Είναι ωραίο να πηγαίνεις στο πάρκο μόνος σου και να κοιτάζεις τα δέντρα, αλλά πόσο πιο συναρπαστικό είναι να έχεις μαζί σου κάποιον που να σου λέει: «Κοίτα αυτά τα κόκκινα», ενώ εσύ κοιτάζεις τα μπλε κι έτσι να μη χάνεις ούτε τα μπλε ούτε τα κόκκινα! Μη χάνεις αυτό το αίσθημα της συντροφιάς, γιατί είναι δικό σου και μπορείς να το νιώσεις. Ο Έριχ Φρομ, που έχει γράψει τόσο ωραία πράγματα για την κοινότητα και την αγάπη, έχει πει: «Η βαθύτερη ανάγκη του ανθρώπου είναι να ξεπεράσει τη χωριστή του ύπαρξη. Να βγει από τη φυλακή της μοναξιάς του. Η πλήρης αποτυχία αυτού του στόχου σημαίνει παραφροσύνη». Ξέρει τι λέει, είναι ψυχίατρος.

Αν σκεφθείτε λίγο τους ψυχασθενείς, θα δείτε ότι είναι εκείνοι που απομακρύνθηκαν όσο γίνεται πιο πολύ από τους άλλους ανθρώπους. Οι υγιείς μπαίνουν μέσα σε όλα, ό,τι και να σημαίνει αυτό. Στα μαθήματα αγάπης που δίνω, μιλάμε συχνά για την ανάγκη να τολμάει κανείς και να ορμάει μέσα στην πράξη κι όταν ρωτάω: «Γιατί δεν το κάνεις;», μου απαντούν: «Φοβάμαι μήπως πληγωθώ!» Για τ' όνομα του Θεού! Τι παράλογη στάση! Δεν είναι και τόσο τρομερό να πληγώνεσαι κάπου-κάπου. Όταν κλαις, είσαι τουλάχιστον ζωντανός. Ο πόνος είναι καλύτερος από το τίποτε. Πρέπει να ανοιγόμαστε προς τα έξω, πρέπει να φέρνουμε νέα πράγματα μέσα, πρέπει να μη φοβόμαστε. Αυτό μας το λέει και η βιολογία. Διάβασα κάτι ενδιαφέρον από τον *Άσλεϋ Μόνταγκιον: «Χωρίς αλληλοεξάρτηση καμιά ομάδα ζωντανών οργανισμών δε θα μπορούσε ποτέ να επιζήσει».* Για φανταστείτε — καμιά μορφή ζωής! «Και στο μέτρο που κάθε ομάδα οργανισμών απομακρύνεται από την ιδιαίτερη λειτουργία της, από τις συνθήκες της αλληλοεξάρτησης, σ' αυτό ακριβώς το μέτρο γίνεται δυσλειτουργική και αναποτελεσματική». Προσθέτει όμως: «Όποτε οι οργανισμοί αλληλεπιδρούν μεταξύ τους μέσα σ' ένα πλαίσιο σχέσεων, αποκομίζουν *επιβιωτικό* κέρδος, δίνοντας ο ένας στον άλλο *ζωή*». Βρίσκομαι λοιπόν μέσα στη διαδικασία να *δίνω ζωή*. Είναι το πιο απίθανο δώρο και μπορείς να το πάρεις, είναι δικό σου.

Αφού όλα αυτά τα πράγματα *διδάσκονται*, ας αναρωτηθούμε: τι είναι αυτό που μπορεί να μας φέρει κοντά, τι πρέπει να μάθουμε για να είμαστε μαζί, τι πρέπει να ξέρουμε για τις σχέσεις, το ενδιαφέρον, την αγάπη; Το πρώτο είναι πολύ ουσιαστικό, γιατί ο πολιτισμός μας έχει αναπτύξει μια εντελώς τρελή έννοια που την ονομάζει ρομαντική αγάπη. Γι' αυτό απογοητευόμαστε τόσο οι περισσότεροι! Πιστεύουμε ακόμη αυτά που μας λένε στα μιούζικαλ, ότι ξαφνικά κοιτάζουμε απέναντί μας και βλέπουμε αυτά τα μοναδικά μάτια που μας περίμεναν είκοσι χρόνια. Κάτι σαν μαγνήτης μας τραβάει κοντά, πέφτουμε ο ένας στην αγκαλιά του άλλου και ξεμακραίνουμε μαζί μέσα στο ηλιοβασίλεμα χωρίς ποτέ το παραμικρό πρόβλημα. Τι ντροπή όλα αυτά! Και τι να πεις για την περίοδο του φλερτ, όταν φοράτε κι οι δυο τον καλύτερο εαυτό σας; Εκείνη είναι υπέροχη κάθε φορά που σας ανοίγει την πόρτα. Εσείς είσαστε ένας τέλειος ιππότης. Της προσφέρετε λουλούδια και σοκολάτες. Της λέτε πόσο όμορφη είναι και κάποια μέρα παντρευόσαστε και το άλλο πρωί τη ρωτάτε: «Ποια είσαι;» Και ξαφνικά τη βλέπετε με τα ρολά στο κεφάλι. Πατάτε λοιπόν τις φωνές: «Θεέ και Κύριε! Παντρεύτηκα μια εξωγήινη!» Δε θα ήταν όμορφο στη διάρκεια του φλερτ να ερχόταν μια φορά στην πόρτα και να σας έλεγε: «Ξέρεις, συνηθίζω να βάζω ρολά στα μαλλιά μου. Σ' το λέω να το ξέρεις από τώρα». Γιατί όχι; Γιατί να μην παρουσιάζουμε τον εαυτό μας όπως είναι; Όταν περιμένει κανείς μια σχέση να είναι ένας αδιάκοπος και τέλειος μήνας του μέλιτος, σίγουρα θα απογοητευτεί.

Υπάρχουν όμως πολλοί μήνες του μέλιτος. Μ' αρέσει πολύ να μιλάω με ηλικιωμένους ανθρώπους, γιατί μπορούν να πουν πολλά γύρω από τους διάφορους μήνες του μέλιτος. Κοιτάζω προς τα πίσω για να μάθω. Δεν το κάνουμε πια αυτό, θέλουμε να βλέπουμε μόνο μπροστά. Όταν όμως κοιτάζεις προς τα πίσω, μπορείς να μάθεις πολλά πράγματα. Υπήρχε πάντα ο μήνας του μέλιτος, της γνωριμίας. Μετά ήταν ο μήνας του μέλιτος του πρώτου διαμερίσματος κι όλων αυτών των μεταχειρισμένων επίπλων, ακόμη και των πρόχειρων βιβλιοθηκών από κασόνια, μα κανείς δε νοιαζόταν. Ζούσαν τόσο ευτυχισμένοι το μήνα του μέλιτός τους. Και μετά ερχόταν ο μήνας του μέλιτος της πρώτης επιτυχίας στη δουλειά. Ο μήνας του μέλιτος του πρώτου παιδιού. Ο μήνας του μέλιτος του γρήγορου μεγαλώματος: πριν καλά-καλά το καταλάβεις έχουν περάσει 12, 15 χρόνια και ξαφνικά βλέπεις πως έχεις ζήσει τον ένα μήνα του μέλιτος δίπλα στον άλλο. Η Ελίζαμπεθ Κόμπλερ-Ρος μας λέει, πως ακόμη κι αυτός ο τελευταίος μήνας του μέλιτος, που ονομάζεται «θάνατος», μπορεί να γίνει μια συναρπαστική εμπειρία, αν τον αντιμετωπίσουμε όπως θα 'πρεπε να κάνουμε και με τους άλλους μήνες του μέλιτος, χωρίς προσδοκίες. Βρίσκεται εκεί, με περιμένει να τον ζήσω και θέλω να ξέρω πότε θα 'ρθει ο καιρός μου. Μ' αυτό τον τρόπο θα 'θελα να ζήσω.

Δε θέλω να σας ζαλίζω συνέχεια με τη μητέρα και τον πατέρα μου, αλλά, μια και είναι τόσο κοντινά μου θέματα... ξέρετε ότι, όπως μας διηγόταν η μητέρα μου, δεν είχε δει τον πατέρα μου παρά πέντε μέρες μετά το γάμο τους; Ήταν ένας γάμος από συνοικέσιο και στη Ιταλία, όταν γίνεται ένα συνοικέσιο, ο άντρας έρχεται στο σπίτι και βέβαια όλες οι γυναίκες τον σερβίρουν στο τραπέζι κι αυτός κάθεται, μα η κοπέλα δεν τολμάει ποτέ να τον κοιτάξει καταπρόσωπο. Ρωτάει λοιπόν τις αδελφές της: «Πώς είναι;» Κι αυτές της απαντούν: «Σωστός κούκλος. Θα πάθεις μόλις τον δεις». Μου είπε λοιπόν πως δεν τολμούσε να τον κοιτάξει. Στη διάρκεια της τελετής κρατούσε χαμηλωμένα τα μάτια της, και τη θαυμάσια εκείνη μέρα, πέντε μέρες αργότερα, όταν γύρισε επιτέλους και τον κοίταξε, είπε μέσα της: «Ήμουνα τυχερή!» Αυτός το ήξερε ήδη. Δεν είναι όμως εντυπωσιακό το γεγονός ότι αυτοί οι δύο άνθρωποι, που δεν πέρασαν ποτέ την προκαταρκτική περίοδο του τρελού έρωτα, κατάφεραν να ζήσουν μέσα σε μια όμορφη σχέση, που γινόταν όλο και καλύτερη, επί 55 χρόνια; Αν βλέπατε πόσο κοντά ήταν ο ένας στον άλλο, όταν τους χώρισε ο θάνατος. Είχες την αίσθηση πως ο θάνατος δε θα έσπαγε το δεσμό τους, πως ήταν κάτι σαν μεταβατική περίοδος και ότι οπωσδήποτε κάποτε θα ξαναενώνονταν. Γι' αυτό να θυμάσαι ότι το πιο σημαντικό πράγμα σε μια σχέση είναι πως ένα κι ένα κάνουν πάντα δύο, κι αν θέλεις να επιβιώσει η σχέση σου, φρόντισε να μείνεις αυτός που είσαι και να μην παύεις να εξελίσσεσαι μέσα από την αλλαγή. Είσαστε δύο υπέροχα, μαγικα άτομα. Εσύ έχεις τη ζωή σου, αυτός τη δική του και χτίζετε γέφυρες ο ένας προς τον άλλο. Ο καθένας όμως κρατάει πάντα την ακεραιότητα και την αξιοπρέπειά του γιατί κάθε σχέση, όσο υπέροχη κι αν είναι, ακόμη κι αν κρατήσει 60 χρόνια, κάποτε σπάει, και τότε ξαναβρίσκεσαι πάλι με τον εαυτό σου. Είναι πολύ θλιβερό θέαμα ο άνθρωπος που έχει επενδύσει τα πάντα σε μια σχέση κι όταν αυτή χαλάει μένει να αναρωτιέται: «Τι θα κάνω τώρα;»

Όταν αγαπάς κάποιον, πρέπει να θέλεις να είναι όλα τα πράγματα που μπορεί να είναι και να τον ενθαρρύνεις όσο γίνεται περισσότερο προς την κατεύθυνση αυτή. Κάθε φορά που κάνει κάτι εποικοδομητικό για την εξέλιξή του ή που μαθαίνει κάτι εποικοδομητικό για την ανθρώπινη ολοκλήρωσή του, πρέπει να χαίρεσαι και να το γιορτάζεις. Η εξέλιξή σας δε σας χωρίζει, αντίθετα ο καθένας αναπτύσσεται δίπλα στον άλλο, χέρι με χέρι, αντί να συγχωνεύεται ο ένας μέσα στον άλλο. Είσαι ένα άτομο μοναδικό, δεν είναι δυνατόν να συγχωνευτείς με κανέναν άλλο.

Ίσως μερικοί γνωρίζετε το όμορφο ποίημα του Γκιμπράν για τις σχέσεις. Θα σας θυμίσω δυο φράσεις μόνο. Είναι τόσο όμορφο! Λέει λοιπόν: «Τραγουδήστε και χορέψτε μαζί, χαρείτε μαζί, φροντίστε όμως να μένετε ο καθένας μόνος του κάποτε. Όπως οι χορδές του λαγούτου, που είναι μόνες τους η καθεμιά και πάλλονται με την ίδια μουσική». Δεν είναι όμορφο; Πλησίασε κάποιον και πες του: «Θέλω να πάλλομαι μαζί σου». «Δώστε την καρδιά σας, αλλά όχι στη φύλαξη ο ένας του άλλου, γιατί μόνο το χέρι της Ζωής μπορεί να χωρέσει την καρδιά σας. Σταθείτε δίπλα, όχι όμως πολύ κοντά, γιατί κι οι κολώνες του ναού για να κρατήσουν το βάρος του είναι σε απόσταση. Η βελανιδιά και το κυπαρίσσι δε μεγαλώνουν το ένα στον ίσκιο του άλλου». Μην προσπαθήσεις ν' αναπτυχθείς στον ίσκιο του άλλου, *κανείς δεν μπορεί* να αναπτυχθεί στον ίσκιο του άλλου. Θα βρεις το δικό σου φως που θα σε βοηθήσει να ψηλώσεις και να φουντώσεις όσο πιο πολύ γίνεται. Και παράλληλα θα μοιράζεσαι τη ζωή σου λέγοντας στον άλλο: «Έλα να επικοινωνήσουμε, να μιλήσουμε, να κάνουμε κάτι μαζί».

Αυτό όμως δεν μπορεί να συμβεί όταν βρίσκεσαι στη σκιά κάποιου άλλου. Σ' αυτή την περίπτωση μαραίνεσαι, ξεχνάς ποιος είσαι, χάνεις τον εαυτό σου κι αν χάσεις τον εαυτό σου, χάνεις ό,τι πιο σπουδαίο έχεις. Είστε λοιπόν ένα συν ένα, είσαστε δύο και είσαστε μαζί. Είσαι ένα «εγώ». Ο άλλος είναι ένα «εγώ» και μαζί είσαστε «εμείς».

Ένα άλλο πράγμα που θέλω να πω είναι πως μπορεί οι σχέσεις και οι δεσμοί να σχηματίζονται στον ουρανό, αλλά *εφαρμόζονται* στη γη, πράγμα πολύ δύσκολο μερικές φορές. Για να πω την αλήθεια, δεν ξέρω τίποτε πιο δύσκολο. Ετοιμάζω ένα βιβλίο τώρα πάνω στις σχέσεις αγάπης κι έχω κάνει μια φοβερά εκτεταμένη έρευνα στον τομέα αυτό, που τον θεωρώ την πιο δυναμική πλευρά των ανθρώπινων σχέσεων, χωρίς να μπορώ να βρω πολλά πράγματα. Αν θέλεις να μάθεις για τις σχέσεις αγάπης, πρέπει να τις γνωρίσεις από μέσα. Φυσικά οι σχέσεις αγάπης μπορεί να φέρουν πόνο. Όταν δένεσαι με τον άλλο και θέλεις να του χαρίσεις ένα μέρος από τον εαυτό σου, μπορεί να νιώσεις πόνο. Όμως ο πόνος αυτός θα σε διδάξει. Μ' ενοχλεί πολύ το γεγονός ότι στην κοινωνία μας κανείς δε θέλει να υποφέρει. Μόλις αρχίσουμε να υποφέρουμε, το ρίχνουμε στα χάπια ή στο αλκοόλ, αγνοώντας πως μέσα στον πόνο και στην απελπισία μπορεί να πάρει κανείς τα πιο μεγάλα μαθήματα. Η ουσία είναι να βιώνεις τον πόνο, όχι να προσκολλάσαι σ' αυτόν. Η *προσκόλληση* στην απελπισία είναι αρρωστημένη. Τη βιώνεις και *φεύγεις*. Πολλές μεγάλες στιγμές της ζωής μας ήταν μέσα στην απελπισία. Αν τις χρησιμοποίησες σωστά θα δεις, ξαναφέρνοντάς τις στο μυαλό σου, ότι σε βοήθησαν να αναπτυχθείς και να γίνεις ένας πολύ καλύτερος άνθρωπος.

Ανέφερα πιο πριν πόσο αποξενωμένοι είμαστε μεταξύ μας. Ο πολιτισμός μας μας διδάσκει ότι ο σωστός τρόπος να γνωρίζεις έναν άνθρωπο είναι να στέκεσαι όρθιος και να λες, «χαίρω πολύ». Αυτό κι αν είναι αποστασιοποιητικό φαινόμενο! Αν έχεις τύχη πραγματικά, θα πέσεις σε κάποιον που θα σου δώσει το χέρι του τη στιγμή που θα λέει, «χαίρω πολύ». Συνήθως αυτά συμβαίνουν πολύ γρήγορα. Δεν είναι περίεργο λοιπόν ότι, ενώ λαχταράμε ο ένας τον άλλο, δεν τον έχουμε και δεν τον αγγίζουμε. Στον πολιτισμό μας, όταν ένα παιδί φτάνει στα πέντε ή τα έξι του χρόνια, του λέμε: «Φτάνουν πια τα χάδια και οι αγκαλιές, τώρα είσαι *άντρας* και οι άντρες δεν κάνουν τέτοια πράγματα». Χαίρομαι πολύ που μεγάλωσα σ' ένα σπίτι όπου οι άνθρωποι έλεγαν: «Ποιος το είπε αυτό;» Στο σπίτι μου κανείς δεν έλεγε «χαίρω πολύ». Όταν άνοιγε η εξώπορτα και έμπαινε κάποιος, άρχιζαν οι αγκαλιές και τα φιλιά. Όλοι αγκαλιάζονταν! Δεν έμενε απέξω κανείς, όλοι αγγίζονταν. Τι απίθανη εμπειρία να σε αγγίζουν με αγάπη! Και υπάρχουν χίλιοι τρόποι αγγίγματος. Ξέρετε τι υπέροχο αίσθημα είναι να μπαίνεις σ' ένα δωμάτιο κι όλοι να γίνονται ευτυχισμένοι επειδή μπήκες μέσα; Είναι το πιο σπουδαίο πράγμα. Αντί να βλέπεις στα πρόσωπα των άλλων μια έκφραση που να λέει, «Πάλι αυτός!..», ένα χαρούμενο χαμόγελο ζωγραφίζεται επειδή μπήκες μέσα. Σε περιβάλλει μια αύρα που φωτίζει ολόκληρο το σπίτι. Το 'χετε γνωρίσει αυτό το συναίσθημα; Μην το χάσετε!

Αυτό που με διασκεδάζει πιο πολύ, είναι πως τώρα ανακαλύπτουμε επιστημονικά ότι το άγγιγμα έχει συνέπειες πάνω στη ζωή μας σωματικά και ψυχολογικά. Στην κλινική πόνου της UCLA υπάρχει ένας δόκτωρ Μπρέσλερ που δε γράφει πια συνηθισμένες συνταγές, αλλά συστήνει π.χ. «τέσσερα αγκαλιάσματα τη μέρα». Πολλοί λένε πως είναι τρελός. «Κάθε άλλο», τους λέει εκείνος, «δοκιμάστε ένα αγκάλιασμα το πρωί, ένα το μεσημέρι κι ένα το βράδυ. Θα δείτε ότι θα γίνετε καλά». Ο Δρ Χάρολντ Φαλκ, ψυχίατρος στο Ίδρυμα Μένιγκερ, έχει πει το εξής: «Το αγκάλιασμα μπορεί να απομακρύνει την κατάθλιψη και να επιτρέψει στο ανοσοποιητικό σύστημα του οργανισμού να ενεργοποιηθεί. Το αγκάλιασμα δίνει νέα ζωή στα κουρασμένα σώματα και σε κάνει να αισθάνεσαι πιο νέος και γεμάτος σφρίγος. Στα πλαίσια του σπιτικού το αγκάλιασμα μπορεί να δυναμώσει τις σχέσεις και να μειώσει αισθητά τις εντάσεις». Η Έλεν Κόλτον στο βιβλίο της *Η χαρά του αγγίγματος*, λέει ότι η αιμοσφαιρίνη του αίματος αυξάνει αισθητά όταν σε αγγίζουν, σε αγκαλιάζουν και σε χαϊδεύουν. Η αιμοσφαιρίνη είναι η ουσία που μεταφέρει τις ζωτικές προμήθειες οξυγόνου στην καρδιά και στον εγκέφαλο — λέει λοιπόν ότι, αν θέλουμε να παραμείνουμε υγιείς, πρέπει να αγγίζουμε ο ένας τον άλλο, να αγαπιόμαστε και να αγκαλιαζόμαστε. Ένα από τα πιο θλιβερά πράγματα του πολιτισμού μας είναι ότι υπερτονίζουμε δυσανάλογα τη σεξουαλική πτυχή των σχέσεων. Είναι πολύ κρίμα, γιατί μ' αυτό τον τρόπο συχνά χάνουμε την τρυφερότητα, τη ζεστασιά. Το φιλί όταν δεν το περιμένεις, το άγγιγμα στον ώμο τη στιγμή που το χρειάζεσαι — αυτές είναι «αισθησιακές» ικανοποιήσεις. Ο Τζιμ Σάντερσον, ένας επαγγελματίας αρθρογράφος των *Los Angeles les Times* έλαβε πρόσφατα ένα γράμμα που μου άρεσε πολύ. Προερχόταν από μια γυναίκα με το όνομα Μάργκαρετ. Ήταν 71 χρόνων. Ένα βράδυ πήγε ο γιος της να την επισκεφτεί και μπήκε στο σπίτι χωρίς να χτυπήσει. Θράσος, ε! Μπήκε λοιπόν στο σπίτι και βρήκε τη Μάργκαρετ στον καναπέ αγκαλιά με έναν από τους ηλικιωμένους φίλους της. Θα το πιστέψετε αν σας πω πως αυτός ο άντρας ταράχτηκε τόσο πολύ βλέποντας τη μητέρα του να φιλιέται με έναν άντρα στον καναπέ, που έκανε μεταβολή κι έφυγε λέγοντας: «Είναι αηδιαστικό!» Τι ηλίθιος! Γράφει λοιπόν η καημένη η Μάργκαρετ: «Έκανα άσχημα;» Και ξέρετε τι της απάντησε ο Σάντερσον; Πρέπει να σας το διαβάσω, γιατί αξίζει τον κόπο. Της είπε:

> Τα καλύτερα πράγματα στη ζωή, Μάργκαρετ, δε σταματάνε ποτέ. Κάθε άνθρωπος χρειάζεται κουβέντα και φιλία. Γιατί προεξοφλούμε ότι οι ανάγκες των ηλικιωμένων σταματάνε εκεί; Το σώμα μπορεί να είναι λίγο δύσκαμπτο, οι συγκινήσεις όμως δεν παθαίνουν αρτηριοσκλήρωση. Οι ηλικιωμένοι πεινάνε κυριολεκτικά για αγάπη και τρυφερότητα και σωματική επαφή, όπως όλοι οι άλλοι. Τα μεγάλα παιδιά και τα υπόλοιπα μέλη της οικογένειας συνήθως δεν προσφέρουν τίποτε παραπάνω από μερίδες πείνας — ένα φιλί στη χάση και στη φέξη. Ξέρουμε πολύ καλά, ότι το σεξ είναι προσιτό σε κάθε ηλικία, φτάνει να υπάρχει καλή υγεία, αλλά κι όταν δεν είναι επιθυμητό για διάφορους λόγους, γιατί να μην υπάρξει ένας ρομαντικός δεσμός, λίγη αγάπη, λίγες αθώες επαφές, ένα χέρι που σφίγγει ένα άλλο; Πολλές γυναίκες στην ηλικία σου, Μάργκαρετ, αισθάνονται συχνά περίεργα και ανησυχαστικά σκιρτήματα μέσα τους, αισθήματα που είχαν χρόνια

να έρθουν στην επιφάνεια. Είναι η δύναμη της ζωής που έρχεται να σε σώσει θυμίζοντάς σου ότι έχεις φύλο και δεν είσαι απλώς ένας ουδέτερος γέρος. Δέξου το με χαρά, Μάργκαρετ, έχεις λάβει αρκετές κακές ειδήσεις ώς τώρα.

Ποτέ δεν παύεις να έχεις ανάγκη την αναγνώριση με εκατό διαφορετικούς τρόπους. Οι σχέσεις και οι δεσμοί πρέπει να βιώνονται μέσα στο *παρόν*. Πρέπει να ζεις το *τώρα*, να χαίρεσαι το *τώρα*, να ενδιαφέρεσαι για τους άλλους *τώρα*. Μία από τις πιο λυπητερές ειδήσεις που έλαβα τον περασμένο χρόνο, ήταν ο θάνατος της γυναίκας ενός συναδέλφου μου, που ήταν πολύ νέα. Επειδή ο θάνατος είναι ένας εκπληκτικό δημοκρατικό φαινόμενο, ποτέ δε μας λέει πότε θα συμβεί. Απλώς ξέρουμε όλοι ότι κάποια μέρα θα έρθει και για *μας*. Ζώντας την κάθε στιγμή είσαι έτοιμος για το θάνατο. Οι μόνοι άνθρωποι που κλαίνε και οδύρονται τη στιγμή του θανάτου, είναι αυτοί που δεν έχουν ζήσει ποτέ. Αν ζεις τώρα, όταν έρθει ο θάνατος θα μπορείς να του πεις: «Έλα, ποιος σε φοβάται;» Ο συνάδελφός μου όμως μου είπε ότι η γυναίκα του ήθελε από πάντα να έχει ένα κόκκινο σατέν φόρεμα. «Εγώ», μου είπε, «πίστευα ότι ήταν πολύ κουτή επιθυμία και κακόγουστη». Και μετά πρόσθεσε με δάκρυα στα μάτια: «Νομίζεις ότι θα ήταν σωστό να την θάψω μ' ένα κόκκινο σατέν φόρεμα»; Μου ήρθε να παίξω τη μητέρα μου και να του φωνάξω: «Stupido!» (Βλάκα!)

Αν η γυναίκα σου θέλει ένα κόκκινο σατέν φόρεμα, αγόρασέ της το τώρα! Μην περιμένεις να στολίσεις το φέρετρό της με τριαντάφυλλα. Έλα μια μέρα εκεί που κάθεται ωραία και ζωντανή και πνίξε την στα τριαντάφυλλα. Πλημμύρισέ την στα τριαντάφυλλα. Πάντα αναβάλλουμε για αύριο, ιδιαίτερα με τους ανθρώπους που αγαπάμε. Ποιος νοιάζεται για το «τι θα πει ο κόσμος;». Στην πραγματικότητα ο κόσμος δε δίνει δεκάρα. «Είναι ανόητο να της πω ότι την αγαπάω. Αφού το ξέρει». Είσαι σίγουρος; Ακόμα κι έτσι όμως, εσύ έχεις κουραστεί ποτέ να ακούς ότι σε αγαπάνε; Έχεις κουραστεί ποτέ να σηκώνεις το φλιντζάνι σου και να βρίσκεις από κάτω ένα χαρτάκι που να λέει, «Είσαι καταπληκτικός;» Έχεις κουραστεί ποτέ να λαβαίνεις στα γενέθλιά σου ή στη γιορτή του

Αγίου Βαλεντίνου μια κάρτα που να γράφει, «Η ζωή μου είναι πιο πλούσια επειδή υπάρχεις εσύ»; *Τώρα* είναι η στιγμή ν' αγοράσεις το φόρεμα. *Τώρα* είναι η στιγμή να προσφέρεις τα λουλούδια. *Τώρα* είναι η στιγμή να κάνεις το τηλεφώνημα. *Τώρα* είναι η στιγμή να γράψεις το σημείωμα. *Τώρα* είναι η στιγμή ν' απλώσεις το χέρι σου και να αγγίξεις τον άλλο. *Τώρα* είναι η στιγμή να πεις χωρίς να ζητάς ανταπόδοση: «Είσαι σημαντικός για μένα. Καμιά φορά φαίνεται να το ξεχνάω, αλλά δεν είναι αλήθεια. Η ζωή μου θα ήταν άδεια χωρίς εσένα». Μόνο όταν χάνεις ένα αγαπημένο πρόσωπο καταλαβαίνεις ότι η αγάπη βιώνεται στο τώρα. Είναι ο πιο σκληρός τρόπος για να μάθεις να αγοράζεις το φόρεμα τώρα, να γράφεις το σημείωμα τώρα. *Εμείς* έχουμε άλλη μια ευκαιρία. Ο σύζυγος της ιστορίας δεν την έχει.

Οι σχέσεις αγάπης στηρίζονται στην ανοιχτή, τίμια και όμορφη επικοινωνία. Ποτέ μην κάνεις βιαστικούς καυγάδες. Ποτέ! Ο χειρότερος καυγάς είναι όταν μπαίνεις μέσα και ρωτάς: «Τι συμβαίνει, αγάπη μου;» «Τίποτε». «Έλα τώρα, κάτι έχεις». «Όχι, δεν έχω τίποτε». Ανακάλυψα πως ο καλύτερος τρόπος να κάνεις τον επόμενο καυγά πιο εκφραστικό είναι να πεις: «Α, χαίρομαι πάρα πολύ, μου φάνηκε πως είχες κάτι και ανησύχησα. Χαίρομαι που δεν τρέχει τίποτε. Γεια». Την επόμενη φορά που θα ρωτήσεις, «Τι τρέχει;» θα δεις ότι θα σου πουν. Δεν ακούμε τον εαυτό μας και τα πράγματα που λέμε.

Πρέπει να ακούμε πώς λέμε τα διάφορα πράγματα, γιατί τα έχουμε μάθει από τους άλλους. Είναι σαν τους δάσκαλους που λένε στα παιδιά: «Σάλυ, εσένα περιμένουμε!» Κι η Σάλυ λέει μέσα της: «Περίμενε όσο θέλεις, παλιο...» Κι εμείς λέμε πράγματα εξίσου παράλογα. Για παράδειγμα, θ' ακούσεις τον εαυτό σου να λέει: «Το πρόβλημα με σένα είναι ότι...» Συνήθως το πρόβλημα με μένα είσαι *εσύ*. «Θα μετανοιώσεις κάποτε». Πόσο λάθος κάνεις! «Σ' το έχω πει χιλιάδες φορές!» Τότε, τι στην οργή μου το ξαναλές; «Σου χάρισα τα καλύτερα χρόνια της ζωής μου». Αν αυτά ήταν τα καλύτερα χρόνια, τι μένει να περιμένω; «Κάνε ό,τι θέλεις, δικιά σου είναι η ζωή!» Αν είναι δικιά μου, τότε γιατί δε μ' αφήνεις να την ζήσω *εγώ*;

Μαζί. Από το «εγώ» και το «εσύ» στο «εμείς». Οι σχέσεις σας θα είναι τόσο ζωντανές και γεμάτες, όσο είσαστε κι εσείς. Αν είσαστε νεκροί, νεκρή θα είναι και η σχέση. Και αν οι σχέσεις σας είναι βαρετές και ανεπαρκείς, φταίτε εσείς που είσαστε βαρετοί και ανεπαρκείς. Ζωντανέψτε λιγάκι! Πάρτε είδηση ότι ο κόσμος και οι άνθρωποι δε φτιάχτηκαν ειδικά για σας. Προσπαθήστε να κάνετε κάποιον άλλο να νιώσει καλά. Ξεκινήστε από την υπόθεση ότι οι άλλοι είναι καλοί, ώσπου να σας αποδείξουν *απτά* και *συγκεκριμένα* ότι δεν είναι. Αλλά ακόμη και τότε μην ξεχνάτε ότι έχουν τη δυνατότητα να αλλάξουν και ότι μπορείτε να τους βοηθήσετε. Εξασκηθείτε στη χρήση του «εμείς» αντί για το «εγώ» στη σκέψη και την έκφρασή σας. Αγαπήστε *πολλά* πράγματα βαθιά, γιατί η ικανότητά σας για αγάπη μετριέται από το πόσο πολύ και πόσο βαθιά· αγαπάτε. Μην ξεχνάτε πως όλα τα πράγματα αλλάζουν, ιδιαίτερα οι ανθρώπινες σχέσεις κι αν θέλουμε να τις διατηρήσουμε, πρέπει ν' αλλάζουμε μαζί τους. Ας είναι η αλλαγή αυτή ανάπτυξη. Βεβαιωθείτε ότι αναπτύσσεστε *μαζί* κι όχι *χωριστά*. Ψάξτε να βρείτε ανθρώπους υγιείς, που ξέρουν ακόμη πώς να γελάνε, πώς να αγαπάνε και πώς να κλαίνε. Θυμηθείτε ότι η δυστυχία δεν καλοδέχεται απλώς τη συντροφιά, την *απαιτεί*. Φροντίστε να την αποφεύγετε.

Και για το τέλος, κάτι που άκουσα πέρσι από τον Δαλάι Λάμα του Θιβέτ. Είπε μερικά πράγματα πολύ συγκινητικά. Να ένα απ' αυτά: «Ζούμε πολύ κοντά ο ένας στον άλλο. Γι' αυτό ο κυριότερος στόχος μας στη ζωή είναι να *βοηθήσουμε* τον άλλο». Μετά χαμογέλασε λίγο και πρόσθεσε: «Κι αν δεν μπορούμε να τον βοηθήσουμε, τουλάχιστον ας μην τον πληγώνουμε». Αν ο καθένας μας υποσχόταν στον εαυτό του πως στο όνομα των ανθρώπινων σχέσεων και της ανθρώπινης αλληλεγγύης μας θα αφιέρωνε τη ζωή του να βοηθήσει τους άλλους να αναπτυχθούν κι αν, μην μπορώντας να το κάνει αυτό, φρόντιζε τουλάχιστον να μην τους πληγώσει, θα βλέπαμε να γίνεται κάτι μαγικό. Ένας Ιταλός ποιητής, ο Κουασίμοντο, που κέρδισε το Νόμπελ της ποίησης, έγραψε ένα μικρό ποίημα που λέει: «Ο καθένας μας στέκεται μόνος του στον απέραντο κόσμο, λουσμένος για μια στιγμή σε μια αχτίνα του ηλίου. Και ξαφνικά πέφτει η νύχτα». Το ποίημα ονομάζεται «Ed é Subito Sera».

Και ξαφνικά πέφτει η νύχτα. Αν σταθείτε πλάι μου, μπορούμε να μοιραστούμε το φως του ήλιου και τότε, πιστέψτε με, η νύχτα δε θα μας φανεί τόσο τρομαχτική.

13

Ο εξοπλισμός του αντι-εαυτού: ο αυτομειωτικός εαυτός σου

Απόψε θα 'θελα να σας μιλήσω για κάτι που είναι πραγματικά σημαντικό για μένα. Βλέπω πολλούς ανθρώπους, συνεργάζομαι μαζί τους και με απασχολεί πολύ το γεγονός ότι οι άνθρωποι που βλέπω φοβούνται να δείξουν προς τα έξω τη μαγεία και την ομορφιά τους. Συνεχώς αμφιβάλλουν για το αν είναι όμορφοι και θαυμάσιοι. Αν θέλουμε να υπάρξει κάποια ελπίδα για την αγάπη, πρέπει να φροντίσουμε να εκφράσουμε την αγάπη και το ενδιαφέρον μας, να το εκφράσουμε προς τα έξω και να μη φοβόμαστε. Θα 'θελα λοιπόν να μιλήσω σ' αυτούς που δεν ειναι ακόμη σίγουροι, που είναι επιφυλακτικοί και φοβούνται να είναι αυτό που είναι. Την ομιλία μου αυτή την ονόμασα «Ο εξοπλισμός του αντι-εαυτού: ο αυτομειωτικός εαυτός σου» και σας την χαρίζω με αγάπη.

Είναι εντυπωσιακό — μπορείς να μην το συνειδητοποιείς, αλλά ένας από τους λόγους που *δεν* είσαι πολλά πράγματα είναι γιατί εσύ ο ίδιος εμποδίζεις την ανάπτυξή σου. Κι αυτό που κάθομαι και σε προτρέπω να κάνεις είναι να φύγεις από τη μέση! Μην εμποδίζεις, πέταξε, η ζωή και η αγάπη σε πριμένει! Το μόνο που χρειάζεται να κάνεις είναι να αρπάξεις την ευκαιρία. Ο περισσότερος κόσμος όμως δεν έχει εμπιστοσύνη στον εαυτό του. Δεν τον πιστεύει. Δεν τον *συμπαθεί* καν. Ήμουνα στο γραφείο πρόσφατα — πολλοί από σας ξέρετε ότι στο μάθημά μου έχω κάμποσα πράγματα που είναι προαιρετικά υποχρεωτικά. Και ένα από τα προαιρετικά υποχρεωτικά είναι να έρθουν όλοι κάποτε να με επισκεφτούν. Δε νομίζω ότι ζητάω πολλά, κι όμως μου τυχαίνει να δέχομαι τρομαγμένους ανθρώπους που έρχονται τρέμοντας. Ήρθε λοιπόν ένα όμορφο κορίτσι που κάθησε απέναντί μου και της είπα: «Πες μου κάτι για σένα. Θα είμαστε μαζί στην τάξη επί δεκάξι εβδομάδες, δε θέλω να είσαι ξένη. Μίλησέ μου για σένα και μετά θα έρθει η δική μου σειρά και θα σου μιλήσω για μένα».

«Μα δεν έχω τίποτε να πω», είπε το κορίτσι.

«Τι θα πει αυτό; Μίλησέ μου για το θαύμα της ύπαρξής σου».

«Το θαύμα;», ρώτησε η κοπέλα. Και μετά από μια μεγάλη σιωπή είπε: «Να, είμαι πολύ κοντή».

Ξέρετε ποια είναι η αλήθεια; Δεν το είχα παρατηρήσει ώς τη στιγμή που μου το είπε. Και μετά σκέφτηκα, εντάξει, θα το εξισορροπήσω με κάτι καλό. Έτσι της είπα: «Ναι, αλλά είσαι πολύ καλή μαθήτρια. Ξέρεις ότι πήρες Α στις εξετάσεις του εξαμήνου;»

«Καθαρή τύχη», μου απάντησε η κοπέλα.

Τι να της απαντήσεις; Της είπα λοιπόν. «Ξέρεις όμως ότι είσαι μοναδική στον κόσμο...».

«Όχι εγώ! Δεν είμαι μοναδική. Πάψε αυτές τις σαχλαμάρες! Ξέρω πολύ καλά ότι δεν είμαι όμορφη και δε με θέλουν πολλοί. Τον περισσότερο καιρό είμαι μόνη μου».

Σκέφτηκε ότι, αν πραγματικά πιστεύει ότι είναι κοντή και άσχημη και κουτή και δεν έχει τίποτε να προσφέρει, γιατί να τη θέλουν οι άλλοι; Της έδωσα λοιπόν και κατάλαβε. Όταν βγήκε από το γραφείο ήταν δέκα εκατοστά ψηλότερη και αν την ξαναδώ να σκύβει, θα το πληρώσει ακριβά.

Ο Τζακ Πάαρ λέει ένα καταπληκτικό πράγμα. Λέει: «Η ζωή μου είναι σαν μια μακρυά κούρσα μετ' εμποδίων, όπου το κυριότερο εμπόδιο είμαι εγώ».

Δεν είναι καταπληκτική κουβέντα; Θέλω να σας διαβάσω κάτι που μου αρέσει πολύ και που τα δείχνει ξεκάθαρα όλα αυτά. Λέγεται «κλειδωμένος μέσα». Το έχει γράψει κάποιος που λέγεται Γκούσταβσον και λέει τα εξής:

> Όλη τη ζωή μου έζησα μέσα σε μια καρύδα.
> Δεν είναι σπουδαίος τόπος να ζήσει κανείς; Ήταν στενόχωρα και σκοτεινά, ιδιαίτερα, το πρωί που έπρεπε να ξυριστώ. Εκείνο όμως που μ' ενοχλούσε πιο πολύ, ήταν η έλλειψη επαφής με τον έξω κόσμο. Αν κανένας δεν έβρισκε την καρύδα

και δεν αποφάσιζε να την σπάσει, ήμουνα καταδικασμένος να ζήσω όλη μου τη ζωή μέσα σε μια καρύδα. Ίσως και να πεθάνω εκεί.

Πέθανα μέσα σ' αυτή την καρύδα. Κάνα δυο χρόνια αργότερα κάποιοι βρήκαν την καρύδα και την έσπασαν και με βρήκαν μέρα ζαρωμένο και ξεραμένο. «Τι κρίμα», είπαν, «αν τον βρίσκαμε πιο νωρίς, ίσως να μπορούσαμε να τον σώσουμε. Ίσως να υπάρχουν κι άλλοι κλεισμένοι έτσι σαν κι αυτόν».

Άρχισαν λοιπόν να τριγυρίζουν και να σπάνε όλες τις καρύδες. Ήταν ανώφελο όμως. Ήταν χωρίς νόημα. Ήταν χαμένος καιρός. Άνθρωποι που αποφασίζουν να ζήσουνε μέσα σε μια καρύδα, τέτοιοι τρελοί υπάρχουν μόνο ένας στο εκατομμύριο. Γιατί, βλέπετε, δεν μπορούσα να τους πω πως έχω έναν αδελφό που ζει μέσα σ' ένα βελανίδι.

Ας μη ζούμε μέσα σε καρύδες. Ας μη ζούμε μέσα σε βελανίδια. Υπάρχει ένας ολόκληρος κόσμος για να τον γευτούμε. Υπάρχουν απίθανα πράγματα να δούμε και να αισθανθούμε και να επιθυμήσουμε και να σκοπεύσουμε και να πετύχουμε. Είσαι ένα απίστευτο δώρο και είσαι όλος δικός σου! Δε φτιάχτηκες για να ζήσεις τη ζωή σου μέσα σε βελανίδια και καρύδες. Θα ήταν η πιο μεγάλη αμαρτία, να βιώνεις λιγότερα απ' όσα είσαι.

Μ' αρέσει πολύ το βιβλίο του Βάιζελ *Φλογισμένες ψυχές*, όπου υπάρχει μια πολύ όμορφη διατύπωση. Λέει πως σαν πεθάνεις και πας να βρεις το δημιουργό σου, δεν πρόκειται να σου ζητήσει κανείς λογαριασμό γιατί δεν έγινες ο Μεσσίας ή γιατί δεν ανακάλυψες το φάρμακο για τον καρκίνο. Το μόνο που θα σε ρωτήσουν είναι τι τον έκανες τον εαυτό σου; Γιατί δεν έγινες *όλα* όσα είσαι;

Πάψε λοιπόν όλα αυτά τα τεχνάσματα του αντι-εαυτού. Πόσο συχνά ακούς τον εαυτό σου να λέει: «Είμαι ένα τίποτε». Πράγματι, αν το *πιστεύεις*, είσαι ένα τίποτε.

Η μητέρα μ' έπαιρνε κατά μέρος κάθε βράδυ και μου έλεγε: «Φελίτσε, μια μέρα θα γίνεις σπουδαίος άνθρωπος». Την κοίταζα καλά-καλά και τη ρωτούσα: «Αλήθεια;» Κι εκείνη μου απαντούσε:

«Περίμενε και θα δεις». Αυτό το έκανε με *όλα* μου τα αδέλφια. Μερικές φορές με πιάνει πραγματική θλίψη, όταν πηγαίνω στο σούπερ-μάρκετ κι ακούω τη νεαρή μαμά με το παιδάκι της να λέει στη γειτόνισσα: «Αυτός είναι λίγο χαζός. Αλλά η αδελφή του είναι σπίρτο».

Σαν ο μικρός να ήταν κουφός. Αυτές οι προφητείες βγαίνουν πάντα. Το παιδί ακούει, και τι ακούει; Πως είναι χαζός. Γινόμαστε αυτό που πιστεύουμε ότι είμαστε. Στο σπίτι μου άκουγα πάντα: «Τι θα πει *δεν μπορείς* — πήγαινε και κάν' το!» Πάντα έβρισκα τρόπο να το κάνω. Ακόμη βρίσκω! Καμιά φορά μου δείχνουν κάποιο πρόγραμμα και σκέφτομαι, «Δεν μπορώ». Και μετά φτάνει το τέλος της μέρας και το έχω κάνει. Έχει γίνει. Τι θα πει δεν *μπορείς*;

«*Δε θέλω*». Αυτό είναι το τέρμα του δρόμου. «*Δε θέλω*». Αν ήθελες να γνωρίσεις το χέρι του πατέρα, έφτανε να πεις αυτό το «Δεν θέλω». Δε θέλεις; Πάφ!

Μ' αρέσει η λέξη «Ναι». Σκεφτήκατε ποτέ πόσο όμορφη λέξη είναι; Καμιά φορά ρωτάω τους άλλους: «Ποια είναι για σας η ωραιότερη λέξη της αγγλικής γλώσσας;» Για μένα είναι το «Ναι». Είναι μια λέξη χωρίς τέλος. Συνεχίζει απεριόριστα. Ναιαιαιαιαι.

Το «Όχι» είναι η τελεία και παύλα. Όταν λες όχι κλείνεις το παράθυρο, κλείνεις την πόρτα και χώνεσαι μέσα στην καρύδα σου. Κι αν δεν αντέχεις το «Ναι», αν σε τρομάζει υπερβολικά, δοκίμασε το «Ίσως». Έτσι τουλάχιστον μένει μια πιθανότητα, μια ευκαιρία. Αλλά το «Δε θέλω»! Πολύ θλιβερή κουβέντα. Κι ένα άλλο που ακούω: «Έτσι είναι τα πράγματα και δε γίνεται τίποτε». Ξέρεις πολύ καλά ότι *δεν* είναι έτσι. Υπάρχει πάντα κάτι που μπορεί να γίνει. Μπες μέσα και δοκίμασε.

Κι ένα άλλο που το αντιπαθώ πραγματικά. «Είμαι πολύ *μεγάλος* για τέτοια». Πόσες φορές δεν έχετε ακούσει ότι είμαι πολύ μεγάλος για να βγαίνω στο πάρκο και να χορεύω ανάμεσα στα φύλλα; Δοκίμασέ το μια φορά και θα δεις πόσο νέος θα νιώσεις. Έχουμε μια περίεργη μανία με την ηλικία. Εγώ δε λέω σε κανένα πόσων χρονών είμαι. Νομίζω πως είναι διαστροφή αυτή η μανία μας. Είναι αρρωστημένη. Γιατί, μόλις σου βάλει ο άλλος την ετικέτα με την ηλικία σου, αισθάνεσαι ότι πρέπει να συμπεριφέρεσαι μ' έναν ορισμένο τρόπο. Ένας εξηντάρης δε χορεύει στα πάρκα. Ποιος το λέει αυτό; Κι οι δημοσιογράφοι με ρωτάνε: «Μπουσκάλια, πόσων χρονών είσαι;» «Από μια άποψη δεν έχω γεννηθεί ακόμη, από μια άλλη είμαι έφηβος, παλεύω, επαναστατώ, αναστατώνω τα πάντα. Κι από μια άλλη άποψη είμαι ένας γέρος σοφός 190 χρονώ. Τι με ρωτάτε; Τι σχέση έχουν τα χρόνια με την ηλικία μου;» Όταν ακούς τον εαυτό σου να λέει, «είμαι πολύ μεγάλος γι' αυτό», κλείνεις μια πόρτα. Ποτέ δεν είσαι πολύ μεγάλος για τίποτε! Γιατί η ηλικία βρίσκεται μέσα στο κεφάλι σου και πουθενά αλλού.

Με διασκεδάζει πολύ αυτή η αυτο-υπονομευτική ιδέα: «Σ' αυτό τον κόσμο ή θα φας ή θα σε φάνε». Δεν ξέρω τι κάνετε εσείς, αλλά εγώ δεν είδα ποτέ κανένα άνθρωπο να τρώει έναν άλλο. Σας αρέσουν; Ναι. Τους τρώτε; Όχι.

Και το άλλο. «Έχω πληγωθεί και δε θα ξαναεμπιστευτώ ξανά κανένα». Και τι έγινε που πληγώθηκες λίγο; Ο πόνος διδάσκει. Ζούμε σ' ένα πραγματικά ανόητο κόσμο που πιστεύει ότι όλα πρέπει να βρίσκονται πάντα σε μια ευτυχισμένη αποκορύφωση. Είναι φοβερό. Αυτό μας μαθαίνουν τα μαγικά μέσα. Ανοίγουμε την τηλεόραση και βλέπουμε κάποιους ανθρώπους να παθαίνουν αμόκ για κορν-φλέικς. Είναι τρελοί από τη χαρά τους! Τις προάλλες είδα μια διαφήμιση και δεν πίστευα στα μάτια μου. Έδειχνε μια γυναίκα —και νομίζω πως εξευτελίζει τις γυναίκες αυτή η διαφήμιση— που ήταν κατενθουσιασμένη μ' ένα νέο προϊόν που λεγόταν «Χίλια τραβήγματα». Βρισκόταν μέσα στην τουαλέτα κι έλεγε: «Α, πραγματικά το αγαπώ αυτό το προϊόν» και «Τώρα η ζωή μου είναι γεμάτη!». Προς Θεού, αν η χαρά σου εξαρτάται από τα «Χίλια τραβήγματα», τότε είσαι βαριά άρρωστος.

Εμείς όμως καταλήγουμε στη σκέψη: αν όλοι αυτοί οι άνθρωποι γίνονται ευτυχισμένοι με τόσο λίγα πράγματα, όπως ένα καθαριστικό τουαλέτας, τι μου συμβαίνει εμένα; Θα 'πρεπε κι εγώ να είμαι ευτυχισμένος συνέχεια. Λίγος πόνος δεν κάνει κακό. Εγώ έχω μάθει ένα σωρό υπέροχα πράγματα μέσα από οδυνηρές καταστάσεις. Μάλιστα μερικές φορές χρειαζόμαστε το θάνατο για να μας διδάξει τη ζωή, χρειαζόμαστε τη δυστυχία για να διδαχτούμε τη χαρά.

Γι' αυτό λοιπόν, καλωσόρισε τον πόνο όταν έρχεται. Αποτελεί μέρος της ζωής. Αγκάλιασέ τον. Βίωσέ τον! Μάθε να τον νιώθεις και πάλι. Μην τον αρνιέσαι. Ναι, ίσως να πονάει. Πες όμως, δεν πειράζει κι αν πονάει. Φώναξε, ούρλιαξε, δάγκωσε τα σεντόνια σου. Ζήσε τον πόνο. Κλάψε. Χτύπα τη γροθιά σου στο τραπέζι. Θύμωσε! Άσ' τον να ξεσπάσει. Και μετά ξέχνα το. Αλλιώς θα το κουβαλάς μέσα σου για πάντα. Και ξέρεις τι συμβαίνει όταν κουβαλάς μέσα σου τον πόνο; Ο πόνος τρέφεται από σένα. Εσύ παθαίνεις το έλκος και τους πονοκεφάλους.

Πού τις βρίσκουμε λοιπόν αυτές τις αυτοϋπονομευτικές ιδέες, αυτές τις ιδέες που μας περιορίζουν, που μας καταδικάζουν στη μοναξιά; Τις ιδέες που μας κάνουν να πλήττουμε; Τις ιδέες που σκοτώνουν τον αυθορμητισμό και την έκπληξη; Είναι ιδέες που εμποδίζουν τη ζωή, εμποδίζουν την ανάπτυξη, εμποδίζουν την αλλαγή. Ας τις αφήσουμε λοιπόν κατά μέρος. Πού όμως τις μαθαίνουμε;

Μερικές τις έχουμε μάθει από αυτούς που αγαπάμε περισσότερο. Από την οικογένειά μας. Αν θέλεις να διδαχτείς την προσωπική ολοκλήρωση και την αξιοπρέπεια, δεν υπάρχει καλύτερος τόπος από το σπίτι σου. Πολλές φορές δείχνουμε πολύ λίγη αγάπη σ' αυτούς ακριβώς που αγαπάμε πιο πολύ. Λέμε καλά λόγια στους συναδέλφους μας στο γραφείο, σπάνια όμως έχουμε ένα καλό λόγο για τα παιδιά μας, το σύντροφό μας. Μην αφήσεις ποτέ να περάσει μια μέρα χωρίς να δεις κάτι καλό στους ανθρώπους γύρω σου. Και μην παραμελείς να τους το πεις. Ίσως τη μέρα αυτή να είναι δύσκολο, να πρέπει να ψάξεις πολύ. Βρες όμως *κάτι* καλό και πες: «Αυτό ήταν πραγματικά καλό». «Τα κατάφερες πολύ καλά».

Πάντοτε λέω στους δασκάλους, πως τα παιδιά δεν μπορούν να αντιμετωπίσουν την ιδέα, ότι από τα πενήντα πράγματα τα σαράντα εννιά είναι λάθος. Γιατί να μην τους λέμε: «Τζόνυ, πέτυχες *ένα!*» Μπράβο! «Αύριο θα τα κάνεις *δύο!*». Θυμηθείτε τη γιαγιά που έλεγε: «Με το μέλι πιάνονται οι μύγες, όχι με το ξίδι». Γιατί λοιπόν να έχουμε συνεχώς το μυαλό μας στο ξίδι; Αυτό *θα 'πρεπε* να είσαι. Αυτό *θα 'πρεπε* να κάνεις. Και πάντα κάτω από την κάλυψη: «Σ' το λέω αυτό, γιατί σε αγαπώ». Αυτή η αδιάκοπη κριτική είναι για το καλό σου. Ωραία, έτσι θα 'πρεπε να είναι και με τα κομπλιμέντα! Αν με αγαπάς, πες μου κάτι καλό. Εντάξει, είμαι ένα μηδενικό. Εντάξει, είμαι βλάκας. Μα δεν έχω απολύτως *τίποτε* το συμπαθητικό; Για σκέψου καλύτερα. Είναι μια πολύ περίεργη δυναμική κι ωστόσο πολύ πραγματική. Οι άνθρωποι που θα πρέπει να ενθαρρύνουμε περισσότερο γιατί τους αγαπάμε, συνήθως ακούνε τα λιγότερα καλά λόγια από μας. Κι αυτό είναι πολύ κρίμα. Γι' αυτό πρέπει να αρχίσει κανείς από το σπίτι του να φτιάχνει αυτή την ατμόσφαιρα της προσωπικής αξιοπρέπειας. Πρόσφατα έλαβα ένα γράμμα από μια γυναίκα που ήταν συμμαθήτριά μου στο Δημοτικό. Με είχε δει στην τηλεόραση. Το καταπληκτικό με την τηλεόραση είναι ότι σε αναγνωρίζουν οι παλιοί φίλοι σου. Μου έγραψε λοιπόν η παλιά μου συμμαθήτρια και το γράμμα της άρχιζε ως εξής: «Δε θα μπορούσε να υπάρχει και δεύτερος τρελός σαν κι εσένα». Και παρακάτω: «Ήσουνα παλαβός ακόμη και τότε που ήσουνα παιδί, κι έχεις μείνει ίδιος τώρα που μεγάλωσες. Άλλωστε μόνο ένας μπορείς να έχει τέτοιο όνομα, Φελίτσε Λεονάρντο Μπουσκάλια. Ξέρεις τι θυμάμαι από τότε, Φελίτσε;» Και ψάρεψε από το παρελθόν κάτι που δεν το θυμόμουνα πια. «Θυμάμαι μια φορά που σε είχαν περιτριγυρίσει όλοι και σε κορόιδευαν, γιατί φορούσες το παλτό της αδελφής σου. Ήταν χειμώνας και φορούσες το παλτό της αδελφής σου».

Ξαφνικά έλαμψε στο μυαλό μου η ανάμνηση αυτή και θυμήθηκα πόσο φτωχοί ήμαστε. Θυμάμαι πως ήταν μια πολύ κρύα μέρα και η μαμά ξεκρέμασε το παλτό της αδελφής μου και μου το φόρεσε. Είχε ένα στενό γούνινο γιακά και κούμπωνε γυναικεία. Είπα: «Μαμά, δε θέλω...» Όπως σας έχω ξαναπει, η μητέρα μου ήταν ένας απίστευτα μη-παρεμβατικός συμβουλευτής.

«Σκασμός!», μου είπε: «Να χαίρεσαι που έχεις κάτι να σε ζεσταίνει. Πόσοι άνθρωποι δεν έχουν παλτό να τους ζεστάνει. Ποιον ενδιαφέρει αν είναι το παλτό της αδελφής σου; Αν το φορέσεις με περηφάνεια, θα είσαι μια χαρά».

Κι όμως δεν ήμουνα μια χαρά. Το ξέχασα όμως. Κοιτάζοντάς το αναδρομικά, το πιο σπουδαίο πράγμα δεν είναι ούτε το παλτό ούτε ο πόνος και η κοροϊδία —«Φοράει κοριτσίστικα!..»— κι όλα τα παρόμοια. Αυτό που θυμάμαι είναι η μητέρα να λέει: «Αν το φορέσεις με περηφάνεια...» και «Υπάρχουν άνθρωποι που δεν έχουν καν παλτό». Βλέπετε, αυτά με δίδαξαν κάτι ζωτικό και θετικό. Κι αυτό ακριβώς πρέπει να κάνουμε, γιατί φτιαχνόμαστε από τους ανθρώπους που μας περιβάλλουν. Φτιάχνουμε ο ένας τον άλλο κάθε μέρα. Δεν παύω να το επαναλαμβάνω αυτό στον κόσμο. Μου λένε: «Ω, η αγάπη είναι τόσο δύσκολη», κι εγώ τους λέω: «Δεν έχετε καταλάβει πόσο εύκολη είναι; Η αγάπη είναι εύκολη. Εμείς είμαστε περίπλοκοι». Αγάπη σημαίνει να λες, «Ευχαριστώ. Ήταν πολύ ωραία», στην ξεθεωμένη σερβιτόρα. Έφαγα πρόσφατα σ' ένα απ' αυτά τα έκτης κατηγορίας φαγάδικα στην Αριζόνα. Ξέρετε απ' αυτά που μπαίνεις μέσα κι η μυρωδιά σε πνίγει στο λαιμό. Ακόμα και τα ποντίκια το βάζουν στα πόδια. Παραδόξως όμως το φαγητό ήταν πραγματικά καλό. Παράγγειλα χοιρινή μπριζόλα και κάποιος από την παρέα μου είπε: «Τρελάθηκες; Θα πάθεις δηλητηρίαση! Κανείς δεν τρώει χοιρινές μπριζόλες σε τέτοια μέρη». «Μα αφού μυρίζουν τόσο ωραία!», είπα εγώ. Άλλωστε κάποιος έτρωγε μπριζόλα σ' ένα γωνιακό τραπέζι και ήταν τεράστια! Έτσι λοιπόν παράγγειλα την μπριζόλα μου και ήταν υπέροχη. Όταν τελείωσα, είπα στη σερβιτόρα: «Ξέρεις, θα ήθελα να γνωρίσω τον μάγειρα». «Γιατί;», με ρώτησε εκείνη. «Ήταν τίποτε άσχημο;»

«Όχι», της είπα. «Αντίθετα, θέλω να του πω πόσο καλό ήταν το φαγητό».

«Μη μου πεις», έκανε η σερβιτόρα. «Κανείς δεν το έχει κάνει αυτό ποτέ». Έτσι λοπόν πήγαμε στην κουζίνα και τον βρήκαμε καταϊδρωμένο. Ήταν ένας πολύ χοντρός άνθρωπος.

«Τι τρέχει;», ρώτησε ο μάγειρας.

«Τίποτε δεν τρέχει», του είπα. «Αυτή η μπριζόλα που έφαγα ήταν υπέροχη, όσο για τις πατάτες! Πραγματικό θαύμα. Έχω φάει σε μερικά από τα καλύτερα εστιατόρια του κόσμου και θέλω να σου πω πως δεν πηγαίνεις πίσω».

Με κοίταξε σαν να έλεγε: «Ωχ, τρελάθηκε αυτός!» Και μετά ξέρετε τι είπε (επειδή ήταν αδέξιος και δεν είχε συνηθίσει στα κομπλιμέντα); «Θες άλλη μία;» Δεν είναι υπέροχο; Αυτό είναι η αγάπη. Αυτό σημαίνει. Σημαίνει να δίνεις χαρά στους άλλους. Σημαίνει να βλέπεις κάτι ωραίο και να το λες. Σημαίνει να βλέπεις κάποιον όμορφο, να τον πλησιάζεις και να τους λες: «Είσαι όμορφος». Μετά όμως τραβήξου γρήγορα. Γιατί τα λόγια σου θα τον τρομάξουν όσο δε φαντάζεσαι.

Μια από τις πιο αστείες εμπειρίες που είχα ποτέ — ίσως να σας την έχω ξαναπεί, μου ήρθε όμως στο μυαλό τώρα και είναι πολύ καλό παράδειγμα. Είδα στο Πανεπιστήμιο ένα πολύ όμορφο κορίτσι. Είχε κατάξανθα μαλλιά που τα φυσούσε πίσω ο άνεμος. Ένα υπέροχο θέαμα. Καθώς την προσπερνούσα, σκέφτηκα: Τι όμορφα μαλλιά που έχει αυτό το κορίτσι. Ύστερα, καθώς διέσχιζα το δρόμο μου, σκέφτηκα πως έπρεπε να της το πω. Έκανα μεταβολή λοιπόν και όρμησα καταπάνω της. Εκείνη το αισθάνθηκε, ξέρετε πώς συμβαίνει καμιά φορά. Κοκκάλωσε έτοιμη να πατήσει τις φωνές. «Μην τρομάζεις», της είπα. «Θέλω απλώς να σου πω ότι έχεις απίθανα μαλλιά κι όπως παίζει ο ήλιος μέσα τους είναι κάτι υπέροχο. Πραγματικά μου αρέσουν πολύ. Σ' ευχαριστώ».

Και μετά απομακρύνθηκα γιατί ξέρω καλά την ψυχολογική αρχή της προσέγγισης-αποφυγής. Ξέρετε, την απόσταση από το αντικείμενο του φόβου. Έτσι απομακρύνθηκα αργά και έφευγα μακριά, το κορίτσι άρχισε να συνειδητοποιεί, ότι κάποιος της είχε κάνει ένα κοπλιμέντο. Και άρχισε να χαμογελάει. Κι όταν πια είχα φτάσει στην είσοδο του Πανεπιστημίου, μου κούνησε το χέρι και μου είπε: «Ευχαριστώ». Την κοίταζα καθώς έφευγε και μου φάνηκε πιο ψηλή, σαν να πήγαινε πιο κοντά στον ήλιο.

Τι το δύσκολο βρίσκετε σ' αυτό; Τέτοιες ευκαιρίες τις έχουμε κάθε μέρα και δεν τις χρησιμοποιούμε. Μπορούμε ν' αρχίσουμε με τους κοντινούς μας ανθρώπους. Μπορούμε να τους διδάξουμε τον αυτοσεβασμό και να φροντίσουμε να πάρει ο καθένας το κοπλιμέντο του. Μου λένε μερικοί: «Μα έτσι είναι τεχνητό, Μπουσκάλια». Δεν είναι τεχνητό, αν το βλέπετε πραγματικά. Μη μου πείτε πως οι άνθρωποι γύρω σας δεν αξίζουν ένα κομπλιμέντο; Τι είναι τεχνητό λοιπόν;

Η μητέρα, θυμάμαι, χαιρόταν πολύ όταν της έλεγες καλά λόγια για το φαγητό της. Της λέγαμε λοιπόν όλοι: «Α, ήταν υπέροχο, μαμά».

Κι εκείνη απαντούσε: «Δε χρειάζεται να μου το λέτε, το ξέρω». Αλίμονό μας όμως, αν δεν της το λέγαμε.

Ποτέ δεν κάνει κακό να πεις στον άλλο ότι τον αγαπάς, να του πεις, «Σ' αγαπώ». Οι περισσότεροι —κυρίως οι άντρες— λένε: «Μα αφού το ξέρει ότι την αγαπώ. Ποιος ο λόγος να της το πω;» Α, έτσι; Όταν θα φύγει, ίσως μάθεις ποιος ο λόγος. Είναι τόσο απλό να πεις, «Σ' αγαπώ». Κι αν δεν μπορείς να το πεις, γράψ' το. Κι αν δεν μπορείς να το γράψεις, χόρεψέ το. Βρες όμως κάποιο τρόπο να το *πεις*. Και μην κουράζεσαι να το λες. Κανείς δεν κουράζεται ποτέ να το ακούει. Μπορεί να σου απαντήσουν: «Ω, δε χρειάζεται να μου το πεις, το ξέρω...». Κι όμως είναι τόσο ευχάριστο να σου το λένε.

Τις αυτομειωτικές ιδέες δεν τις μαθαίνουμε μόνο στο σπίτι μας αλλά και στο σχολείο. Αυτό το ξέρουμε πολύ καλά όλοι μας. Τώρα τελευταία μιλούσα μ' ένα μικρό παιδί κι ο διάλογός μας ήταν ο εξής:

«Δεν μπορώ να το κάνω».

«Πώς το ξέρεις;»

«Αφού είμαι κουτός».

«Πώς ξέρεις ότι είσαι κουτός;»

«Μου το είπε η δασκάλα».

Τι ελπίδες υπάρχουν αν οι δάσκαλοι σου λένε ότι είσαι κουτός; Νομίζω πως πρέπει να κάνουμε μια αρχή λέγοντας: «Έχεις τις δυνατότητες. Υπάρχει μέσα σου κάτι καλό. Θα το βρούμε μαζί».

Ο πολιτισμός μας μας διδάσκει συνεχώς να είμαστε καχύποπτοι. Να μην εμπιστευόμαστε κανένα. Να μην πιστεύουμε. Να φοβόμαστε τα πάντα. Αυτό που κάνουμε τελικά είναι να χτίζουμε όλο και πιο ψηλά τείχη για να προστατευτούμε ο ένας από τον άλλο! Εγώ δε θέλω να προστατευτώ από *σένα*. Θέλω να μπω μέσα στην ψυχή σου. Θέλω να σε γνωρίσω. Δε θέλω προστασία. Έχω εμπιστοσύνη. Κι αν βρεθεί ένας ή δυο που θα μου τη φέρουν, δεν πειράζει. Δε θέλω να περάσω από δίπλα σου χωρίς να σε γνωρίσω. Ποτέ. Αυτό με τρομάζει πιο πολύ. Ο πολιτισμός μας όμως επιμένει να μας λέει πράγματα, όπως «μην εμπιστεύεσαι το διπλανό σου». Ούτε τους γείτονές μας δε γνωρίζουμε. Κι αυτό είναι πολύ κρίμα. Γιατί τελικά τι κάνουμε; Και στα παιδιά μας το ίδιο λέμε, να μην έχουν εμπιστοσύνη. Έτσι η απόσταση μεταξύ μας ολοένα μεγαλώνει. Είναι καιρός ν' αρχίσουμε να χτίζουμε μικρές γέφυρες.

Εδώ και πολλά-πολλά χρόνια αποφάσισα ότι ήθελα να δω πώς είναι ο υπόλοιπος κόσμος. Άρχισα λοιπόν πουλώντας τα πάντα. Όλα όσα θεωρούν οι άνθρωποι σημαντικά. Το αυτοκίνητό μου, τα ρούχα μου, ό,τι μπορούσε να μου δώσει λεφτά, προκειμένου να πάω στην Ασία και να γνωρίσω το άλλο μισό του κόσμου που δε γνώριζα. Αναρωτιόμουνα: Κλαίνε οι άνθρωποι σ' αυτά τα μέρη; Αγκαλιάζονται; Είναι σαν κι εμένα; Ήθελα να το ξέρω αυτό. Ένιωθα πραγματικά την ακατανίκητη επιθυμία να πάω και να καθήσω σ' ένα μικρό μπούρι, κάπου στην Ινδονησία. Ήθελα να σκαρφαλώσω σε μια βουνοκορφή του Νεπάλ. Κι έτσι, παρά το γεγονός ότι όλοι είπαν πως τρελάθηκα και πως σαν θα γύριζα πίσω δε θα έβρισκα δουλειά και τα παρόμοια, εγώ είπα: «Και λοιπόν; Θα τα καταφέρω». Και τα κατάφερα. Βλέπετε;

Πήγα σε μέρη εξωτικά, σαν το Μπαλί. Θυμάμαι την ημέρα που έφτασα στο Μπαλί. Εκεί να δείτε όμορφα πολιτιστικά μηνύματα. Δεν ήμουνα περισσότερο από δυο ώρες στο μικρό μου σπίτι κι είχαν έρθει να με δουν τουλάχιστον επτά άτομα. Με δώρα: ένα κομμάτι μπατίκ, λουλούδια για να ομορφήνει το σπίτι μου. Δώρα! Εγώ δεν είχα τίποτε να τους δώσω. Και φυσικά, όντας άνθρωπος του πολιτισμού μας, πίστευα ότι το δώρο θέλει αντιδώρο, ότι δεν αρκεί να το δεχτείς. Έτσι τους έδωσα τα εσώρουχα και τα μακό μπλουζάκια μου. Όταν το ξανασκέφτομαι, λέω στον εαυτό μου: «Τι βλάκας που ήσουν. Να δώσεις μακό μπλουζάκια σ' αυτούς τους όμορφους ανθρώπους με τα ινδονησιακά μπατίκ!» Μου είπαν ακόμη πως κάθε απόγευμα γύρω στις έξι με επτά όλο το χωριό κατέβαινε στο ποτάμι κι έκαναν μπάνιο μαζί. Ήταν η στιγμή της κοινότητας. Η γιαγιά κι ο παππούς και τα μωρά. Όλοι μέσα στο νερό. Ξέρετε ποιος ήταν ο μόνος που είχε πρόβλημα; ΕΓΩ! Καθόμουνα εκεί αμήχανος. *Θα μπει κι η αδελφή σου στο νερό;* Με κοίταγαν σαν να ήθελαν να πουν: Τι σου συμβαίνει; Γιατί όχι;

Μια άλλη φορά, θυμάμαι, ήταν παραμονή των Χριστουγέννων. Οι περισσότεροι δεν είχαν ακούσει την ιστορία των Χριστουγέννων. Σκέφτηκα πως θα ήταν ωραίο να τους την έλεγα. Είπα λοιπόν: «Σήμερα είναι παραμονή των Χριστουγέννων».

Κι αυτοί ρώτησαν: «Τι σημαίνει παραμονή των Χριστουγέννων;»

Τους είπα λοιπόν την ιστορία των Χριστουγέννων. Όταν βρίσκεσαι σε μια μη χριστιανική χώρα και λες την ιστορία αυτή, γίνεται ακόμη πιο σημαντική. Με άκουσαν με μεγάλη προσοχή και τους άρεσε. Την βρήκαν υπέροχη. Δεν καταλάβαιναν όμως ένα πράγμα κι αυτό ήταν πολύ ενδιαφέρον. «Τι εννοείς όταν λες ότι δεν άφηναν τη Μαρία να μείνει στο πανδοχείο;»

«Είπαν ότι ήταν γεμάτο».

«Και τι σημασία έχει αυτό; Πόσο χώρο πιάνει μια γυναίκα; Υπάρχει πάντα χώρος σ' ένα πανδοχείο».

Πώς να το εξηγήσεις αυτό; Αναγκάστηκε να γεννήσει σ' ένα σταύλο. Πραγματικά, το τελευταίο πράγμα που άκουσα από ένα παιδί, καθώς με έβαζαν στο λεωφορείο για να γυρίσω στην Τζακάρτα ήταν: «Εξακολουθώ να μην καταλαβαίνω γιατί δεν την άφησαν να μείνει».

Υπάρχουν άνθρωποι που δεν ξέρουν τους γείτονές τους. Μένουν στο ίδιο σπίτι επί δώδεκα χρόνια. Κάποιος τους χτυπάει την πόρτα και φοβούνται ν' ανοίξουν. Τι έχουμε πάθει; Το πιο θλιβερό είναι ότι όταν εθιστεί πια κανείς σ' αυτά τα «πιστεύω», τότε καθετί καινούργιο που μαθαίνει το φιλτράρει μέσα απ' αυτά τα «πιστεύω» της καχυποψίας και του φόβου και δεν αλλάζει. Αυτά τα «πιστεύω» μας εμποδίζουν να γίνουμε αυτό που είμαστε. Το μόνο που σας λέω είναι, ξεχάστε τα, γιατί αλλιώς ο κόσμος σας θα είναι πολύ περιορισμένος, γεμάτος ασχήμια και καχυποψία.

Όταν ήμουν στην εφηβεία μου, επειδή ήμουν δίγλωσσος, ξεναγούσα Αμερικανούς τουρίστες στην Ιταλία. Μ' αυτό τον τρόπο μπορούσα να επισκέπτομαι τους συγγενείς μου και να πληρώνομαι. Είδα τότε μέρη όπως είναι η Βενετία. Τι υπέροχο μέρος! Μην το χάσετε. Τους έπαιρνα σε μέρη που μου άρεσαν, όχι απλώς στο Μεγάλο Κανάλι, αλλά στα μικρά άγνωστα κανάλια. Υπάρχει στη

Βενετία ένα όμορφο μικρό νησί όπου πηγαίνεις με το Βαπορέτο. Μην πάρετε γόνδολα. Είναι πολύ ακριβή. Το Βαπορέτο είναι κάτι σαν θαλάσσιο λεωφορείο και πλέει τσουφ, τσουφ, τσουφ προς το νησί. Τους πήγα λοιπόν εκεί και τους έβλεπα να κάνουν βόλτες αμήχανοι και να κοιτάζουν γύρω τους. Ξέρετε τι μου είπε ένας απ' αυτούς; «Αυτό που χρειάζεται η Βενετία είναι ένα καλό *μπογιάτισμα!*» Ξέρετε πώς το ονομάζουν οι Ιταλοί αυτό το νησί; Νησί του Ουράνιου Τόξου. Η μπογιά έχει ξεθωριάσει στους τοίχους, έχει γίνει παστέλ και ξεφτάει. Αλλά καθρεφτίζεται μέσα στο νερό με ροζ, κίτρινα και πράσινα χρώματα. Δεν ήταν έτοιμοι να δουν την ομορφιά. Το μόνο που είδαν ήταν ότι η Βενετία χρειάζεται ένα καλό μπογιάτισμα.

Στη νότια Ιταλία υπάρχει ένα μέρος που ονομάζεται Ποζιτάνο κι έχει μια μεγάλη σκάλα. Την ονομάζουν Σκαλινατέλα. Δεν είναι όμορφο; Μια μεγάλη-μεγάλη σκάλα με χιλιάδες σκαλιά που πάντα μου άρεσε να τα κατεβαίνω. Ήταν πολύ ωραία. Οι τουρίστες μου άρχισαν να κατεβαίνουν. Γύρω στα μισά της διαδρομής γύρισαν και μου είπαν: «Τι μανίες έχουν αυτοί οι άνθρωποι! Χάθηκε ένα ασανσέρ;» Πρέπει να προσέχουμε πολύ, γιατί αν κουβαλάμε μαζί μας τους εθισμούς και τις προκαταλήψεις μας, θα καταλήξουμε να βλέπουμε παντού την ασχήμια. Φιλτράρουμε τα πάντα μέσα από την ασχήμια μας και δε βλέπουμε αυτό που *είναι*, βλέπουμε αυτό που προβάλλουμε εμείς. Έτσι, όπου και να πέσει η ματιά μας, είμαστε γεμάτοι καχυποψία και φόβο. Τελικά τι κάνουμε; Κρατάμε τον εαυτό μας μακριά από την ομορφιά και τη ζωή. Πάψε να αντιμάχεσαι τον εαυτό σου. Βγες απ' αυτό το παγωμένο πρόσωπο. Θυμήσου ότι είσαι κάτι ιερό.

Είσαι το δώρο του Θεού. Γέννησε τον εαυτό σου. Άφησέ τον να βγει στην επιφάνεια. Ξεφορτώσου όλες αυτές τις αυτομειωτικές ιδέες, καθώς και τις ιδέες για τους άλλους που εμποδίζουν τη συνάντηση και την επαφή μας. Μάθε να εμπιστεύεσαι ξανά. Μάθε να πιστεύεις πως είμαι πιο πολύ όμοιος με σένα παρά διαφορετικός.

Δεν ξέρω πού με τοποθετείς, όμως, πίστεψέ με, είμαι ακριβώς εκεί που βρίσκεσαι κι εσύ. Μέσα στην ίδια σύγχυση. Στην ίδια μοναξιά. Στην ίδια απελπισία. Κλαίω τόσο συχνά όσο κι εσύ. Δεν έχω περισσότερες απαντήσεις από σένα. Απλώς έχω σταματήσει να βάζω ερωτήσεις. Αφήνομαι στη διαδικασία. Δεν ψάχνω καν για ερωτήματα. Σκέφτομαι μόνο πως το ότι υπάρχω είναι ένα θαυμάσιο πράγμα. Μου γράφουν γράμματα, με ρωτούν: Γιατί να υπάρχει ο θάνατος; Ο πόνος; Γιατί να πεθαίνουν τα παιδιά; Γιατί να απελπιζόμαστε; Τους απαντάω και τους λέω: «Πού στην οργή θέλεις να ξέρω;» Τα ερωτήματα αυτά προσπάθησαν χωρίς επιτυχία να τα απαντήσουν άνθρωποι πολύ σπουδαιότεροι από μένα στη διάρκεια των αιώνων. Δεν το ξέρω το γιατί. Θυμάμαι όμως ότι πριν από πολλά-πολλά χρόνια κάποιος είπε ότι αφήνουμε τα ερωτήματα να μας απορροφήσουν τόσο πολύ, που ξεχνάμε να ζήσουμε τις απαντήσεις. Εγώ είμαι δυναμικά απορροφημένος στη διαδικασία της ζωής. Θέλω να δοκιμάσω τα πάντα! Θέλω να γνωρίσω τα πάντα. Ο,τιδήποτε είναι ζωή, θέλω να το ζήσω. Δεν το φοβάμαι. Γιατί ξέρω ότι πίσω από το βερνίκι (το βερνίκι της αυτο-υπονόμευσης) κρύβεται κάποιος σαν κι εμένα, γεμάτος ερωτήματα, φόβο, μοναξιά, κάποιος γεμάτος χαρά, που θέλει να ζήσει, που θέλει να γνωρίσει τον εαυτό του πριν να πεθάνει.

Κι όμως γυρίζουμε κάνοντας πως τα 'χουμε βρει όλα, πως είμαστε ασφαλείς, πως δε χρειαζόμαστε τίποτε, όταν θα ήταν πολύ πιο εύκολο αν λέγαμε: «Είμαι ευάλωτος. Κάνω λάθη. Φοβάμαι. Με άλλα λόγια είμαι άνθρωπος. Κι αυτό είναι το κυριότερο προσόν μου. Αυτό ακριβώς θέλω να είμαι».

Το παρακάτω κομμάτι μού το διάβασε κάποιος εδώ και πολλά χρόνια και μου άρεσε πολύ. Λέγεται «Μην αφήνεις να σε ξεγελάσω».

> Θέλω να ξέρεις πόσο σημαντικός είσαι για μένα, πόσο μπορείς να γίνεις ο δημιουργός τους πλάσματος που κρύβεται μέσα μου, αν πραγματικά το θελήσεις. Μόνο εσύ μπορείς να γκρεμίσεις τον τοίχο που πίσω του στέκω τρέμοντας. Μόνο εσύ μπορείς να δεις πίσω από τη μάσκα μου. Μόνο εσύ μπο-

> ρείς να μ' απελευθερώσεις από το σκοτεινό κόσμο του πανικού, της αβεβαιότητας και της μοναξιάς μου. Γι' αυτό, σε παρακαλώ, μη με προσπερνάς. Ξέρω πως δε θα είναι εύκολο για σένα. Η πεποίθηση της αναξιότητας χτίζει γερά τείχη. Κι όσο πιο πολύ με πλησιάσεις, τόσο πιο άγρια θα σου επιτεθώ. Βλέπεις, πολεμάω αυτό ακριβώς που χρειάζομαι περισσότερο.

Δεν είναι απίστευτο;

> Έχω ακούσει όμως πως η αγάπη είναι πιο δυνατή από τα τείχη και σ' αυτό στηρίζονται όλες μου οι ελπίδες. Γι' αυτό άρχισε να χτυπάς τον τοίχο με τα σταθερά, αλλά απαλά σου χέρια, γιατί το παιδί που κρύβεται μέσα μου είναι πολύ ευαίσθητο και δεν μπορεί να μεγαλώσει πίσω από τοίχους. Μην τα παρατάς. Σ' έχω ανάγκη.

Μοιάζουμε πιο πολύ απ' όσο διαφέρουμε. Όλοι μας το διαισθανόμαστε αυτό. Πρέπει να χτίσουμε γεφύρια ανάμεσά μας, γιατί χρειαζόμαστε ο ένας τον άλλο. Και ο πραγματικός εαυτός σου θα μεγαλώσει μόνο όταν υπάρχουν οι γέφυρες με μένα, με το διπλανό σου. Όλοι αισθανόμαστε το ίδιο πράγμα. Πάψε πια αυτή τη συνήθεια να μην εμπιστεύεσαι τους άλλους. Το ξέρω, είναι ρουλέτα. Και τι δεν είναι όμως στη ζωή! Τις προάλλες έβγαινα από το γραφείο μου και είδα μια γυναίκα στο πάρκινγκ. Έχουν γίνει κάτι πολύ φοβερά πράγματα σ' αυτό το πάρκινγκ. Πάλευε μ' ένα λάστιχο. Άφησα κι εγώ το χαρτοφύλακά μου στο αυτοκίνητο και την πλησίασα: «Μπορώ να βοηθήσω;», τη ρώτησα. Έκανε σαν να πήγαινα να τη χτυπήσω. «Όχι, όχι, ευχαριστώ, μπορώ και μόνη μου».

«Θα 'θελα πραγματικά να σε βοηθήσω», της είπα.

«Όχι. Ευχαριστώ. Όχι!»

Θεέ μου, σκέφτηκα, σε τι κόσμο ζούμε, όταν προτείνεις σε κάποιον να τον βοηθήσεις κι αυτός παγώνει από το φόβο!

Πρέπει να τις ξεφορτωθούμε όλες αυτές τις αυτομειωτικές ιδέες, πρέπει να πάψουμε να νομίζουμε πως δεν ξέρουμε τι είναι καλύτερο για μας. Μάθε ξανά να ακούς την εσωτερική φωνή σου και να εμπιστεύεσαι τον εαυτό σου. Κανείς δεν ξέρει καλύτερα από σένα ποιο είναι *το καλό σου*. Ο πατέρας έλεγε πάντα: «Αν δεν αποφασίσεις να διευθύνεις τη ζωή σου, Φελίτσε, θα τη διευθύνει κάποιος άλλος αντί για σένα». Κι αυτό είναι αλήθεια. Αν πιστεύεις μόνιμα πως δεν έχεις την ικανότητα να είσαι ο τέλειος εαυτός σου, τότε κάποιος άλλος θα πάρει τα πράγματα στα χέρια του και θα χαθείς πραγματικά. Μην παίζεις το παιχνίδι «Ακολουθήστε τον γκουρού». Έχουμε γεμίσει με ανθρώπους που σκέφτονται, «Αν ακολουθήσω αυτά που λέει αυτός, θα γίνω καλά». Ξέρεις τι θα σου συμβεί αν ακολουθήσεις κάποιον άλλο; Θα γίνεις αυτός. Κι επειδή μόνο αυτός μπορεί να είναι αυτός, εσύ θα χάσεις *τον εαυτό σου*. Ο δάσκαλος, οι γκουρού μπορεί να γίνουν οδηγοί σου, το ταξίδι όμως θα το κάνεις εσύ. Εκείνοι μπορούν μόνο να σου προτείνουν δρόμους.

Μην ακούς οποιονδήποτε λέει: «Αυτός είναι *ο* δρόμος». Οι δρόμοι είναι *πολλοί*. Κι ο δικός σου δεν είναι χειρότερος από τον δικό μου, φτάνει να οδηγούν όλοι στην καλοσύνη, στην ευγένεια, στην ομορφιά, στη χαρά, στην ανάπτυξη κι όχι στην καταστροφή. Άκου τον εαυτό σου, δείξε εμπιστοσύνη στον εαυτό σου. Γράφεις γράμματα και ρωτάς τι να κάνεις για το ένα και για το άλλο. Τι μπορεί να σου απαντήσει κανείς; Διασκεδάζεις όταν τα διαβάζεις, έτσι δεν είναι; Και σκέφτεσαι: Άκου αυτή τη συμβουλή! Κάθε φορά που μου γράφει κάποιος και μου λέει: «Τι να κάνω;», του απαντάω: «Άκουσε τις σου λέει ο εαυτός σου. Οι απαντήσεις σου βρίσκονται μέσα σου. Κι αυτό γιατί είσαι ήδη ο τέλειος εαυτός σου. Εγώ δεν τον ξέρω τον εαυτό σου. Εσύ όμως, αν έρθεις σ' επαφή μαζί του, θα το γνωρίσεις». Συνειδητοποίησε ό,τι γνωρίζεις και άκου αυτό που γνωρίζεις. Μετά πράξε πάνω σ' αυτή τη βάση.

Μάθε να εμπιστεύεσαι τη φωνή σου. Μάθε να ακούς ξανά. Μάθε να πιστεύεις. Δοκίμασέ το. Ποτέ δεν ξέρεις, αν δε δοκιμάσεις. Κι όταν το δοκιμάσεις, τότε θα καταλάβεις ποιο πράγμα συντονίζεται πάνω σου και τι είναι το σωστό για σένα. Βέβαια δεν είναι αυτό που σου λέει να κάνεις η Έμιλυ Ποστ ή η Αν Λάντερς. Έχουν πλάκα. Είναι σαν να διαβάζεις τον «Πίνατς». Τι θλιβερό όμως να παίρνεις οδηγίες από τον «Πίνατς»! Αν και το βρίσκω πολύ καλύτερο να καταφεύγει κανείς στον «Πίνατς». Συχνά ο «Πίνατς» δίνει σπουδαίες συμβουλές. Μην εμπιστεύεσαι εκείνους που λένε ότι έχουν τις απαντήσεις για σένα. Κανένας δεν έχει τις δικές σου απαντήσεις. Πες τους συγχαρητήρια που έχουν απαντήσει για τον εαυτό τους. Αλλά πάρε μόνος σου την ευθύνη της ζωής σου και δες τι θα γίνει παρακάτω. Το καταπληκτικό σ' αυτή την περίπτωση είναι, ότι όχι μόνο αποδεσμεύεις τον εαυτό σου και αισθάνεται ελεύθερος, αλλά επιτρέπεις και στους άλλους να είναι ελεύθεροι, γιατί είσαι υπεύθυνος για όλα όσα κάνεις, για όλες τις πράξεις σου. Και μη φοβάσαι την αποτυχία. Ζούμε ήδη σε μια κοινωνία τελειοθηρική. Ξέχνα την τελειότητα!

Μιλάω συχνά για την Τζούλια Τσάιλντ. Μ' αρέσει πραγματικά η στάση της. Να κάποιος που θα μπορούσα να του γράψω. Την παρακολουθώ, γιατί κάνει θαυμάσια πράγματα: «Απόψε θα φτιάξουμε ένα σουφλέ». Αρχίζει λοιπόν να ανακατεύει τούτο, να χτυπάει το άλλο, να πετάει πράγματα καταγής. Σκουπίζει το πρόσωπό της με την ποδιά της κι όλα αυτά τα ανθρώπινα πράγματα. Στο τέλος βάζει το σουφλέ στο φούρνο και σου μιλάει για λίγο. Μετά λέει: «Τώρα θα είναι έτοιμο». Ανοίγει το φούρνο και το σουφλέ έχει καθήσει. Τι νομίζετε πως κάνει τότε; Δεν αυτοκτονεί. Δεν κάνει χαρακίρι με το τραπεζομάχαιρο. Λέει: «Τι να κάνουμε! Δεν τα πετυχαίνει κανείς όλα. Καλή όρεξη!» Πολύ μου αρέσει αυτό! Έτσι πρέπει να ζούμε τη ζωή μας. Δεν τα πετυχαίνει κανείς όλα. «Καλή όρεξη! Καθήστε!»

Ξέρω όμως ανθρώπους που ακόμη αυτομαστιγώνονται για λάθη που έχουν κάνει πριν από είκοσι χρόνια. «Έπρεπε να είχα κάνει αυτό». «Έπρεπε να είχα κάνει το άλλο». Τι να γίνει, δεν το έκανες. Ποιος ξέρει όμως τι εκπλήξεις σε περιμένουν αύριο; Μάθε να λες: «Καλή όρεξη». Κάθησε και πιες στην υγεία του σήμερα. Η ζωή είναι ένα πικνίκ. Κι εσύ έχεις δικαίωμα να κάνεις κάποια λάθη. Κανείς δεν είπε ότι είσαι τέλειος. Μπορεί μάλιστα τα πράγματα να γίνουν πιο ενδιαφέροντα. Έκαψες το φαγητό; Πήγαινε στο εστιατόριο.

Και μετά έχουμε όλες αυτές τις τρελές αυτομειωτικές ιδέες περί ηλικίας. Σχολίαζα πρωτύτερα τι θλιβερό είναι να ζούμε σε μια κοινωνία που βάζει την ηλικία σε τόσο περίεργη θέση. Σαν να λέμε ότι μόλις φτάσεις σε μια μαγική ηλικία, τότε παύεις πια ν' αξίζεις ο,τιδήποτε. Μην αφήσεις να σου συμβεί τέτοιο πράγμα. Μην το πιστέψεις. Θέλεις να φορέσεις ένα κατακόκκινο κεντητό φόρεμα στα 87 σου και να βάψεις τα μαλλιά σου ροζ; Και να φορέσεις πατίνια; Κάν' το. Δεν αντέχω ν' ακούω εκφράσεις όπως «άτομο τρίτης ηλικίας». Καλύτερα να σε λένε άντρα, να σε λένε γυναίκα, γιατί αυτό είσαι. Έχουμε ξεχάσει ότι υπάρχουν άνθρωποι σαν τον Γαλιλαίο, για παράδειγμα, που έγραψε το τελευταίο του βιβλίο σε ηλικία 74 χρονώ. Ο Μιχαήλ Άγγελος ήταν 71 χρονών όταν τον διόρισαν επιτηρητή της Καπέλα Σιξτίνα, αν θέλετε το πιστεύετε. Η Γκραντμα Μόζες δεν είχε αρχίσει να ζωγραφίζει πριν από τα 71. Μ' αρέσει πολύ μια ιστορία που έχω ακούσει για το Ντιουκ Έλινγκτον. Η Συμβουλευτική Επιτροπή για το Βραβείο Πούλιτζερ τον απέρριψε στα 66 του κι ο Έλινγκτον το σχολίασε ως εξής: «Τι να γίνει, φαίνεται πως ο Θεός δεν ήθελε να γίνω διάσημος από νωρίς». Δεν είναι σπουδαία κουβέντα; Πέθανε στα 75 του. Ο Πάμπλο Καζάλς έπαιξε σ' ένα κονσέρντο στο Λευκό Οίκο στα 85 χρόνια του. Η Σούζαν Μπ. Άντονυ, αυτή η καταπληκτική κυρία, ήταν πρόεδρος στις Σουφραζέτες ώς τα 80 της και κατέβαινε στο δρόμο χτυπώντας το τύμπανό της. Σε ηλικία 52 χρονώ την συνέλαβαν επειδή ψήφιζε. Παρουσιάστηκε στο δικαστήριο και είπε: «Θέλω να ψηφίσω. Τι θα πει δεν μπορούν να ψηφίσουν οι γυναίκες». Το αποτέλεσμα ήταν μια νέα εμπειρία — η φυλακή!

Υπάρχουν πολλά πράγματα που μπορείτε να κάνετε. Μ' αρέσει πολύ η ιδέα ότι ο Τζωρτζ Μπέρναρντ Σω έσπασε το πόδι του στα 96. Ξέρετε πώς το έπαθε; Έπεσε από ένα δέντρο που κλάδευε. Πάψτε λοιπόν να σκεφτόσαστε έτσι.

Μπορείς και σήμερα ν' αποφασίσεις να εγκαταλείψεις όλες αυτές τις ανόητες, αυτομειωτικές ιδέες και να γίνεις αυτό για το οποίο σε προόρισε ο Θεός, μια ελάχιστη παραχώρηση σ' αυτόν που σε δημιούργησε. Πώς αντέχεις να πεθάνεις χωρίς να γίνεις όλα όσα είσαι; Αυτό θα το πετύχεις, αν *αποφασίσεις* να το κάνεις. Είναι τόσο εύκολο. Έτσι γίνονται οι αλλαγές και η αλλαγή είναι πάντα δυνατή. Δεν αντέχω ν' ακούω κουβέντες όπως, «Το γέρικο σκυλί δε μαθαίνει καινούργια κόλπα». Έχω διδάξει πολλά καινούργια κόλπα σε γέρικα σκυλιά. Μπορείς όμως να διαλέξεις. Η ζωή είναι επιλογή και είναι στα χέρια σου. Μπορείς να την ζήσεις χαρούμενα ή να την ζήσεις θλιβερά. Μπορείς να είσαι επιπόλαιος. Μπορεί να είσαι πολύ σοβαρός. Ανάλαβε όμως ολόκληρη την ευθύνη για την επιλογή που κάνεις.

Αν πλήττεις, αν φοβάσαι, αν δε σ' αρέσει το σκηνικό σου, άνοιξε την πόρτα και φύγε! Ποιος είπε, ότι πρέπει να μείνεις εδώ; Όσο η καρδιά και το μυαλό σου δουλεύουν και το ηθικό σου είναι ακμαίο, μπορείς να μπεις σ' όποιο σκηνικό θελήσεις. Μπορείς να φτιάξεις το δικό σου. Να δημιουργήσεις ένα νέο. Από αύριο κιόλας τα πράγματα θα είναι διαφορετικά. *Κάνε τα* διαφορετικά, γιατί μόνο η πράξη αλλάζει. Οι κουβέντες είναι καλές μόνο στην αρχή. Η συνειδητοποίηση είναι μόνο η μισή λύση. Τα υπόλοιπα είναι *πράξη*.

Διάλεξε το δρόμο της ζωής. Διάλεξε το δρόμο της αγάπης. Διάλεξε το δρόμο του ενδιαφέροντος. Διάλεξε το δρόμο της ελπίδας. Διάλεξε το δρόμο της πίστης στο αύριο. Διάλεξε το δρόμο της εμπιστοσύνης. Διάλεξε το δρόμο της καλοσύνης. Από σένα εξαρτάται. Εσύ θα διαλέξεις. Μπορείς να διαλέξεις την απελπισία, την δυστυχία. Μπορείς να κάνεις τη ζωή δύσκολη για τους άλλους. Μπορείς να διαλέξεις τη θρησκοληψία. Γιατί όμως; Δεν έχει νόημα. Είναι και πάλι αυτομαστίγωμα. Σε προειδοποιώ όμως ότι, αν αποφασίσεις να πάρεις την πλήρη ευθύνη για τη ζωή σου, δεν πρόκειται να είναι εύκολο πράγμα και θα πρέπει να μάθεις ξανά να ρισκάρεις. Το ρισκάρισμα — αυτό είναι το κλειδί για την αλλαγή.

Θέλω να σας διαβάσω κάτι: «Όταν γελάς, διακινδυνεύεις να περάσεις για ηλίθιος». Και λοιπόν; Συχνά λέω πως ο κόσμος βλέπει τον Μπουσκάλια σαν ένα είδος τρελού. Είναι πραγματικά τρελός! Εγώ όμως το γλεντάω αφάνταστα, ενώ χιλιάδες γνωστικοί πεθαίνουν από ανία.

«Όταν κλαις, κινδυνεύεις να περάσεις για συναισθηματικός».

Δε φοβάμαι να κλάψω. Κλαίω συχνά. Κλαίω από χαρά, κλαίω από απελπισία. Μερικές φορές κλαίω διαβάζοντας τις εργασίες των μαθητών μου. Κλαίω όταν βλέπω ευτυχισμένους ανθρώπους. Κλαίω όταν βλέπω ανθρώπους που αγαπιούνται. Δε με νοιάζει μήπως φανώ συναισθηματικός. Δεν πειράζει. Μ' αρέσει. Μου καθαρίζει τα μάτια.

«Όταν ανοίγεσαι στους άλλους, κινδυνεύεις να μπλεχτείς». Και τι πιο σημαντικό υπάρχει στη ζωή; Δεν έχω καμιά διάθεση να ζήσω μόνος μου σ' ένα νησί. Το γεγονός ότι βρισκόμαστε μαζί εσείς κι εγώ, σημαίνει πως έτσι είμαστε φτιαγμένοι. Ας βρούμε τρόπους να κάνουμε την κατάσταση αυτή μια ευκαιρία χαράς.

«Όταν δείχνεις τα συναισθήματά σου, κινδυνεύεις να αποκαλύψεις την ανθρωπιά σου». Εγώ χαίρομαι να αποκαλύπτω την ανθρωπιά μου. Μπορείς να αποκαλύψεις πολύ χειρότερα πράγματα από την ανθρωπιά σου.

«Όταν εκθέτεις τις ιδέες και τα όνειρά σου στον κόσμο, κινδυνεύεις να τα χάσεις». Τι να γίνει. Δεν μπορείς να κερδίζεις τα πάντα. Κι ούτε είναι δυνατόν να σε αγαπούν όλοι. Πάντα θα υπάρχει κάποιος που θα πει: «Είναι απατεώνας. Έλα, Μέιμπελ, αρκετά ακούσαμε. Πάμε σπίτι». Κι αυτό είναι πολύ καλό, ξέρετε, και σωστό. Δεν είναι δυνατόν να σε αγαπούν όλοι.

Αυτή την ιστορία τη λέω πάντα, την έχω γράψει και πολλοί από σας την έχετε ακούσει χιλιάδες φορές, μ' αρέσει όμως τόσο πολύ. Στο μάθημα της Αγάπης ένα κορίτσι είπε ένα βράδυ: «Ξέρω γιατί απελπίζομαι τόσο συχνά. Είναι γιατί θέλω να με αγαπούν όλοι κι αυτό δεν είναι ανθρωπίνως δυνατόν. Θα μπορούσα να είμαι το πιο ζουμερό, το πιο γευστικό, το πιο συναρπαστικό ροδάκινο του κόσμου και να προσφέρομαι σε όλους. Υπάρχουν όμως άνθρωποι που είναι αλλεργικοί στα ροδάκινα. Αυτοί θα θελήσουν ίσως να γίνω μπανάνα». Πόσο συχνά δε γινόμαστε μπανάνες για άλλους, που θέλουν ροδάκινα! Τι θλιβερή φρουτοσαλάτα. Είναι προτιμότερο να πεις στον άλλο: «Λυπάμαι πολύ που δεν μπορώ να είμαι μπανάνα. Θα το 'θελα πολύ να ήμουνα μπανάνα για σένα. Βλέπεις όμως, είμαι *ροδάκινο*». Και ξέρετε τι θα συμβεί; Αν περιμένετε αρκετά, θα βρείτε κάποιον που του αρέσουν τα ροδάκινα. Και μετά θα μπορείτε να ζήσετε σαν ροδάκινο κι όχι σαν μπανάνα. Σκεφτείτε χάσιμο ενέργειας που έχει κανείς προσπαθώντας να γίνει μπανάνα όταν είναι ροδάκινο!

«Όταν αγαπάς, κινδυνεύεις να μην έχει ανταπόκριση η αγάπη σου». Δεν είναι κακό αυτό. Αγαπάς για *ν' αγαπάς*, κι όχι για να πάρεις ανταπόδοση — αυτό δεν είναι αγάπη.

«Όταν ελπίζεις, κινδυνεύεις να πονέσεις». Και «Όταν δοκιμάζεις, κινδυνεύεις να αποτύχεις». Κι όμως πρέπει να ρισκάρεις, γιατί η μεγαλύτερη ατυχία στη ζωή είναι να μη ρισκάρεις τίποτε. Όποιος δε ρισκάρει τίποτε δεν κάνει τίποτε, δεν έχει τίποτε και δεν είναι τίποτε. Μπορεί ν' αποφεύγει τον πόνο και τη λύπη, αλλά δε μαθαίνει, δε νιώθει, δεν αλλάζει, δεν αναπτύσσεται, δεν ζει και δεν αγαπά. Είναι δούλος αλυσοδεμένος με τις βεβαιότητες και τους εθισμούς του. Έχει ξεπουλήσει το μεγαλύτερο αγαθό του, την ατομική του ελευθερία. Μόνο ο άνθρωπος που ρισκάρει είναι ελεύθερος.

Το να κρατάς κρυμμένο τον εαυτό σου, να τον χάνεις με τις αυτομειωτικές σου ιδέες, είναι θάνατος. Μην αφήσεις να σου συμβεί αυτό. Η μεγαλύτερη υποχρέωσή σου είναι να γίνεις όλα όσα είσαι όχι μόνο για δικό σου όφελος, αλλά και για δικό μου.